Donné au f∴

Cassaignes. par

le f∴ Thiemer

paris le 16 f︢︢ 1852

LA

LIRE

MAÇONNE.

LA LIRE MAÇONNE,

OU

RECUEIL

DE

CHANSONS

DES

FRANCS-MAÇONS.

Revu, corrigé, mis dans un nouvel ordre, &
augmenté de quantité de Chansons qui
n'avoient point encore paru;

PAR LES FRERES

DE VIGNOLES ET DU BOIS.

Avec les AIRS NOTÉS, *mis sur la bonne*
Clef, tant pour le CHANT *que pour le*
VIOLON *& la* FLUTE.

NOUVELLE EDITION

Revue, corrigée & augmentée.

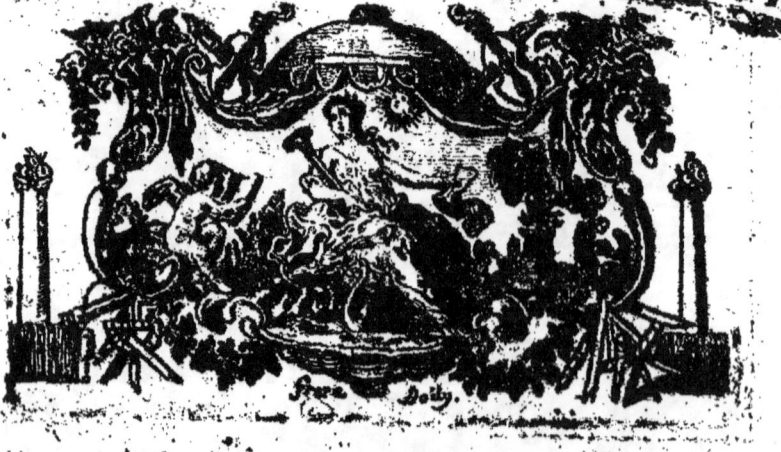

A LA HAYE,
Chez R. van LAAK, Libraire,
M. DCC LXVL 1765
Avec Approbation.

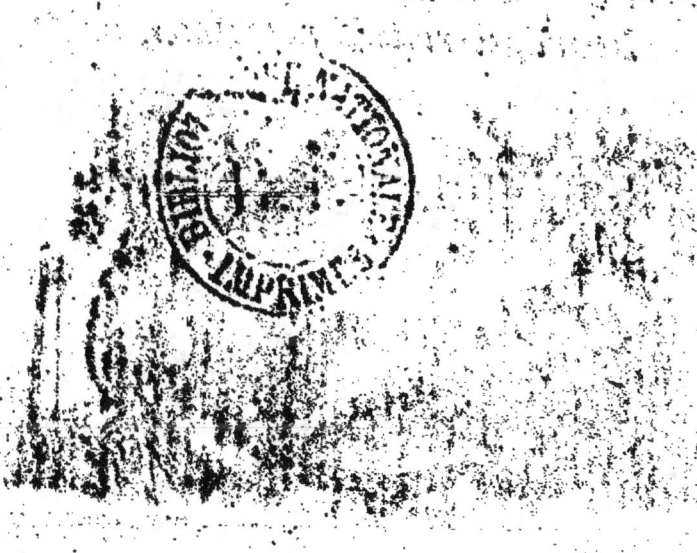

TRES RESPECTABLES, TRES HONORABLES, TRES DIGNES ET TRES CHERS FRERES,

EN dediant ma *Lire Maçonne*, il y a trois ans, aux Venerables Loges des Provinces Unies des Païs-Bas, je m'engageai dès lors à leur donner

d'aud'autres preuves de mon zèle, si ce premier Essai pouvoit meriter leurs suffrages. Le succès en a surpassé mon attente, puisque l'Edition s'est trouvée bientôt entièrement écoulée, n'ayant fait tirer qu'un nombre fort mediocre d'Exemplaires, dans l'incertitude où j'étois sur la réüssite de mon entreprise, vû les difficultés dont elle devoit être accompagnée. C'est ce qui m'a determiné de bonne heure à procurer une seconde Edition de ce Ouvrage, *revue, corrigée & augmentée.* En vous la présentant, souffrez, M. F., que je m'acquitte ici à la fois, & de ce que je vous dois, & de ce que je vous ai promis. Avec mes sincéres actions de graces, pour la faveur que vous avez bien voulu m'accorder, agréez le petit tribut de reconnoissance que je vous offre dans cette seconde Edition, augmentée de quantité de belles *Chansons nouvelles,* dont une *quinzaine* font

font de la façon des deux Freres, qui ont formé le précédent Recueil, & l'un desquels a encore pris la peine de *changer* ou d'*approprier* presque toutes les autres, en François, si l'on en excepte une *dixaine* d'anonymes, de trop bonne main, pour ne se pas faire avantageusement distinguer du reste. Mais ce qui ne sauroit manquer de plaire à nos Loges Nationales, ce sont *vingt-deux Chansons originales*, ou *traduites* en *Hollandois*, dont il y avoit auparavant disette, sur-tout *pour saluer le Vénérable & les Surveillans*, ainsi que les *Visiteurs*, avec les *Reponses*. D'ailleurs, un sujet tendre & affectueux, qui vient souvent à propos, & qui est traité ici, pour la première fois, dans les deux Langues, c'est un *Adieu*, à l'occasion du *depart d'un Frere*. Au choix de la *bonne Poësie*, on a tâché de joindre celui de la *belle Musique*, dont on remarquera plu-

sieurs

fieurs *Compofitions nouvelles* par d'ha-
biles Maîtres, & des Airs d'*Opera
Comiques*, les plus en vogue. Les
anciennes Chanſons ont reçu encore nombre de Corrections impor-
tantes, tant dans les paroles, que
principalement dans la Muſique,
qui a été revuë avec un ſoin extrême. Il ſeroit trop long d'en rap-
porter ici des exemples. Ces chan-
gemens n'échaperont pas à la ſaga-
cité des Amateurs & Connoiſſeurs.
Cependant ils n'empêcheront point,
que les Freres, qui ſont pourvus
de la première Édition, & des *deux
Supplémens*, qu'on a fondus dans
celle-ci, ne puiſſent continuer à
s'en ſervir, comme auparavant, au
moyen de la *double Colomne* des
TABLES, qui indiquera, d'un
coup d'œil, les *pages* de chaque
Édition, où ſe trouvent les Airs
que l'on cherche. On a ſouvent
reproché, & celà avec aſſez de raiſon, à mes Confrères Libraires,
leur

leur promptitude à multiplier, fans beaucoup améliorer, les Editions d'un bon Livre. Mais quoique je n'aurois pas à craindre le même blâme, puisqu'à tous égards, cette *feconde* Edition eft infiniment fupérieure à la *premiere*, j'ai cependant voulu l'éviter, aux depends de mes propres intérêts, pour faire voir combien je respecte ceux de mes Frères. Enfin, cette *nouvelle Edition* de la *Lire Maçonne*, où l'*utile* eft mêlé avec l'*agréable*, & le *ferieux* diverfifié par le *badin*, fans bleffer les loix de la décence, offre dequoi fatisfaire généralement tous les goûts, & j'ofe me flatter, par ces raifons, M F., que non-feulement vous lui ferez le même accueil qu'à la *premiere Edition*, mais qu'encore ceux d'entre vous, dont les talens font fi propres à augmenter ces richeffes, excités par une noble émulation, daigneront

me

me mettre de plus en plus en état de vous témoigner ma parfaite gratitude, qui égalera toujours la profonde vénération avec laquelle j'ai l'avantage d'être très sincérement,

Votre très-humble & très obéïssant Serviteur & Fr.

R. Van Laak

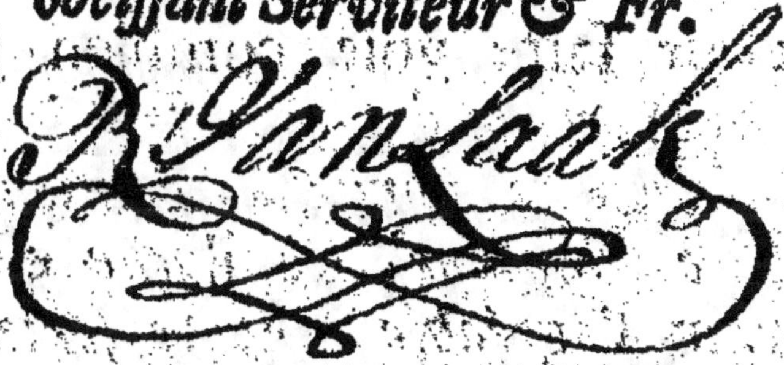

DEDI-

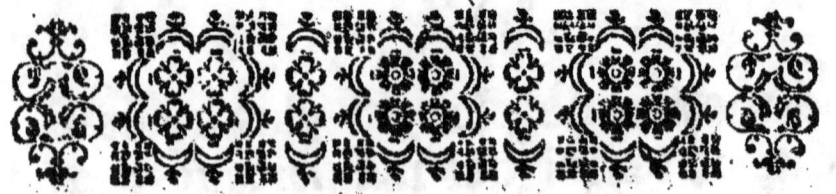

DEDICACE

DE LA

PREMIERE EDITION.

A profonde connoissance que vous avez de nos Loix, vous fait répeter depuis long-tems que, si l'egalité en est le but; une exacte uniformité en est la base. C'est en suivant ce principe qu'on vous a vu saisir avidemment l'Edition que l'Ordre a donné de ses Reglemens. Par elle tout marche d'un pas egal dans nos ouvrages: un seul point manquoit encore au but que vous vous proposiez: nos délassemens ne pouvoient être généraux. Nous avions, il est vrai, divers Recueils de Chansons, mais presque tous compilés dans des tems d'obscu-

6   rité,

rité, par des gens peu verſés ſans
doute dans nôtre Science, & qui
par une triſte ſuite renfermoient une
morale, que nous nous faiſons un devoir d'abjurer à la face d'un Public, qui n'en a été que trop long-
tems abuſé à notre desavantage. Dif-
férents d'ailleurs dans leur format,
comme dans leur contenu, bien des
Freres devenoient comme étrangers
dans cette partie de nos Aſſemblées,
& quelques-uns d'entr'eux, juſte-
ment délicats, rougiſſoient d'y trouver, preſque à chaque page, un
epicuréisme mal-entendu. Depuis que
vous m'avez nommé votre Libraire,
je l'ai vu, & j'ai ſouhaité de con-
courir au zele de nos Mentors, en
rectifiant ces abus. Mais quel travail! il me falloit des lumieres, &
dès que j'ai eu le bonheur de les
trouver, je me ſuis mis à l'ouvrage, ne
doutant point que votre contentement
ne me produisît votre favorable protection.

J'ai

J'ai donc formé un corps de ce que l'Antiquité rendoit respectable, & de ce que m'ont pu fournir des plumes zelées pour faire paroître l'Ordre dans son vrai lustre. Les Morceaux, qui sembloient s'écarter de la décence, en ont été rapprochés. Ceux qui attribuoient à l'Histoire Sainte des faits dont l'Historien ne peut être garant, ont été effacés ou refondus : ceux qui ne répondoient pas à leurs titres, ont été mis en état de le remplir : enfin, la morale, la tempérance, la religion, le stile, la versification, tout a été rappellé à ses vraïes loix, autant qu'il a été possible en conservant du moins l'idée des vestiges anciens.

J'ose le dire, M. F., notre véritable esprit, & par conséquent le vôtre, paroit dans ce volume. Qui le lira, rougira sans doute d'un préjugé dont il s'est vu trop long-tems victime. Trop heureux, si des plumes mercénaires, conduites par le seul

* 7

ap-

appas d'un vil gain, n'y eussent pas donné matiere. Je me suis écarté des routes, que sembloient m'avoir tracé ceux qui m'avoient dévancé, pour mieux rentrer dans les nôtres. Vos lumieres me persuadent que vous connoîtrez le travail qu'un pareil projet m'a occasionné, & que vous rendrez justice à mes soins, en m'accordant votre appui.

Je vous offre ce Recueil, T. V. & vous M. F., parceque je le dois. Vos suffrages libres en 1757 m'ont declaré l'homme de votre Ordre, & par conséquent le vôtre. Néanmoins j'espere tout de votre seule équité. Voïez, lisez, jugez, & qu'un parallele, que je désire, décide votre choix. C'est le seul moïen de me flatter dans mon entreprise, & de m'engager à m'adonner de tout mon pouvoir à vous réunir des morceaux précieux, qui montreront que nos asiles sont ceux des talens, comme ceux des vertus.

Vo-

Votre Assemblée respectable nous remet chaque jour sous les yeux cette aimable alliance. Je me plais à y rendre hommage, en vous protestant que personne n'est plus sincerement &c.

AVER;

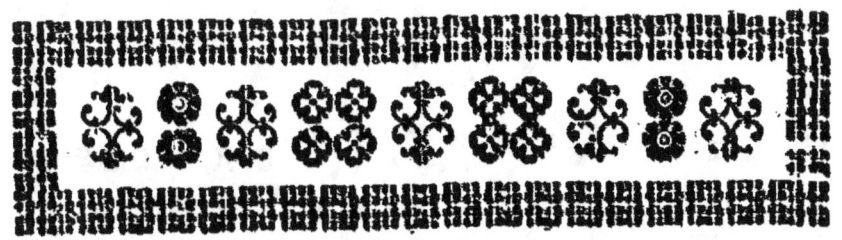

AVERTISSEMENT

DE

L'EDITEUR.

J'avois formé, depuis long-tems, le projet de ce nouveau Recueil de *Chanfons Maçonnes*, devenu néceffaire par la rareté des anciens autant que par leurs imperfections, auxquelles il s'agiffoit principalement de remédier; & c'eft ce qui rendoit l'entreprife très difficile à tous égards; Cependant à l'aide des Freres, qui ont bien voulu feconder mes foins, j'ofe me flatter qu'on trouvera qu'ils n'ont pas été emploïés fans fuccès, & que la fimple comparaifon du volume que je donne, avec
tout

tout ce qui a paru juſqu'ici dans le même genre, ſuffira, pour établir la ſupériorité à laquelle j'ai tâché d'atteindre.

. I.

Les Compilateurs des précédens Recueils avoient fait un amas informe, & ſans choix, de toutes ſortes de Poëſies, de Diſcours & de Chanſons, la plûpart à boire, & bien moins dignes des Feſtins réglés des *Francs-Maçons*, que des Banquets déſordonnés de *Comus* ou de *Silène*. Auſſi ces dernieres n'étoient-elles preſque d'aucun uſage dans les Loges bien conſtituées. Il n'y avoit que quelques bonnes penſées, enchaſſées parmi un tas de mauvaiſes, comme des diamans dans la fange, qui puſſent les ſauver du mépris général qu'elles méritoient par leurs endroits vicieux. En conſervant les unes de ces idées, l'on a ecarté ſoigneuſement les autres; & le petit nombre de celles-ci, que l'Antiquité a fait reſpecter, dans trois ou quatre Chanſons un peu gaies, n'exciteront plus la juſte aver-

averfion des Freres , ni la critique de leurs ennemis. Premiere réformation effentielle pour la *Morale*.

I I.

L'on conçoit fans peine , que le goût, qui a prefidé à ces fortes de Chanfons, pour le fond , a dû auffi néceffairement influër fur la forme. Fables abfurdes & triviales ; allufions fcandaleufes & impertinentes ; indifcretions condamnables & choquantes ; expreffions impropres & outrées ; termes peu François & baroques ; contre-fens ridicules ; bevuës groffieres ; hyatus infuportables ; rimes defectueufes ; vers trop courts , ou trop longs ; fautes d'impreffion fans nombre ; telles font , en peu de mots, les imperfections de nos vieilles Chanfons. A mefure que le goût s'épure , les *Francs-Maçons* , qui fe piquent d'en accélerer les progrès , doivent-ils fe fingularifer par de tels écarts ? Ce Recueil offre des milliers de preuves de l'exactitude rigide de ceux qui l'ont formé , dans les cor-

corrections de toute espece, dont presque chaque Couplet porte les empreintes. Seconde réformation considérable pour le *Style* & la *Poësie*.

I I I.

On n'a point osé se permettre la même liberté à l'égard de plusieurs Airs surannés & populaires, mais que l'habitude a rendu familiers à nombre de *Maçons*, qui n'auroient pas d'ailleurs le talent d'en exécuter de plus difficiles. Il a fallu en cela se mettre à la portée de tout le monde. C'est aussi ce qui a engagé à indiquer ordinairement les titres, ou les premieres paroles de ceux de ces Airs connus, que l'Ordre a adoptés ; car quoiqu'ils soient notés dans le Livre, il est bien des Freres qui n'ont nulle notion de la Musique, & auxquels ce Recueil doit être utile. On auroit pu marquer un plus grand nombre de ces Airs sur les mêmes Chansons, si l'on n'eût craint de multiplier les êtres sans nécessité. Il sera toujours libre,

aux

aux Amateurs, de les varier autant qu'ils jugeront à propos. La Baſſe a été ajoutée à quelques Airs graves, qui en étoient ſuſceptibles, ſans la prodiguer indiſtinctement à tous.

Un habile Muſicien a revu & corrigé avec ſoin la Muſique, qui étoit extrêmement fautive dans les précédens Recueils, où elle ne ſe trouvoit que fort rarement ; & ſouvent les Airs n'étoient pas même indiqués. Lorſqu'on n'a pû les obtenir, on en a fait compoſer de nouveaux pour les Chanſons qui en valoient la peine, afin de n'en donner aucune, dont les Airs ne fuſſent notés. Enfin, ils ont tous été mis ſur une même Clef propre au Chant, au Violon & à la Flute. Troiſième réformation importante à l'égard de la *Muſique*.

Un avantage tout particulier à cette nouvelle Edition, c'eſt qu'on a eu ſoin d'arranger toutes les Chanſons, de maniere, qu'à l'exception d'un petit nombre

bre d'Airs très longs, la *Mufique* fe prefente en entier à l'ouverture du Livre, fans qu'on ait befoin de revirer de page pour le refte, ce qui eft un grand inconvenient de moins. L'on a auffi mis tout au long la *Mufique* aux Vers où elle fe repete, fans redoubler les paroles audeffous des mêmes notes.

Malgré toutes ces corrections, auffi nombreufes que néceffaires, 1°. pour la *Morale*, 2°. pour le *Style* & la *Poëfie*, 5°. pour la *Mufique*, le merite de ce Recueil paroîtroit encore bien mince, s'il ne fe diftinguoit avantageufement par plus de 500 Couplets, qui n'avoient jamais été imprimés, & par quantité d'Airs d'Operas nouveaux, qui font aujourd'hui les délices des gens du bon ton. Si l'on daigne d'ailleurs faire attention au grand nombre de belles Chanfons difperfées dans différens *Almanacs de Paris*, &c. qu'on doit regarder comme autant de pieces fugitives, & qu'il a falu raffembler avec des peines & des dépenfes infinies, l'on fera forcé d'avouer, que mon Recueil, par ces deux

ar-

articles feuls , furpaſſe de beaucoup , & même efface entierement tous les autres.

Il me reſte à dire un mot de l'*Ordre* & de l'*Arrangement* qu'on a obſervé dans cet Ouvrage. D'abord on a rapproché toutes les Chanſons ſur un même Air, pour n'être pas obligé d'en répeter la Muſique. En ſecond lieu, chacune de ces Chanſons porte un titre diſtinctif, analogue à ſa teneur principale, afin de pouvoir les appliquer plus à propos. La Table alphabétique ſervira à en faciliter la recherche, comme la 2de doit aider à faire trouver d'abord les Airs connus, & la derniere les Chanſons dont on ſait les premieres paroles. En un mot, l'on a tâché de ne laiſſer rien à deſirer de ce qui pouvoit à la fois ſatisfaire la curioſité, & procurer la commodité des Freres.

Une derniere obſervation, qui achevera de les en convaincre, regarde le ſoin qu'on a eu de ſéparer, & de renvoier

voier à la fin du Recueil, tant les Chanfons qui ont été faites pour des occafions particulieres, que les Couplets destinés à porter des fantés folemnelles. C'étoit un inconvenient de rencontrer, au bout d'une Chanfon, quelqu'un de ces Couplets, qu'on chantoit fouvent fans réflexion, mais fort rarement à propos. C'eft ce qui a déterminé à les fupprimer, ainfi que d'autres, qui étant purement perfonnels, n'ont gueres pu être applicables qu'une premiere fois, & dans certaines circonftances fingulieres. On a tâché de rendre l'ufage des Chanfons le plus univerfel qu'il a été poffible. Quand il s'eft rencontré des Couplets, où l'on faifoit l'éloge du Maître, on a ajouté une réponfe de fa part à l'Affemblée. Il faut fe trouver à la tête d'une Loge refpectable, pour bien fentir la valeur du préfent qu'on fait ici aux Maîtres.

Comme les Poëfies, les Harangues, les Loix, &c. dont les autres Recueils font farcis, n'ont proprement rien de commun avec les Chanfons, je me fuis bor-

borné à ces dernieres feules, me pro-
mettant de prouver de plus en plus
mon zele à la respectable Fraternité,
fi, contente des efforts que j'ai fait
pour lui plaire, elle daigne appuier &
favoriser efficacement mes entreprises.

Independamment de tout ce que je
viens d'alleguer ; on a eu foin de re-
dreffer non feulement les fautes de l'*Erra-
ta* de la precedente Edition, mais encore
nombre d'autres, qui n'y étoient pas indi-
quées, ce qui rend cette feconde Edition beaucoup plus correcte.

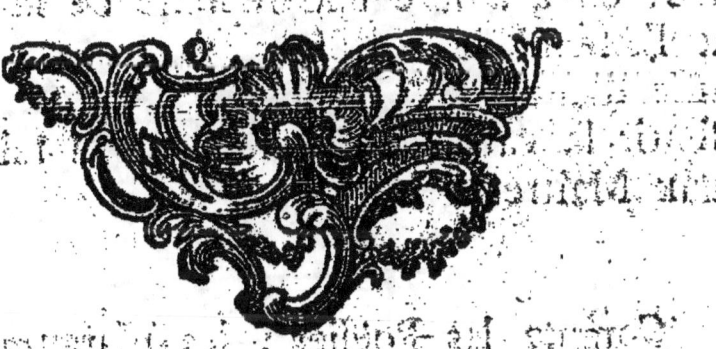

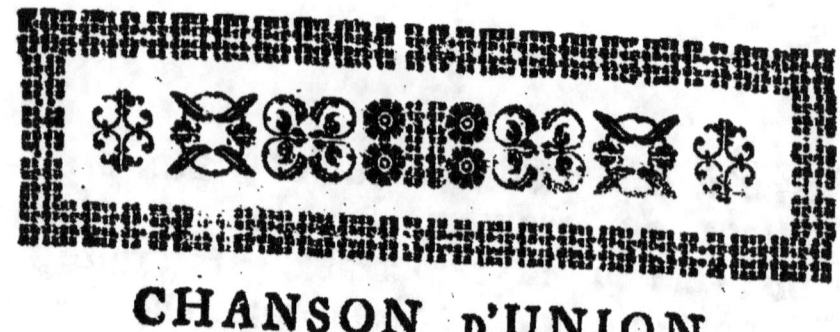

CHANSON D'UNION.

Traduite de l'Anglois par le Frere LANSA.

Fierement seul.

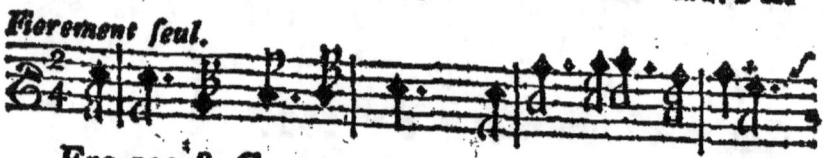

Fre-res & Compagnons De la *Maçonne-ri-e,*

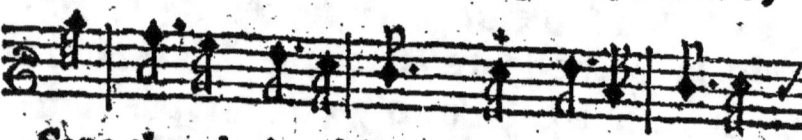

Sans chagrin jouiſ-ſons Des plaiſirs de la

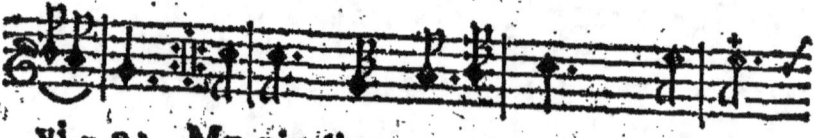

vi - e: Mu-nis d'un rouge bord, Que par

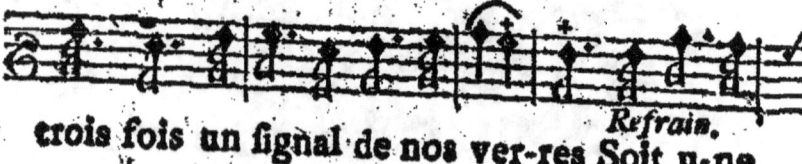

trois fois un ſignal de nos ver-res Soit u-ne

Refrain.

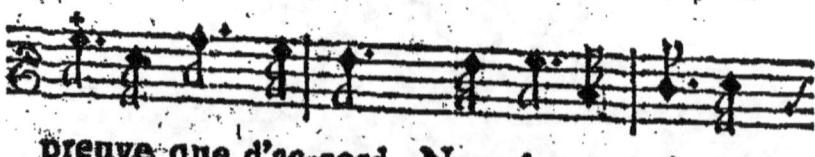

preuve que d'ac-cord Nous buvons à nos

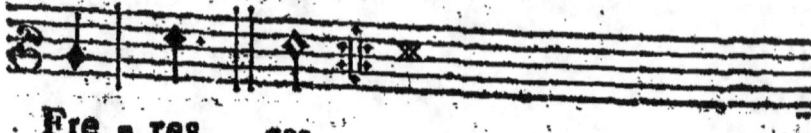

Fre - res. res.

A

Le

(✿)

Le monde est curieux
De savoir nos ouvrages ;
Mais tous nos envieux
N'en seront pas plus sages.
Ils tâchent vainement
De pénétrer nos Secrets, nos Misteres ;
Ils ne sauront pas seulement } *bis.*
Comment boivent les Freres.

(✿)

Ceux qui cherchent nos Mots,
Se vantant de nos Signes,
Sont du nombre des fots,
De nos foucis indignes.
C'est vouloir de leurs dents
Prendre la Lune dans fa courfe altiere.
Nous-mêmes ferions ignorans, } *bis.*
Sans le titre de Frere.

(✿)

On a vû, de tout tems,
Des Monarques, des Princes,
Et quantité de Grands,
Dans toutes les Provinces,
Pour prendre un Tablier,
Quitter fans peine leurs armes guerrieres,
Et toujours fe glorifier } *bis.*
D'être connus pour Freres.

(✿)

L'Antiquité répond
Que tout eft raifonnable,
Qu'il n'eft rien que de bon,
De jufte & d'agréable
Dans les Sociétés
Des vrais *Maçons* & légitimes Freres:
Ainfi buvons à leurs fantés, } *bis.*
Et vuidons tous nos verres.

Jol-

Joignons-nous main en main;
Tenons-nous ferme ensemble,
Rendons grace au Destin
Du nœud qui nous assemble:
Et soïons assurés
Qu'il ne se boit, sur les deux Hémispheres,
POINT DE PLUS ILLUSTRES SANTÉS, ⎱3 fois.
QUE CELLES DE NOS FRERES. ⎰

D'EEN.

D' E E N D R A G T.

Vertaalinge van het voorgaande Gezang.

Op dezelve Wys.

BRoeders en Medemaats
Der Eedle *Metz'larye*,
't Verdriet verlaat' deez' Plaats,
Op dat men zich verbleye:
Komt, Broeders hoog bemindt,
Het Glas geleegt, en laat het drie maal zwenken,
Tot een bewys, dat, eensgezindt, } *bis.*
Wy om onz' Broeders denken.

Het nieuwsgierig gemeen
Zou graag onz' Werken weeten;
Maar, (blinde bloeds!) geen een
Kan zich die zaak vermeeten;
Vergeefs is al hun vlyt
Ons Geheim te doorgronden of 't ontzinken:
Zy weeten niet, na zoo veel tyd, } *bis.*
Hoe dat de Broeders drinken.

Die onze Tekens zoekt,
Of denkt ons Woord te weeten,
Werd door zich zelf gedoekt,
En vry voor Dwaas versleeten:
't Is grypen na de Maan,
Om haaren loop en snelheid te bedaren,
Wy zouden zelf 'er zoo mêe staan, } *bis.*
Als wy geen Broeders waren.

Met

Men heeft al lang gezien,
In allerlei Geweften,
Dat Vorften, braave Liên,
En zelfs ook d'allerbeften,
Om 't Schootsvel aan te doen,
Hun Rang en Roem en Grootheit graag vergeeten,
En daar in groote Glory voên,
Dat wy hen Broeders heeten. } bis.

Ja zelfs wyft d'Oudheid aan
Dat in ons zamenleeven
Steeds veel goed word gedaan,
En nooit geen kwaad bedreeven;
Dat alles eerbaar is,
En dat de Deugd regeert in 't geen zy pleegen;
Kom dan, tot hun Gedagtenis, } bis.
Laat ons de Glazen leegen.

Kom, Broeders, hand aan hand,
Dat w' ons hier t' faam verbinden
Met zulken vaften Band,
Als ergens is te vinden;
En roept uit, dat het klinkt,
Dat men op 't Land, noch op de woefte Baaren,
GEEN EEDELER GEZONTHEID DRINKT } 3 maal.
ALS DIE DER METZELAAREN.

NOU-

NOUVELLE CHANSON d'UNION.

Sur l' Air précedent, ou fur celui-ci.

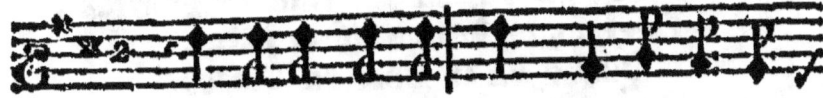

Freres & Compagnons De cet Ordre

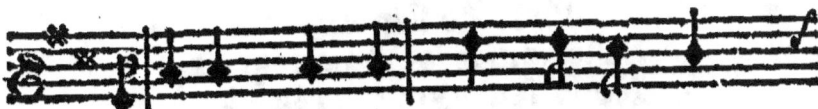

fu-blime, Par nos chants témoignons

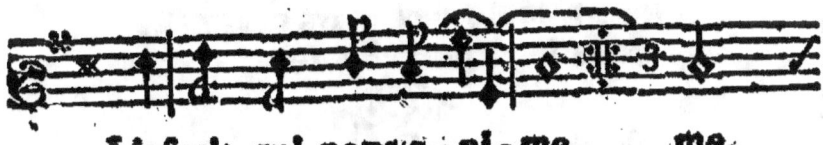

L'efprit qui nous a - ni - me.   me.

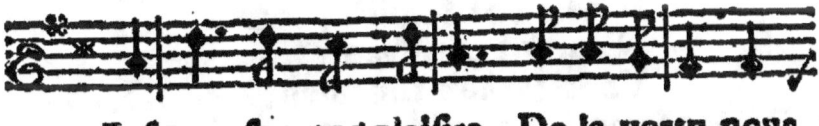

Jufques fur nos plaifirs, De la vertu nous

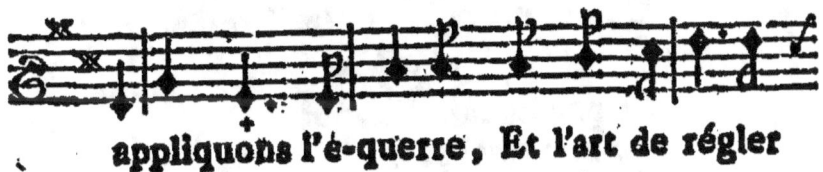

appliquons l'é-querre, Et l'art de régler

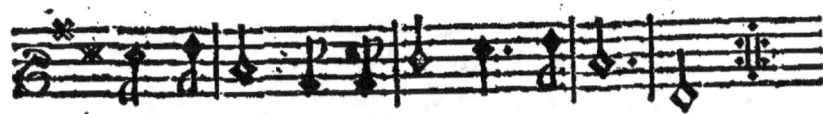

fes défirs Donne le nom de Fre- re.
Le Chœur répete à chaque couplet les 4 derniers vers.

C'eft

C'est ici que de fleurs
La Sagesse parée,
Rappelle les douceurs
De l'Empire d'*Astrée*.
Ce nectar vif & frais,
Par qui souvent s'allument tant de guerres,
Devient la source de la paix,
Quand on le boit en Freres.

Par des moïens secrets,
En dépit de l'envie,
Sans remords, sans regrets,
Nous seuls goûtons la vie.
Mais à des biens si grands
En vain voudroit aspirer le vulgaire,
Nul ne coule des jours charmans
Sans le titre de Frere.

Profanes, curieux
De savoir notre ouvrage ;
Jamais vos foibles yeux
N'auront cet avantage.
Vous tâchez follement
De pénétrer nos plus profonds misteres ;
Vous ne saurez pas seulement
Comment boivent les Freres.

Si par hazard l'ennui
Donne quelques allarmes,
Aussi-tôt contre lui
Nous chargeons tous nos armes ;
Et par l'ardeur d'un feu
Plus pétillant que les foudres guerrieres,
Nous chassons bientôt de ce lieu
Cet ennemi des Freres.

A 4   Bu-

Buvons tous à l'honneur
Du paifible Génie,
Qui préfide au bonheur
De la *Maçonnerie*.
Dans un jufte rapport,
Que par trois fois un fignal de nos verres
Soit le fimbole de l'accord
Qui régne entre les Freres.

Joignons-nous main en main,
Tenons-nous ferme enfemble :
Rendons grace au Deftin,
Du nœud qui nous affemble :
Et que cette unité,
Qui parmi nous couronne les mifteres,
Enchaîne ici la volupté,
Dont jouiffent les Freres.

On répete ces deux vers trois fois.

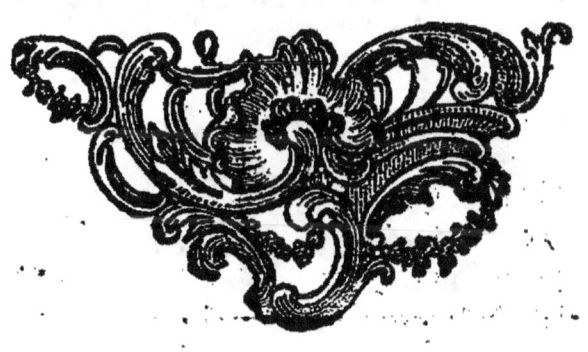

CHANSON des APPRENTIFS.

Par le Fr. de VIGNOLES.

Sur l'un ou l'autre des deux Airs précedens.

Aimables Nourissons,
Dont la tendre paupiere,
Graces à nos leçons,
Contemple la lumiere;
Voïez votre bonheur:
A la vertu nous accordons l'estime,
Et notre cœur est pour le cœur
Un tribut légitime.

Ici le Prince admis
Est un homme ordinaire,
Qui trouve des amis,
Que son rang ne peut faire.
Vous êtes ses egaux,
Et le passez, selon notre prudence,
Si vous montrez dans nos travaux
Plus vive intelligence.

Honorez vos Mentors,
Pratiquez leur doctrine;
Méritez les trésors,
Que l'Ordre vous destine:
Soïez soumis, discrets,
C'est le chemin qui mène à la victoire;
Chez nous les lauriers sont tout prets.
Pour qui chérit la gloire.

A 5   D'une

D'une tendre union
Venez ferrer la chaine ;
Joignez l'intention
Au goût qui nous entraine :
Et que notre unité
Soit en tout tems le flambeau de votre ame,
Nous accroîtrons votre beauté
Sans redouter le blâme.

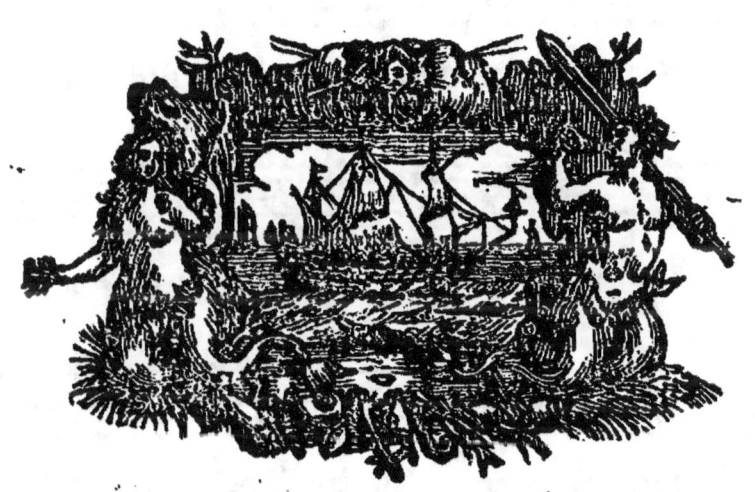

CHAN-

CHANSON des COMPAGNONS.

Par le Fr. de VIGNOLES.

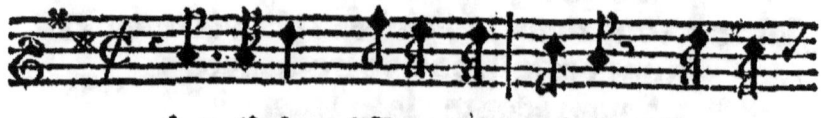

Art divin, l'Etre fu-prême   Daigna

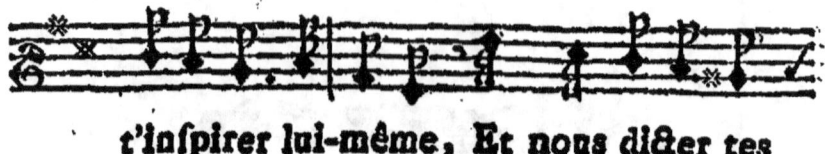

t'infpirer lui-même, Et nous dicter tes

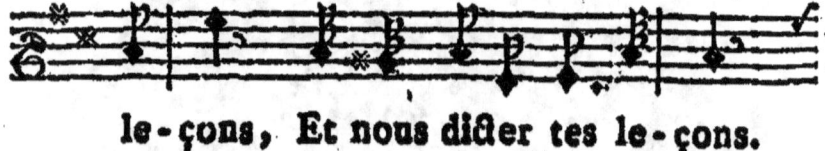

le-çons, Et nous dicter tes le-çons.

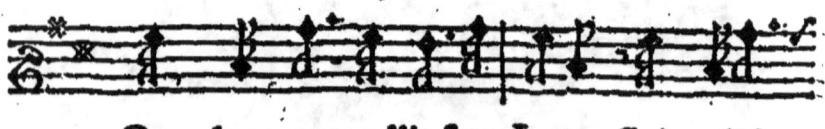

Que dans notre illuftre Loge Soit célé-

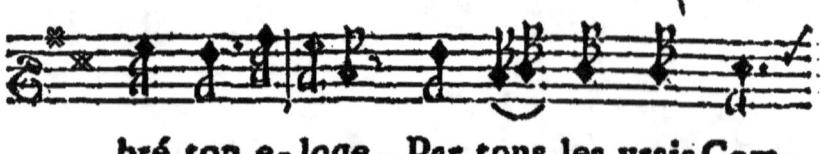

bré ton e-loge, Par tous les vrais Com-

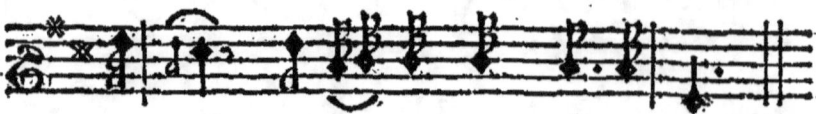

pagnons, Par tous les vrais Compagnons.

A. 6.   Paf.

Paſſons du Sud juſqu'à l'Ourſe
La pureté de ta ſource
Se trouve dans tous les rangs.
La candeur & la droiture,
Font revivre la nature } bis.
Chez les petits & les grands.

Le Compagnon, ſans envie,
Content du ſort qui le lie,
Aime aujourd'hui ſes Mentors.
S'il cherche leur récompenſe :
L'Ordre, dit-il, la diſpenſe } bis.
A qui régle ſes tranſports.

Sans orgueil, ſans avarice,
Il attend que la juſtice
Prononce ſur ſa grandeur.
L'œil ouvert ſur ſa conduite
Elle peſe ſon mérite } bis.
Et prévient toujours ſon cœur.

Ainſi l'Ordre eſt équitable ;
Et le Compagnon aimable
Soutient l'honneur de ſon nom.
Nous qui connoiſſons ſa gloire,
En célébrant ſa victoire, } bis.
Honorons l'Art du *Maçon*.

L'EX-

L'EXCELLENCE DE L'ORDRE.

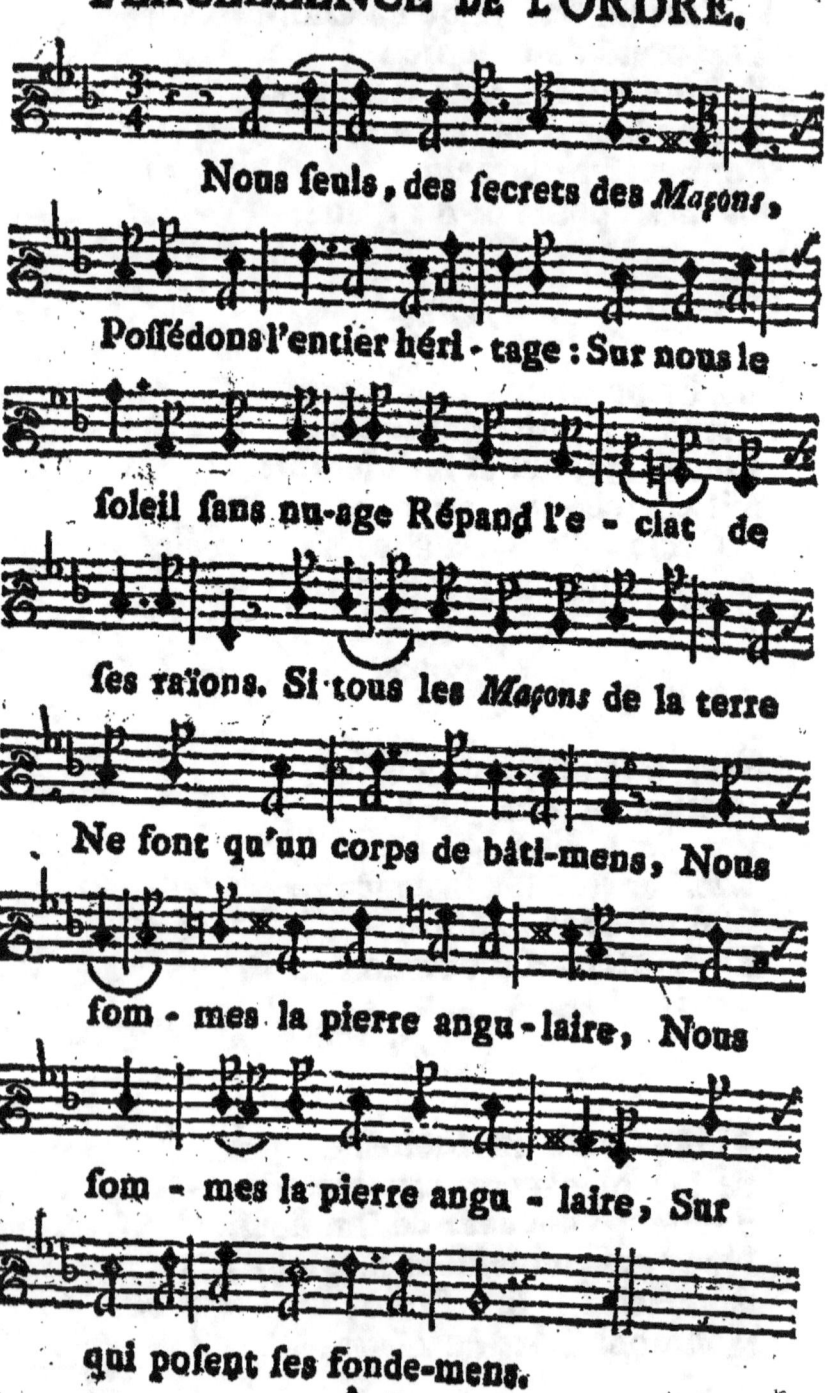

Nous seuls, des secrets des *Maçons*,

Possédons l'entier héri - tage : Sur nous le

soleil sans nu-age Répand l'e - clat de

ses raïons. Si tous les *Maçons* de la terre

Ne font qu'un corps de bâti-mens, Nous

fom - mes la pierre angu - laire, Nous

fom - mes la pierre angu - laire, Sur

qui posent ses fonde-mens.

CHŒUR.

CHORUR.

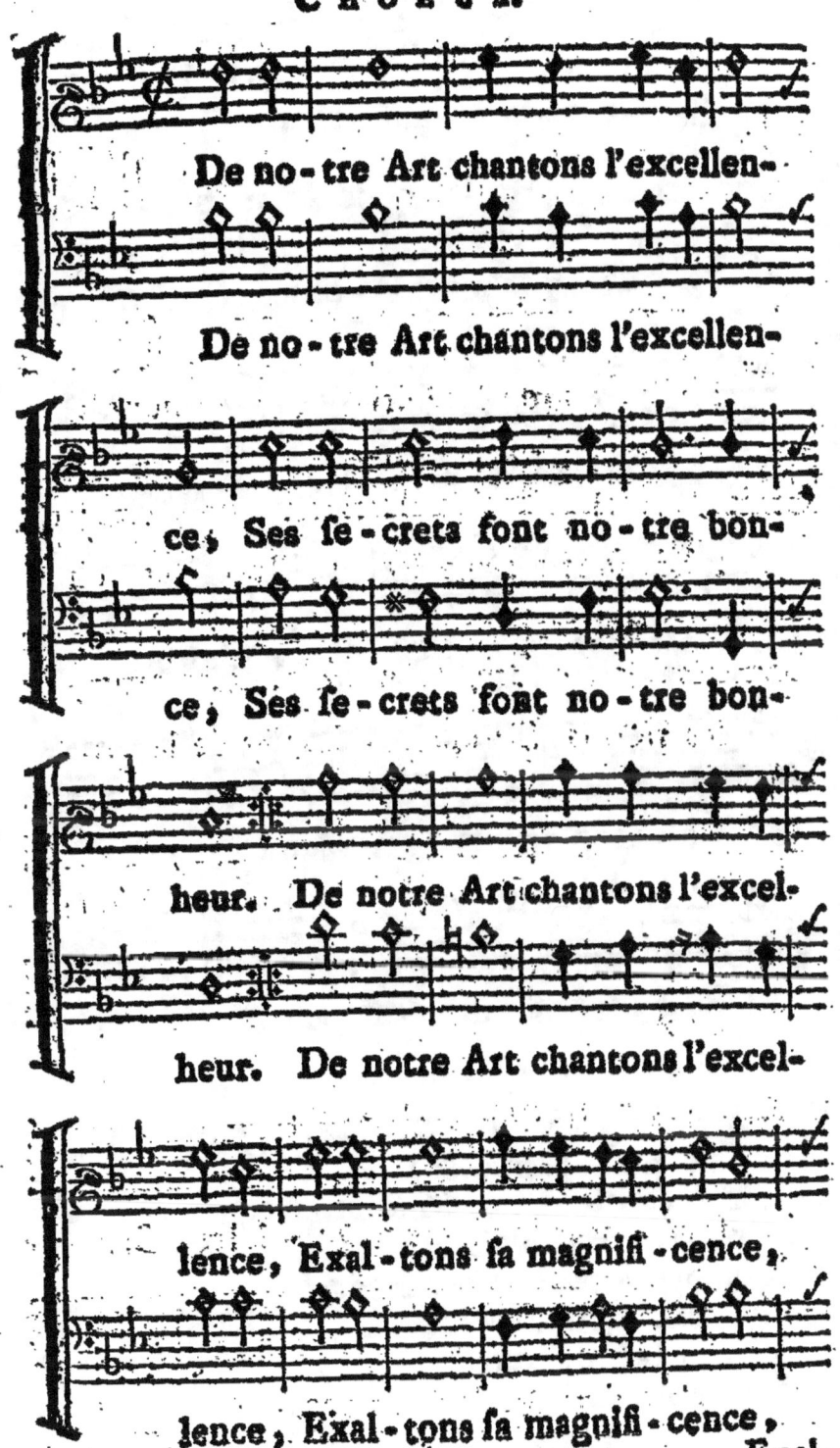

De no - tre Art chantons l'excellen-

De no - tre Art chantons l'excellen-

ce, Ses se - crets font no - tre bon-

ce, Ses se - crets font no - tre bon-

heur. De notre Art chantons l'excel-

heur. De notre Art chantons l'excel-

lence, Exal - tons sa magnifi - cence,

lence, Exal - tons sa magnifi - cence,
Exal-

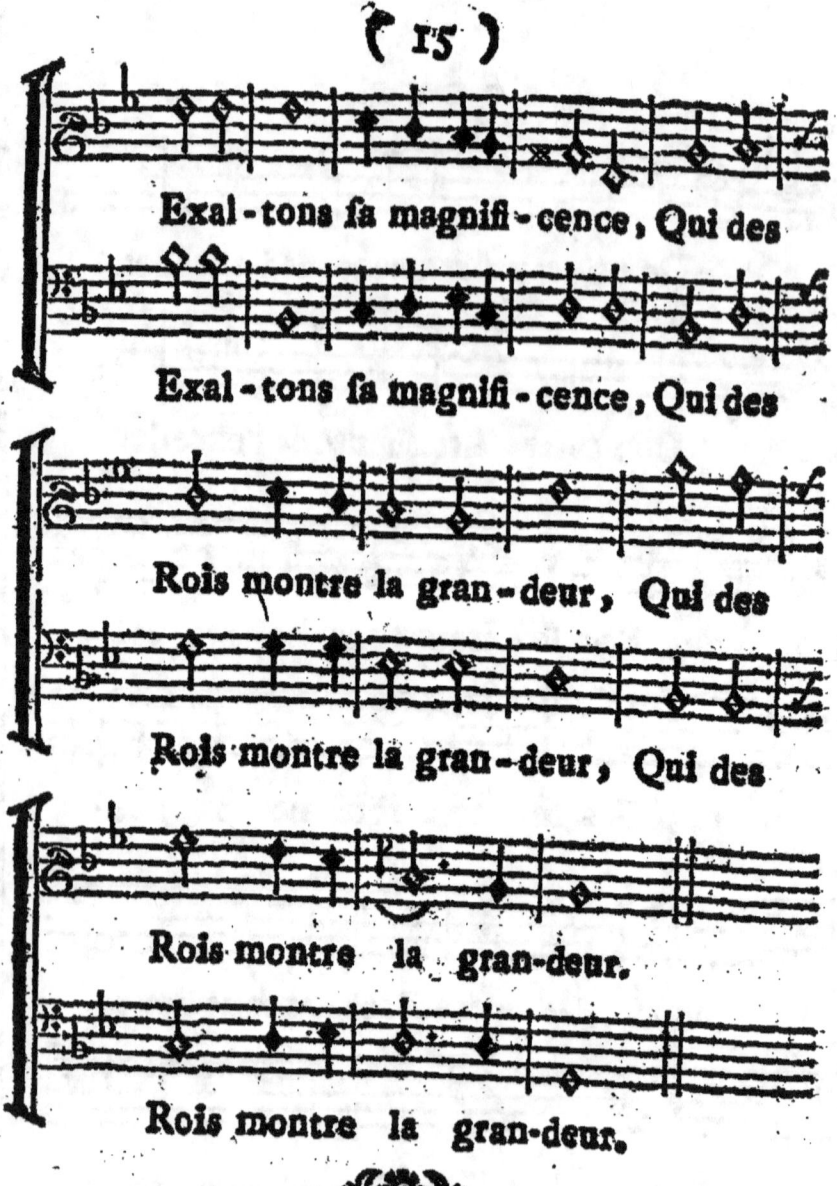

Exal-tons fa magnifi-cence, Qui des

Exal-tons fa magnifi-cence, Qui des

Rois montre la gran-deur, Qui des

Rois montre la gran-deur, Qui des

Rois montre la gran-deur.

Rois montre la gran-deur.

De l'Art, le grand Roi *Salomon*,
Nous a fait les dépositaires ;
Mais nous déguisons nos Misteres
A tous froids & mauvais *Maçons*.
Pour Compagnons de nos ouvrages,
Nous ne reconnoissons jamais,
Que les Mortels discrets & sages,
Les Amis constans & parfaits.

       Chœur. De notre Art &c.

                      Bien

Bien loin d'exercer nos talens,
Comme de lâches mercenaires,
Nous enseignons à tous bons Freres,
Les moiens de vivre contens:
Et quand tous à cette science,
A l'envi nous nous appliquons,
Le plaisir est la récompense
Des vertus que nous pratiquons.

Chœur. De notre Art &c.

En vain on veut nous accabler,
En vain l'envie & l'imposture,
Contre nous arment le parjure,
Rien ne sauroit nous ebranler.
Le Ciel, par sa bonté suprême,
Nous garantira de leurs coups:
Et les portes de l'enfer même
Ne prévaudront point contre nous.

Chœur. De notre Art &c.

Auteur de la Terre & des Cieux,
Maître absolu de la Nature,
De tes présens, l'Architecture
Fut toujours le plus précieux:
Des Rois on a vû le plus sage,
Unir le sceptre & le marteau:
Et pour te rendre un digne hommage,
Prendre l'équerre & le ciseau.

Chœur. De notre Art &c.

D'un sort si doux, si glorieux,
Que chaque Frere s'applaudisse,
Et que la Loge retentisse
De nos accords mélodieux.
Armons-nous tous ici d'un verre,
Et que cette aimable liqueur,
Coulant dans le sein du mistere,
Soit le sceau de notre bonheur.

Chœur. De notre Art &c.

U R-

URBANITÉ MAÇONNE.

Sur l'Air précédent.

C'Est dans ce fejour enchanté
Que les Hommes vivent en Freres;
Ils modélent leurs caracteres
Sur les loix de l'urbanité :
On n'y connoit point l'impofture,
Les preftiges font terraffés;
Par la fageffe la plus pure
Tous nos plaifirs font compaffés.

   Chœur. De notre Art &c.

Que notre fort eft glorieux!
Exemts des erreurs du Vulgaire,
Ici, fous l'aile du miftere
La verité brille à nos yeux;
Les cœurs y font droits & finceres,
Tous y forment les mêmes vœux,
Sur la vertu toujours aufteres
Sans remords nous fommes heureux.

   Chœur. De notre Art &c.

Nul de nous n'eft adulateur,
Sans aucune étude on fait plaire,
Un Frere en tout prévient fon Frere,
Sur les fronts brille la candeur :
Par la plus aimable innocence
Ce doux afile eft habité,
Et du poifon de la licence
Il ne fut jamais infecté.

   Chœur. De notre Art &c.

Nous elevons un bâtiment
Que la faine raifon dirige,
Et c'eft ici que l'on erige
Un Temple au Dieu du fentiment :
Vous mortels, à qui l'orgueil même
Prefcrit un ufage & des mœurs,
Venez, fuivez notre fiftême
Et fur nous modélez vos cœurs.

   Chœur. De notre Art &c.

LO.

L O G E.

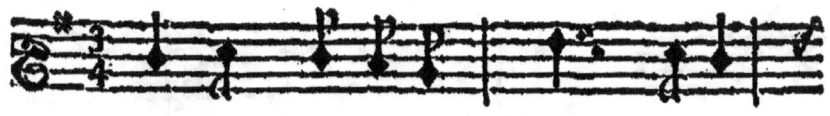

Où nous nous assem - blons, l'urba-

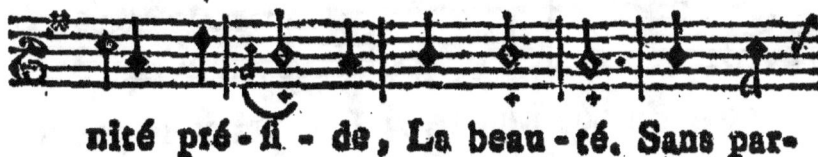

nité pré-si - de, La beau - té. Sans par-

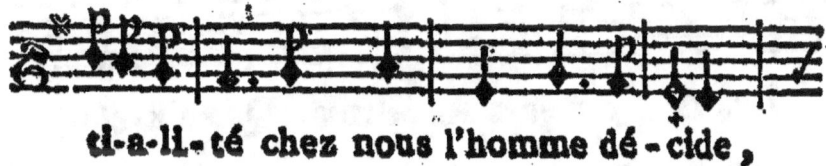

ti-a-li-té chez nous l'homme dé - cide,

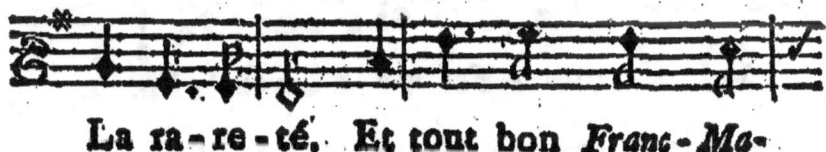

La ra-re-té. Et tout bon *Franç-Ma-*

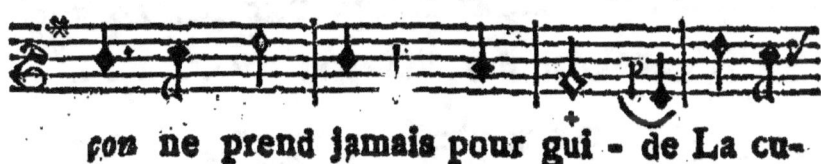

çon ne prend jamais pour gui - de La cu-

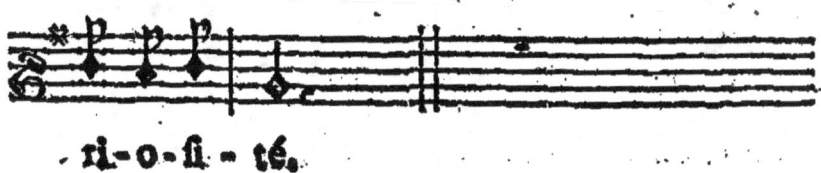

ri-o-si - té.

CHAN-

CHANSON des MAITRES.

Par le Frere Lansa.

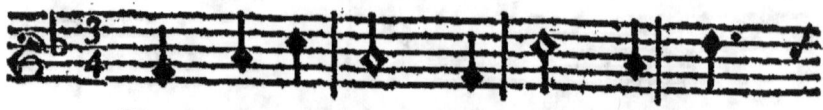

Tous de con-cert chantons, A l'hon-

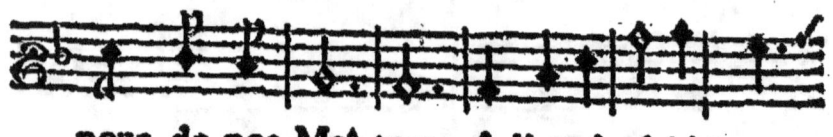

neur de nos Maî-tres; A l'envi cé-lé-brons

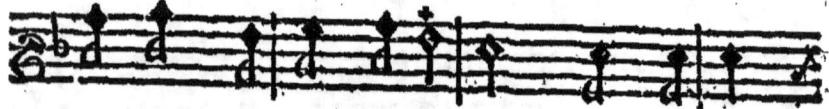

Les faits de leurs Ancê-tres: Que l'E-cho

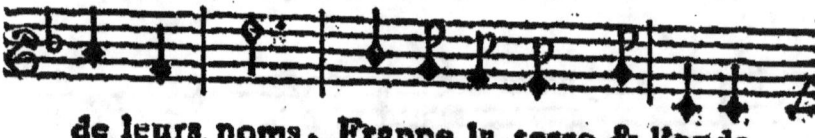

de leurs noms, Frappe la terre & l'onde,

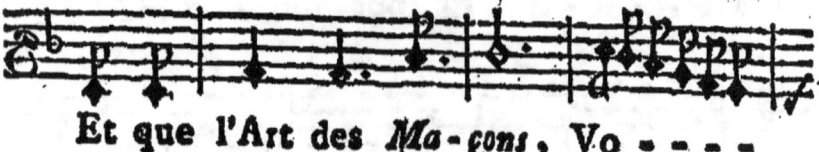

Et que l'Art des *Ma-çons*, Vo - - - -

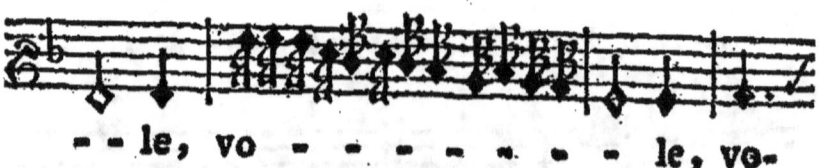

- - le, vo - - - - - - - le, vo-

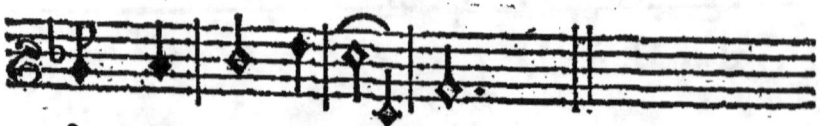

le, par tout le mon - de.   CHOEUR.

A

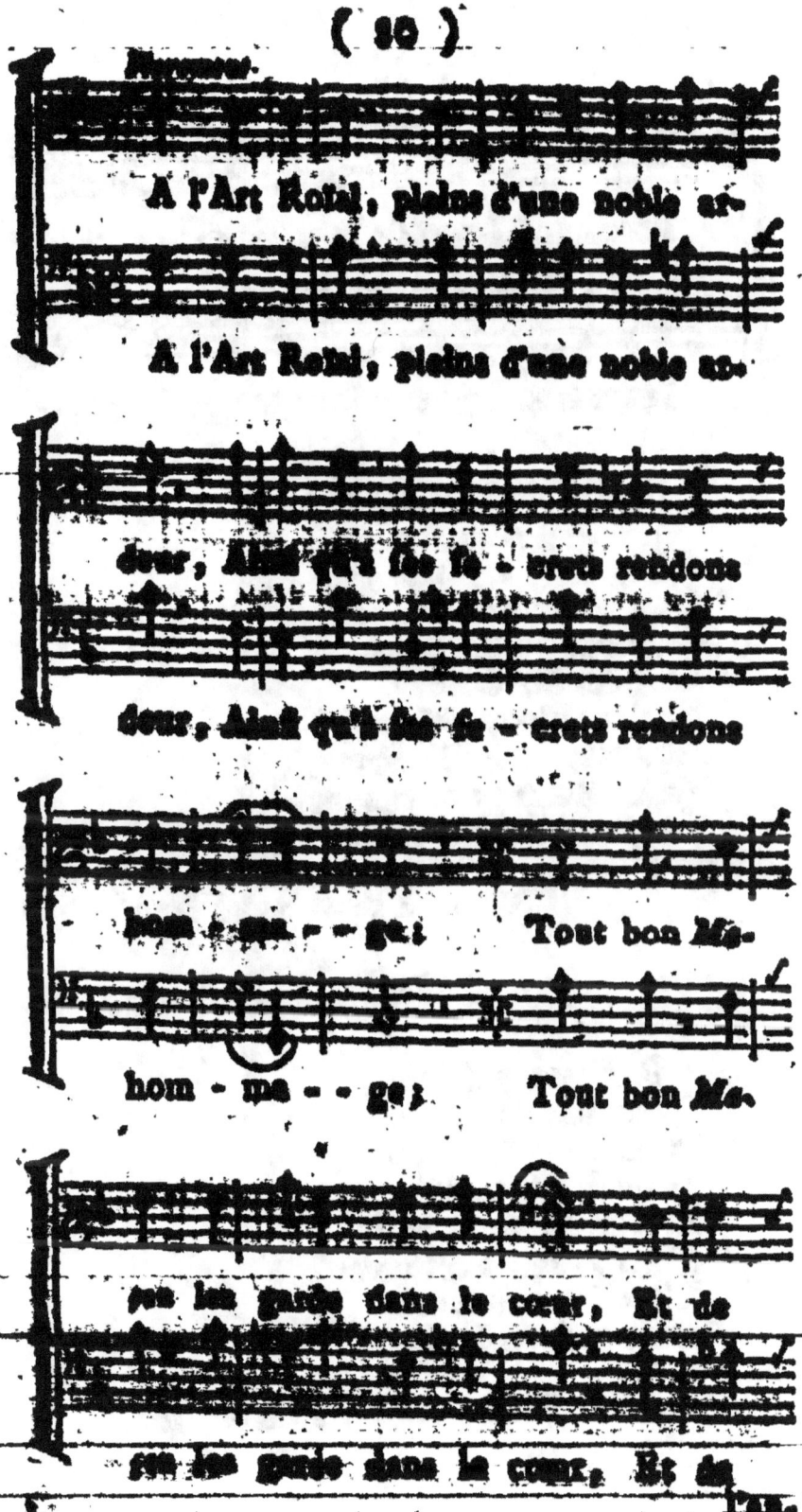

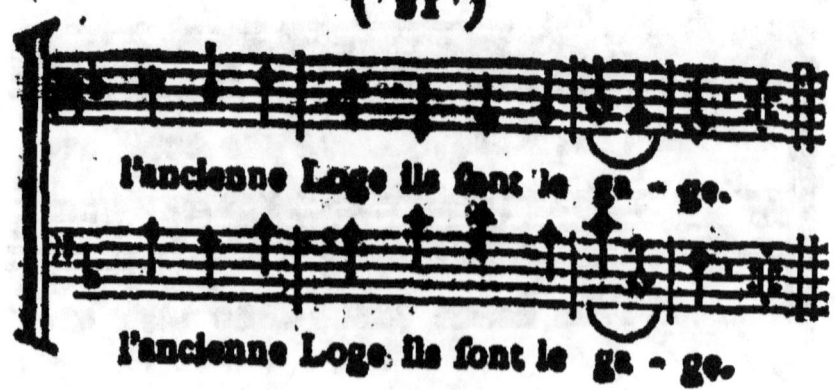

l'ancienne Loge ils font le ga - ge.

Les Rois les plus puiffans,
Que vit naître l'Afie ;
Savoient, des Bâtimens,
La jufte Simétrie ;
Et des Princes *Maçons*,
Marqués dans l'Ecriture,
Aujourd'hui nous tenons,
La noble Architecture.

   Chœur. A l'Art Roïal &c.

Par leur poftérité,
L'Art Roïal dans la Gréce,
Parut dans fa beauté,
Dans fa délicateffe :
Et peu de tems après,
Vitruve, favant Homme,
L'accrût avec fuccès
Dans la fuperbe Rome.

   Chœur. A l'Art Roïal &c.

De-là dans l'Occident
Cet Art se communique,
L'Angleterre l'apprend
A notre République: (*)
Où, parmi les loisirs
D'une agréable vie,
On jouït des plaisirs
De la *Maçonnerie.*

   Chœur.   A l'Art Roïal &c.

Nous, qui voïons ce tems,
Cet heureux tems, mes Freres,
Que par nos sentimens
On aime nos misteres.
Demandons qu'à jamais
Du Monde l'Architecte
Unisse à ses bienfaits
Un goût qui les respecte.

   Chœur.   A l'Art Roïal &c.

        H E T

(*) *Les Fr. Etrangers qui n'approuveront pas le changement de ces 4 Vers, peuvent y substituer les anciens, que voici:*

De-là tout l'Occident
Reçut cette Science,
Et principalement
L'Angleterre & la France:

HET MEESTERS GEZANG,

VERTAALD

Door den Br. L. VERMEULEN.

Op de voorgaande Wys.

Eendragtig zingen wy, ons' Meefteren ter eere,
Dat yder, als om ftryd, haar daaden r(em ver-
    meere,
Dat d'Echo, van haar naam, vlieg' over land en
    water,
Dat de *Vry-Metz'laars* Faam, haar lof alom uit-
    fchater.

Chorus.

Laat hier, tot eer der Koninklyke Kunft,
En haar *gebeimen groot*, 't gemoet ontbranden;
  Die vind, in 't hart van een goed *Metz'laar*,
    gunft,
En van het oud Verbond, zyn *deez'* de Panden.

De grootfte Koningen, die Afia zag leeven,
Wiften een trots Gebouw, zyn regten eyfch
    te geeven;
Van Vorften, *Metzelaars*, in de geweide Boeken
Gemeld, moet men de fmaak der Eed'le Bouw-
    konft zoeken.

    Chorus. Laat hier, tot eer &c.

                      Als

✠

Als haar nakomelingfchap deez' Konft pragtig
   liet groejen,
Deed 't fchrander Griekenland, die mede wak-
   ker bloejen,
Vitravius daar na, haar na er he ft oen ko en,
Met goed gevolg gekweekt binnen het pragtig
   Romen.
       Chorus. Laat hier, tot e r &c.

✠

Als naderhand deez' Konft, zig opdeed' in het
   Wefte,
En, in het Britfe Ryk, haar eerften zetel vefte;
Onz' Eed'le Republieq, van daar, het kwam te
   leeren,
Daar by vryheids genot; wy beters niet begeeren.
       Chorus. Laat hier, tot eer &c.

✠

Wy Broeders, die deez' tyd gelukkig zoo be-
   leeven,
Dat men ons diep geheim, om onz' deugd, eer
   ziet geeven,
Getrouw aan Vorft en Land, als Broeders naauw
   verbonden,
Vertoonen, welke zyn, 's Genootfchaps waare
   gronden.
       Chorus. Laat hier, tot eer &c.

✠

LES-

LESSEN VOOR EEN NIEUW AANGE-NOOMEN

VRY-METZELAAR.

Door den voornoemde.

Op de voorgaande Wys.

((❀))

In deez' ver - ligte plaats, ô Nieuwling aange-
    noomen,
Onder *Vry-Metzelaars*, van u dient waargenoo-
    men,
Een reeks van pligten groot, na welke gy uw
    leeven
Moet rigten, zal men u, met regt deez' eer-
    naam geeven.

Chorus.

Onz' eerste reegel is deez' staale wet,
    Zeer heilig onder onz' *Vry-Metzelaaren*,
Dat gy vooral, naauw op uw woorden let,
    En ons geheimen heilig moet bewaaren.

((❀))

De Bonwmeester van all' zy in uw hart gepre-
    zen.
Den Meester, in deez' plaats, wilt onderdanig
    wezen :
Uw vyanden vergeev'. In omgang gul van herte;
Een armen Broeder help' en red hem uit zyn
    smerte.

Chorus.

Zoo zult gy haaſt, van onz' benyders veel,
Die 't onregt met haar laſter ons bezwaaren,
Beſchamen, en doen zingen luider keel,
Den lof der Eedele *Vry-Metzelaaren.*

((✿))

Aan vuile dronkenſchap wilt u niet overgee-
ven;
Want daar door werd gekrenkt, gezondheid, eer
en leeven:
Edog 't is al te laag, hier veel van te vermanen,
Wyl dit zelfs werd verfoeit, by 't puikdeel der
Prophanen.

Chorus.

Wy tragten door ons voorbeeld over al,
By ongewelden zelfs, ons te doen eeren;
Zoo doen wy ook verand'ren het geval,
En die ons doemde, zien wy tot ons keeren.

((✿))

Wagt u, dat gy zoo niet geheel u laat be-
toov'ren,
Dat u de ſchoone Sex' 't geheim komt te ver-
oov'ren;
Geenſins moet liefdens-drift u d' oogen zoo ver-
blinden;
Want van geheimnis pligt, kan Liefd' u niet
ontbinden.

Beût

Chorus.

Beelt u niet in, verlokkent fchoon Geflagt,
Dat men u t' onregt hier ten toon wil ftellen;
Dalila heeft Samfon ten val gebragt,
Toen hy haar zyn geheim had gaan vertellen.

Voorzigtigheid gebruyk', zoo in uw doen', als
fpreeken;
Een Nieuwling word befpied, door duyzend loo-
fe ftreeken.
Gevaar gy veel ontwykt; veel nut kunt gy verkrygen,
Indien gy, op zyn tyd, verftandig weet te zwygen.

Chorus.

Laten wy't faam het wuft en dwaas gemeen,
In dwaaling en vooroordeel heen doen vaaren,
Terwyl wy d'eer alleen, en goede Zeên,
Voor Noordfter houden der *Vry-Metzelaaren*.

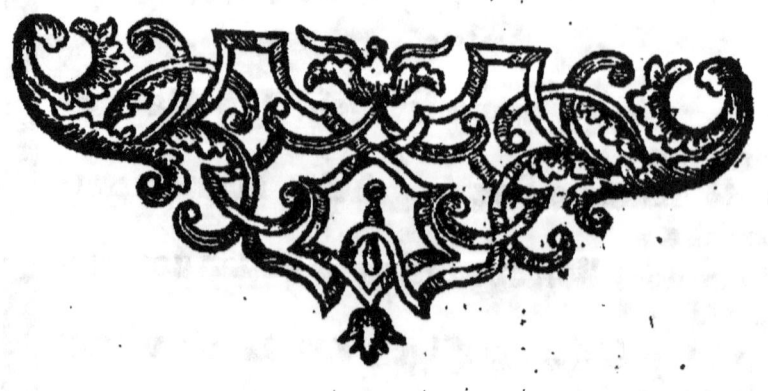

L'AVAN-

L'AVANTAGE DU MISTERE.

Sur le même Air.

DE nos concerts charmans
La flateuse harmonie,
Nous peint les agrémens
De la *Maçonnerie.*
Tous heureux, fans remords,
Sous l'aile du miftere,
Nous formons des accords
Inconnus du vulgaire.
    Chœur. A l'Art Roïal &c.

Notre Ordre eft appuié
Sur l'union fincere;
Et la tendre amitié
Eft fa pierre angulaire.
L'honneur, les fentimens,
En détruifant les vices,
Pofent les fondemens
De tous nos edifices.
    Chœur. A l'Art Roïal &c.

Exemts des préjugés
Inculqués dans l'enfance,
Nos cœurs font dirigés
Par l'aimable innocence:
Nous réglons les défirs
Que la nature donne,
Et prenons des plaifirs
Que la vertu couronne.
    Chœur. A l'Art Roïal &c.

DUO.

D U O.

Pour les FRANCS-MAÇONS.

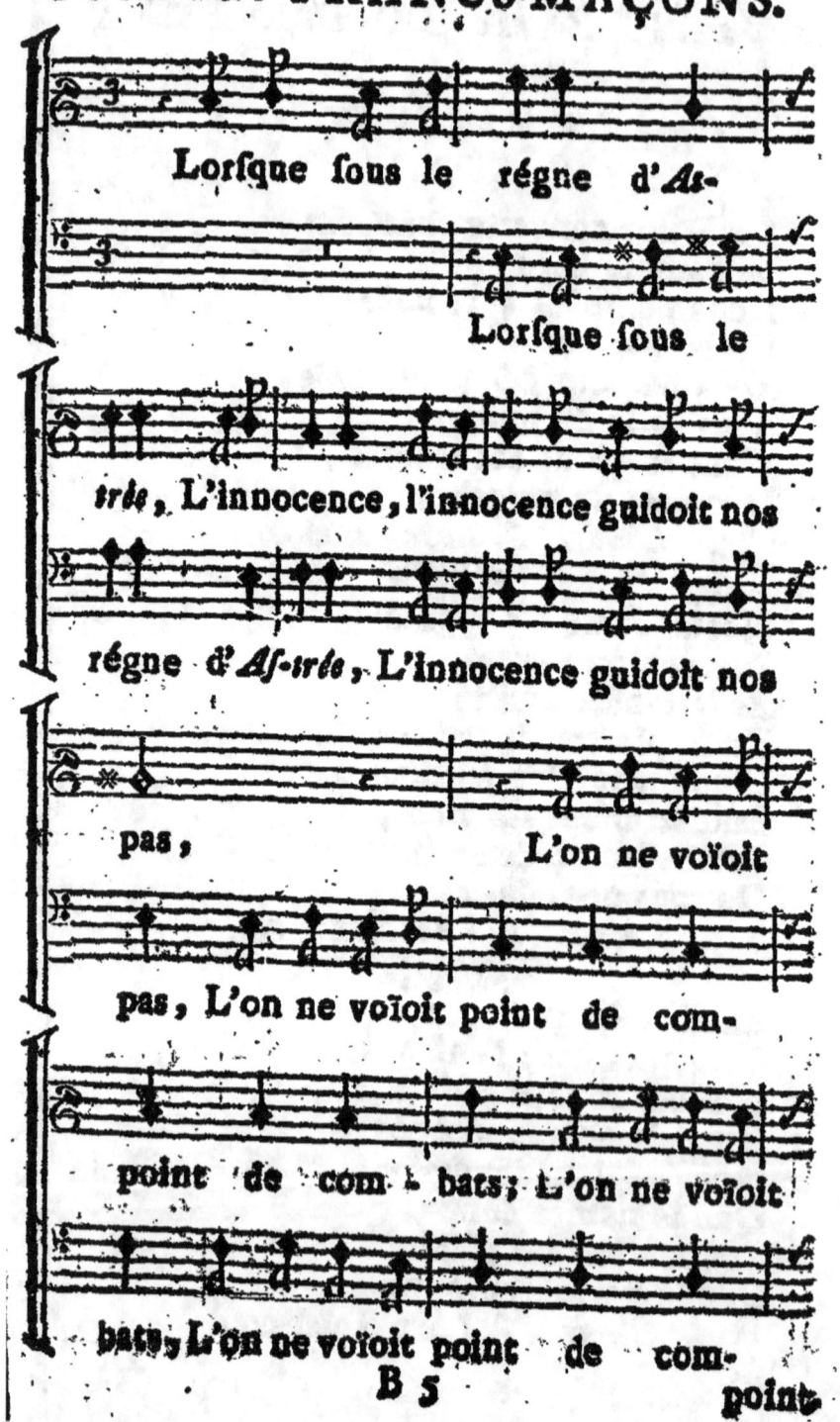

Lorsque sous le régne d'As-

Lorsque sous le

trie, L'innocence, l'innocence guidoit nos

régne d'As-trie, L'innocence guidoit nos

pas,   L'on ne voïoit

pas, L'on ne voïoit point de com-

point de com-bats; L'on ne voïoit

bats; L'on ne voïoit point de com-

point

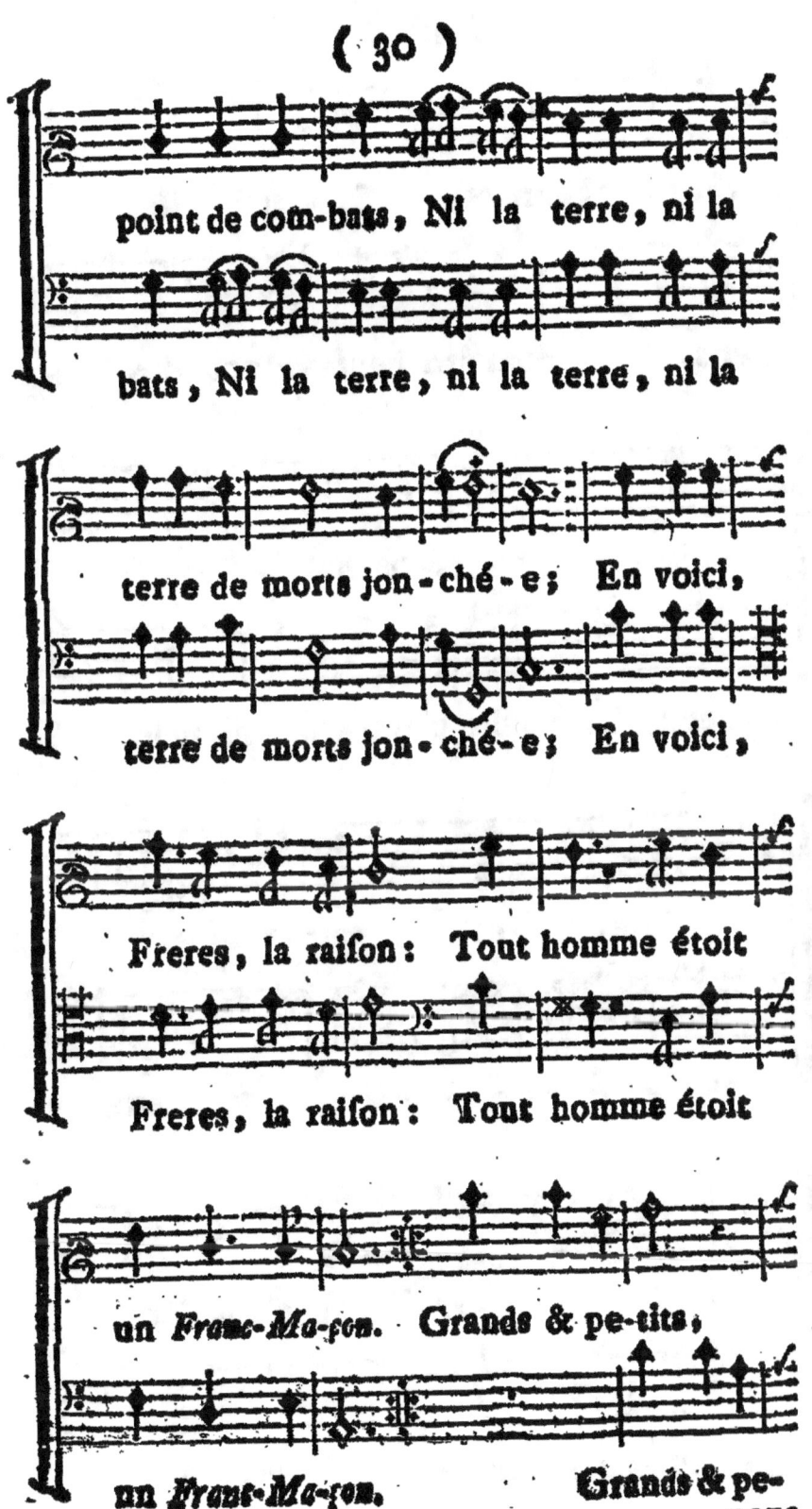

point de com-bats, Ni la terre, ni la

bats, Ni la terre, ni la terre, ni la

terre de morts jon-ché-e; En voici,

terre de morts jon-ché-e; En voici,

Freres, la raison: Tout homme étoit

Freres, la raison: Tout homme étoit

un *Franc-Ma-çon.* Grands & pe-tits,

un *Franc-Ma-çon.* Grands & pe-
pour

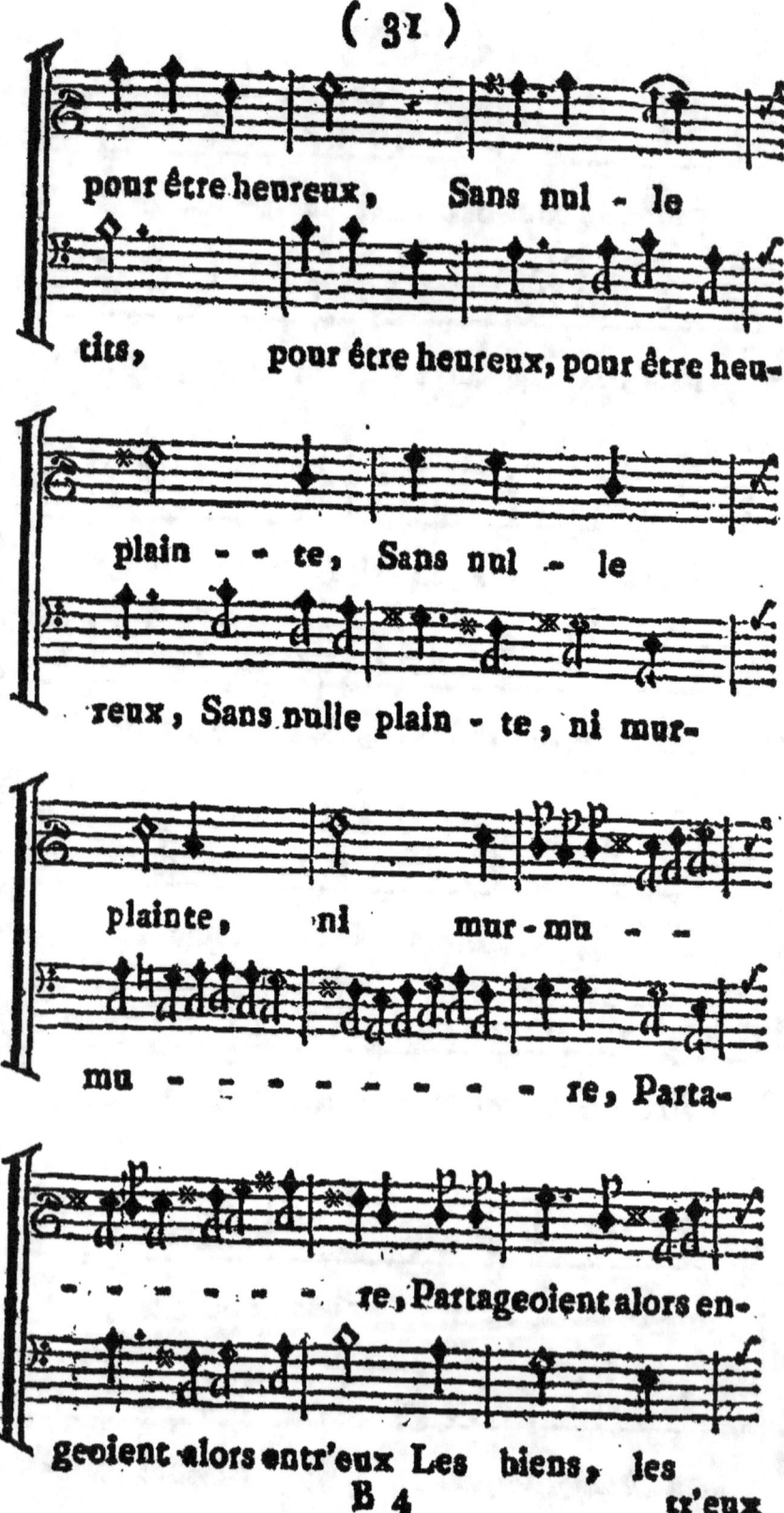

pour être heureux, Sans nul - le

tits, pour être heureux, pour être heu-

plain - - te, Sans nul - le

reux, Sans nulle plain - te, ni mur-

plainte, ni mur-mu - -

mu - - - - - - - - re, Parta-

- - - - - re, Partageoient alors en-

geoient alors entr'eux Les biens, les

B 4

tr'eux

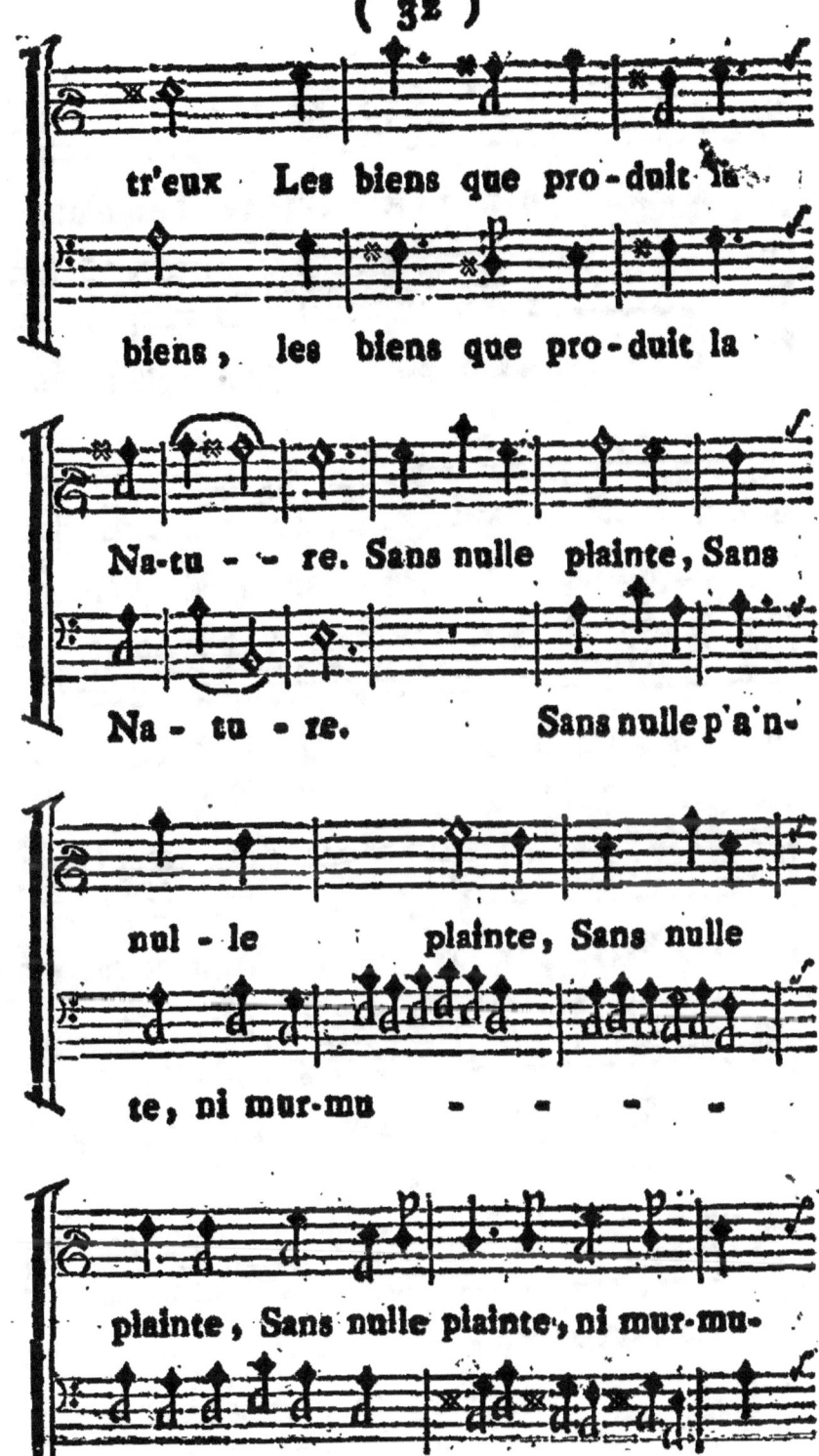

tr'eux Les biens que pro-duit la

biens ,   les biens que pro-duit la

Na-tu - - re. Sans nulle plainte, Sans

Na - tu - re.   Sans nulle p'a n-

nul - le   plainte, Sans nulle

te, ni mur-mu - - - - -

plainte, Sans nulle plainte, ni mur-mu-

re ,

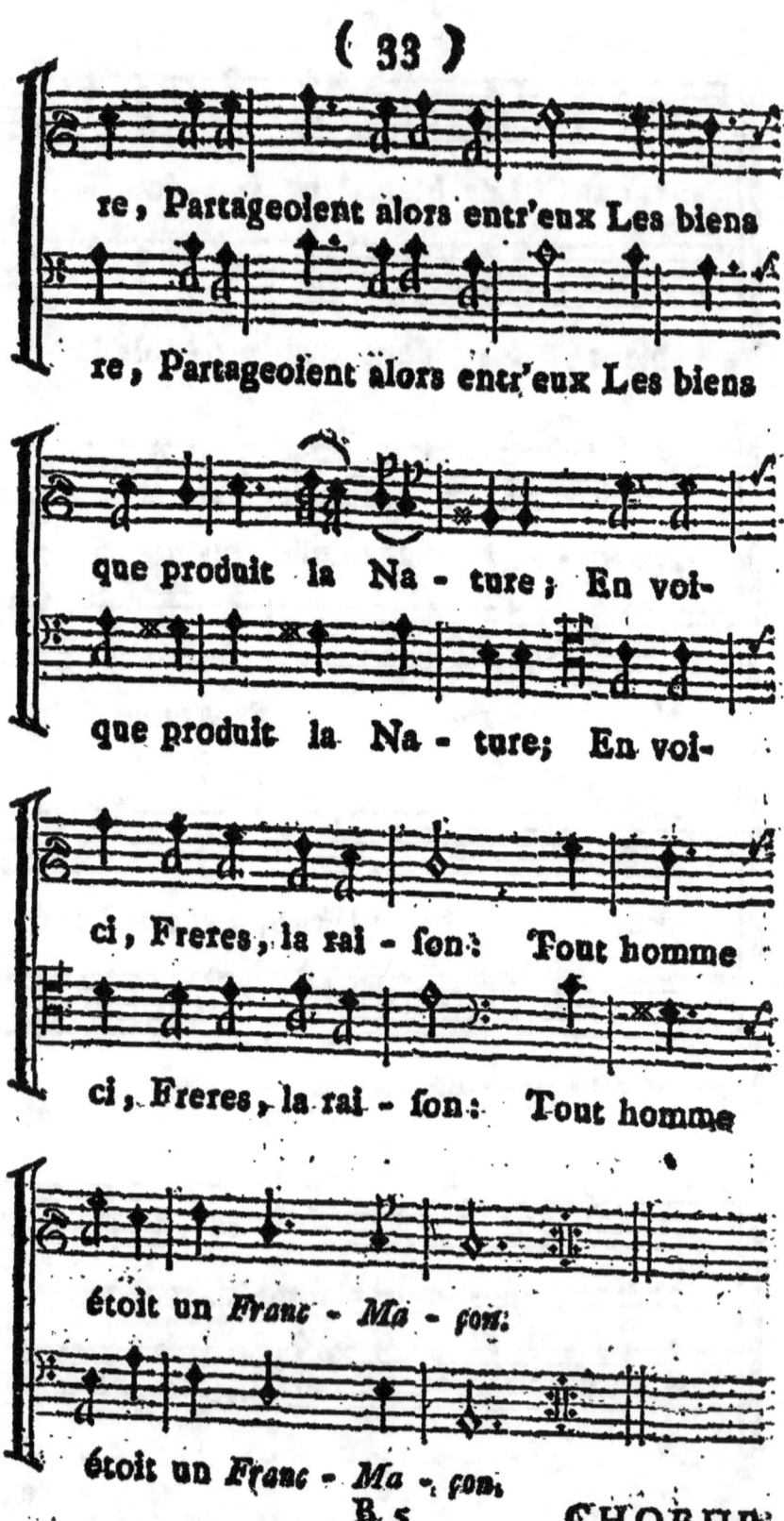

re, Partageoient alors entr'eux Les biens

re, Partageoient alors entr'eux Les biens

que produit la Na - ture; En voi-

que produit la Na - ture; En voi-

ci, Freres, la rai - son: Tout homme

ci, Freres, la rai - son: Tout homme

étoit un *Franc - Ma - ſon:*

étoit un *Franc - Ma - ſon:*

B 5   CHOEUR.

CHOEUR D'UNION.

Après l'Ouvrage.

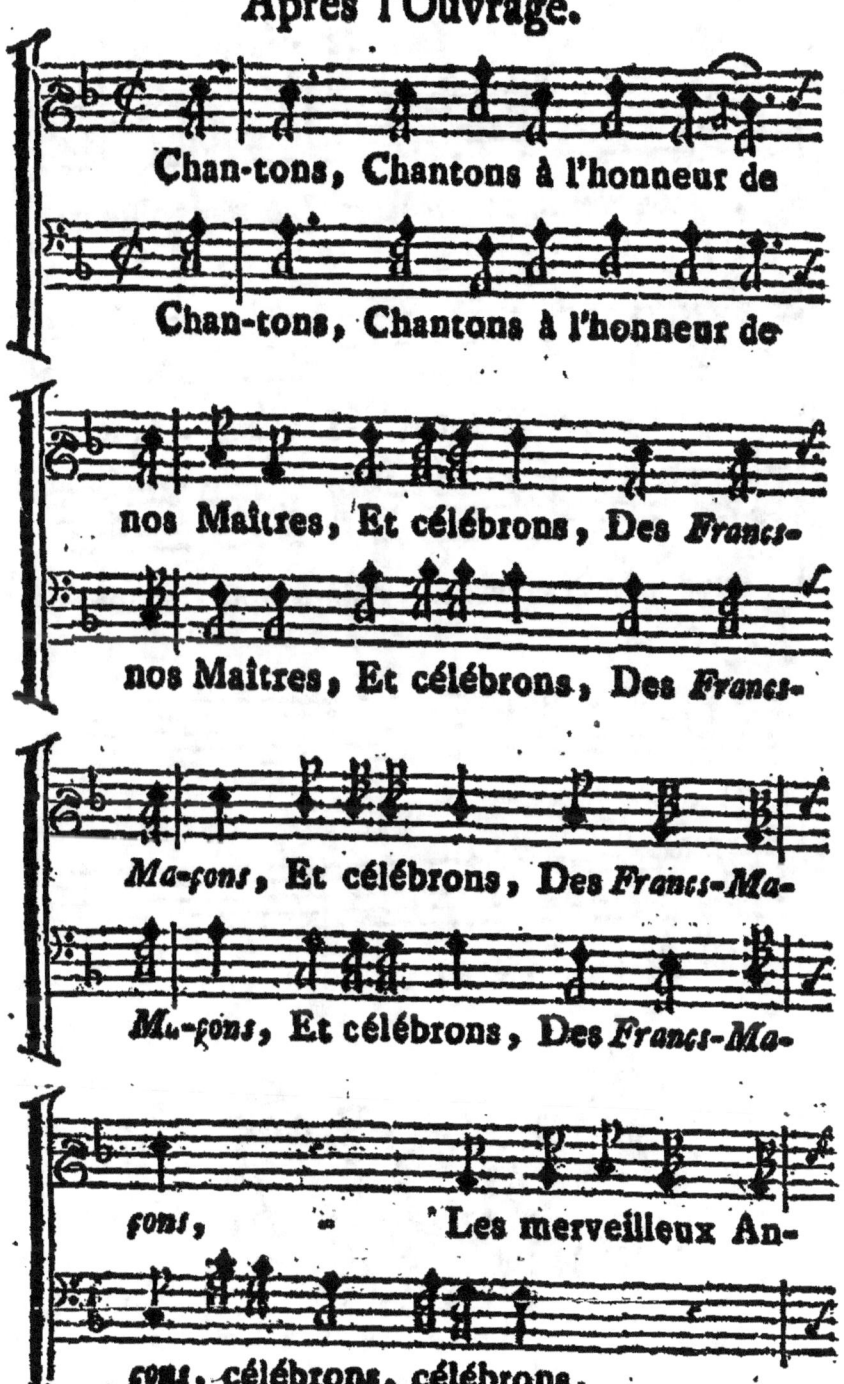

Chan-tons, Chantons à l'honneur de

Chan-tons, Chantons à l'honneur de

nos Maîtres, Et célébrons, Des *Francs-*

nos Maîtres, Et célébrons, Des *Francs-*

Ma-çons, Et célébrons, Des *Francs-Ma-*

Ma-çons, Et célébrons, Des *Francs-Ma-*

çons, Les merveilleux An-

çons, célébrons, célébrons,

cé-

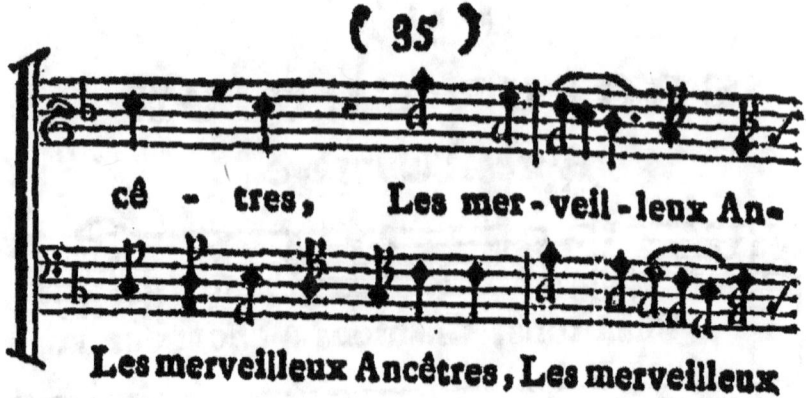

cê - tres, Les mer - veil - leux An-

Les merveilleux Ancêtres, Les merveilleux

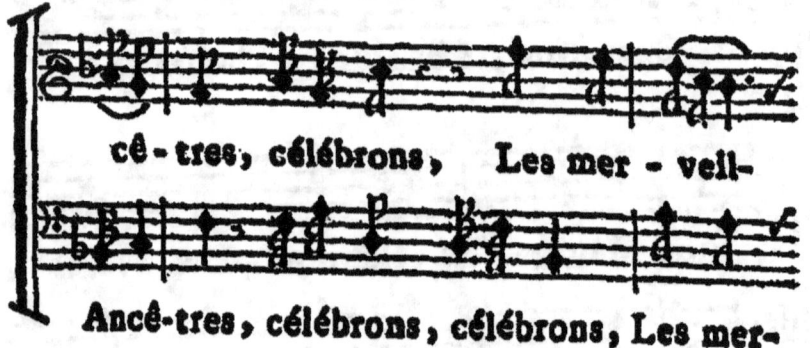

cê - tres, célébrons, Les mer - veil-

Ancê-tres, célébrons, célébrons, Les mer-

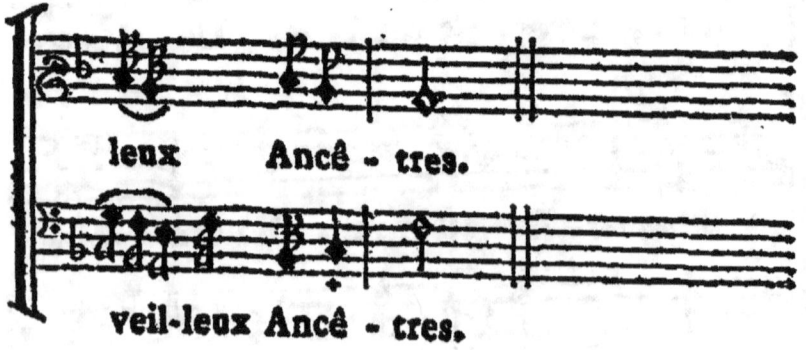

leux Ancê - tres.

veil-leux Ancê - tres.

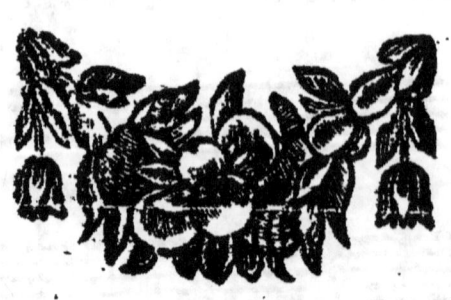

APOLOGIE DES FRANCS-MAÇONS.

Suivant cette Musique, ou sur celle de la Page 44.

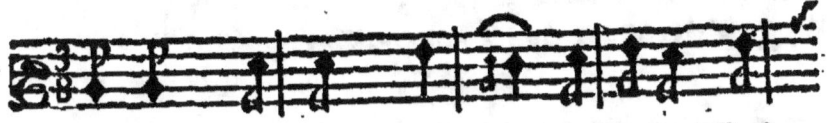

Sur notre Ordre en-vain le Vul-gaire Rai-

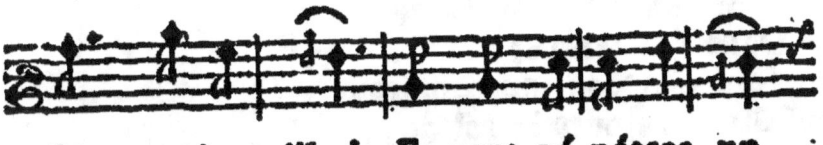

fonne aujour-d'hui, Et veut pé-nétrer un

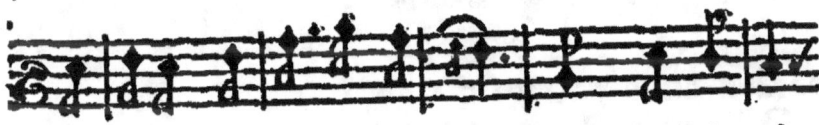

Mif-tere Au-deffus de lui; Loin que fa cri-

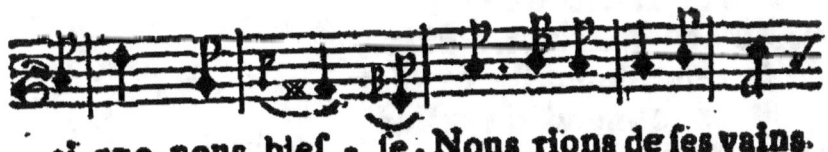

ti-que nous bleß - fe, Nous rions de fes vains

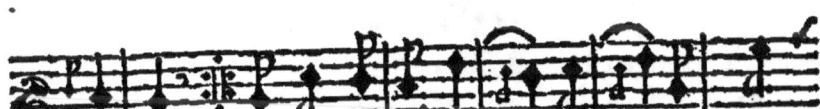

foupçons; Savoir e-gaïer la Sa - geffe, C'eft

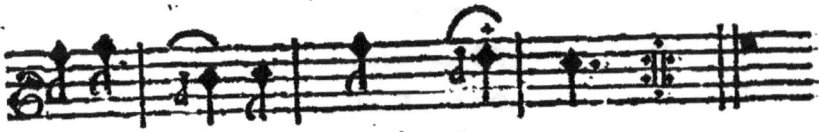

le Se - cret des *Francs - Ma - fons.*

Bien

Bien des gens difent qu'au Grimoire
    Nous nous connoiffons;
Et que dans la Science noire
    Nous nous exerçons.
Notre Science eft de nous taire
Sur les biens dont nous jouiffons;
Il faut avoir vû la Lumiere,
Pour goûter ceux des *Francs-Maçons.* } bis.

Se comporter en toute affaire
    Avec equité,
Aimer & fecourir fon Frere
    Dans l'adverfité;
Fuir tout procédé mercénaire,
Confulter toujours la raifon;
Ne point fe laffer de bien faire,
C'eft la régle d'un *Franc-Maçon.* } bis.

Accordez-nous votre fuffrage,
    O Sexe enchanteur!
Un *Franc-Maçon* vous rend hommage
    Et s'en fait honneur:
C'eft en aquérant votre eftime,
Qu'il fe rend digne de ce Nom;
Qui dit un ennemi du crime,
Caractérife un *Franc-Maçon.* } bis.

Samfon à peine à fa Maîtreffe
    Eut dit fon fecret,
Qu'il éprouva de fa foibleffe
    Le funefte effet:
Dalila n'auroit pu le vendre,
Mais elle auroit trouvé *Samfon*
Plus difcret, & tout auffi tendre
S'il avoit été *Franc-Maçon.* } bis.

VRE

VRY-METZELAARS VERDEEDIGING.

Vertaling van het voorgaande.

Vergeefs is 't dat ons zoekt te laken
    Het blinde Gemeen,
Om agter een Geheim te raken,
    Dat wy maar alleen
Bezitten, en de Nyd veragten;
Wel verre dat hun vittery
Ons zoude deeren, wy steeds agten } *bis.*
De wysheid in de *Metz'lary.*

Veel zeggen dat wy ons vermaken
    Met Goochelary,
Wat meer is, dat wy ons werk maken
    Van de Tovery;
Ons weetenschap bestaat in 't zwygen,
Maar geensints in bedriegery;
Die 't ligt ontfangt kan meer verkrygen, } *bis.*
En smaken 't zoet der *Metz'lary.*

Eerlyk en vroom zig te gedragen,
    Zelfs in teegenspoed:
Zyn Broeders, Vrienden ende Magen
    Te doen alle goed:
Ook yder een het zyn te geeven,
Van alle laffe baatzugt vry:
Dat is de Wet waar naar wy leeven, } *bis.*
En een Gebod der *Metz'lary.*

Staat

(☼)

Staat ons dog toe uw gunst te winnen;
　　O Kunne, zoo teer!
Wy die, met u altoos te minnen,
　　Ons maaken een eer:
En vlieden alle booze zaaken.
Van slegte wangunst zyn wy vry,
De Liefd' is het, daar wy naar haaken, *} bis.*
Als een Gebod der *Metz'lary.*

(☼)

Samson had naauwlyks zyn Beminde
　　Het Geheim ontleed,
Of zy liet hem baast ondervinde,
　　Wat dwaasheid hy deed.
Hy zou geweest zyn meer bescheiden,
En niet gebragt in slaverny;
Dalila kon hy ook verblyden, *} bis.*
Had hy gekent de *Metz'lary.*.

DE

DE DEUGT WINT ALLES.

Op de voorgaande Wys.

WAnneer *Astréa* zig op Aarde,
        Na haar lange vlugt,
Weer aan het Menschdom openbaarde,
        Was het d'eed'le vrugt
Der Liefde, voor de *Metz'larye*;
Door wie, zy weêr wierd ingehaald;
Na dat die op de Dwing'landye,
En d'Ondeugd had gezegenpraalt.

((*))

Die Hemeltelg was ons ontweeken;
        Om dat hier op Aard',
Geweld, Bedrog en slinkse streeken
        T'zaam gingen gepaart.
De Gramschap, Haat en Smaat verwekte,
(Waar voor het Meed'ly zwigten moest)
Die d'eed'le Vriendschap snood bedekte,
Met veinzery en vuile roest.

((*))

De Broederschap verderf die snoden;
        Herriep weer de Deugd,
En boog zig onder haar geboden,
        By schuld'looze vreugd;
De Staatsgelykheid, Trouw en Vreede,
Hernamen weer by hun haar stêe;
Zy bragten onbesproken Zeede
En 't eeuwig bly Genoegen mêe.

Zo

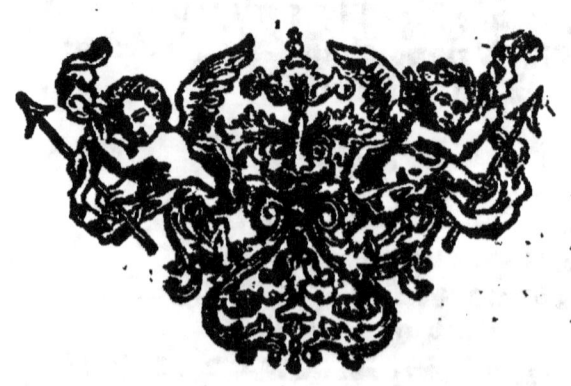

Zo ras *Astra* dus befchouwde,
    Uit des Hemels Boog;
Dat men hier Tempels voor haar bouwde;
    Sloeg zy ftraks een oog,
Van teedr' ontferming op ons needer
En daalde weer ten Hemel af;
Zy bragt de guld' Eeuw aldus weeder,
En maakt' een eind' aan onze ftraf.

Komt, laat ons dan ter eere zingen
    Der *Metzelary!*
De bron van 't Heil, dat wy ontfingen,
    Maakt ons vry en bly;
Wy willen vrolyk verg'noegd leeven,
In d'enge band der Broederfchap,
En thans daar van de blyken geeven
Met Zang, Gejuich en Handgeklap.

L'A M I.

L'AMITIE' FRATERNELLE.

Sur l'Air précédent.

A l'Amitié rendons hommage,
  Mes chers Compagnons;
Elle qui fut toujours le gage
  Des vrais *Francs-Maçons.*
Elle qui s'étoit retirée,
Loin des fougueuses passions,
Dans notre Temple s'est fixée; } *bis.*
C'est la Déesse des *Maçons.*

La trahison, la perfidie,
  Régnoient ici bas;
L'ambition, l'orgueil, l'envie,
  Conduisoient leurs pas.
La haine suivoit la colere:
La Vertu fut à l'abandon,
Et l'Amitié devint mistere } *bis.*
Pour tout autre qu'un *Franc-Maçon.*

C'est l'Amitié, dont l'influence
  Fait notre bonheur;
Chez nous le rang, ni la naissance
  N'ont nulle faveur.
Etre zélé pour nos misteres,
Aimer la Vertu par raison,
C'est là l'ambition des Freres: } *bis.*
C'est le plaisir d'un *Franc-Maçon.*

Si l'Amitié chez le Vulgaire
    Fait quelque lien ,
Souvent le Sort, s'il est contraire,
    Le reduit à rien.
Cette honteuse indifférence
Est inconnue à tout *Maçon* :
Notre Amitié prend sa substance
Où l'autre trouve son poison.   } *bis.*

Revérons donc, dans notre Temple,
    La douce Amitié.
Que l'Univers prenne en exemple
    La Fraternité !
Alors notre Ordre respectable,
Triomphera des noirs soupçons :
Rien ne peut être comparable
A l'Amitié des *Francs-Maçons*.   } *bis.*

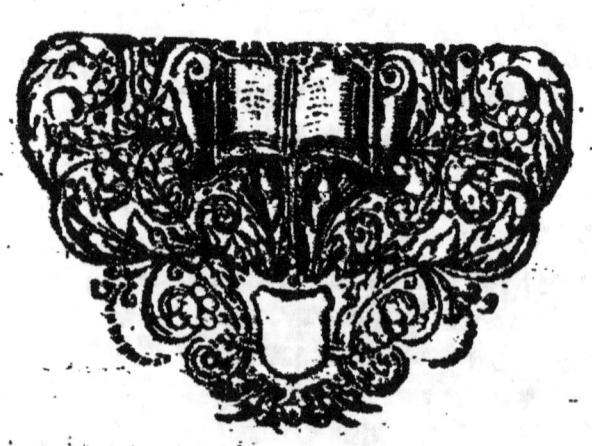

LA

LA RIVALITÉ PROFITABLE.

Par le Fr. de VIGNOLES.

Sur l'Air précedent, ou de la maniere suivante.

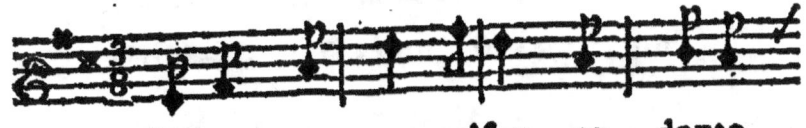

Chacun, a - vec raifon, re - doute

La Rivali - té; Ce défaut appla - nit la

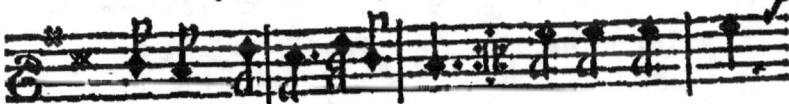

route De l'iniqui - té. Qui fe fou - met

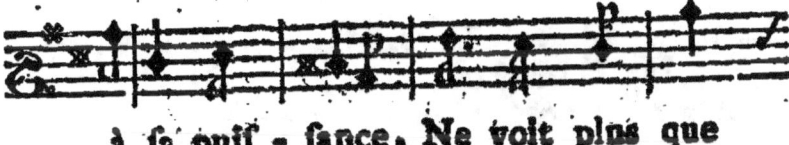

à fa puif - fance, Ne voit plus que

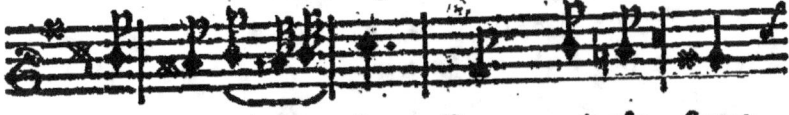

fes in - té - rêts. Rang, efprit, fang,

ver-

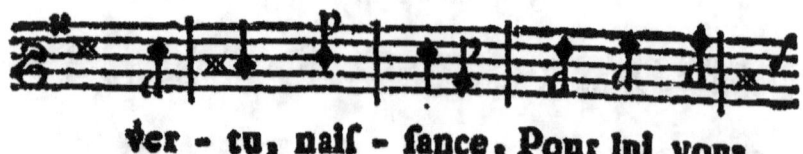

ver - tu, naiſ - ſance, Pour lui vous

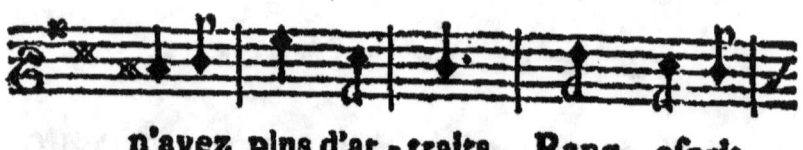

n'avez plus d'at - traits. Rang, eſprit,

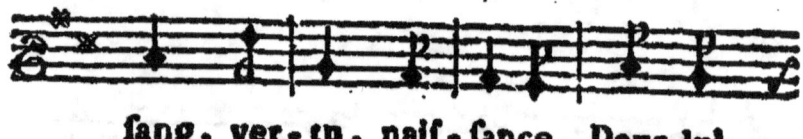

ſang, ver - tu, naiſ - ſance, Pour lui.

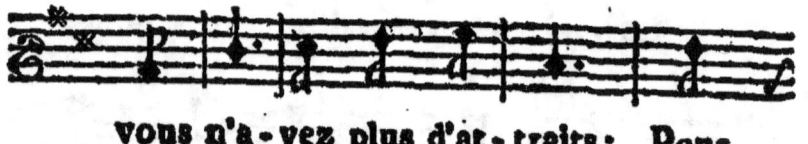

vous n'a - vez plus d'at - traits : Pour

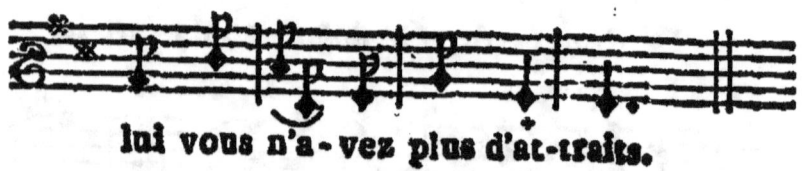

lui vous n'a - vez plus d'at - traits.

Licas oſe adorer *Climene*!
　　　Me diſoit *Tircis*;
Quand nous portons la même chaîne,
　　　Serions-nous amis?
Cette amitié devient un crime;
Et plus nos nœuds furent étroits,
Plus ſur ma haine légitime
Son amour augmente ſes droits.

Deux Guerriers qui vivoient en Freres,
　　Se tournent le dos;
Un Moine, sous ses loix austeres,
　　N'a plus de repos:
Chacun s'agite & se tourmente,
Pour perdre d'honneur son rival;
Il n'est rien que chacun ne tente,
Tout plait, s'il lui devient fatal.

Telle est, dans le monde ordinaire,
　　La Rivalité.
Peut-on donc trop tôt se souftraire,
　　A sa cruauté?
Ici nous la voïons, sans crainte,
Régner & régler nos esprits.
A la vertu l'ame est aftrainte,
Nos cœurs y font assujettis.

Toujours Rivaux, mais toujours Freres,
　　Si nous combattons,
C'est pour céder aux plus finceres,
　　Que nous révérons.
Quand c'est l'amour qui les couronne,
Cet amour reçoit la faveur:
Ici, qu'on le voïe, & s'étonne,
La Rivalité n'a qu'un cœur!

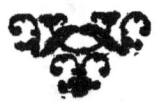

PLA-

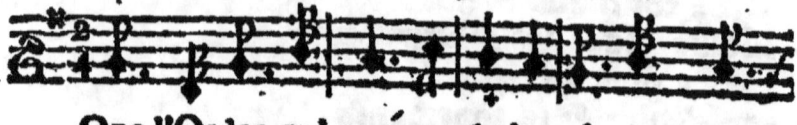

PLANETTE DU MAÇON.

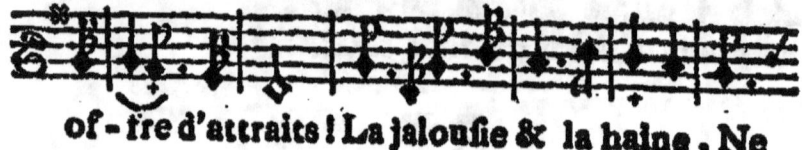

Que l'Ordre qui nous enchaine A nos cœurs

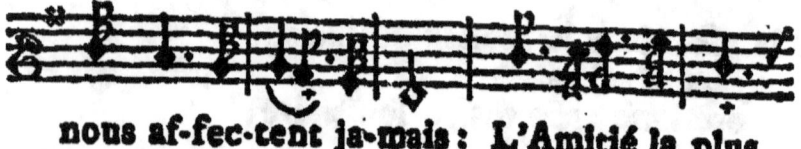

of-fre d'attraits! La jaloufie & la haine, Ne

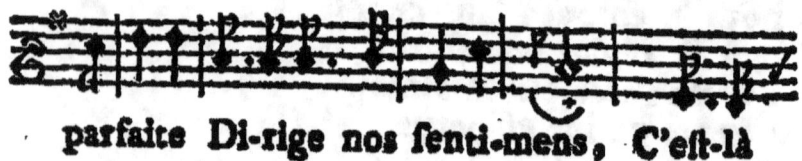

nous af-fec-tent ja-mais: L'Amitié la plus

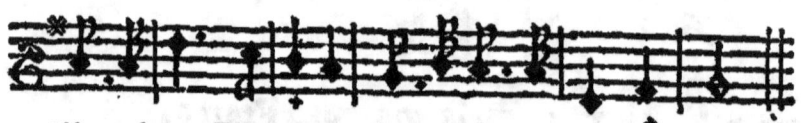

parfaite Di-rige nos fenti-mens, C'eſt-là

l'u-nique Planette Qui domi-ne fur nos fens.

Votre zele nous déſigne
Vos aimables qualités.
Freres, rangez-vous en ligne,
Et vous ferez enchantés.
Quand l'aſtre qui nous éclaire
Se plongera dans les eaux,
Vous recevrez le ſalaire
De vos pénibles travaux.

LES VERTUS DU MAÇON.

Sur l'Air : *Prends ma Philis, prends ton Verre.*

Tendrement. *Chœur.*

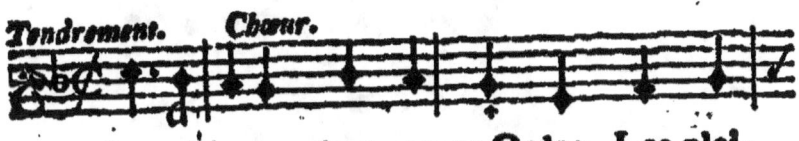

Perpé-tuons dans notre Ordre, Les plai-

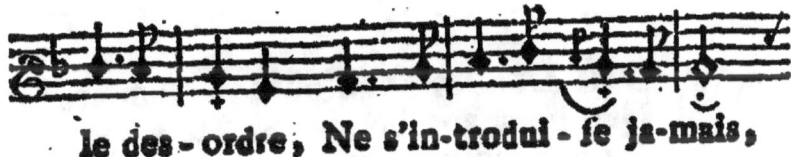

firs purs & par-faits; Que par-mi nous

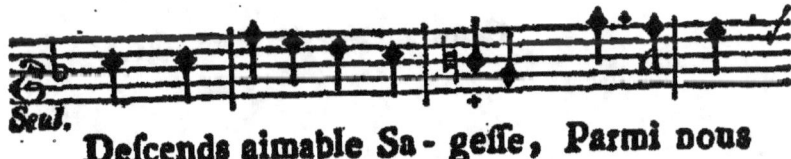

le des - ordre, Ne s'in-trodui - fe ja-mais,

Seul.

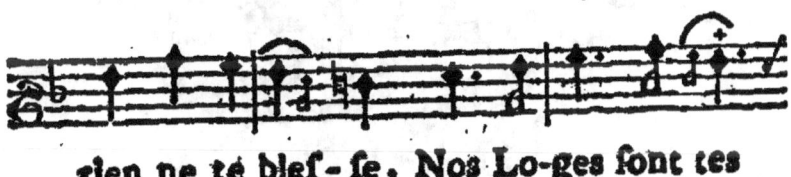

Defcends aimable Sa - geffe, Parmi nous

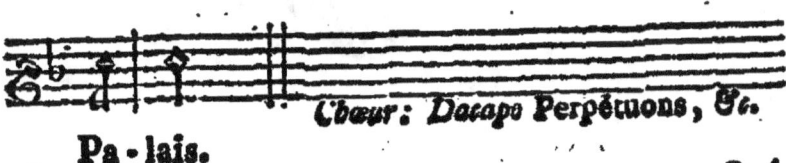

rien ne té blef - fe, Nos Lo-ges font tes

Chœur: Dacapo Perpétuons, &c.

Pa - lais.

Seul.

Seul.

De l'amour qui nous enchaine
On ne reffent nulle peine;
La vertu régle nos faits.

Chœur. Perpétuons &c.

Seul.

La volupté, l'indécence,
L'envie & l'intempérance,
N'ont chez nous aucun accès.

Chœur. Perpétuons &c.

Seul.

C'eft dans les lieux où nous fommes
Que nous apprenons aux Hommes
A ne s'oublier jamais.

Chœur. Perpétuons &c.

C   F E'.

FÉLICITÉ DU MAÇON.

Air: *Le Vaudeville d'Epicure.*

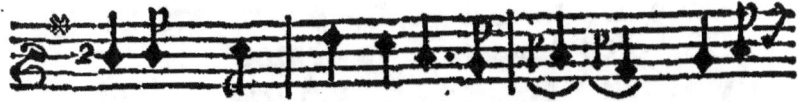

Ebauchons, très-aimables Fre - res , Le ta-

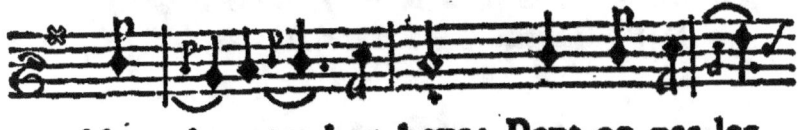

bleau de notre bon-heur : Peut-on par-ler

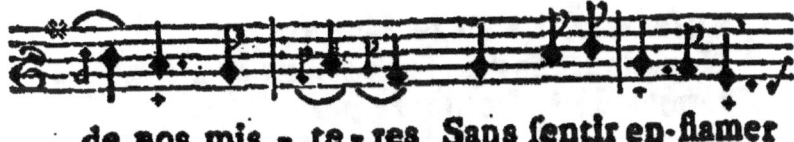

de nos mis - te - res Sans sentir en-flamer

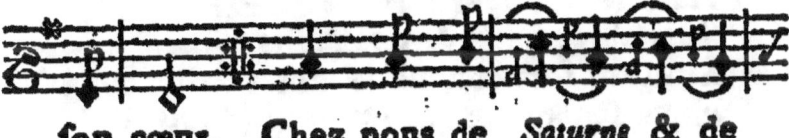

son cœur. Chez nous de *Saturne* & de

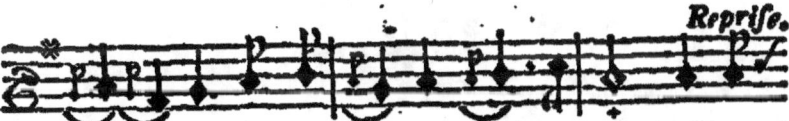

Rhée Renaît le sié-cle ver - tu-eux : Et pour

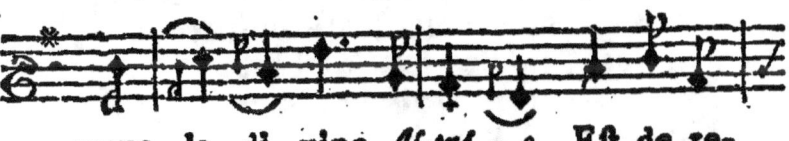

nous la di-vine *Astré - e* Est de re-

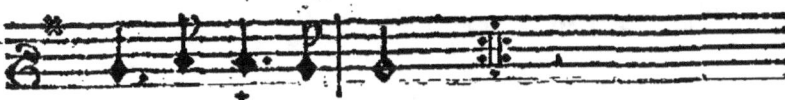

tour en ces bas lieux.

L'oli-

L'olivier couronne nos têtes,
La douce paix conduit nos pas,
Dans nos mœurs, comme dans nos fêtes,
On voit l'équerre & le compas.
Que les Monarques de la terre
Ne prennent-ils de nos Leçons!
Bientôt nous n'aurions plus de guerre,
S'ils vouloient tous être *Maçons*.

Enfans cheris de la Nature,
Nous jouïssons de ses présens;
Une volupté toujours pure
Régne dans nos jeux innocens.
Faire le bonheur l'un de l'autre,
Est l'objet de tous nos désirs.
Est-il un sort comme le notre?
Nous seuls goûtons les vrais plaisirs!

C'est sans doute un bien pour les Princes,
Chez qui nous sommes accueillis;
Car nous chérissons les Provinces,
Où nos Temples sont établis.
Par tout notre seule présence
Doit écarter l'adversité!
La Compagne de l'innocence
Fut toujours la prospérité.

Des

Des humains, lorsqu'un décret sage
Nous fait fuir la belle moitié ;
C'est pour nous livrer, sans partage,
Aux saints devoirs de l'amitié.
Quoi! le beau Sèxe est en allarmes
Sur ce prétendu célibat?
Est-ce donc méprifer ses charmes
Que n'ofer lui livrer combat?

Mais ce qu'en nous chacun admire,
C'est l'amour de l'égalité :
Nous faisons, mieux qu'on ne peut dire,
Les honneurs de l'humanité.
Du fiécle frivole où nous sommes
L'orgueil est par nous abattu :
Nous ne diftinguons dans les hommes
Que le mérite & la vertu.

Couplet que le Maître doit chanter.

Triomphez, troupe fortunée,
Vivez, illuftres citoïens,
Rempliffez votre deftinée,
Des cœurs refferrez les liens.
Qu'en tous lieux, par vous pourfuivie,
La difcorde tombe aux Enfers :
Servez de fupplice à l'envie
Et de modele à l'Univers.

V R Y.

VRY-METZELAARS LUST en RUST.

Vertaaling van het voorgaande.

Op dezelve Wys.

KOm Broeders laaten wy afmaalen
Het Tafereel van ons geluk
Al wie van het Geheim wil praalen
Die vind zyn Hart steeds buiten druk.
By ons van *Saturnus* en *Rhea*
Herleeft op nieuw de goude tyd,
Om ons heeft de Godin *Astrèa*
D'Aard' weer met haare komst verblyd.

Ziet hier d'Olyf onz' hoofden kroonen,
Daar zoete vreê verzelt onz' schreên,
De Winkelhaak en Passen toonen
Zig in onz' Feesten en onz' Zeên.
Och! of de Koningen der Aarde
Trokken met ons den zelven lyn,
Eerlang d'Oorlog geen ramp meer baarde,
Als elk van hen *Metz'laar* wou zyn.

Geliefde kinders der Natuure
Wy deelen haar geschenk altoos;
Daar reine wellust staag bestuure
Al onz' geneugtens schuldeloos.
Malkanders Luk te zaam te binden
Is ons verlangen en ons taak;
Wat beeter lot kon men ooit vinden?
Wy smaaken dus het waar vermaak.

C 3

Hoe

Hoe moet men 't luk der Vorſten roemen
By wien men ons in waarde houdt!
Hoe zeer gelukkig Ryken noemen
Daar onze Tempels zyn gebouwt?
Wy verdryven alom de rampen,
En ook de kwelling uit 't gemoed,
Onnoozelheid heeft nooit te kampen,
Met hartzeer of met tegenſpoed.

Het wys beſluit, dat ons doet myden
De ſchoone Kunne, alom geëert,
Is om ons gantſch'lyk toe te wyden
De pligten, die de Vriendſchap leert,
Hoe! kan de Sex' zoo'n oproer maaken
Om dien gewaanden Vryerſtaat?
Is het dan haar ſchoonheên te laaken
Als men den ſtryd met haar ontgaat?

Maar dat m' in ons vooral moet pryzen,
Ons liefde kent geen onderſcheid.
Wy weeten 't beſte te bewyzen
D'eer en pligt aan de Menſchlykheid.
Wy hebben trotsheid doen verflenſen
Van deez' Eeuwe, tot onze vreugd,
Dus agten wy niets in de Menſchen
Als de Verdienſten en de Dengd.

Vaers om door den Meeſter gezongen te worden.

Verblydt u zegenryke bende,
Leef ſteeds, als Broeders, wyſſelyk;
En brengt d noodlot wel ten ende,
Bindt uw hartsbanden ſtrengelyk,
Wilt tweedragt overal vervolgen,
Tot dat zy in den afgrond val,
Weeſt eeuwig op de nyt verbolgen,
En ſtrekt ten voorbeeld van 's Heel-al.

LE

LE MAÇON EXEMT DE REMORDS.

Sur l' Air précedent.

QU'on nous critique, qu'on nous blâme,
Nous l'envifageons fans chagrin :
Et la pureté de notre ame
De notre cœur fait le deftin.
Qui fait la conferver fans crime,
Ne craint point d'injuftes efforts.
A foi-même il fe rend l'eftime,
S'il eft au deffus des remords.

Tel on voit le *Maçon* fidele,
Toujours conduit par l'équité ;
On le critique : mais fon zèle
Affermit fa tranquillité,
Il fonde à loifir fa conduite,
Sur les propos des envieux,
Il aime ce qui les irrite :
Sa vertu le rend odieux.

De tous les plaifirs de la vie,
Les *Maçons* goutent le plus pur.
La vertu terraffe l'envie,
Et chez nous marche d'un pas fûr.
Maris jaloux, humeurs hautaines,
Dont le caprice fait les mœurs,
Venez vous charger de nos chaines,
Et fur nous modelez vos cœurs,

 Le

LE MAÇON SE SUFFIT.

Sur l'Air précedent.

SUr les préjugés du vulgaire,
On nous profcrifoit en tous lieux;
Mais notre crime eft de nous taire
Et de favoir nous rendre heureux.
Loin de nous porter au frivole,
L'utile dicte nos leçons;
Et la fageffe eft la bouffole
Qui dirige les *Francs-Maçons.*

C'eft elle qui préfide à table,
Quoiqu'en difent nos envieux,
Si l'on rend ce bonheur durable;
Nous ferons femblables aux Dieux.
A l'abri des fureurs d'*Eole*,
Mêlons le nectar aux Chanfons:
Fixer le plaifir qui s'envole
C'eft la gloire des *Francs-Maçons.*

Envain le vice fe tracaffe
Pour troubler de fages mortels.
Ici le *Maçon*, quoiqu'il faffe,
Aux vertus dreffe des Autels.
Prophane orgueilleux, qui nous fronde,
Nous rions de tes vains foupçons;
Que nous fait le refte du monde?
Le *Maçon* fuffit aux *Maçons.*

Fre-

❧

Freres, appellons à nos fêtes
Le Dieu du vin & des plaisirs,
Que l'olivier ceigne nos têtes,
Pallas réglera nos désirs.
Sans crainte versons à la ronde;
Le vin qu'on boit en *Franc-Maçon*,
Devient une source féconde
De jeux; d'esprit & de raison.

❧

Du Soleil la vive lumiere,
Pour nous jamais ne s'obscurcit,
La Lune à son tour nous éclaire,
Et guide nos pas dans la nuit:
Le Maitre à nos douceurs parfaites,
Sait mêler d'utiles leçons,
Et ce sont-là les trois Planettes
Qui dominent sur les *Maçons.*

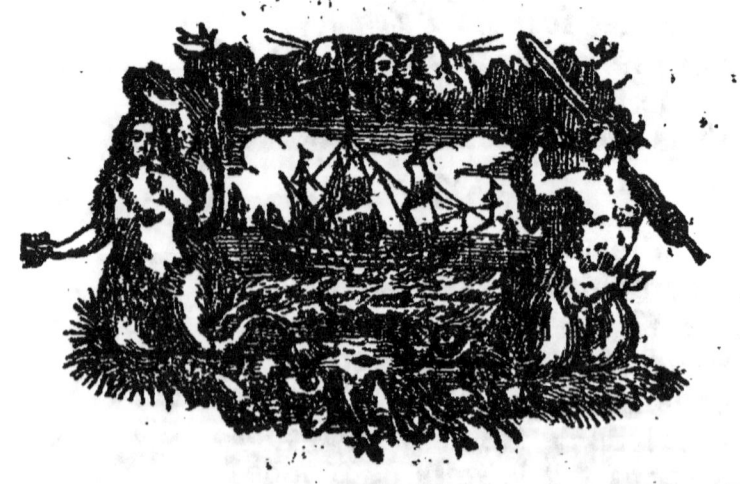

L'EMU-

L'EMULATION.

Sur l'Air précedent.

QUe nos voix, dans nos exercices,
Soient les organes de nos cœurs;
En bâtissant nos édifices,
Compagnons, chantons tous en chœurs;
Fameux Architecte du Temple,
Chantre, qu'on ne peut trop vanter,
Salomon nous donna l'exemple
Et de bâtir & de chanter.

Témoins des succès de nos Maîtres,
Formons-nous sur leurs beaux talens:
Toujours la gloire des Ancêtres
Doit être un modèle aux enfans.
Attentifs à leurs moindres signes,
Dociles à leurs sages loix,
Chers Compagnons, montrons-nous dignes
De leur suffrage & de leur choix.

Apprentifs, qu'un bonheur suprême
A placés parmi les Elus,
Dans le séjour des vertus même,
Qu'oseriez-vous chercher de plus?
Du sentiment & de l'estime
N'éprouvez-vous pas la douceur?
Pour goûter votre état sublime,
Il vous suffit d'avoir un cœur.

Vous,

Vous, que tout bon *Maçon* redoute,
Traître, fous l'afpeft le plus doux,
Amour, vous gémiffez fans doute
De ne pas régner parmi nous;
Inftruits par de triftes exemples,
Vous ne nous faites point pitié;
N'avez-vous pas affez de Temples?
Qu'il en foit un à l'Amitié.

Mieux que vous, notre Vénérable
Fixe nos plus tendres fouhaits.
Ici, certaine d'être aimable,
L'Amitié régne fous fes traits.
Pour peindre fes graces touchantes,
Du *Correge*, & de *Le Sueur*,
Que n'ai-je les touches favantes,
Ou la Voix de notre Orateur!

Réponse du *Vénérable Maître*,

Par le Fr. de VIGNOLES.

J'Admire les touches favantes
Du *Correge* & de *Le Sueur*:
Mais ces touches font trop brillantes
Pour être l'organe du cœur.
Le votre eft fincere & fidele;
Un *j'aime*, exprimé fans détour,
En caraftérifant le zele,
Répondra mieux à mon amour.

C 6

DIALOGUE SUR LES ELEMENS DE L'ART,

Par le Fr. Abbé FRERON.

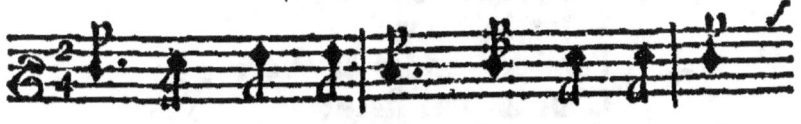

Il m'eſt donc permis, Mes chers A - mis,

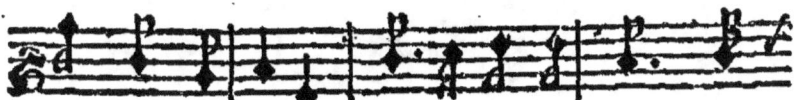

A votre ex-emple, De ſuivre le cours Des

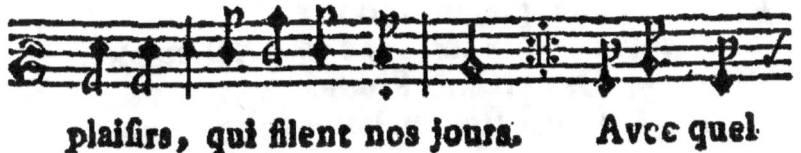

plaiſirs, qui filent nos jours. Avec quel

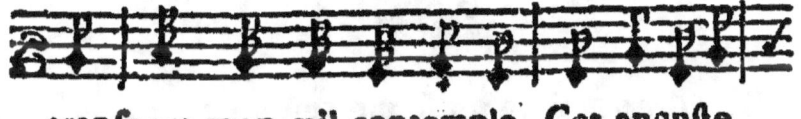

tranſport mon œil contemple Cet auguſte

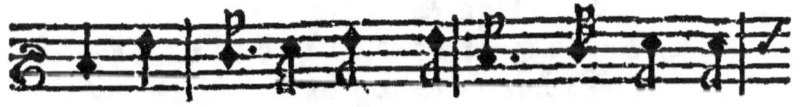

Temple; Le vulgaire ob-ſcur, De nos mé-

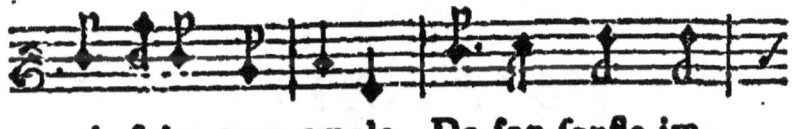

pris ſujet trop ample, De ſon ſoufle im-

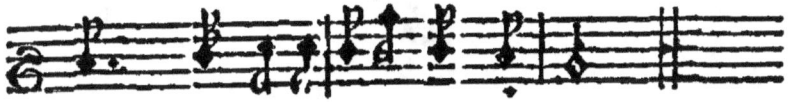

pur, N'en terni-ra jamais l'a - fur,

Mais

Mais en quoi confiste, je vous prie,
     La *Maçonnerie* ?
Le V.   ,, Payer le tribut
     ,, A l'amitié tendre & chérie,
     ,, C'eft le feul ftatut
     ,, De notre charmant inftitut.

Le Fr. Quel plaifir, quand l'Ordre vous affemble
     Goûtez-vous enfemble ?
Le V.   ,, Des plaifirs fi doux
     ,, Qu'aucun autre ne leur reffemble ;
     ,, Des plaifirs fi doux
     ,, Que les Rois même en font jaloux.

Le Fr. Dites-moi ce qu'il me refte à faire,
     Pour vous fatisfaire ?
Le V.   ,, Sois fage & difcret,
     ,, Sache moins parler que te taire ;
     ,, Préviens le regret
     ,, Qui fuivroit l'aveu du fecret.

PORTRAIT D'UNE LOGE.

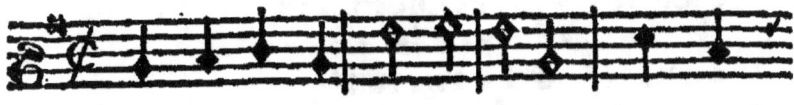

Que chacun de nous fe li-vre, Aux tranf-

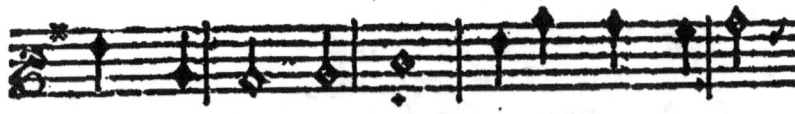

ports les plus charmans, Entre nous faifons

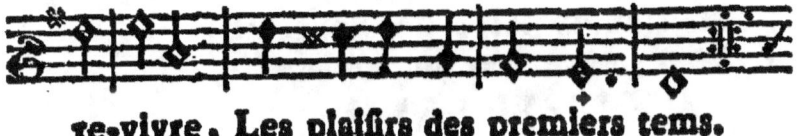

re-vivre, Les plaifirs des premiers tems.

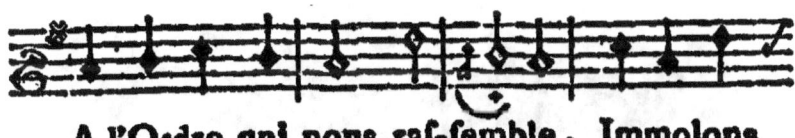

A l'Ordre qui nous raf-femble, Immolons

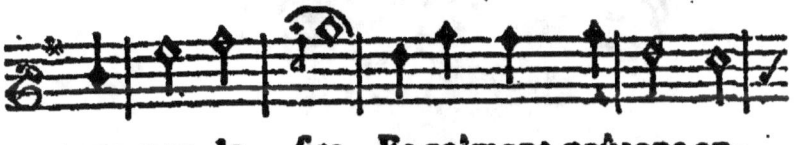

tous nos de - firs, Et gaîment goûtons en-

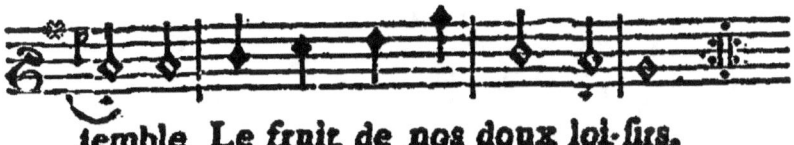

femble Le fruit de nos doux loi-firs.

De

De la naïve Nature
Notre Ordre emprunte la voix,
L'innocence la plus pure
Peut fuivre aifément nos loix;
Des mains de la modeftie
Nos plaifirs font couronnés,
Et des charmes de la vie,
Nous fommes environnés.

Tous foumis & tous finceres,
Nous refpectons les talens,
Et dans nos facrés mifteres
La vertu marque les rangs;
La noire envie étouffée
Ne trouble point nos douceurs,
Et nous dreffons un trophée
A la pureté des mœurs.

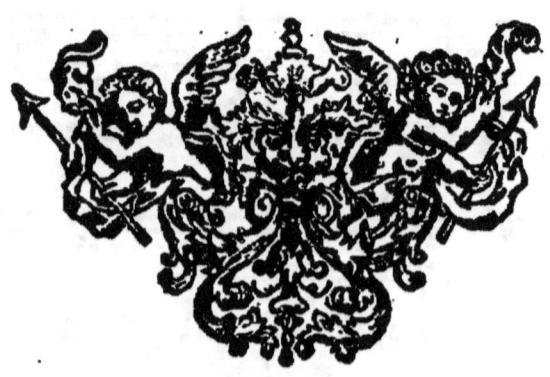

A F.

AFBEELDING eener LOGE.

Door den Br. L. Vermeulen.

In navolging en op de Wys van het voorgaande; als mede op de Wys van het volgende Pag. 66. *Je vais te voir charmante Life:* Of ook dus.

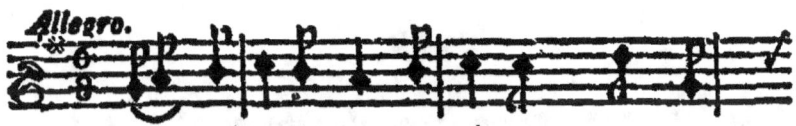

Laat een yder zig begeeven, Tot het

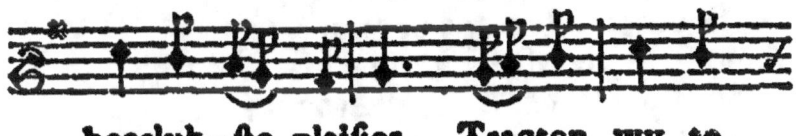

heerlyk-fte plaifier, Tragten wy te

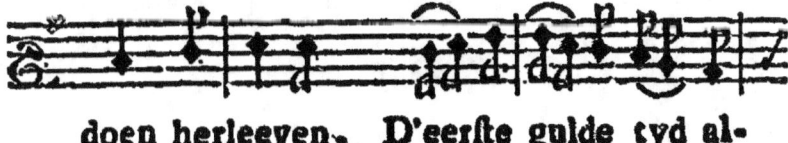

doen herleeven, D'eerfte gulde tyd al-

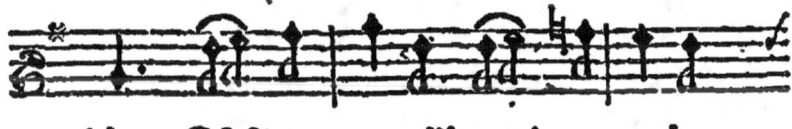

hier; Of-f'ren wy all' onz' vermaaken,

Aan

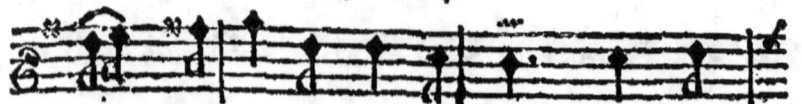

Aan d'Order die ons vergaard, Hier zul-

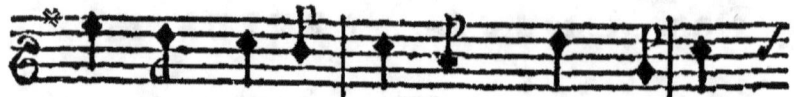

len wy vrugten fmaaken Van wysheid

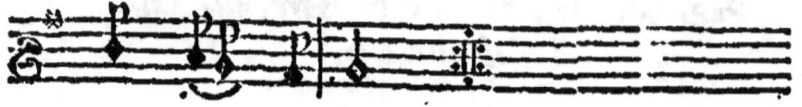

met vreugd gepaard.

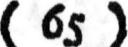

Zeer eenvoudig leent onz' Order,
   Haare ftem van Vrouw Natuur,
En wil dat m' alleen bevorder,
   De verdienften tot beftuur;
Onz' zeer heerlyke vermaken,
   Zeedigheid heeft die gekroont,
Wy daarom fteeds daar na haken,
   Wyl z' altyd met eer beloont.

Onderdaan, opregt van herte,
   Eeren wy, die gaven heeft,
Vuile nyd, bron-aar van fmerte,
   Men by ons geen toegang geeft;
't Is d'eer alleen, en niets anders,
   Dat fchikt rang en onderfcheid,
En wy planten zeege ftanders
   Voor der zeeden zuiverheid.

SUR

SUR LE DEPART D'UN FRERE.

Air: *Je vais te voir charmante Lise.*

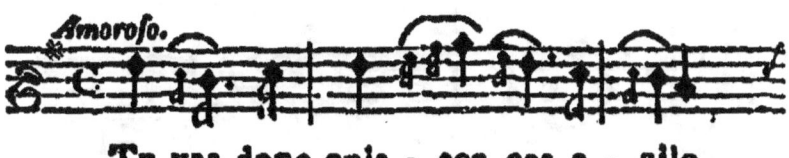

Tu vas donc quit - ter cet a - zile,

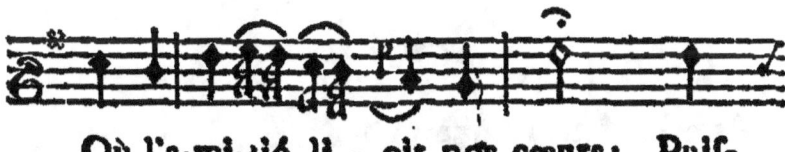

Où l'a-mi-tié li - oit nos cœurs; Puis-

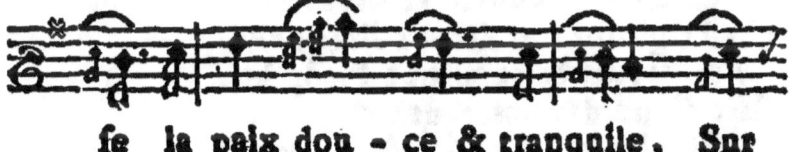

fe la paix dou - ce & tranquille, Sur

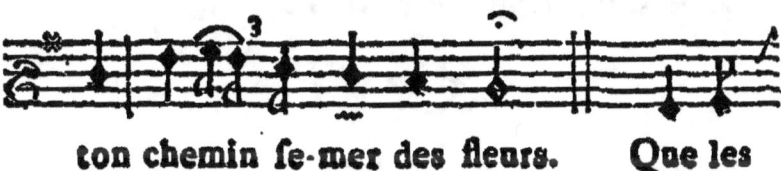

ton chemin fe-mer des fleurs. Que les

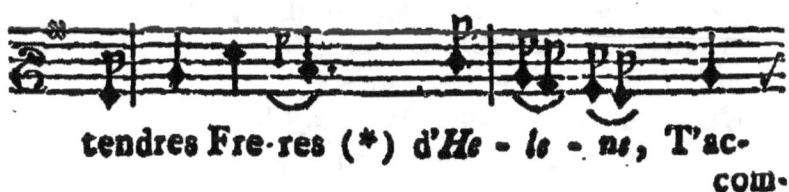

tendres Fre-res (*) d'He - le - ne, T'ac-
com-

(*) *Caftor & Pollux.*

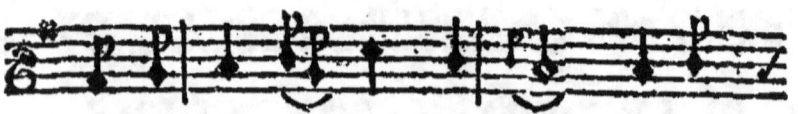

compagnent de leurs flamheaux; Le fen-

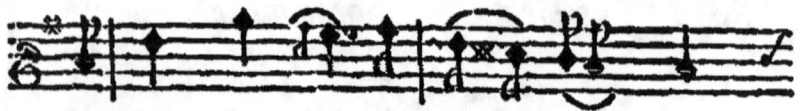

ti-ment qui nous en - chai - ne, Fut

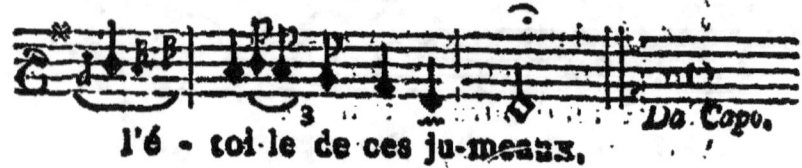

l'é - toi-le de ces ju-meaux.

Aux Profanes, que ta fageffe
Annonce nos chaftes leçons,
Que chaque climat s'intéreffe
A la gloire des *Francs-Maçons*.
Tes vertus la rendront feconde,
Et digne des vœux des mortels.
L'Equité pour nous eft le Monde,
Dans fon Temple font nos Autels.

Fille du Ciel, fimple innocénce,
Sur fes pas conduis les plaifirs,
Et toi, refpectable décence,
Sois l'argane de fes défirs!
Qu'il revienne avec la Sageffe,
Nous fignalerons fon retour,
Par les doux chants de l'allegreffe,
Et par les tranfports de l'amour.

LA

LA PRUDENCE DU MAÇON.

Sur les trois Airs précedens.

QUe dans ce charmant afile
On paffe d'heureux momens !
Notre ame pure & tranquille
Y goûte mille agrémens.
La vertu nous y contemple
Mettre les vices aux fers.
Que nos loix fervent d'exemple
Au refte de l'Univers !

La Difcorde impitoïable
N'y trouble point nos plaifirs.
Une Amitié véritable
Y régle tous nos defirs.
De l'erreur qui nous condamne
On y creufe le tombeau :
Parmi nous, l'amour prophane
N'allume point fon flambeau.

Le vulgaire envain s'offenfe
De notre difcrétion :
Nous trouvons dans le filence
Le fceau de notre union.
C'eft pour éloigner le vice
Que nos Temples font couverts :
Mais aux cœurs fans artifice
Ils font promptement ouverts.

VRY-

VRY-METZELAARS OMZIGTIGHEID.

Vertaling van het voorgaande.

Door den Br. L. VERMEULEN.

Op de Romance *On ne s'avise jamais de tout.*

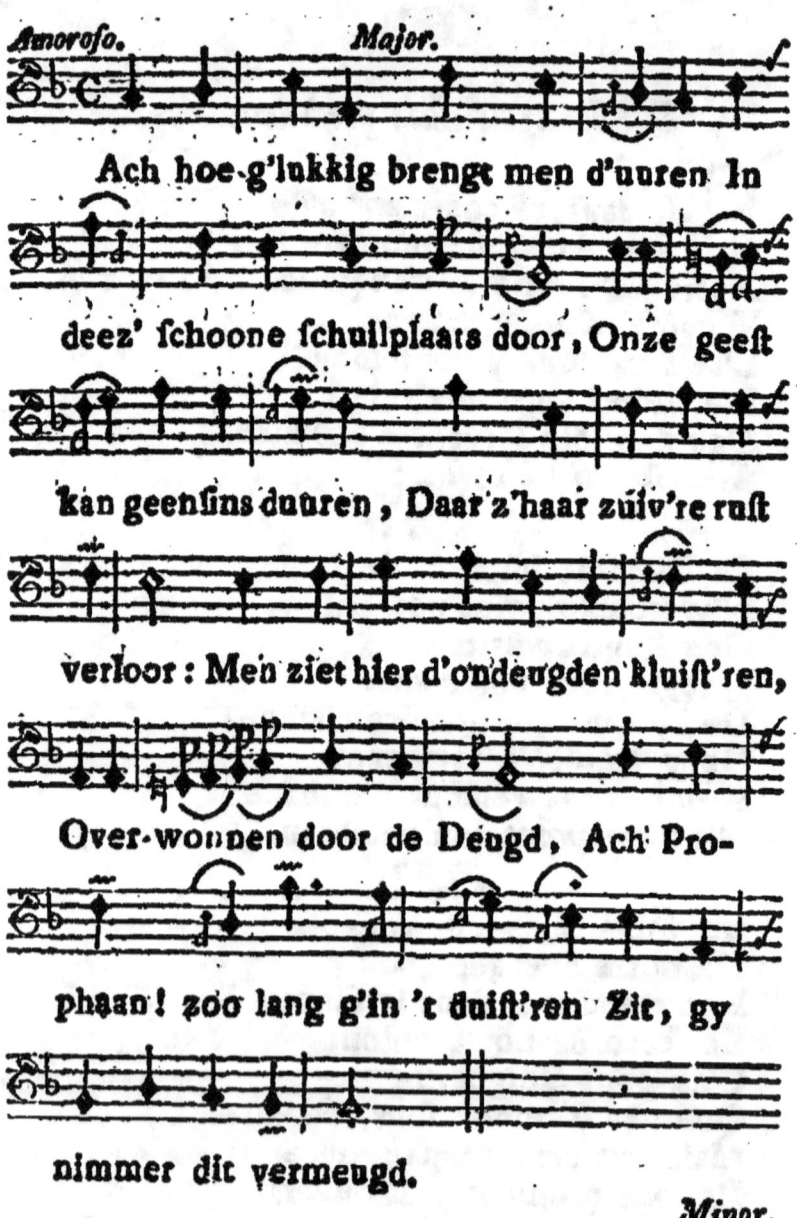

Ach hoe g'lukkig brengt men d'uuren In

deez' schoone schuilplaats door, Onze geest

kan geenfins duuren, Daar z'haar zuiv're ruft

verloor: Men ziet hier d'ondeugden kluift'ren,

Over-wonnen door de Deugd, Ach Pro-

phaan! zoo lang g'in 't duift'ren Zie, gy

nimmer dit vermeugd.

Minor.

Minor.

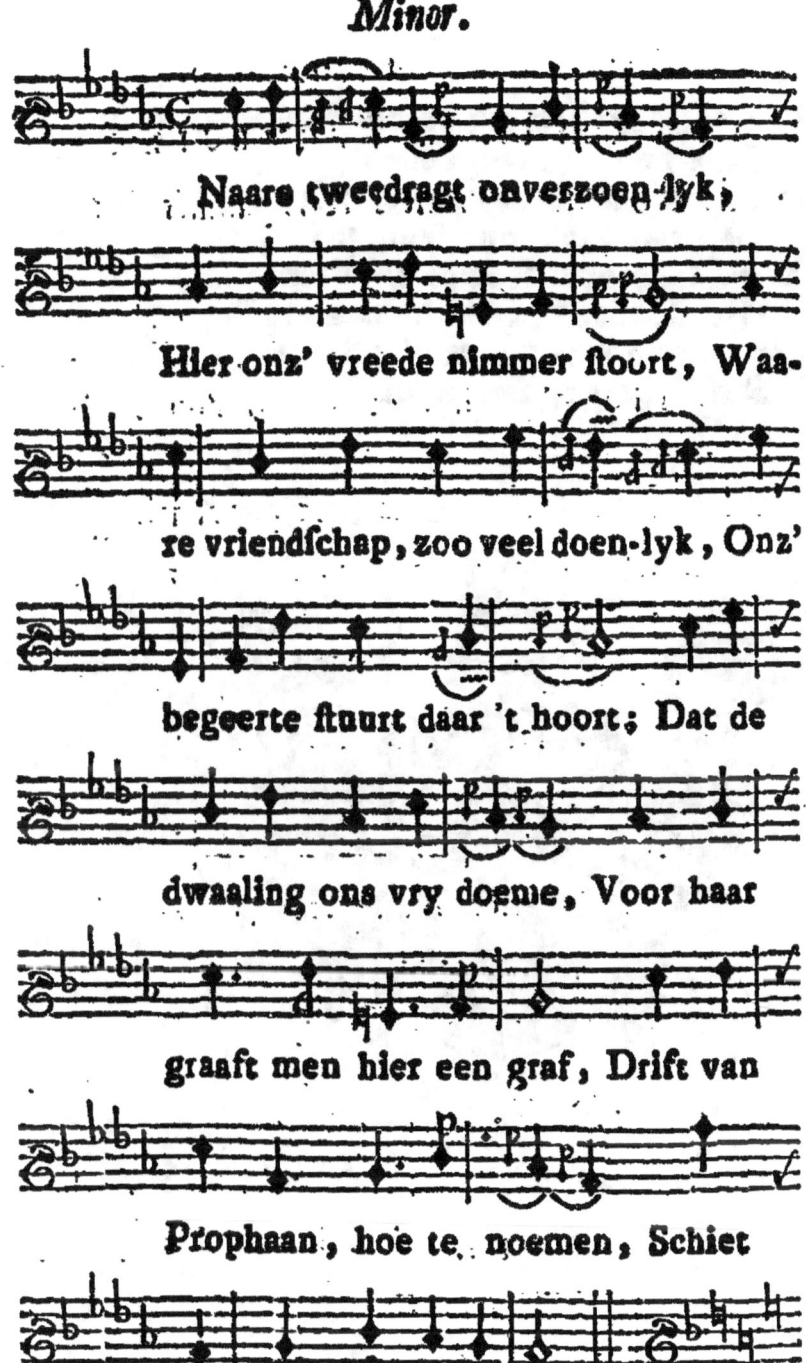

Naare tweedragt onverzoen-lyk,

Hier onz' vreede nimmer ftoort, Waa-

re vriendfchap, zoo veel doen-lyk, Onz'

begeerte ftuurt daar 't hoort; Dat de

dwaaling ons vry doeme, Voor haar

graaft men hier een graf, Drift van

Prophaan, hoe te noemen, Schiet

Al Primo.

hier nooit zyn pylen af.

Major.

Major.

Vry verwond'ren zig de blinden,
 Over onz' ftilzwygenheid,
Maar wy daar fteeds in bevinden,
 Den band van onz' eenigheid;
Wy alleen onz' Tempels fluiten
 Dat d'ondeugd geen ingang vind,
Maar wy houden daar niet buiten
 Die d'opregtigheid bemind.

DEN

DEN TEMPEL VAN ASTREA.

ODE ter eere van de Groote Loge.

Door den voornoemde.

Op de voorgaande Wys.

Major.

Ach wat heerlyker vertooning
　Doed zig op, voor ons gezigt,
Pragtig als een Vorsten wooning,
　Daar 't oud Romen zelfs voor zwigt:
In 't roemrugtigst van haar tyden,
　Deed het nooit zo groot een stap,
Als men ziet aan allen zyden,
　Van deez' Eed'le Broederschap.

Minor.

Wysheid en geschiktheid, beide
　Bouwden daar van den Grondslag;
En in d'eerste gulde tyden,
　Men daar d'eerste Schets van zag.
Haare Metaale Pylaaren,
　Die haar hoeden voor verval,
Is geheimen wel bewaaren,
　En die te verbergen al.

Major.

De bekoorlykste vermaken,
　Werden hier vry toegestaan;
Ware Broeders daar na haken,
　Wyl zy geen deugd tegen gaan.
Momus wet vergeefs uw wapen,
　Met al uw bedillers, wy
Aan uw nyd ons niet vergapen,
　Ons verbond dat blyft schoot vry.

Minor.

Minor.

Ons verblyf is toegeheiligt
  Aan geheimen groot en hoog,
D'Order wys'lyk, die beveiligt
  Voor den ongeweiden oog;
Vergeefs is het dat zy pralen,
  Daar te hebben kennis aan,
Om haar dwaasheid te betalen,
  Laat men haar in deeze waan.

Major.

Broeders, laat ons veilig smaken,
  Vrugten van onz' vriendschaps band,
Wy zullen haaft weer geraken,
  Tot dien eersten gulden stand:
Eeuwig stå deez' schonen Tempel,
  Van *Astrèa* zelfs gestigt,
Weeren'wy, wyd van haar drempel,
  Al wat doven wil haar ligt.

FON.

FONDEMENT DE L'ART.

Sur l'Air : *Revenant de Lorette.*

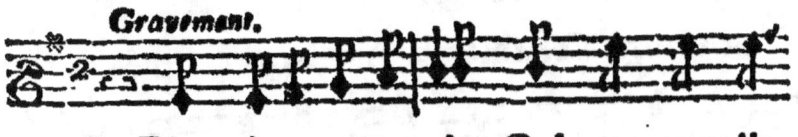

D'une innocente vie, Qui veut remplir

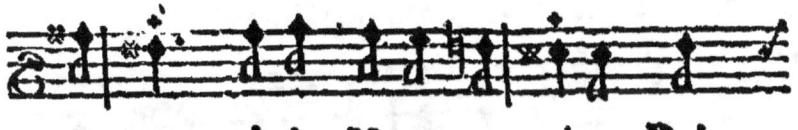

le cours, A la *Maçon - ne - ri - e* Doit

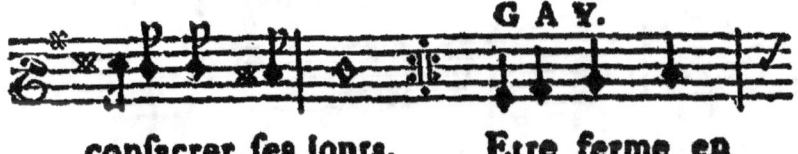

confacrer fes jours. Etre ferme en

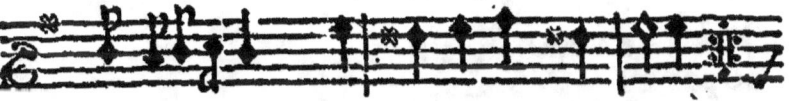

fa religion, Tout hafarder pour elle,

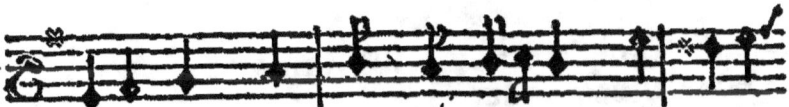

Et n'avoir point d'autre ambition, Que d'être

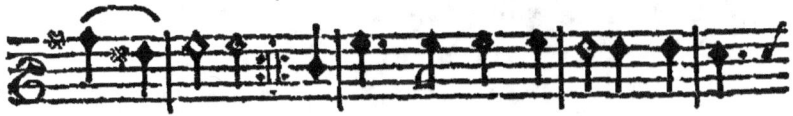

jufte & bon. Su-jet rempli de zele, A mi
ten-

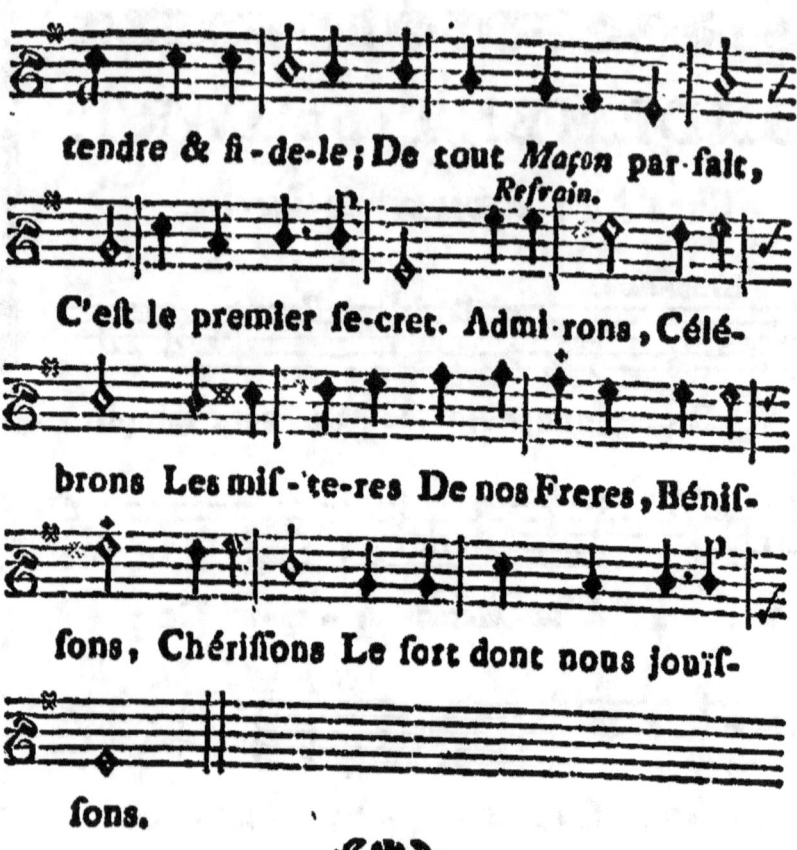

tendre & fi-de-le ; De tout *Maçon* par-fait,

C'eſt le premier ſe-cret. Admi-rons, Célé-

brons Les miſ-'te-res De nos Freres, Béniſ-

ſons, Chériſſons Le fort dont nous jouïſ-

ſons.

Dans une route obſcure,
Et par mille détours,
J'errois à l'avanture,
Sans guide & ſans ſecours :

Dans le Temple à peine ſuis-je entré,
Qu'un globe de lumiere
Sur mes yeux lance un raïon ſacré ;
Je me ſens éclairé.
De tout ce que révere
Le prophane vulgaire,
Je vois le faux brillant,
L'erreur & le néant.

Admirons, &c.

D 2

Phe-

Phébus fortant de l'onde
En faveur des humains,
Eft la fource féconde
Des jours purs & ferains.

Tel on voit le Maître des *Maçons*,
Dans fon illuftre Ecole,
Eclairer, par fes fages leçons,
Freres & Compagnons.
De l'un à l'autre Pole
Par tout que fon Nom vole;
Mais fachons à jamais
Renfermer fes fecrets.
Admirons, &c.

Sans la *Maçonnerie*
Que font tous les banquets ?
Bacchus & la Folie
N'en font-ils pas les frais ?

Nos feftins les plus délicieux
N'offrent rien que de fage;
Nos convives font voluptueux,
Mais toujours vertueux,
Cet excellent breuvage
Nous fert à rendre hommage
A l'éternel Auteur
De notre vrai Bonheur.
Admirons, &c.

BASE DE L'UNION MAÇONNE.

Pour les Freres Visiteurs.

Par le Fr. de VIGNOLES.

Sur l'Air précédent.

DEs Visiteurs sinceres
Quand l'aimable concours,
Honore nos misteres
En ces précieux jours;

Qu'ils nous jugent par nos actions;
   Y voit-on la justice,
Accorder nos inclinations,
   A leurs intentions?
   L'Amitié sans caprice,
   Reçoit sous son auspice
   Le Mortel vertueux,
   Bannit le vicieux,
     Adoptons
     Augmentons
     La constance,
     De l'alliance,
     Fomentons
     Cimentons
Ces nœuds que nous respectons.

D 3   En

En vain fans la droiture,
La vertu, la candeur,
Quelque mortel augure
Former ce nœud flateur.

Il n'eft un véritable lien,
Qu'autant que la franchife,
L'œil toujours ouvert fur notre bien,
Nous devient un foutien.
L'ame vraiment éprife,
Jamais ne fe déguife :
Elle met à fon taux
Les vertus, les défauts.
Adoptons &c.

De la maligne envie
Reffentir les tranfports,
Ou par la flaterie
Corrompre les dehors.

C'eft l'ufage d'un prophane errant
Que le *Maçon* détefte.
On combat notre plus beau talent
Quand on fuit ce penchant.
Il faut que tout attefte
En Loge & dans le refte
Qu'un Frere eft un Mentor
Plus précieux que l'or.
Adoptons &c.

Dans

((✿))

Dans une paix profonde,
Loin d'un monde pervers,
Ici le *Maçon* fronde
Un perfide univers.

((✿))

Il connoît, & blâme ſes détours,
 Sans s'y laiſſer ſéduire ;
Il ſait que tout n'a que des faux jours
 Qui nous trompent toujours.
 Mais l'homme ici ſans maſque
 De tout portrait fantaſque
 Leve l'extérieur ;
 Juge l'intérieur.
  Adoptons &c.

((✿))

C'eſt là ce grand miſtere
Qui nous rend tous amis ;
Que par ce caractere
Nos nœuds ſoient affermis.

((✿))

L'un de l'autre imitons les vertus,
 Que la juſtice éclaire ;
Mais rendons, infaillibles Argus,
 Les vices confondus.
 Ce moïen ſalutaire
 Pourra ſeul ſatisfaire
 La noble intention,
 Qui fait notre union.
  Adoptons &c.

LE COSMOPOLITE.

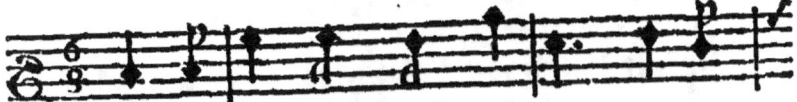

Quel eſt ce monde enchan-té, Où je

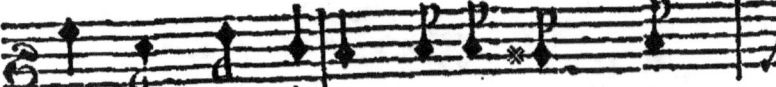

me vois tranſpor-té! A ſe rendre heu-

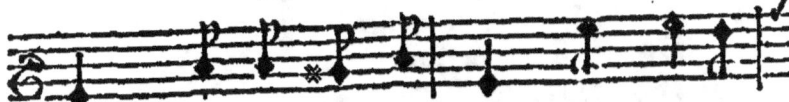

reux, Les hommes entr'eux, Par goût i-
Refrain.

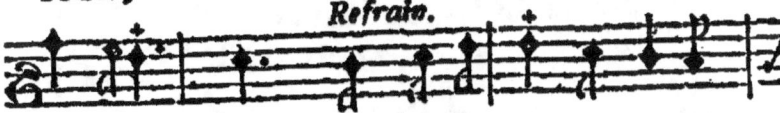

ci s'ani - ment; Ce plaiſir pur & vertu-

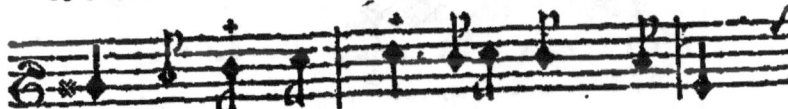

eux Eſt un bien qu'ils eſtiment, *Lan la,*

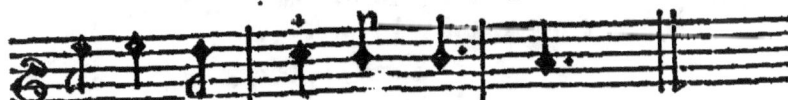

Eſt un bien qu'ils ci - ti - ment.

Jadis aux humains pervers
J'ai préféré les déſerts ;
J'ai fui leurs leçons,
Leurs mœurs, leurs façons ;
Leurs vertus, vrais fantômes ;
S'ils avoient tous été *Maçons,*
J'aurois aimé les hommes.
Lan la, &c.

 Out,

Oui, de ne les plus revoir
Je me faifois un devoir ;
   Caché dans les bois,
   Mon œil iroquois
Fuïoit l'efpéce humaine ;
Mais les vertus, qu'ici je vois,
   Font expirer ma haine.
          Lan la, &c.

Héraclite, par fes pleurs,
Des mortels railloit les mœurs :
   Ne voïant que foux,
   Durs, fiers & jaloux,
Il répandoit des larmes ;
Chers *Maçons*, à rire avec vous,
   Il eut trouvé des charmes.
          Lan la, &c.

Ici de l'humanité
Le pouvoir eft refpecté ;
   Vos cœurs font unis
   Par des nœuds chéris,
Que chaque inftant refferre ;
Je cherchois un ou deux amis,
   Vous en peuplez la terre.
          Lan la, &c.

Mais que j'aime à voir, fur tout,
L'accord parfait & le goût
   Des Sociétés,
   Où vous vous traitez
En Freres véritables !
Pylade, *Orefte*, amis vantés,
   Vous n'êtes plus des fables.
          Lan la, &c.

H 5   Réme

Rome fit de ses Enfans
Un peuple de Conquérans;
　　Moins ambitieux,
　　Mais plus glorieux
Que ces Héros vulgaires,
L'Ordre des *Maçons*, en tous lieux,
　　Forme un Peuple de Freres.
　　　　　　Lan la, &c.

Tu peux sur moi désormais,
Fortune, essaïer tes traits;
　　En dépit du sort,
　　Dans mon fier transport,
J'affronterai l'orage;
Chaque Loge m'assure un port
　　Au sortir du naufrage.
　　　　　　Lan la, &c.

Chers Compagnons, qu'il m'est doux
D'être compté parmi vous!
　　Dans tous les païs,
　　Sans risque, je puis
Faire à présent ma ronde;
Quiconque est parmi vous admis,
　　Est citoïen du monde.
　　　　　　Lan la,
　　Est citoïen du monde.

D U.

OUVRAGE du MAÇON.

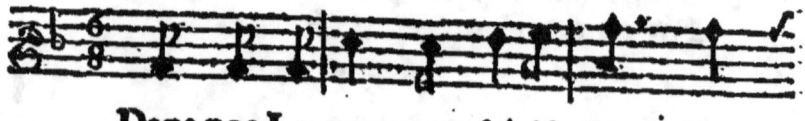

Dans nos Lo-ges nous bâtif-fons, Vlà

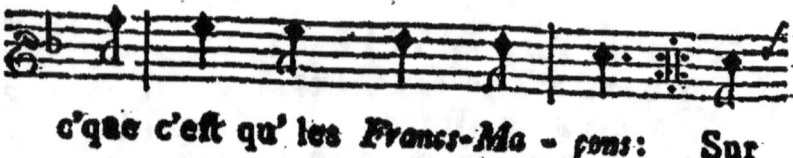

c'qae c'eft qu' les *Francs-Ma* - fons: Sur

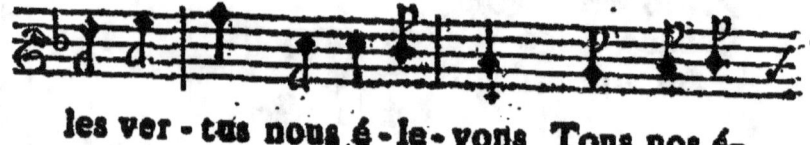

les ver - tus nous é - le - vons Tous nos é-

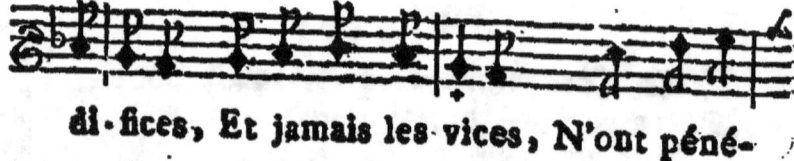

di-fices, Et jamais les vices, N'ont péné-

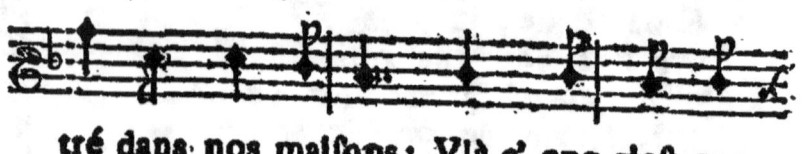

tré dans nos maifons; Vlà c' que c'eft que

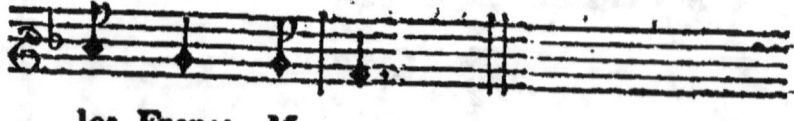

les *Francs- Ma* - fons.

Nos

Nos Ouvrages font toujours bons,
   Vlà c' que c'eft, &c.
Dans les plans que nous en traçons,
   Notre regle eft fûre,
   Car c'eft la Nature
Qui guide & conduit nos craïens :
   Vlà c' que c'eft, &c.

Des autels pompeux nous dreffons,
   Vlà c' que c'eft, &c.
Aux talens nous les confacrons ;
   Les Mufes tranquiles
   Peuplent nos Afiles
De leurs illuftres nourriffons ;
   Vlà c' que c'eft, &c.

Beautés pour qui nous foupirons,
   Vlà c' que c'eft, &c.
Vos attraits, que nous révérons,
   De l'Etre fuprême
   Sont l'image même :
C'eft lui qu'en vous nous adorons,
   Vlà c' que c'eft, &c.

Aux

XX

Aux prophanes nous l'annonçons,
  Vlà c' que c'eſt, &c.
Modérés dans leurs paſſions,
  Diſerets près des Belles,
  Sinceres, fideles,
Amis parfaits, bons Compagnons,
  Vlà c' que c'eſt que les *Francs-Maçons.*

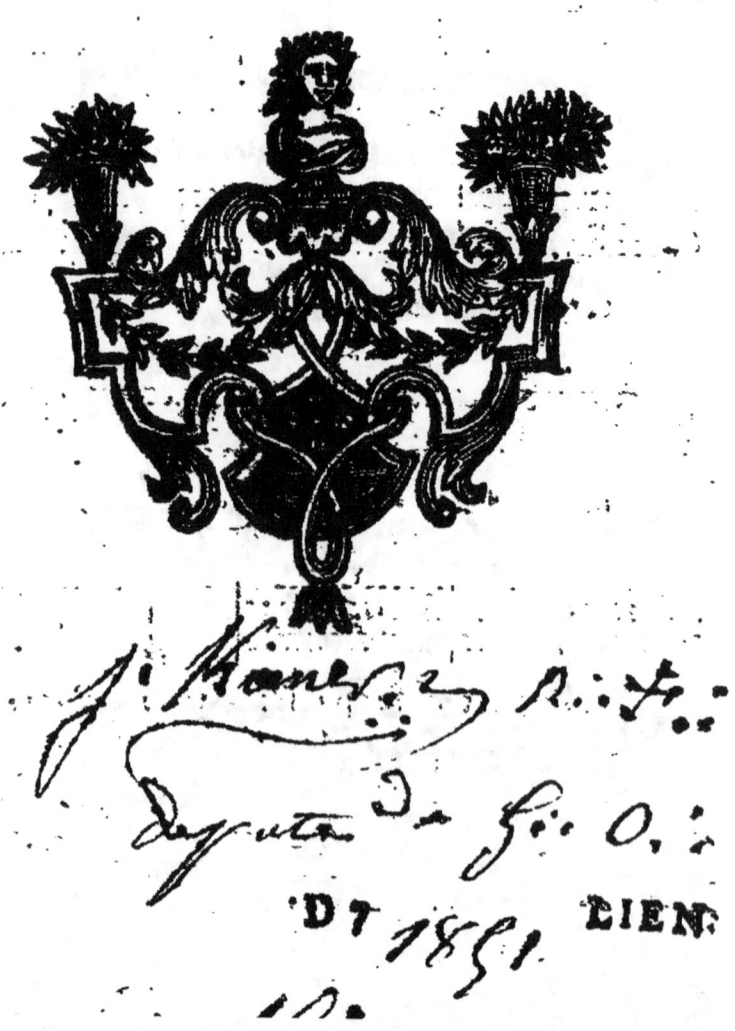

LIEN DU MAÇON.

Air : *Carillon de Dunkerque.*

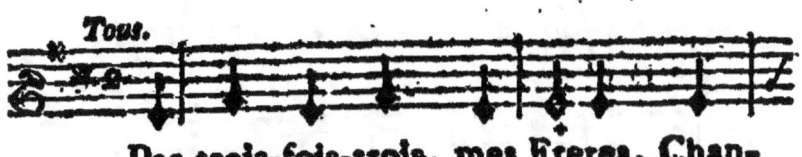

Par trois-fois-trois, mes Freres, Chan-

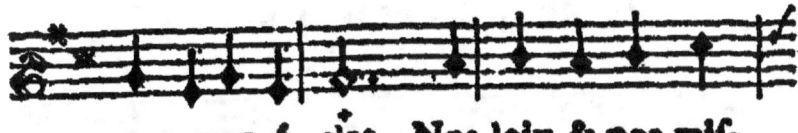

tons avec é-clat, Nos loix & nos mif-

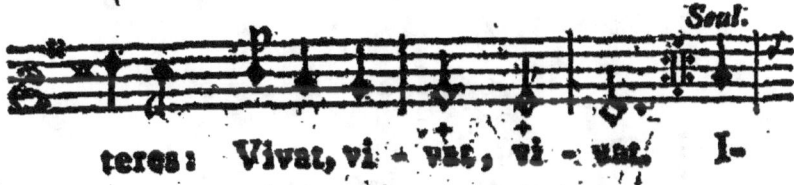

teres : Vivat, vi-vat, vi-vat. I-

ci l'Architec-ture Se borne au cœur hu-

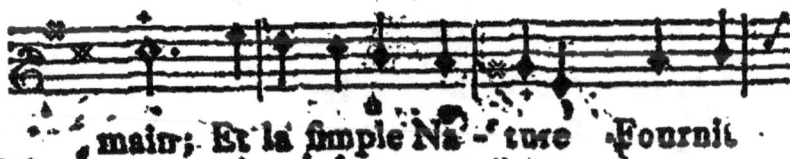

main ; Et la fimple Na-ture Fournit

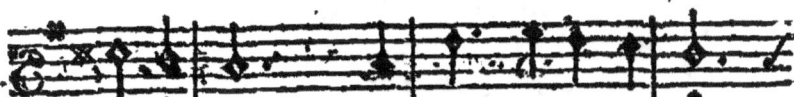

le def-fein : L'honneur, le fen-ti-ment,

En

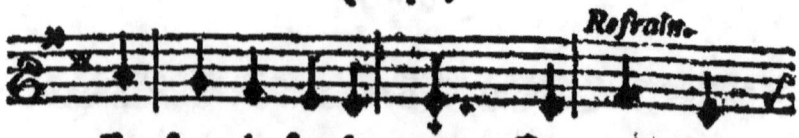

En font le fonde-ment. Par trois-fois-

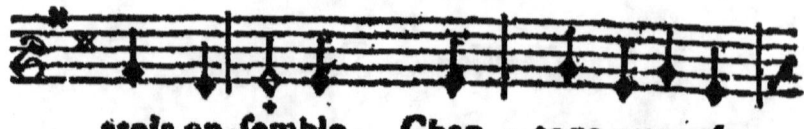

trois en-femble, Chan - tons avec é-

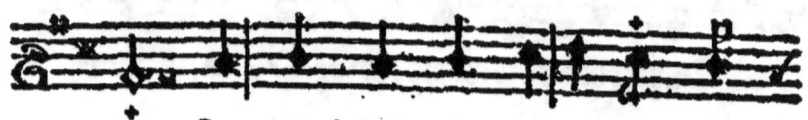

clat Le nœud qui nous raffemble : Vi-

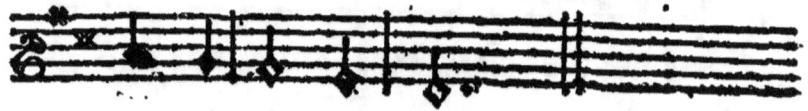

vat, vi - vat, vi - vat.

Seul. Notre union fincere
De l'Ordre eft le foutien ;
C'eft la pierre angulaire
De tout le lien.
Notre Fraternité
Lui dôit fa fermeté.
Tous. Par trois-fois-trois enfemble, &c.

Seul. Les erreurs, le preftige
Par nous font abattus.
C'eft ici qu'on érige
Un Temple aux Vertus.
Jamais il ne périt,
Le tems le garantit.
Tous. Par trois-fois-trois enfemble, &c.

Seul.

❄

Seul. Nous rompons la barriere
Des préjugés trompeurs,
Le compas & l'équerre
Dirigent nos mœurs.
Mefurons nos plaifirs,
Et réglons nos défirs.
Tous. Par trois-fois-trois enfemble, &c.

❄

Seul. Mès Freres, voïes comme
Tout paroît compaffé;
L'homme au niveau de l'homme
Eft ici placé;
L'exacte probité
Produit l'égalité.
Tous. Par trois-fois-trois enfemble, &c.

❄

Seul. Nous fommes fans entraves;
Ici le Prince admis
Ne trouve point d'efclaves,
Mais de vrais amis.
Il doit à notre cœur,
Et rien à la grandeur.
Tous. Par trois-fois-trois enfemble, &c.

❄

Seul. Petit-maître fantafque,
Crépi de vanité,
Vois arracher ton mafque
Par la vérité.
L'homme ici, tel qu'il eft,
A nos regards paroît.
Tous. Par trois-fois-trois enfemble, &c.

LES

LES LOGES DE LA HAYE.

Par le Fr. de VIGNOLES.

Sur l'Air précedent.

Refrain.

Tous. QUel éclatant fpectacle
Vient s'offrir à mes yeux !
C'eft le plus beau miracle
De la bonté des cieux.

Seul. Un immenfe Edifice,
Par l'amour habité,
Fondé par la juftice
  Qui fait fa beauté.
Temple de la raifon,
L'afile du *Maçon.*

     Tous. *Refrain.*

Seul. Une UNION-ROYALE
Régle l'affortiment,
Pierre fondamentale
  De ce bâtiment.
Le point de l'unité
En fait la fermeté.

     Tous. *Refrain.*

Seul. Le VÉRITABLE ZELE,
Qui guidoit l'ouvrier,
L'a maintenu fidele
  Aux points du métier.
L'art y brille par tout,
Mais foumis au bon goût.

     Tous. *Refrain.*

        Seul.

Seul. On voit que, pour conftruire,
 On prit des COEURS-UNIS,
 Qui, jaloux de s'inftruire,
  Etoient tous amis.
 Chacun fe fecondant,
 Tout eft parfaitement.
     Tous. Refrain.

Seul. L'INDISSOLUBLE chaine,
 Qui ferre tous les pans,
 Refiftera fans peine
  Aux fureurs des ans.
 Rare effet de l'efprit;
 Ainfi rien ne périt.
     Tous. Refrain.

Seul. Il faut qu'on réuffiffe,
 Si l'homme, à chaque pas,
 AMI DE LA JUSTICE,
  Fait tout au compas :
 On s'armeroit envain
 Pour troubler fon deffein.
     Tous. Refrain.

Seul. Fils de la GRANDE LOGE,
 Suivons fon UNION.
 Que rien chez nous n'abroge
  L'émulation.
 Soyons des COEURS-UNIS,
 Et d'un VRAI SELE épris :
 Qu'une JUSTICE fage
 Dirige notre goût,
 Nous verrons notre ouvrage
 Indissoluble en tout. } *bis.*

POUR

POUR LES LOGES D'AMSTERDAM.
Par le même Fr.
Sur le même Air.

Refrain.

Tous. QUel éclatant spectacle
Vient s'offrir à mes yeux !
C'est le plus beau miracle
De la bonté des cieux.

Seul. Un immense édifice,
Par l'amour habité,
Fondé par la justice
Qui fait sa beauté.
Temple de la raison,
L'asile du *Maçon.*   **Tous. Refrain.**

Seul. Qu'on s'arrête au portique,
Tout y surprend les yeux ;
Un cadre offre au Cinique
Ces mots précieux.
La CONCORDE des mœurs,
En ce lieu, JOINT LES CŒURS. **Tous. Refrain.**

Seul. On voit ici l'image
De la FIDÉLITÉ ;
Là, la PAIX sans nuage
Montre sa beauté :
Plus loin la CHARITÉ
Resplendit de clarté.   **Tous. Refrain.**

Seul. L'ESPÉRANCE enflamée,
Semble animer l'amour
De l'ame BIEN-AIMÉE,
Offerte à son jour.
La RÉSOLUTION
Soutient cette union.   **Tous. Refrain.**

LE VRAI MAÇON.

Par le Fr. de VIGNOLES,

SUR L'AIR: *Un Cœur volage.*

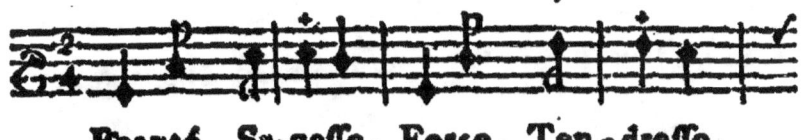

Beauté, Sa-gesse, Force, Ten-dresse,

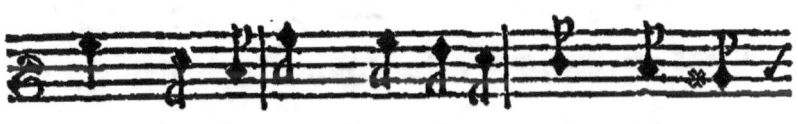

De l'Art-Roïal C'est-là le point fon-da-

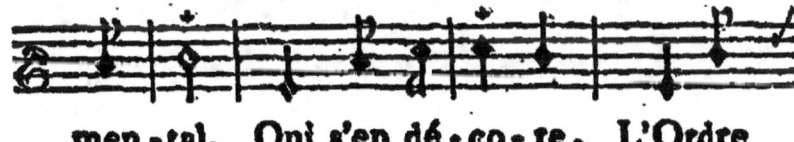

men-tal. Qui s'en dé-co-re, L'Ordre

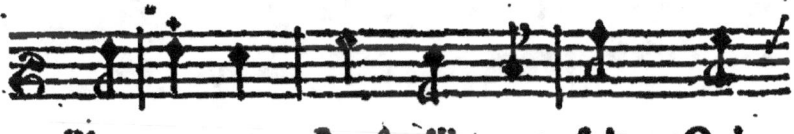

l'ho-no-re, Lorsqu'il pour-suit, Qui

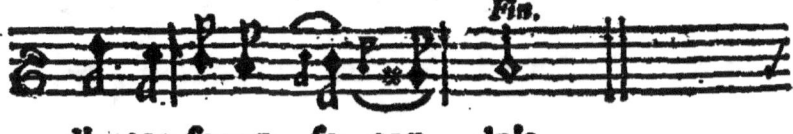

d'autre façon se con-duit.

Plus

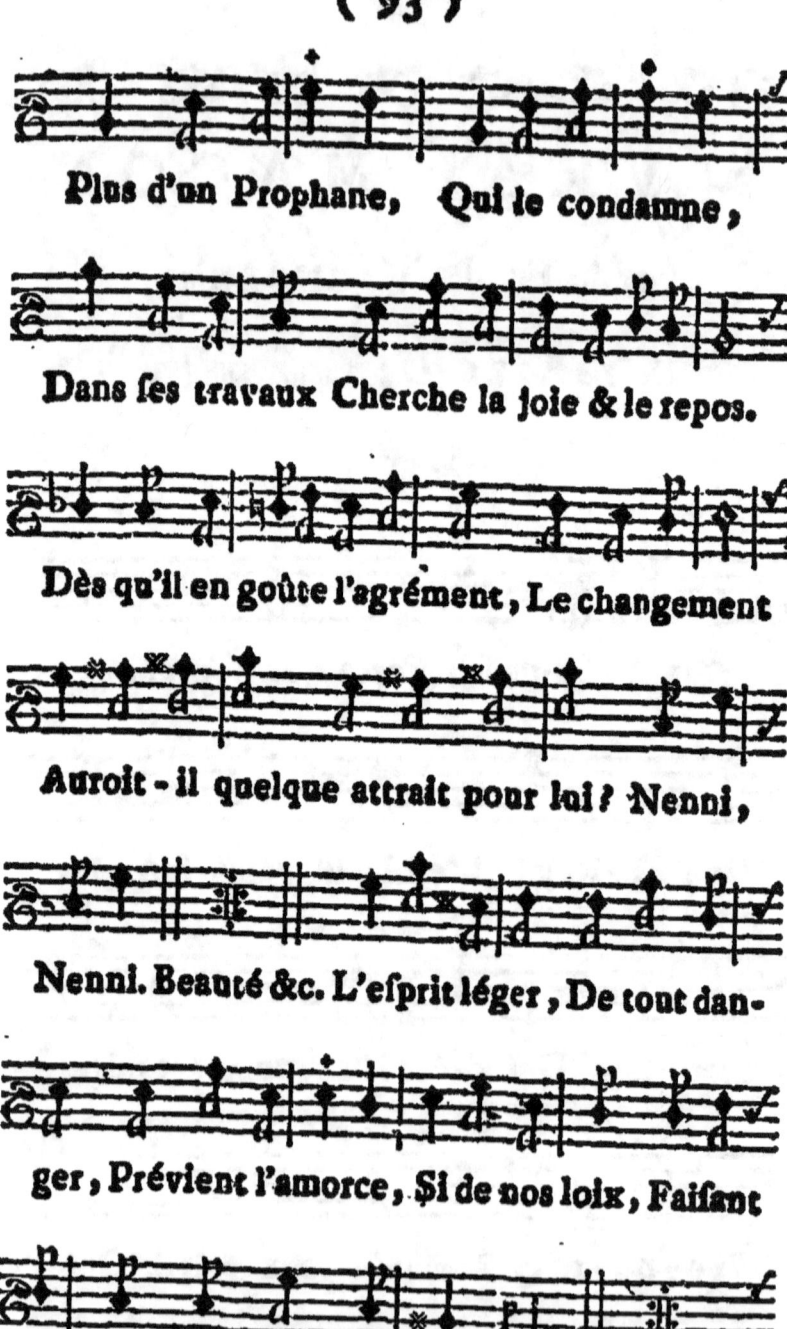

Plus d'un Prophane, Qui le condamne,

Dans ses travaux Cherche la joie & le repos.

Dès qu'il en goûte l'agrément, Le changement

Auroit-il quelque attrait pour lui? Nenni,

Nenni. Beauté &c. L'esprit léger, De tout dan-

ger, Prévient l'amorce, Si de nos loix, Faisant

le choix, Il rompt l'é-cor-ce, Beauté &c.

Ce

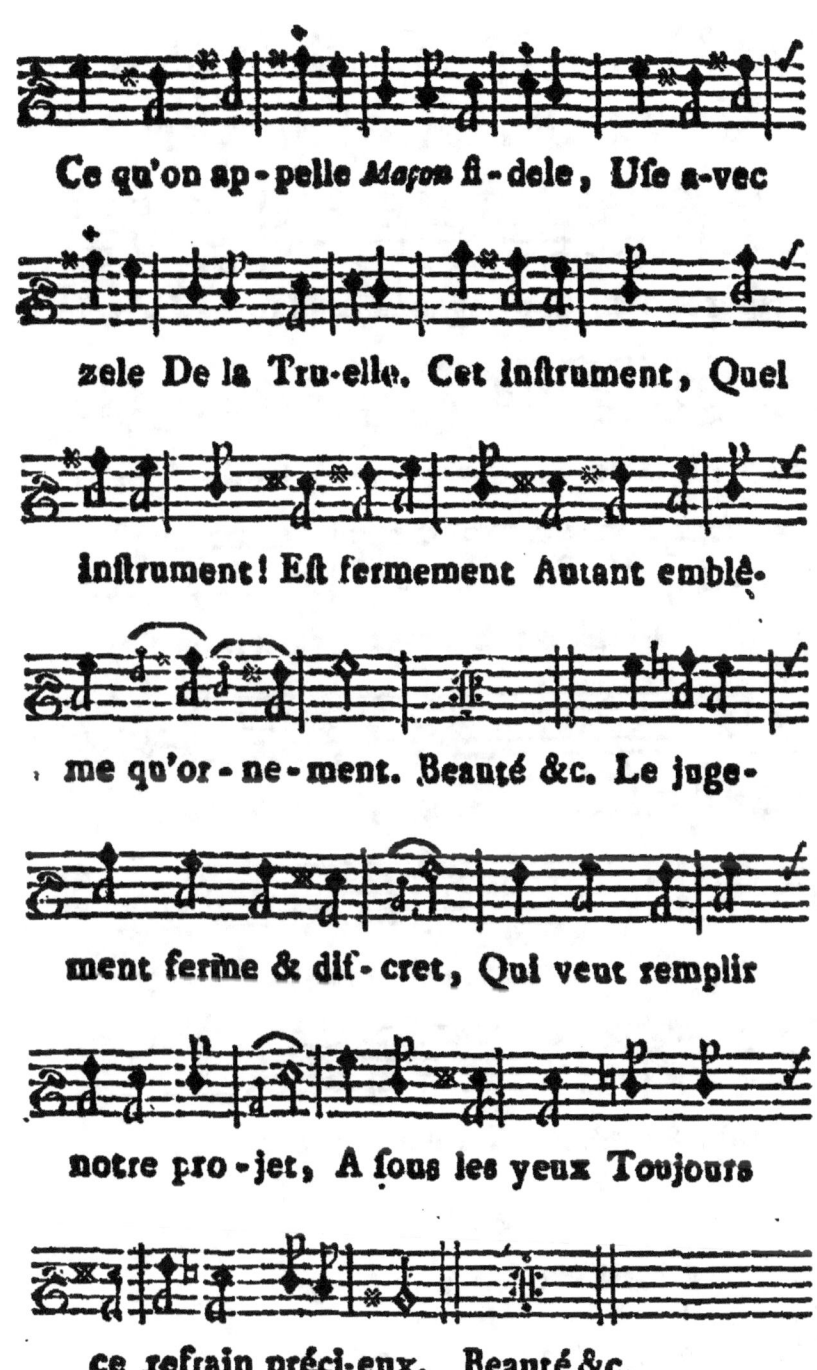

Ce qu'on ap-pelle *Maçon* fi-dele, Uſe a-vec

zele De la Tru-elle. Cet inſtrument, Quel

inſtrument! Eſt fermement Autant emblê-

, me qu'or-ne-ment. Beauté &c. Le juge-

ment ferme & diſ-cret, Qui veut remplir

notre pro-jet, A ſous les yeux Toujours

ce refrain préci-eux.   Beauté &c.

MAXIMES MAÇONNES.

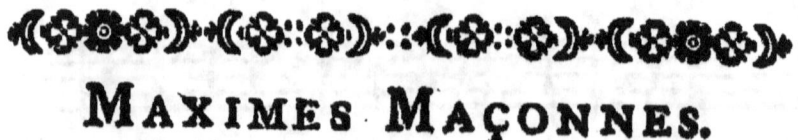

Apprentifs, Compagnons & Maîtres, Vous

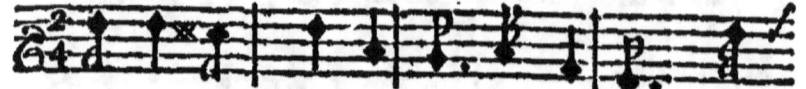

Ve - ne-rable & Surveillans, Chantez nos

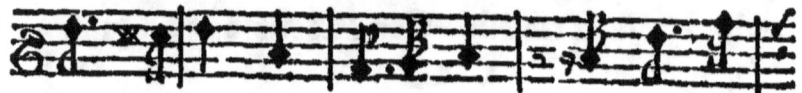

plai-firs ra-viffans; Surtout é-cartez-en les

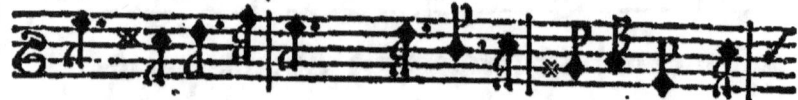

Refrain.

traîtres. Chantons, Freres, buvons, buvons

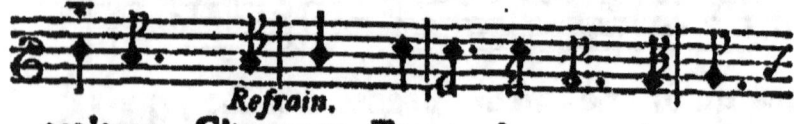

à tous nos Confreres, à tous nos Confre - res

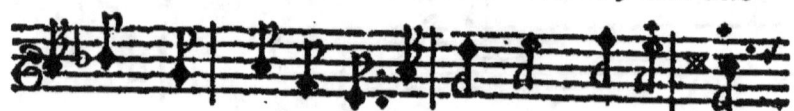

Maçons, à tous nos Confre - res *Maçons.*

Salomon, bâtiffant fon Temple,
Inftitua les *Francs-Maçons*;
Nous fommes donc fes nourriffons,
Puifque nous fuivons fon exemple.

Chantons, &c.

Notre

Notre secret est un dédale
Qui nous attire cent jaloux;
On veut douter que, parmi nous,
Hercule eût filé pour *Omphale*.

                       Chantons, &c.

L'esprit de justice nous guide;
Nous suivons par tout la douceur;
Et le public est dans l'erreur,
S'il ne nous croit issus d'*Alcide*.

                       Chantons, &c.

S'il pleut, alors tout est mistere,
Jusqu'à la poudre & jusqu'au feu,
Et nos armes sont de l'Hébreu
Pour tout autre que pour un Frere.

                       Chantons, &c.

La Vérité régne en nos Loges,
Nous banissons l'obscénité,
Nos repas sont en liberté,
Nos actions dignes d'éloges.

                       Chantons, &c.

Nos plaisirs sont doux & tranquiles,
Et par tout nous nous connoissons;
Dans les diverses régions
Nous rencontrons de sûrs asiles.

                       Chantons, &c.

Que chaque Frere coure aux armes,
Qu'on charge & qu'on fasse grand feu;
Réjouissons-nous en tout lieu.
De la vertu goûtons les charmes.

                       Chantons, &c.

PLAI-

PLAISIRS DES MAÇONS.

Par le Chevalier de BONNELLE-SOUVIGNY.

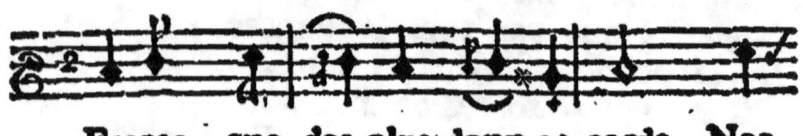

Freres, que des plus doux ac-cords, Nos

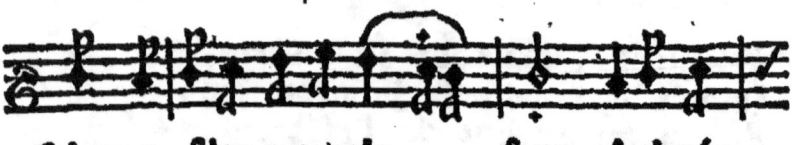

faints a - files retentis - - - fent; Animés

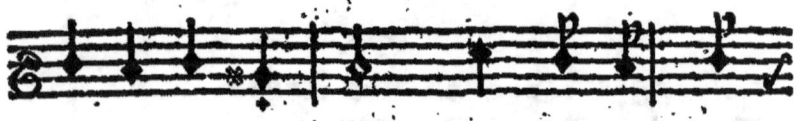

des mêmes tranf-ports, Chantons les nœuds

Refrain.

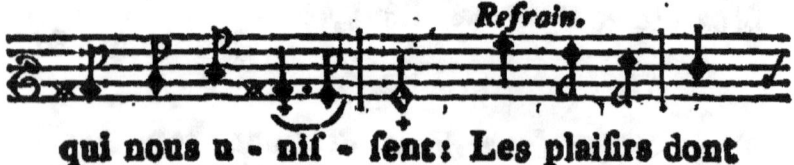

qui nous u - nif - fent: Les plaifirs dont

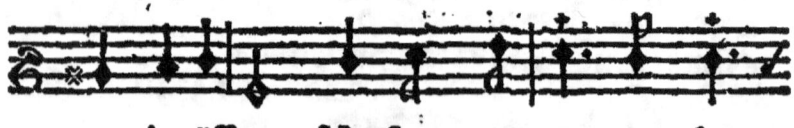

nous jouïffons, Ne font con-nus que des

Le Chœur reprend le refrain à chaque couplet.

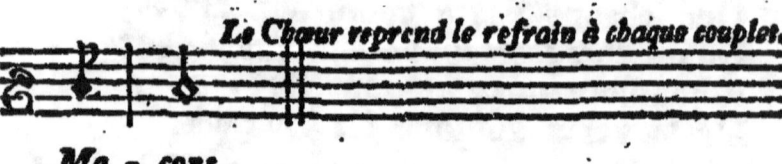

Ma - fons.

E   La

La vive Lumiere des cieux,
Malgré l'envie & l'ignorance,
De son éclat brille à nos yeux;
Elle éclaire notre innocence.

> Les plaifirs, &c. *bis.*

Qu'un impénétrable bandeau
Nous voile au prophane vulgaire;
Ce plaifir est toujours nouveau
Lors qu'il est suivi du mistere.

> Les plaifirs &c. *bis.*

Les Sots, les Cagots orgueilleux
Nous condamnent sans nous connoitre.
Ne peut-on être vertueux
Sans le deffein de le paroitre?

> Les plaifirs &c. *bis.*

La vertu régle nos désirs,
Dans le filence & le mistere,
Elle préside à nos plaifirs;
Sans elle rien ne peut nous plaire.

> Les plaifirs &c. *bis.*

De l'Amitié les saintes Loix
Font des *Maçons* autant de Freres.
Nos cœurs, plus unis que nos voix,
Forment les mêmes caractères.

> Les plaifirs &c. *bis.*

Celui

Celui qui préfide en ces lieux
Eft digne de tous nos hommages:
La fageffe brille en fes yeux,
Il a nos cœurs & nos fuffrages;
Son efprit que nous admirons
Fait l'éloge des *Francs-Maçons.* } *bis.*

Réponfe du Vénérable.

Par le Fr. de VIGNOLES.

VOtre amitié fait mon bonheur:
Et votre fuffrage ma gloire.
Quand vous m'affurez votre cœur,
Je le connois, je dois le croire.
Que ne puis-je, heureux à mon tour, } *bis.*
Vous convaincre de mon amour!

LOIX MAÇONNES.

Sur l'Air précédent.

DAns ces banquets délicieux,
Une suprême intelligence
Réunit, au gré de nos vœux,
Les plaisirs avec l'innocence.
Chantons, bénissons mille fois, ⎫ bis.
Des *Maçons* les heureuses loix. ⎭

A l'Architecte des humains,
Nous rendons le premier hommage ;
Et respectons les Souverains,
Comme sa plus parfaite image.
    Chantons, &c. *bis.*

Sur les propos, l'honêteté,
Dans nos Loges, toujours domine ;
Nous livrons-nous à la gaîté ?
C'est la Sagesse qui badine.
    Chantons, &c. *bis.*

Ici le goût bien assorti
Produit une union parfaite ;
Jamais un esprit de parti
N'y trouble notre paix secrete.
    Chantons, &c. *bis.*

Par

Par un éclat faux & trompeur,
Loin que notre ame soit séduite,
Ici l'on pése la grandeur,
A la balance du mérite.

Chantons, &c. bis

Des hommes les plus vicieux
Nous réformons le caractere,
Et nous changeons l'esprit quinteux,
En humeur douce & débonnaire.

Chantons, &c. bis

Nous chassons de notre attelier
Tous les ingrats & les faux Freres,
Et nous peuplons le monde entier
De vrais Amis, de cœurs sinceres.

Chantons, &c. bis

Beau Sanctuaire des vertus,
Loge, que vous êtes aimable!
Peut-on, sans vos sages statuts,
Goûter les plaisirs de la Table?

Chantons, &c. bis

Au sein de la tranquilité
Nous trouvons des douceurs parfaites;
Le degoût, la satiété,
N'ont point d'accès dans ces retraites.

Chantons, &c. bis

Sexe aimable, à qui nous offrons
Le tribut le plus légitime,
Si cette esquisse des *Maçons*
A quelque droit sur votre estime,
Unissez vos cœurs & vos voix
Pour chanter nos heureuses loix. } *bis*.

E 3   A PO.

APOLOGIE DU MAÇON.

Par le Fr. CHEVRIER.

Sur l'Air précedent.

Vainement, la méchanceté
S'attache à fronder nos misteres,
L'amour du bien, la probité,
Sont les seuls guides de nos Freres.
Chantons, bénissons mille fois } bis.
Des *Maçons* les heureuses loix.

Nos censeurs seroient moins fâcheux,
S'ils vouloient suivre notre exemple;
Qu'ils osent être vertueux,
Nous pourrons leur ouvrir ce Temple.
　　　　　　　Chantons, &c. *bis.*

Bientôt étonnés, confondus,
Ils rougiroient d'un vain délire,
Qui leur fit ternir les vertus,
Que tout bon Citoïen admire.
　　　　　　　Chantons, &c. *bis.*

Quelquefois, dans notre loisir,
Nous fêtons le Dieu d'*Epicure.*
L'honête homme a-t-il à rougir
D'une volupté toujours pure ?
　　　　　　　Chantons, &c. *bis.*
　　　　　　　　　　Di-

Divinités de l'univers,
Faites pour tromper & pour plaire,
Nous aimons à porter vos fers:
Mais dans ces lieux il faut se taire.

> Chantons, &c. *bis.*

Quand nous évitons vos attraits,
Nous connoissons notre foiblesse;
Sexe aimable & charmant, vos traits
Triompheroient de la Sagesse.

> Chantons, &c. *bis.*

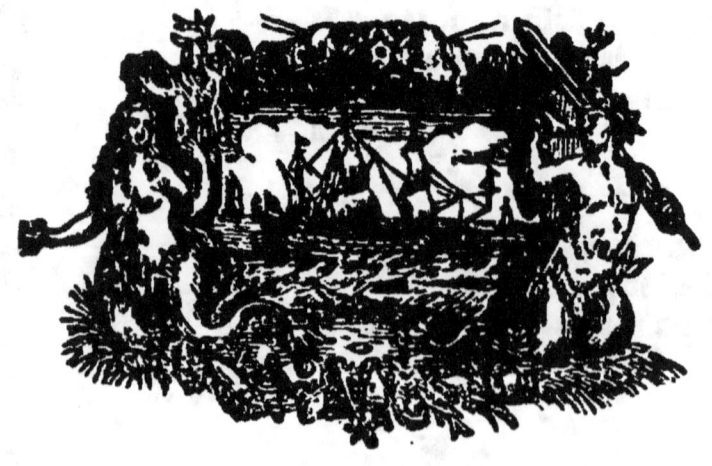

C A-

CARACTERE DU MAÇON.

Sur l'Air précedent.

AUx yeux du prophane ignorant
Expofons notre caractere;
Epris de ce tableau charmant,
Qu'il dife d'un tranfport fincere:
Chantons, confacrons nos chanfons } bis.
A la gloire des *Francs-Maçons.*

Gens aimables, honêtes gens,
Que l'efprit d'union raffemble,
Qui défirez de tems en tems,
De chanter, rire & boire enfemble,
Venez, nous vous reconnoiffons } bis.
Pour véritables *Francs-Maçons.*

Quel luftre tire-t-on du fang?
Les fentimens font la nobleffe:
Vous, grands Seigneurs, qui d'un haut rang,
Savez defcendre fans baffeffe,
Venez, &c. *bis.*

Combien de coups intéreffans
Ont manqué fáute de mistere!
Sur nos fecrets, quoiqu'innocens,
Vous, Amis, qui favez vous taire,
Venez, &c. *bis.*

Vous

Vous, qui tendez, aux malheureux,
Une main toujours secourable,
Et qui ne vous croïez heureux,
Qu'autant que l'est votre semblable,
Venez, &c. *bis.*

((❀))

Chacun pour le Frere indigent
Doit tirer le pain de sa bouche :
Vous, qui dans un besoin urgent
Montrez un cœur dur & farouche,
Fuïez, nous vous méconnoissons,   } *bis.*
Pour véritables *Francs-Maçons.*

((❀))

Allez porter loin de ces lieux
Un aspect qui nous importune,
Vous qui, par un culte odieux,
N'offrez d'encens qu'à la Fortune,
Fuïez, &c. *bis.*

((❀))

Traîtres, qui nous serrez la main
Quand notre bonheur vous chagrine ;
Vous, qui détruisant le prochain,
Voulez bâtir sur sa ruine,
Fuïez, &c. *bis.*

((❀))

Honneur à Dieu, respect aux Rois ;
Mais n'entrons pas dans leurs affaires,
Vous, qui voulez changer les loix,
Que constamment suivoient nos Peres,
Fuïez, &c. *bis.*

(❀)

VRY.

VRY-METZELAARS KENTEEKEN.

Vertaaling van het voorgaande.

Op dezelve Wys.

Wie zou niet voor 't onkundig Waft,
Affchetfen 't Taf'reel van ons leeven;
Op dat hy steeds, met goed vernuft,
Verrukkend' zingt; zyn stem verheeven
Uitgalmt! komt offert in onz' Ry, } bis.
Ter eere der *Vry-Metz'lary*.

(※)

Beminde fchaar, eerlyk geflagt,
Die geeft van eendragt t'zaam doet komen;
En zomtyds met elkand'ren tragt
Te lachen, zingen, zonder fchromen;
Komt, want gy lieden waardig bent, } bis.
Voor *Metzelaars* te zyn erkent.

(※)

Wat luister fchaft Rykdom of Pragt?
't Weldenken geeft ons ed'le Naamen;
Gy Prinfen die nw staat min agt
Dan Deugden, die een Vorst betaamen,
Komt, want &c. *bis.*

(※)

Hoe veele zaaken van gewigt,
Zonder Geheim, zag men mislukken,
Gy, die het ons, alleen geftigt
Op eendragt, uw niet laat ontrukken,
Komt, want &c. *bis.*

Gy,

Gy, die den ong'lukkigen bied
Altoos uw hand, vol meedelyden ;
En als uw Naasten leez geschied,
In uw' G'luk u niet kunt verblyden ;
Komt, want &c. *bis.*

❊❊❊

Gy die den Broeder ziet in nood,
Weeduw' en Wees in armoe weenen ;
Nog uit uw mond niet spaart wat brood,
Maar voor hen u hart laat versteenen ;
Weg, weg, want gy niet waardig bent, } *bis.*
Voor *Metzelaars* te zyn erkent.

❊❊❊

Breng ver van hier, uit ons gezigt,
De Gierigaards, die ons mishagen ;
Gy die, voor Rykdom, Outaars stigt,
En daar in schept al uw behagen ;
Weg, weg, &c. *bis.*

❊❊❊

Verraêrs, die ons de handen drukt,
Als ons geluk u kan berouwen ;
Gy, die uw' Evenmensch verdrukt,
Tragt op zyn ondergang te bouwen ;
Weg, weg, &c. *bis.*

❊❊❊

Eer zy aan God, agting voor Staat,
Wy moeijen ons niet met hun zaaken ;
Gy die de Wetten steeds versmaat,
Die men onz' Ouders nooit zag laaken,
Weg, weg, &c. *bis.*

E 6   AN-

ANTIQUITE' DE LA MAÇONNERIE.

Par le Fr. de VIGNOLES.

Sur l'Air précédent.

QUI pourroit, sur l'Art des *Maçons*,
Etre dans le cas de se taire,
Ignoreroit quelles leçons
Soutiennent cet Art salutaire.
Son jour suffit pour inspirer
Les sons qu'on lui veut consacrer.

Fouiller la vaste Antiquité
Pour découvrir son origine,
C'est marcher dans l'obscurité,
Que rien jamais ne détermine.
Il est, il a toujours été;
Car sans lui, qu'est l'humanité?

Il fait vivre ces tems heureux,
Où l'aimable état d'innocence
Voïoit, sans soins laborieux,
Regner ici-bas l'abondance.
Adam même fut donc *Maçon*,
Ou du moins digne de ce nom.

Zé-

Zélé fans fuperftition,
Jamais fon efprit ne murmure,
Dès qu'il voit la Religion
Conforme aux loix de la Nature.
Tout Patriarche fut *Maçon*,
Ou du moins digne de ce nom.

Moïfe & tant d'autres Pafteurs
Ouvroient des routes différentes,
Pour former les hommes aux mœurs,
Et rendre leurs ames contentes.
Tout Apôtre fut donc *Maçon*,
Ou du moins digne de ce nom.

L'Antiquité vit fes Héros,
Ses Légiflateurs & fes Princes,
Conduits par les mêmes propos,
Veiller au bien de leurs Provinces.
Tout Grand-Homme fut donc *Maçon*,
Ou du moins digne de ce nom.

Dans une douce égalité,
Sans rang, fans titre, fans noblefïe,
Le *Maçon* met fa liberté
A fuivre en tout tems la Sageffe.
Tout Philofophe eft donc *Maçon*,
Ou du moins digne de ce nom.

E 7

Pour montrer notre antiquité,
Pourquoi feuilleter les archives?
Dans tous les tems, la vérité
Eut des images primitives.
Il fut donc toujours un *Maçon*,
Ou des gens dignes de ce nom.

O Siécle heureux! siécle charmant!
Où l'on a le plaisir suprême,
De voir l'assemblage éclatant
Du tablier, du diadême;
Où chacun veut être *Maçon*,
Ou du moins digne de ce nom.

Quel doit donc être mon plaisir,
De voir unis dans cette Loge,
Des hommes, dont chaque soupir
De cet Art fameux fait l'éloge?
Chacun d'eux est un vrai *Maçon*,
Qu'on connoît digne de ce nom.

LES QUALITE'S QUI FONT
LE VRAI MAÇON.

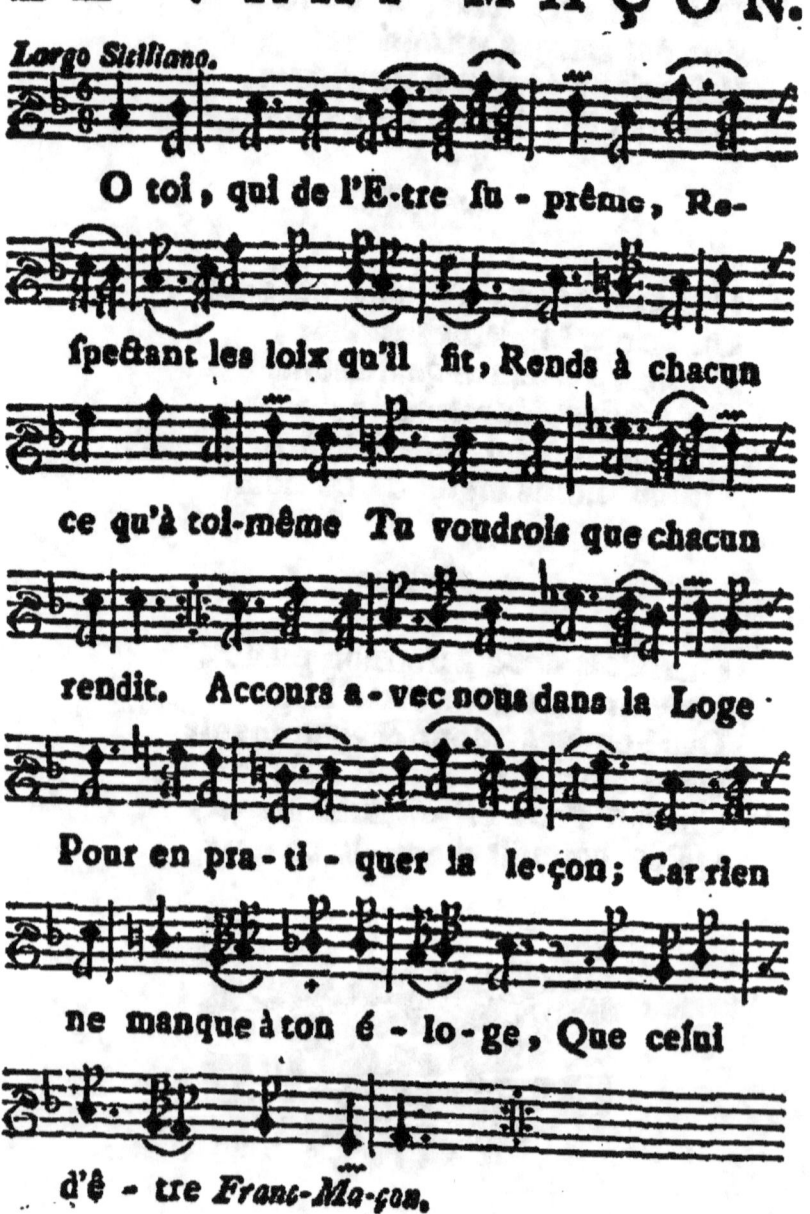

Largo Siciliano.

O toi, qui de l'E-tre su - prême, Re-

spectant les loix qu'il fit, Rends à chacun

ce qu'à toi-même Tu voudrois que chacun

rendit.   Accours a - vec nous dans la Loge

Pour en pra - ti - quer la le-çon; Car rien

ne manque à ton é - lo - ge, Que celui

d'ê - tre *Franc-Ma-çon.*

Et

❧《✿》❧

Et vous ami de la Patrie,
Sujet fidele à votre Roi,
Qui favez régler votre vie,
Sur le précepte de la Loi :
Venez, accourez dans la Loge
Pour en pratiquer la leçon ;
Car rien ne manque à votre éloge,
Que celui d'être *Franc-Maçon*.

❧《✿》❧

Celui dont l'ame généreuse
Compâtit aux maux du prochain,
Dont la tendreffe ingénieufe,
Cherche à foulager chaque humain,
Eft digne d'entrer dans la Loge
Pour en pratiquer la leçon ;
Car rien ne manque à fon éloge,
Que celui d'être *Franc-Maçon*.

❧《✿》❧

Adorateurs du Sexe aimable,
D'un Dieu magnifique portrait,
Les *Maçons* jufques à la table
Célebrent tes charmans attraits :
Sans toi, fi nous formons la Loge,
Nous n'avons pas moins pour leçon,
De t'accorder le jufte éloge,
Qui t'eft dû par un *Franc-Maçon*.

Une

Une sage Philosophie
Ne nous défend pas les désirs;
L'Indécence seule est bannie,
Et non les innocens plaisirs;
Ah ! prophane, si de la Loge,
Tu connoissois mieux la leçon,
Bientôt, en faisant notre éloge,
Tu deviendrois un *Franc-Maçon*.

Freres, tel est le caractere
Qui doit distinguer un *Maçon*.
Il est heureux s'il fait se taire,
Sur les biens dont nous jouïssons.
Chez nous le sentiment s'épure;
Sage enjoué, c'est notre nom;
Mais afin que ce bonheur dure,
Voici ma derniere leçon.

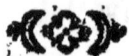

Dans nos cœurs portons nos équerres,
Qu'un compas régle nos désirs,
Que le niveau, parmi les Freres,
Soit la source de leurs plaisirs;
Divine perpendiculaire,
Quel symbole nous montres-tu ?
Je vois ton auguste mistere,
C'est la Justice & la Vertu !

AVIS.

AVIS A' UN NOUVEAU REÇU.

Sur l'Air précedent.

Vous qui dans ce lieu de lumiere,
Venez d'être reçu *Maçon*,
Entrevoïez vous la carriere
Des devoirs qu'exige ce nom?
Sachez, pour premiere maxime,
Qu'un *Maçon* doit être difcret;
Et que, pour vous, le plus grand crime,
Eft d'avouer notre fecret.

Rendes à l'Auteur de tout être
Un hommage pur & foumis,
Refpectez toujours votre Maître,
Pardonnez à vos ennemis.
Tendez une main fecourable
A tous vos Freres malheureux;
Et foïez fans ceffe équitable:
Vous confondrez nos envieux.

Ne cédez jamais à l'yvreffe,
Mais confervez votre raifon,
Contre cette indigne foibleffe,
Seroit-il befoin de leçon?
Que votre exemple, du Prophane
Se faffe en tous lieux refpecter:
Bientôt celui qui vous condamne
Tâchera de vous imiter.

Re-

✕

Redoutez, par un Sexe aimable,
De vous laisser trop engager ;
Car, d'un secret inviolable,
L'Amour ne peut vous dégager.
Sexe enchanteur, qu'ici j'offense,
En ignorez-vous la raison ?
C'est qu'en vous trop de confiance
Perdit l'Infortuné *Samson*.

✕

Frere, apprenez donc à vous taire,
Et partagez notre bonheur.
Laissez au prophane vulgaire
Les vains préjugés de l'erreur.
Faites le bien par habitude,
Fuïez le mortel corrompu,
Et qu'enfin votre unique étude
Soit de cultiver la vertu.

✕

Elle seule a pour nous des charmes,
Sa beauté remplit nos désirs ;
Par elle on nous voit, sans allarmes,
Goûter les solides plaisirs :
Ils sont conduits par la Sagesse,
Qui sait en bannir tout excès.
Répetons avec allegresse,
Ah ! que nos plaisirs sont parfaits !

LES

LES VRAIS PLAISIRS.

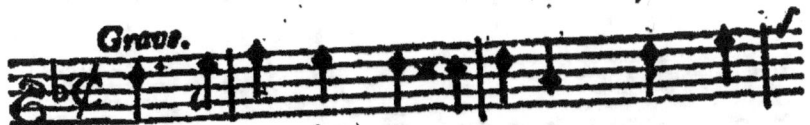

Les plaisirs sont peu durables, Les mor-

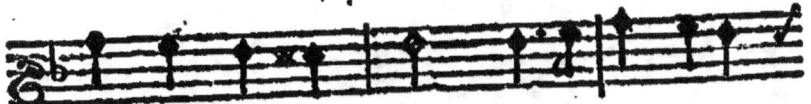

tels s'en plaignent tous; S'il en est d'inal-

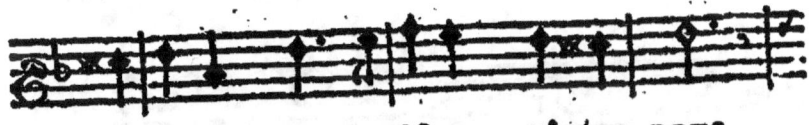

té-rables, Ils n'existent qu'avec nous.

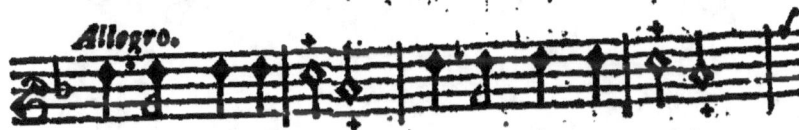

Maitre Véné-rable, Freres respec-tables,

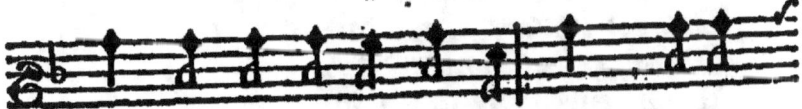

Vous Apprentifs & Compagnons, Voïez

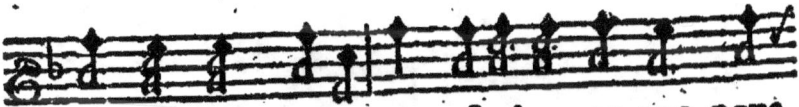

comme nous maçonnons, Imitez ce que nous

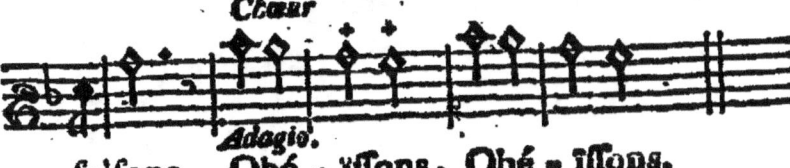

faisons. Obé - issons, Obé - issons.

Al-

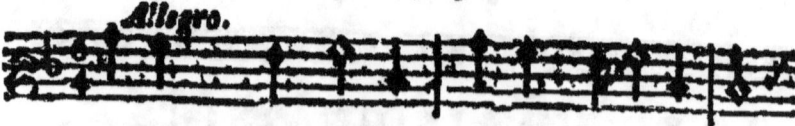

Allons, mes Freres, Soyons fincères, Et

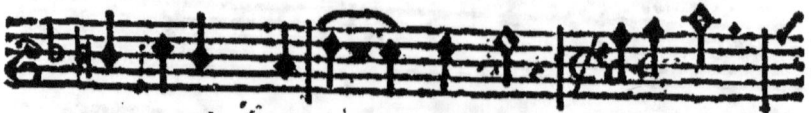

fans ceffe, par nos chanfons, Béniffons,

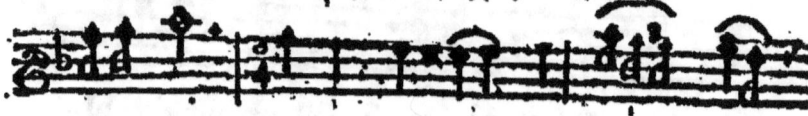

Béniffons, Le fort heureux des Freres-Ma-

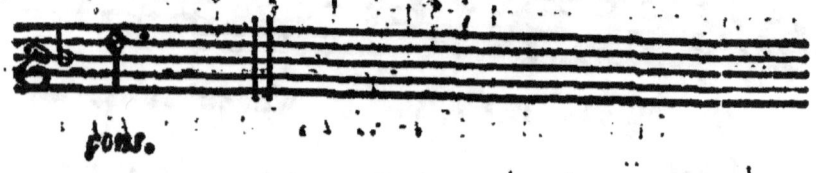

çons.

Si notre Ordre eft la matiere,
Des critiques d'à prefent,
D'une vafte Taupiniere,
Déplorons l'aveuglement.
Maître Vénérable, &c.

L'EN-

L'ENTHOUSIASME.

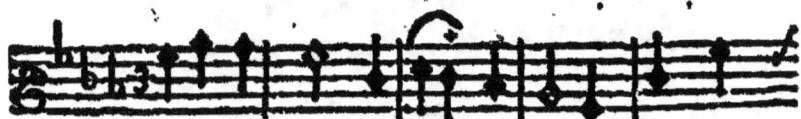

Anime-moi de ton ge-ni-e, A mon

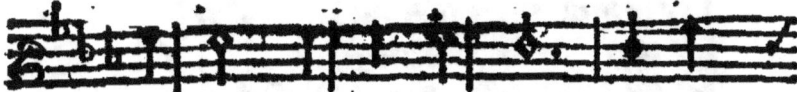

fe-cours, du haut des Cieux, Defcends,

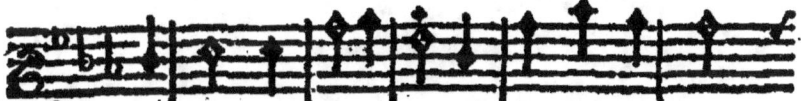

immortelle *Ura-ni-e*, Echauffe mon

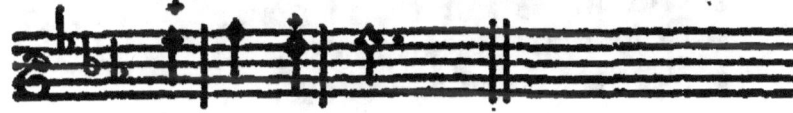

fein de tes feux.

Refuferois-tu de m'inftruire ?
Jadis tu me donnas leçon.
Prête-moi ta divine lire,
Je dois chanter le *Franc-Maçon.*

Du Prophane la calomnie
Ternit, par un foufle impofteur,
Son état, fes mœurs & fa vie :
Je veux confondre fon erreur.

» Livre

» Livre-moi le foin de l'ouvrage,
» *Dit la Déeſſe*; à mon ardeur
» Tu peux laiſſer cet avantage;
» Je connois la route du cœur.

Ecoute donc, tremble & reſpecte
Mortel : de la Divinité
La louange n'eſt pas ſuſpecte :
Voici ce qu'elle m'a dicté.

» Des *Maçons* l'étude & le zéle
» Ont dû mériter mon amour :
» Et leur ſeul intérêt m'appelle
» Vers toi du céleſte ſéjour.

» De leur ouvrage la nobleſſe,
» Excite d'injuſtes rivaux.
» Mais la vertu fait leur richeſſe,
» Et du vice ils ſont les fléaux.

» Quand de ce flambeau l'on s'éclaire,
» La vertu conduit aux talents.
» Le *Maçon* eſt dans la carriere,
» Et n'y marche point à pas lents.

» Heu-

» Heureux! qui connoît bien la gloire:
» Souvent s'y trompe le Guerrier.
» Le *Maçon* aura la victoire,
» Et je choifiral fon laurier.

» Du haut de l'éternel empire,
» Moi-même & *Minerve* ma fœur,
» Empêchant qu'on ofe lui nuire,
» Nous affurerons fon bonheur.

Elle dit; un épais nuage
A l'inftant la fouftrait aux yeux.
Prophane, écoute le Meffage:
Ou, fi tu peux, combats les Cieux.

LES ORACLES MAÇONS.

LE VRAI BIEN.

Allegretto.

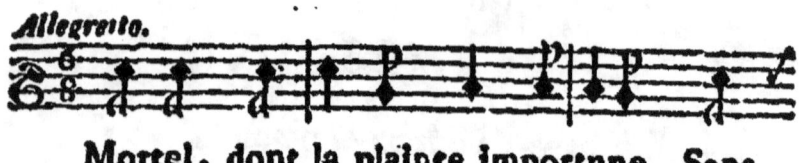

Mortel, dont la plainte importune, Sans

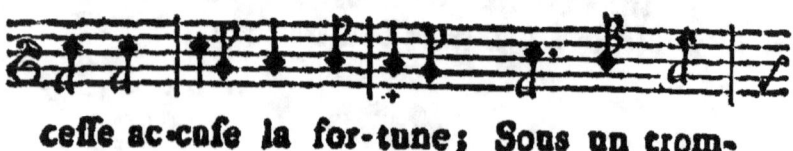

cesse ac-cuse la for-tune; Sous un trom-

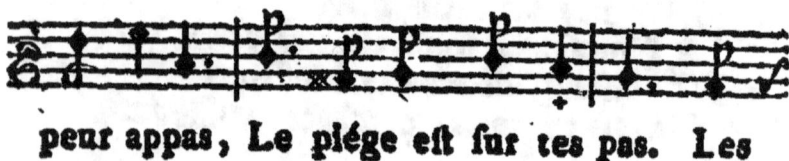

peur appas, Le piége est sur tes pas. Les

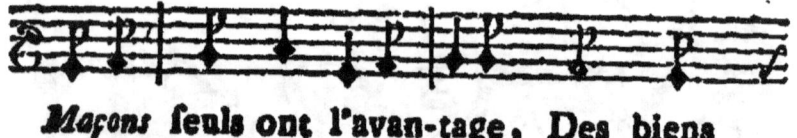

Maçons seuls ont l'avan-tage, Des biens

Refrain.

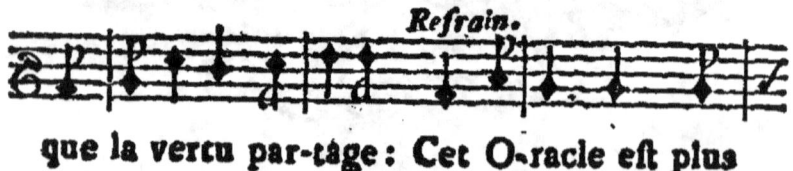

que la vertu par-tage: Cet O-racle est plus

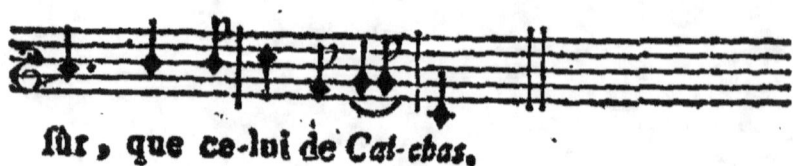

sûr, que ce-lui de *Cal-chas.*

F

L' A-

✕

L'AMITIÉ.

Damon par ſes ſermens m'accable
Sous le maſque le plus affable,
Et n'imagine pas
Qu'on ſoupçonne le cas:
L'ami du ſiécle n'a que feinte,
Le *Maçon* aime ſans contrainte.
Cet Oracle eſt plus ſûr que celui de *Calchas.*

✕

LA DISCRÉTION.

A l'abri d'un tendre miſtere,
Liſe abandonne, en téméraire,
Au ſéduiſant *Hilas*
Son cœur & ſes appas.
Qu'ai-je à craindre? dit la Bergere;
S'il eſt *Maçon*, il ſait ſe taire.
Cet Oracle, &c.

✕

LA CHARITÉ.

Lindor, privé du néceſſaire,
Languit au lit de la miſere.
Maçon, il ne craint pas,
Chacun lui tend les bras.
Il va trouver, c'eſt choſe ſûre,
Le remède aux maux, qu'il endure.
Cet Oracle, &c.

LA

LA SAGESSE.

Mortel, dans l'ardeur qui te preſſe,
Tu ne peux rien ſans ſa Sageſſe.
  Sans l'aide de *Pallas*
   Tu tombe à chaque pas.
Deviens *Maçon*, tu ſeras ſage,
La Loge eſt un Aréopage.
Cet Oracle, &c.

LA VÉRITÉ.

N'avoir pour loix que la franchiſe,
Et la verité pour deviſe.
  Parler ſáns embaras,
   S'oppoſer ſans fracas,
D'un homme droit voilà l'emblême
Et des *Francs-Maçons* le ſiſtême.
Cet Oracle, &c.

L'EGALITÉ.

Le gracieux titré de Freré,
Convient aux enfans de la terre,
  Il unit les Etats,
   Le Pigmée & l'Atlas.
Maçons, je prends pour interprete,
Votre Fraternité parfaite,
Son Oracle, &c.

VRY-METZELAARS ORAKEL.

Vertaling van het voorgaande.

Door den Br. L. VERMEULEN.

Op dezelve Wys.

HET WARE WELZYN.

O Sterveling die met uw klagten,
't Fortuin gestadig gaat veragten,
  Dat met bedrieglykheid,
  Den voetstrik voor u leyd;
De *Metzelaars* alleenig leeven,
By 't voorregt dat de Deugd kan geeven.
  Dit Orakel vaster was   } *Chorus.*
  Als het beste van *Cakbas.*

DE VRIENDSCHAP.

'k Word overstelpt van *Damon's* eeden,
Zyn vriendschap zoekt my 't overreeden,
  Hy denkt niet dat men meyd,
  Een schyn vriend die ons vleyd;
Geveinsdheid woont by Hovelingen,
Een *Metzelaar* mint zonder dwingen.
     Chorus. Dit Orakel &c.

DE BESCHEIDENHEID.

Een *Sylvia* verlieft van zinnen,
Zal *Hylas* rukeloos beminnen,
  En waagd haar eerbaarheid
  Aan 's Herders driftigheid.
Ik vrees niet, zegt zy, by haar eigen,
Hy 's *Metzelaar*, en kan wel zwygen.
     Chorus. Dit Orakel &c.

De Medogendheid.

Is *Lindor* in den nood versteeken
Van voedzel, niets zal hem ontbreeken,
  Al schoon hy armoed' leid;
  In zyn behoeftigheid,
Zal hy als *Metzelaar* bevinden,
Mildadig' onderstand by vrinden.
Chorus. Dit Orakel &c.

De Wysheid.

Gy die de wysheid wilt betragten,
Kond zonder *Pallas* hulp niets wagten,
  Word *Metzelaar*, dan zyt
  Gy wys, in korten tyd;
De *Loge* zal de wysheid, eeven
Als d'*Areopogus*, u geeven.
Chorus. Dit Orakel &c.

De Waarheid.

Rondborstig en vry uit te spreeken,
De waarheid nooit van afgeweeken,
  Met geen oplopendheid,
  Te voeren reeden streid;
En waarheid voor geen mensch te spaaren,
Is 't grondstel van *Vry-Metzelaren*.
Chorus. Dit Orakel &c.

De Gelykheid.

Wat kan men lieffelyker wenschen,
Of wat is nutter voor de Menschen,
  Als dat g' in eenigheid
  By *Metzelaren* zyt?
Daar groot en klein steeds zyn verbonden,
Door Broederschap, ten allen stonden.
Chorus. Dit Orakel &c.

F 3   L b

LE MAÇON VENGÉ.

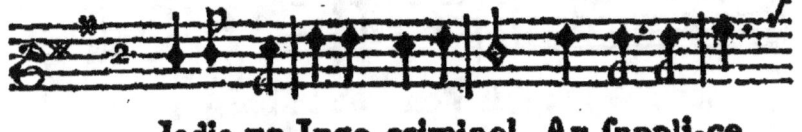

Jadis un Juge criminel Au suppli-ce

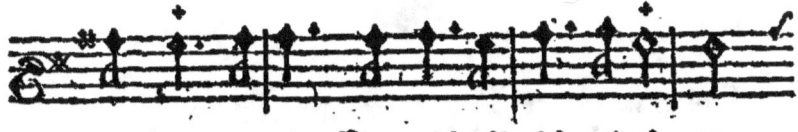

le plus cruel, Par voie il-lé-gi-ti-me,

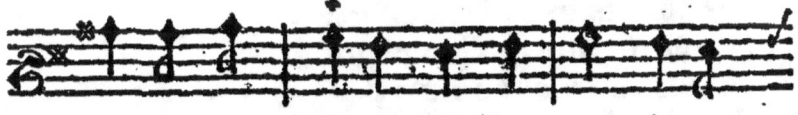

Avoit con-damné sans rai-son, A la

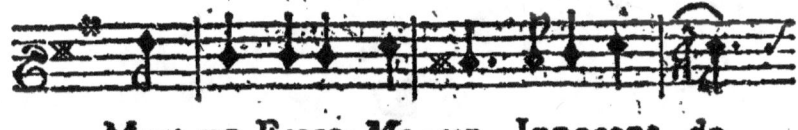

Mort un Frere *Ma-çon*, Innocent de

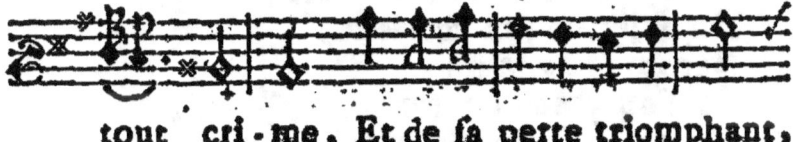

tout cri-me, Et de sa perte triomphant,

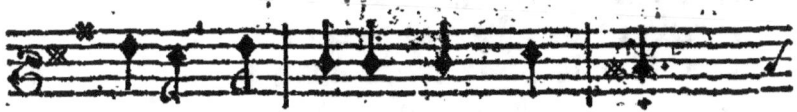

Il le con-duisoit en chan-tant,

Eh !

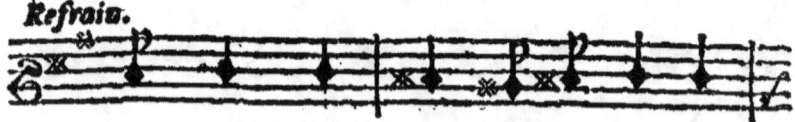

Eh! bon, bon, bon, que le Vin eſt

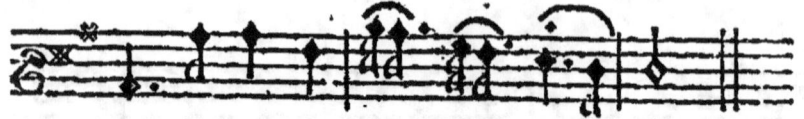

bon; A ma ſoif j'en veux boi - re.

Comme notre Frere on menoit
Au ſupplice, qui l'attendoit,
Son Roi vint à paroître;
Et ſe trouvant être *Maçon*,
Auſſi-tôt notre Compagnon
A lui ſe fit connoître,
Par les ſignes que nous faiſons,
Quand tous enſemble nous chantons
Eh! bon, bon, bon, &c.

Le Roi s'informant à l'inſtant
Du ſujet de ſon accident,
Découvre le miſtère;
Et d'un grand couroux tranſporté,
Il dit: „ Juge d'iniquité,
„ Tu fais tort à mon Frere;
„ Sais-tu qu'aſſis à mon côté
„ Enſemble nous avons chanté
„ Eh! bon, bon, bon, &c.

Sur le champ l'arrêt fut rendu,
Que le Juge seroit pendu
Au Bois *triangulaire*;
Et pour être en signe au *Maçon*
Il faisoit là tout de son long
La *perpendiculaire*:
Tandis que le Frere joïeux,
Se mit à chanter de son mieux
Eh! bon, bon, bon, &c.

Nouveaux Couplets.

Par le Fr. DU BOIS.

Aux Prophanes injustes.

Vous qui, sur d'injustes soupçons,
Condamnez ainsi les *Maçons*,
Sans vouloir les entendre;
De peur qu'un Monarque irrité,
Pour prix de votre iniquité,
Ne vous fasse tous pendre,
Croïez-moi, venez, sans delai,
Chanter avec nous d'un cœur gai,
Eh! bon, bon, bon, &c.

Aux Belles ombrageuses.

Beautés, dont les charmans appas
Dans nos Loges ne brillent pas,
N'en prenez point ombrage;
Après six heures de repos,
Le *Maçon* en sort mieux disp...,
Et plus propre à l'ouvrage;
A vos pieds, avec *Cupidon*,
Il chante sur le même ton,
Eh! bon, bon, bon, que l'*Amour* est bon, } *bis.*
C'est pour lui qu'on doit boire.

LES GRACES.

Par le Fr. de VIGNOLES.

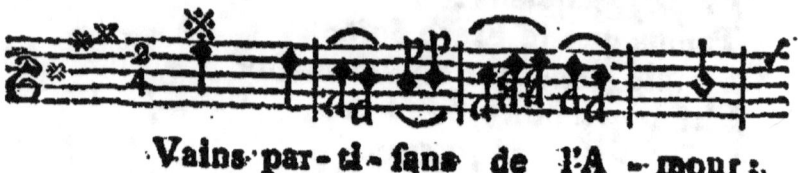

Vains par-ti-fans de l'A - mour;

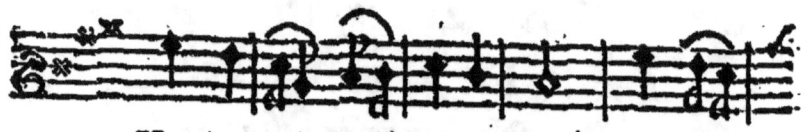

Vantez les jeux de fa Cour: Ce n'eft

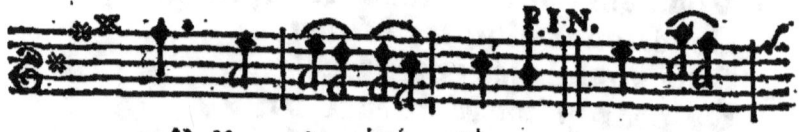

qu'à l'om-bre des *Graces*, Que vous

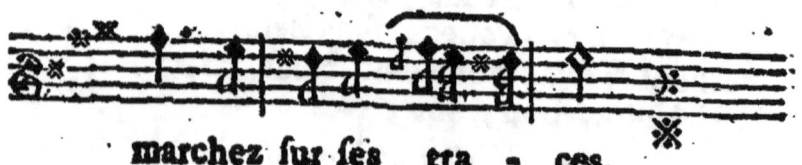

marchez fur fes tra - ces.

Leur Nudité nous fait peur;
Et nous plaignons votre erreur::
Car le plaifir, fans décence,
A nos yeux perd fon effence.

CHO

CHORUS
DE TOUS LES FRERES
Pour célebrer les Louanges de l'Ordre.

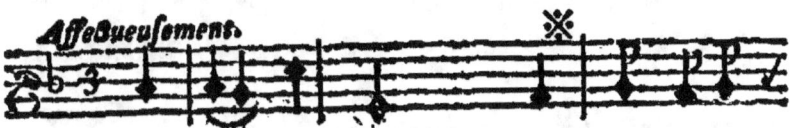

Chan-tons en Chœur, Chan-tons notre

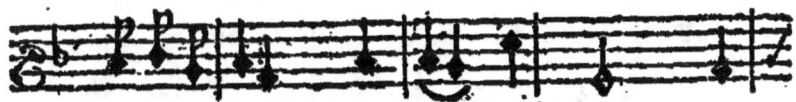

Maçonne-ri-e, Chan-tons en Chœur, Fre-

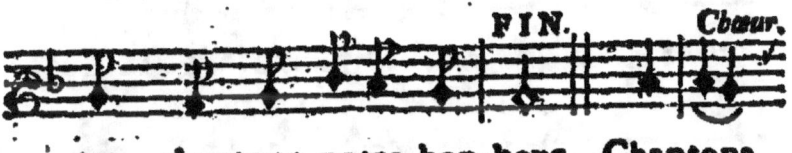

res, chantons notre bon-heur. Chantons

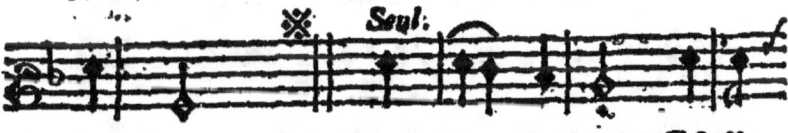

en Chœur, &c. Quel - le douceur ! Eſt-il

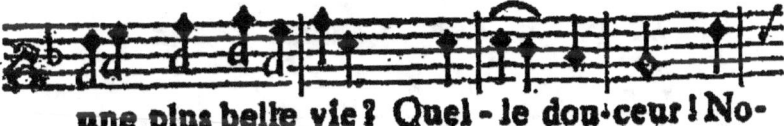

une plus belle vie ? Quel - le dou-ceur ! No-

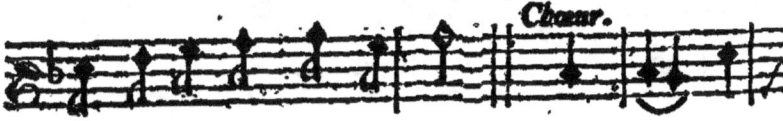

tre tréſor eſt dans le cœur. Chan-tons en
Chœur,

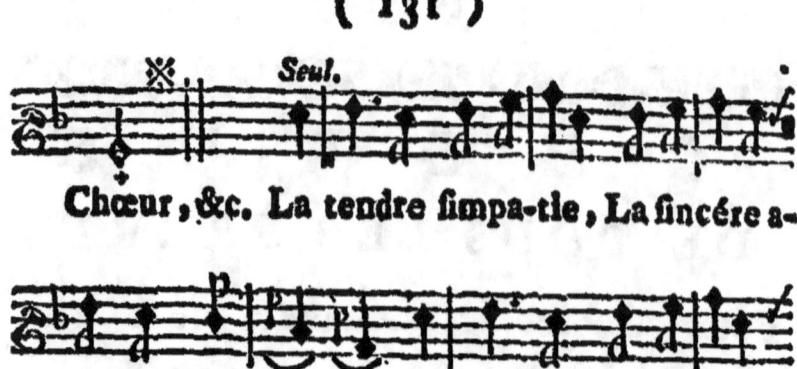

Chœur, &c. La tendre fimpa-tie, La fincére a-

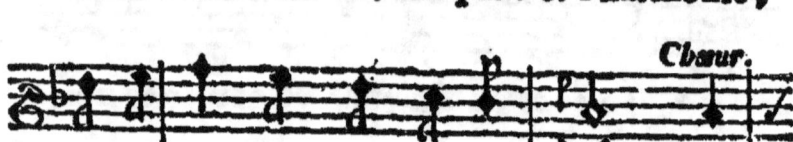

mitié nous li - e, La paix & l'harmonie,

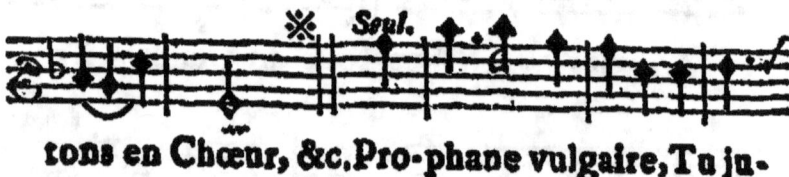

Reffer-rent un nœud fi flat - teur. Chan-

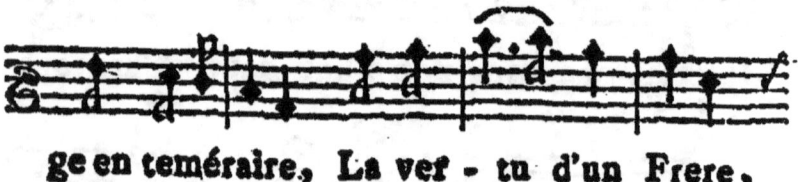

tons en Chœur, &c. Pro-phane vulgaire, Tu ju-

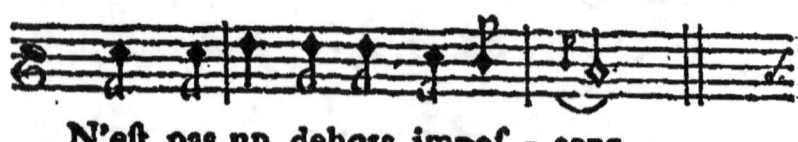

ge en téméraire, La ver - tu d'un Frere,

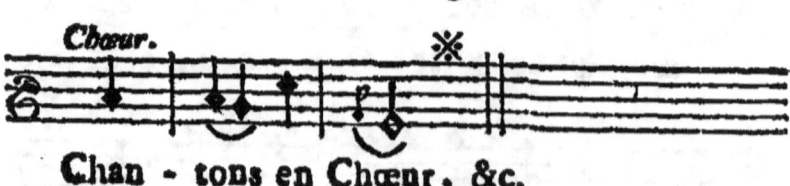

N'eft pas un dehors impof - teur.

Chan - tons en Chœur, &c.

Seul.   Quelle folie,
D'établir des rangs dans fa vie!
           Vertu, genie,
Seuls, vous enflamez notre ardeur. :l: *Chœur.*

Seul.   Chez nous point de nobleffe,
Le plus beau titre eft la fageffe,
           Elle eft notre maitreffe.
Dreffons fon temple en notre cœur, :l: *Chœur.*

VRY.

VRY-METZELAARS MENUET.

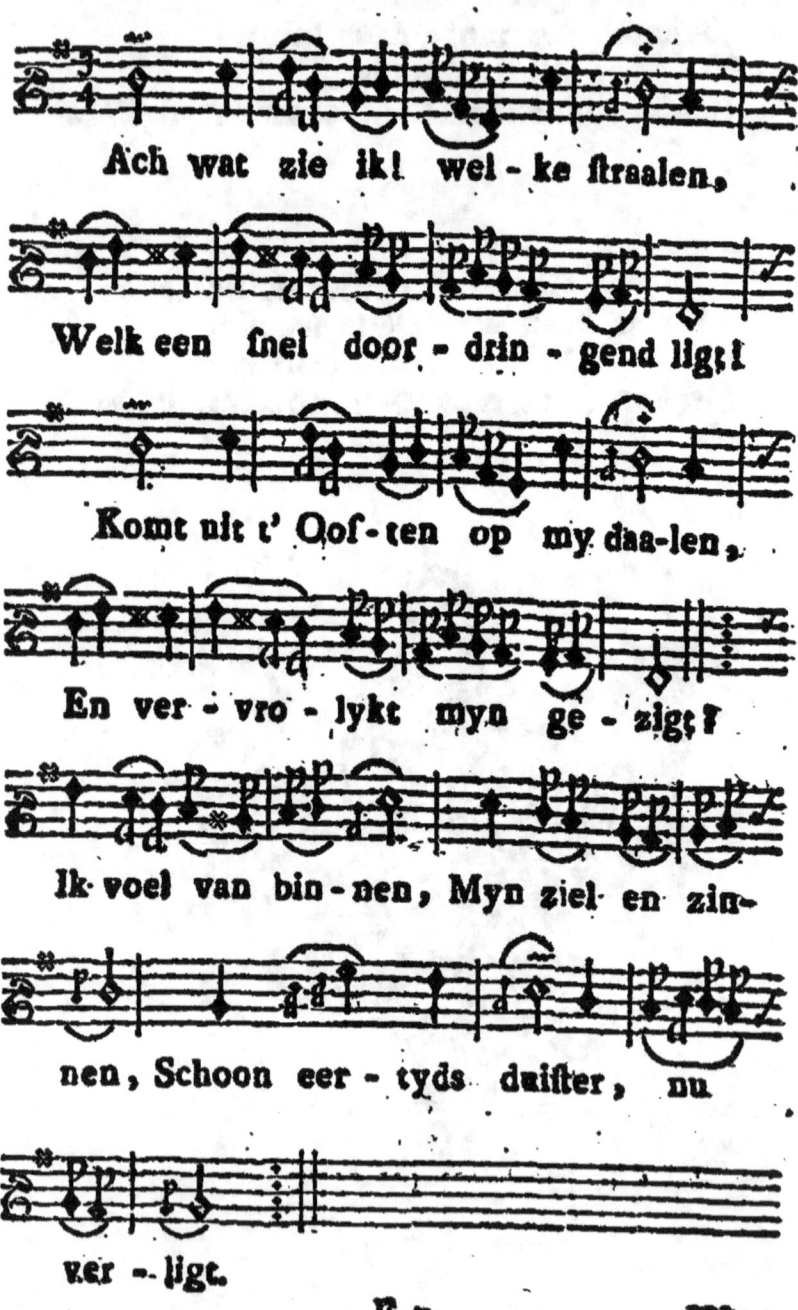

Ach wat zie ik! wel - ke ftraalen,

Welk een fnel door - drin - gend ligt!

Komt uit t' Oof - ten op my daa-len,

En ver - vro - lykt myn ge - zigt!

Ik voel van bin - nen, Myn ziel en zin-

nen, Schoon eer - tyds duifter, nu

ver - ligt.

F 7   Want

Want nu zie ik eerst op heeden,
Dat de   Metz'lary
Steunt op vriendschap, deugd en reeden,
Wars van dwang en vleyery
Z' is van gebreeken,
En flinkfe ftreeken   } bis.
Van naare zorg en misdaad vry.

Laaten anderen zig vermaaken
In de Staatzucht, weelde of pragt;
Of naar 't goudt, door goudt-dorft, haaken,
't Word met reên by ons veragt:
Vry-Metzelaaren,
In kunft ervaaren,   } bis.
Hebben nooit als de Deugd betragt.

En fchoon veel verwaande Lieden,
Dwaazer als het plomp Gemeen,
Onze daaden naauw befpieden,
En die laaken zonder reên:
't Gedrag en zeeden,
Van onze Leeden,   } bis.
Die ftreeven door de lafter heen.

Kunne vol bevalligheeden,
Stel 't vooroordeel aan een zy;
Nooit word Gy zoo aangebeeden
Als van Ons, gelooft dit vry:
U fteets te minnen,
Uw gunft te winnen,   } bis.
Is een gebod der Metz'lary.

Broeders laaten w' ons vermaaken
In een gulle vrolykheidt;
Want fchoon wy het misbruik laaken
Zyn wy vrolyk op zyn tydt,
De Vrolykheeden,
Gepaart met Reeden,
Zyn steeds van naageween bevrydt. } *bis*

Zie my vaardig op uw wenken,
Vrolyk, vergenoegt, en bly,
't Druiven-fap in 't glaasje fchenken;
Broeders doet dit neevens my:
Drie maal drie keeren,
Drink ik ter Eeren
Van onze *Vrye Metz'lary.* } *maal:*

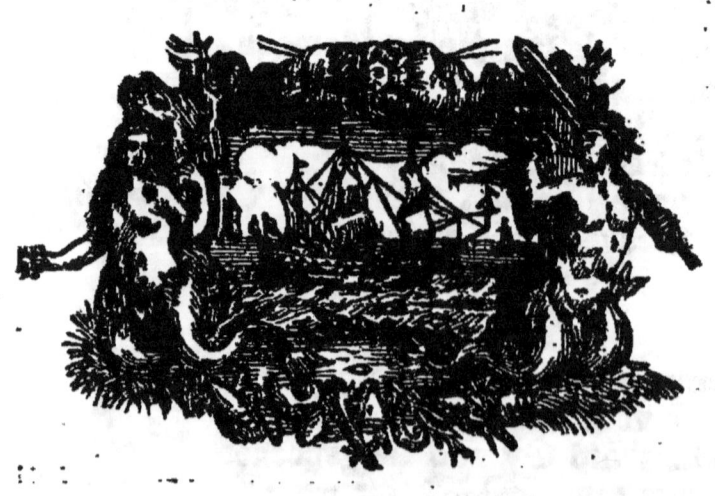

AVAN.

AVANTAGES DE L'AMITIE.

Des *Maçons* raviſſant par - tage, A - mitié,

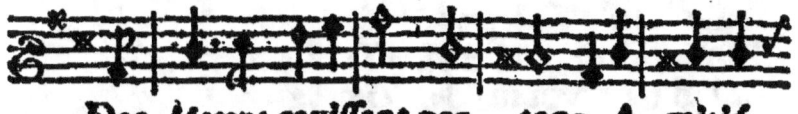

chantons tes at - traits, Des biens que le

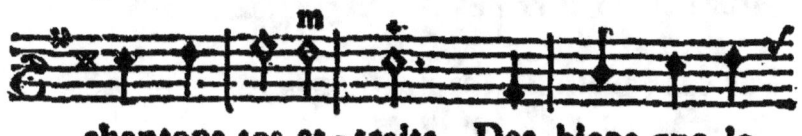

Ciel nous mé - nage, Il n'en eſt point de

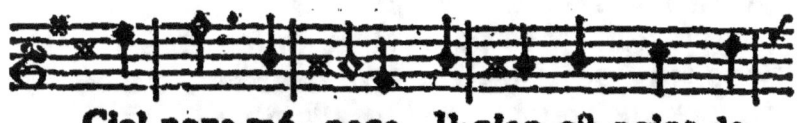

plus par-faits: A chaque homme tu fais en -

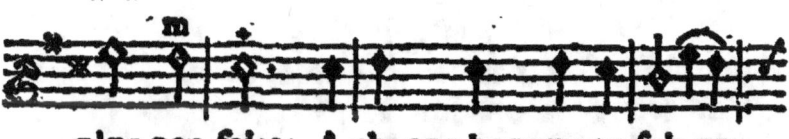

vie, Cha-cun recherche tes fa - veurs,

Mais la ſeule *Ma - çonne - ri - e*, Diſ-

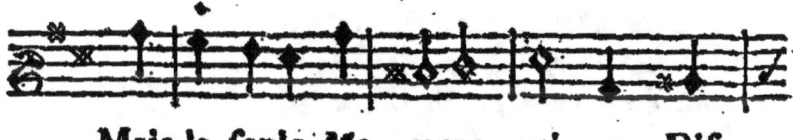

penſe, tes bien-faits flat-teurs.

Qui

Qui pourroit douter qu'*Alexandre*
N'ait eu les vertus d'un *Maçon* ?
Toujours conftant, fidele & tendre,
Il fut ami d'*Ephestion*.
Patrocle étoit ami d'*Achile* :
Et l'eût-on voulu, les *Timons*
Soumettoient leur cœur indocile
Aux douces loix des *Francs-Maçons*.

※((❁))※

Par tout brillent tes avantages,
Amitié ; ce vafte univers
Offre d'éloquentes images,
Qu'eftiment même les pervers.
Les mortels, nés pour vivre enfemble,
Sans toi, ne fauroient être heureux.
Maçons, le nœud qui vous affemble,
Vous affure un bien précieux.

※((❁))※

Difcorde, c'eft par tes maximes,
Qu'au trône qu'on doit refpecter,
Souvent les Princes légitimes
Ont dû céder à l'étranger :
Tu n'as qu'une fuite terrible,
Tu détruis la profpérité :
Mais le bonheur le plus fenfible
Prend fa fource dans l'amitié.

※((❁))※

Des *Francs-Maçons* voilà l'idole,
Voilà l'auteur de leur plaifir ;
Le nom de Frere eft le fimbole
De l'efprit qui fait les unir.
Rien ne l'abat, rien ne l'accable ;
Le *Franc-Maçon* a pour appui
L'Amitié tendre & fecourable,
Qui fait fes maux de ceux d'autrui.

❦

LA VE'RITABLE HUMANITE'.

Sur l'Air : *De la Bequille.*

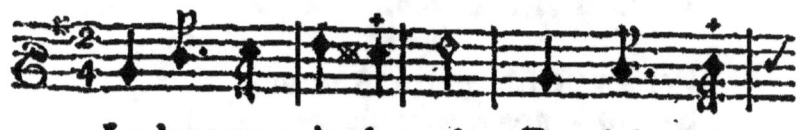

La lanterne à la main, En plein jour

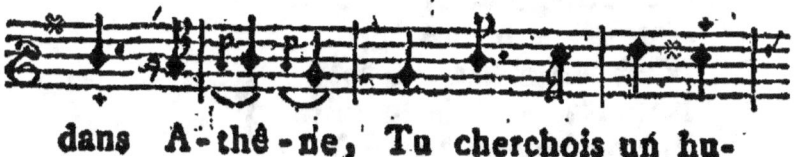

dans A-thê-ne, Tu cherchois un hu-

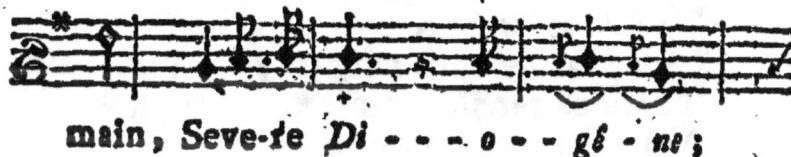

main, Seve-re Di - - - o - - gè - ne ;

Refrain.

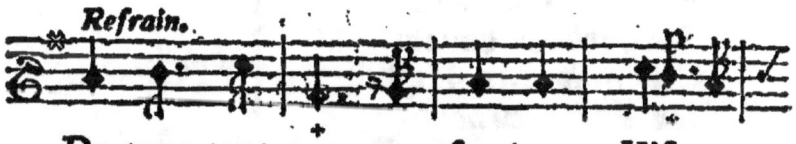

De tous tant que nous sommes, Visi-tes

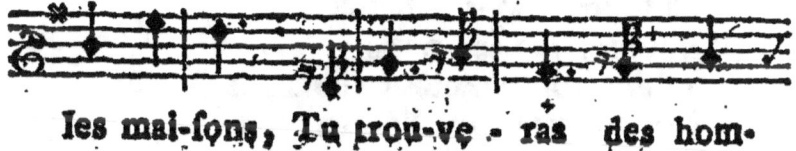

les mai-sons, Tu trou-ve - ras des hom-

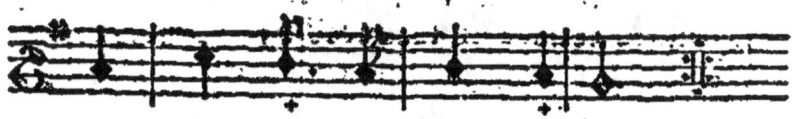

mes, Dans tous nos *Franc-Ma-çons.*

L'heu-

L'heureufe liberté
A nos banquets préfide;
L'aimable volupté
A fes côtés réfide;
L'indulgente Nature,
Unit dans un *Maçon*,
Le charmant *Epicure*,
Et le divin *Platon*. } *bis.*

Pardonnes, tendre Amour,
Si dans nos affemblées,
Les Nimphes de ta Cour
Ne font point appellées;
Amour, ton caractere
N'eft pas d'être difcret:
Enfant, pourois-tu taire
Notre fameux Secret? } *bis.*

Tu fais affez de maux,
Sans troubler nos mifteres;
Tu nous rendrois rivaux,
Nous voulons être Freres;
Notre chere famille
Redoute les débats
Qu'enfante la Béquille
Du Pere *Barnabas*. } *bis.*

Toutefois ne crois pas
Que des Ames fi belles,
A voler fur tes pas,
Soient conftamment rébelles;
Nos foupirs font l'éloge,
Des douceurs de ta Loi;
Au fortir de la Loge
Tout bon Frere eft à toi. } *bis.*

D. B.

DE MENSCHLIEVENDHEID.

Vertaling van het voorgaande.

Op dezelve Wys.

Die U op klaren dag
O *Diogeen* t' *Athenen!*
Met een Lantaaren zag,
Dien hebt gy dwaas gescheenen.
Geen wonder, gy zogt Menschen.
't Was vrugt'loos, maar zie daar, } *bis.*
Gy vind 't geen gy kund wenschen
In een *Vry-Metzelaar.*

De Vryheid op den Troon,
De wellust in haar paalen;
Ziet dus het Feest der Goôn,
In onze Broeder zaalen;
Hier smaaken geest en leeden; } *bis*
De zuivere Natuur;
Het zout van *Plato's* reeden,
En 't zoet van *Epicuur.*

Cupido, vergt ons niet,
Dat men de schoone Kunne,
In dit geweid gebiet
Intreed' of plaats vergunne,
Neen Guitje, 't is u eigen
En uwe Nimphjes zoet, } *bis.*
Dat gy niet weet te zwygen,
Het geen geheim zyn moet.

Het

Het klappen is een kwaat;
Nog meer was hier te vreezen:
't Is meede Minnaars haat,
Wy willen Broeders weezen.
Denkt Broeders, eensgezinde,
Wat twist baart niet, helaas!
Het Krukje, het beminde
Van Vader *Barnabas.* } *bis.*

Dog Minne-Godje, weet
Dat zielen, zo verheeven
Als die men Broeders heet,
U niet in 't minst weêrstreeven,
Vry-Metz'laars zyn gebooren
Tot d'arbeid, Dag en Nagt,
Uw' schoonheid te bekooren
Als 't Dag-werk is volbragt. } *bis.*

CONSEILS AUX MAÇONS.

Sur le même Air.

FRères, joignons nos voix ;
Qu'à l'envi chacun chante
La douceur de nos loix,
Et leur gloire éclatante.
Trueile, qui m'enchante,
Tu vaux, pour un *Maçon*,
Cette lire touchante,
La gloire d'*Amphion.*   } bis.

Horace nous l'apprend :
Prophane est le vulgaire ;
D'un pas ferme & constant
Marchons vers la lumiere.
D'une erreur populaire,
Rions en liberté ;
Qui rougit d'être Frere
Pour tel n'est plus compté.   } bis.

Si parmi nous quelqu'un
Mérite la censure,
C'est un défaut commun
A l'humaine nature.
La vertu la plus pure
Est notre unique objet ;
Mais seroit-on parjure
Pour n'être pas parfait ?   } bis.

Ref-

Respectons le censeur,
Méprisons sa critique,
Opposons la douceur
A l'humeur satirique :
Souvent tel qui s'explique
En discours offensans, } bis.
De notre République
Devient un des enfans.

Le rang, les dignités,
Le talent, la science,
Ont dans nos Comités
La juste préférence.
Mais cette déférence,
Ne fait point de jaloux ; } bis.
L'honneur qu'on y dispense
En devient un pour tous.

Découvrons nos secrets,
Révélons le mistere ;
Nuit & jour être prêts,
A secourir son Frere ;
Du préjugé vulgaire
Préserver sa raison ; } bis.
Chercher le bien, le faire ;
C'est être *Franc-Maçon.*

Etre fidele aux Rois,
Fidele à sa patrie,
Sont les premieres loix
De la *Maçonnerie*.
Du fanatifme impie
Détefter la leçon,
Bannir la calomnie,
C'eft être *Franc-Maçon*.

} *bis.*

Aimer la liberté,
Fuir le libertinage;
Avoir de la gaité,
Sans ceffer d'être fage;
De la vertu fauvage
N'emprunter point le ton,
C'eft l'aimable appanage
De tout vrai *Franc-Maçon*.

} *bis.*

De nos charmans banquets
Banniffons la trifteffe,
Accordons à jamais
Les plaifirs, la fageffe;
Sans tomber dans l'ivreffe,
Buvons une liqueur,
Qui ranime fans ceffe
Et l'efprit & le cœur.

} *bis.*

PHI-

PHILOSOPHIE MAÇONNE.

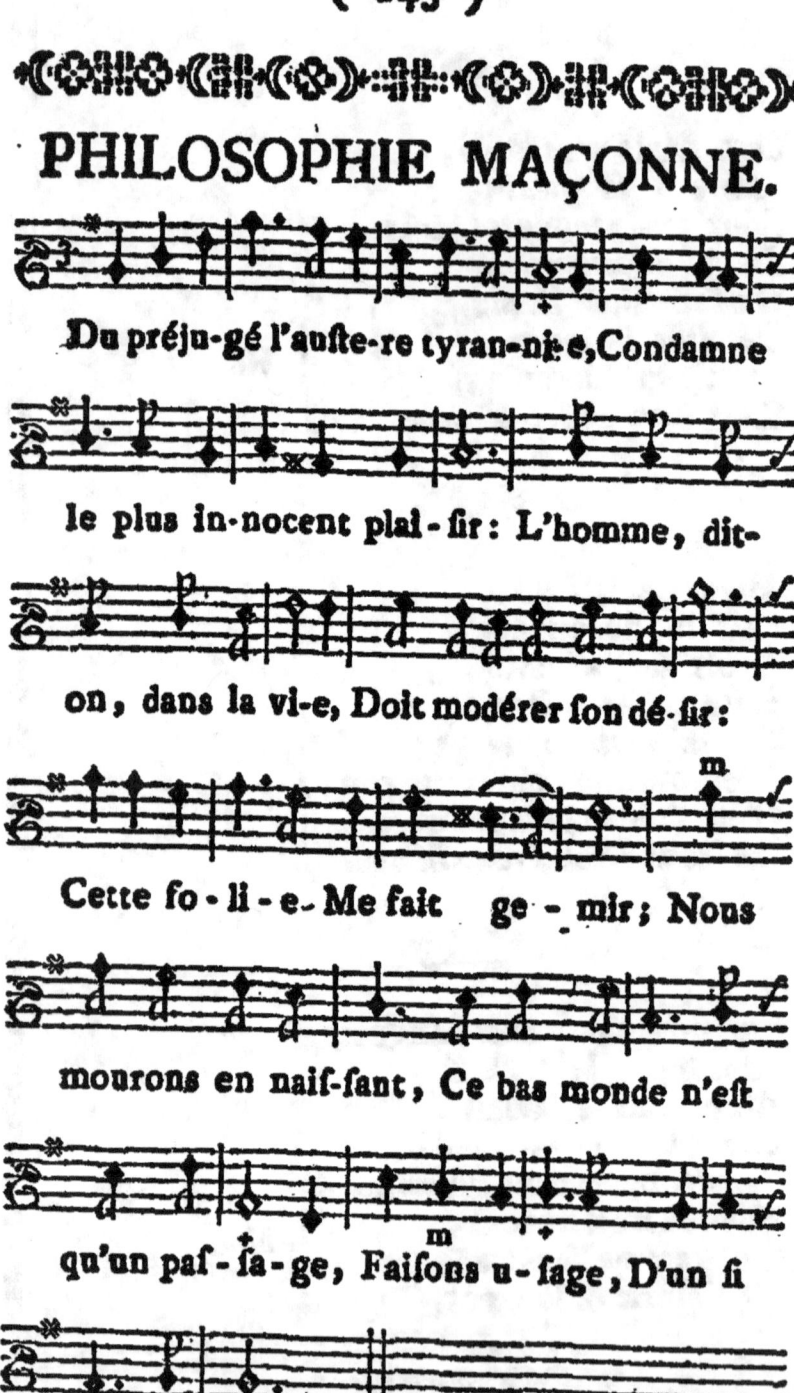

Du préju-gé l'aufte-re tyran-ni-e, Condamne

le plus in-nocent plai-fir: L'homme, dit-

on, dans la vi-e, Doit modérer fon dé-fir:

Cette fo-li-e-Me fait ge-mir; Nous

mourons en naif-fant, Ce bas monde n'eft

qu'un paf-fa-ge, Faifons u-fage, D'un fi

court in-ftant.

G

Du

Du libertin c'eſt, dit-on, la morale,
D'*Epicure* il a pris cette leçon :
   Pourquoi crier au ſcandale ?
Docteurs, contre la raiſon,
    Votre cabale
    N'eſt qu'un jargon :
Qaand j'invite à jouïr,
  C'eſt d'accord avec la Sageſſe ;
    Cette Déeſſe
    Permet le plaiſir.

((❀))

L'on me répond, qu'on ne peut ſans chimere
Etre ſage au ſein de la volupté :
   J'ai l'exemple du contraire
  Dans notre Société,
    Dont tout bon Frere
    Eſt enchanté :
  L'Ordre des *Francs-Maçons*
  Admet la volupté décente,
    Qui nous contente
    Et ſert de Leçons.

((❀))

Flatter ſes ſens, procurer les délices,
De cinq façons le cœur eſt ſatisfait ;
   Mais, ſans ſe livrer aux vices,
  On peut ſuivre ce qui plait,
    Et ſes caprices
    Sans nul regret.
Le mal a ſon progrès,
  Tout a ſes loix & ſa meſure,
    La régle ſûre,
    Eſt de fuir l'excès.

Cen-

Cenfeur jaloux, j'explique le problême,
Du *Franc-Maçon* je te peins le bonheur,
Il trouve le bien fuprême
Toujours au fond de fon cœur:
Et fon fiftême
Lui fait honneur.
Dans un jufte milieu
Il goûte le bien le plus rare,
Que lui prépare
La bonté de Dieu.

FRUITS

FRUITS DE LA MAÇONNERIE.

Sur l'Air : *Moi qui ne suis point revêche.*

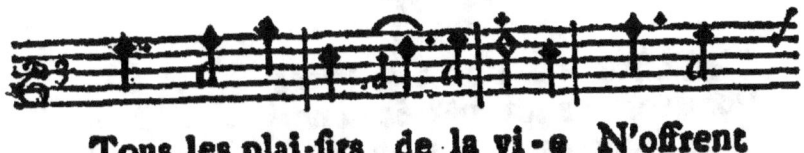

Tous les plai-firs de la vi-e N'offrent

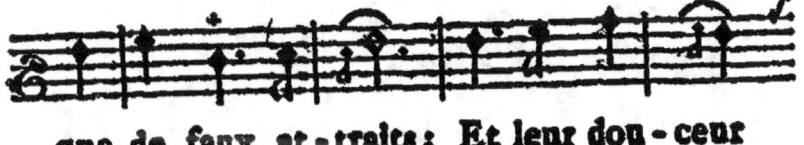

que de faux at-traits; Et leur dou-ceur

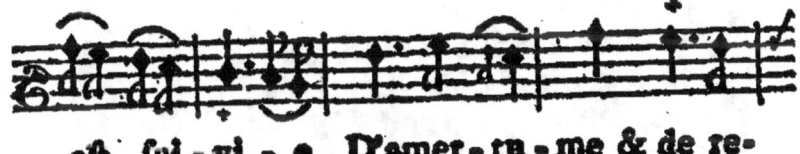

eft fui-vi-e D'amer-tu-me & de re-

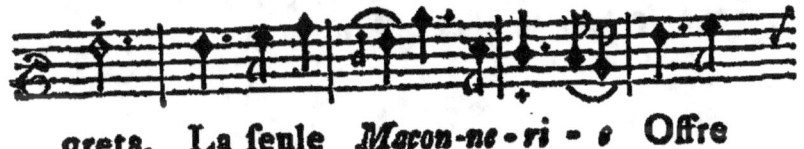

grets. La feule *Maçon-ne-ri-e* Offre

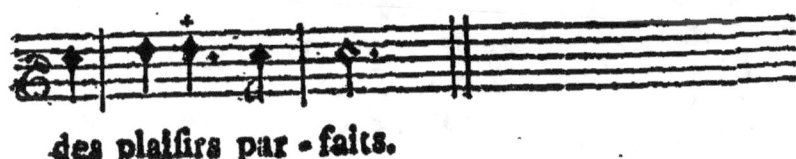

des plaifirs par-faits.

Par

Par la tranquille innocence
Ce féjour eſt habité,
Du poiſon de la licence
Jamais il n'eſt infecté,
Et c'eſt toujours la décence
Qui régle la volupté.

C'eſt affez que l'on ſoit Frere
Pour former les mêmes vœux,
Sans étude on y fait plaire,
Sans remords on eſt heureux,
Et nous goûtons, ſur la Terre,
La félicité des Cieux.

Parmi nous point de triſteſſe,
Point d'Amis froids & glacés;
Par le feu de la tendreſſe
Tous nos cœurs ſont embraſés,
Nous nous le diſons ſans ceſſe,
Sans jamais le dire affez.

A cet Arbre favorable
Nous devons notre bonheur:
Que ſa fleur eſt agréable!
Ah! que j'aime ſon odeur!
Mais ſon fruit plus délectable,
Vaut cent fois mieux que ſa fleur.

G 3   Fruit

Fruit facré, dont l'œil timide
Ofe à peine s'approcher,
Jamais une ame perfide,
A toi ne peut s'attacher;
Les cœurs que la vertu guide,
Seuls, ont droit de te toucher.

Quel plaifir de voir enfemble
Des Freres fi bien unis!
L'innocence les affemble,
Elle en fait de vrais Amis,
Sans cette vertu, tout femble
N'offrir que d'affreux foucis.

Du Maître de cette Loge
Chantons l'aimable douceur;
Aucun Frere ne déroge
Sous fon empire enchanteur;
Nos vertus font fon éloge,
Et nos plaifirs fon bonheur.

RE'PONSE du Mᵉ.
Par le Fr. de VIGNOLES.

A-t-on befoin de clémence?
Où le vrai donne des loix,
Qui prefcrivent la décence,
Et que chacun fuit par choix?
Qu'un Maître alors eft heureux!
Il eft doux & vertueux.

FES-

FESTINS MAÇONS.

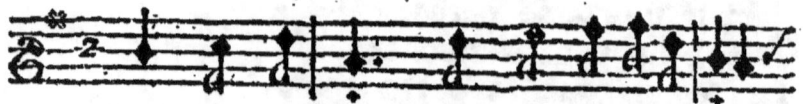

Dans nos banquets point de melanco lie,

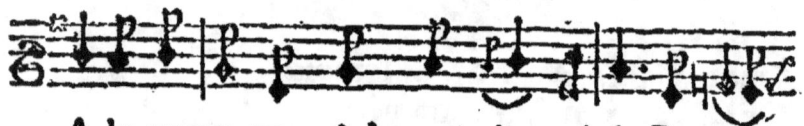

A la vertu nous joignons la gaité, En ban-

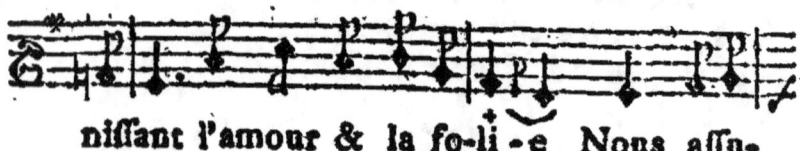

nissant l'amour & la fo-li-e Nous assu-

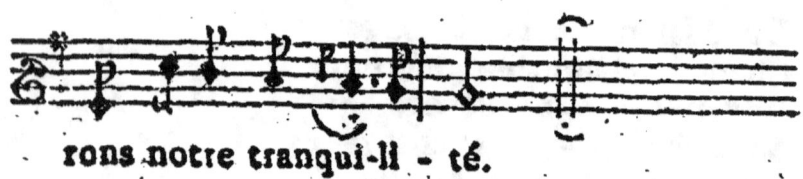

rons notre tranqui-ll - té.

De l'amitié nous emploïons les charmes,
Pour subjuguer les préjugés trompeurs.
Ses doux liens sont nos plus fortes armes;
Pour affermir l'union de nos cœurs.

Dans les plaisirs d'une innocente vie,
Nous jouïssons de notre liberté,
Le sot orgueil, les remords ou l'envie
Ne troublent point notre félicité.

MU-

MUSETTE: DIALOGUE.

Sur l'Air: *A quoi s'occupe Madelon?*

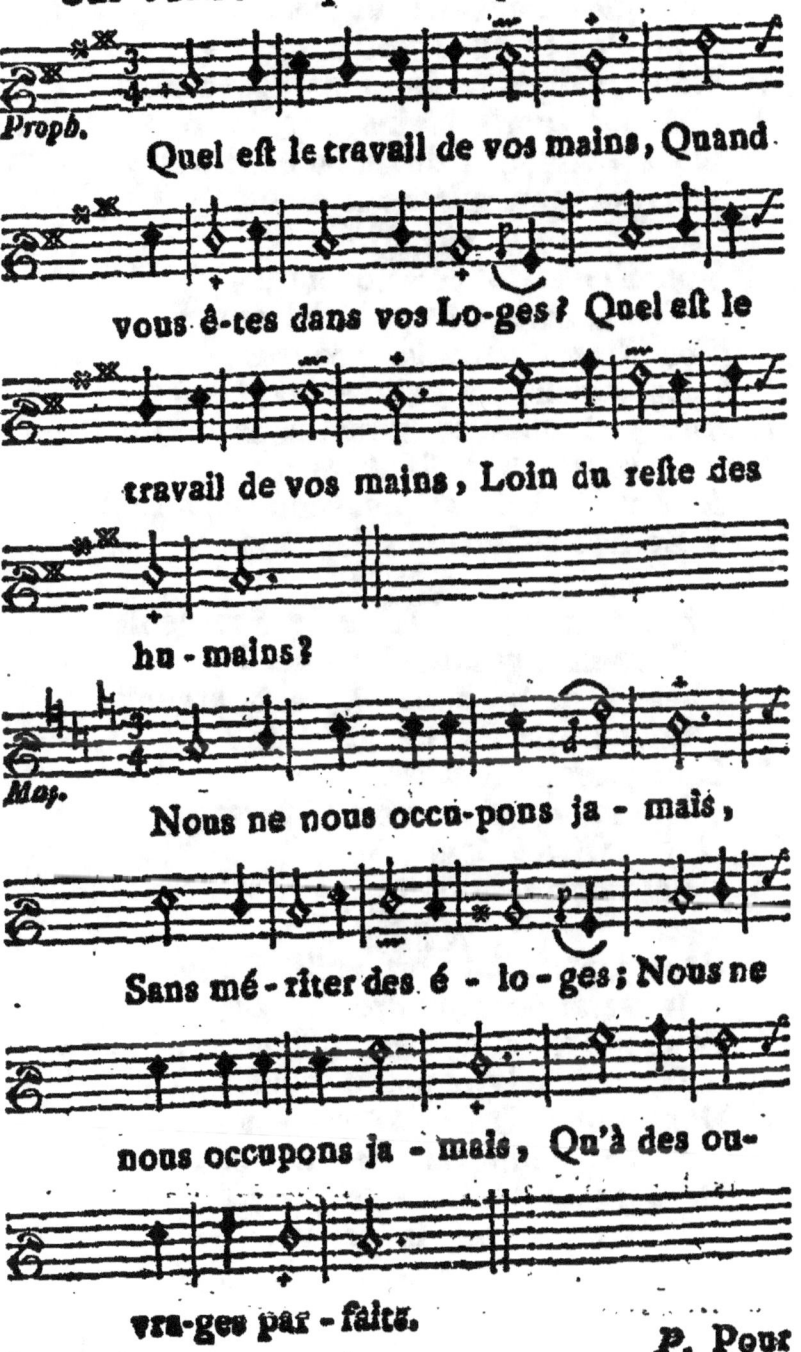

Propb.
Quel est le travail de vos mains, Quand

vous ê-tes dans vos Lo-ges? Quel est le

travail de vos mains, Loin du reste des

hu - mains?

May.
Nous ne nous occu-pons ja - mais,

Sans mé - riter des é - lo-ges; Nous ne

nous occupons ja - mais, Qu'à des ou-

vra-ges par - faits.

P. Pour

P. Pourquoi travailler en fecret,
   Si vous réprimez le vice?
   Pourquoi travailler en fecret,
   Si c'eſt-là tout votre objet?
M. Nous craignons de nous découvrir,
   A des cœurs pleins d'artifice;
   Nous craignons de nous découvrir,
   A qui pourroit nous trahir.

P. Vos Freres font-ils fecourus,
   S'ils tombent dans l'indigence?
   Vos Freres font-ils fecourus,
   Eprouvent-ils des refus?
M. Aux vrais befoins nous nous prêtons,
   Mais jamais à l'indolence:
   Aux vrais befoins nous nous prêtons,
   Et nos refus font des dons.

P. Chez vous le noble & le bourgeois.
   Sont-ils également Freres?
   Chez vous le noble & le bourgeois
   Suivent-ils les mêmes loix?
M. Une parfaite égalité
   Eſt le fceau de nos miſteres;
   Une parfaite égalité
   Fait notre félicité.

P. Pour jouïr d'un fort auſſi doux,
   Je veux devenir des vôtres;
   Pour jouïr d'un fort auſſi doux,
   Je veux vivre parmi vous.
M. Dans notre Ordre foïez reçu,
   Si vos défirs font les nôtres;
   Dans notre Ordre foïez reçu,
   Si vous aimez la vertu.

G 5.   AT.

ATTRAITS DE LA MAÇONNERIE.

Sur l'Air précedent.

Chœur. AH! que nos plaisirs ont d'attraits!
La vertu les fait éclore.
Ah! que nos plaisirs ont d'attraits!
Nous en bannissons l'excès.

Seul. Des attributs de la douceur,
Ici, chacun se décore.
Des attributs de la douceur
Chacun embellit son cœur.
Chœur. Ah! que nos &c.

Seul. Sur les loix de l'urbanité
De s'appuïer on s'honore,
Sur les loix de l'urbanité,
Notre Ordre fut cimenté.
Chœur. Ah! que nos &c.

Seul. Loin de nous ces amusemens
Qu'un cœur vraiment pur abhorre,
Loin de nous ces amusemens
Qui ne flattent que les sens.
Chœur. Ah! que nos &c.

L A

LA MODERATION.

AIR de *Joconde*.

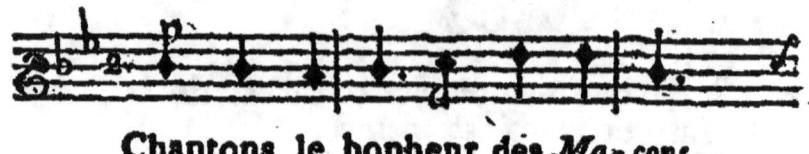

Chantons le bonheur des Maçons,

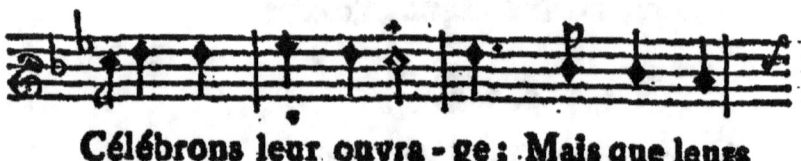

Célébrons leur ouvra-ge; Mais que leurs

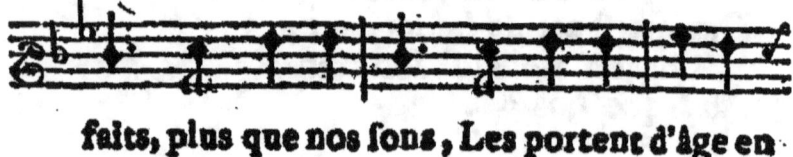

faits, plus que nos sons, Les portent d'âge en

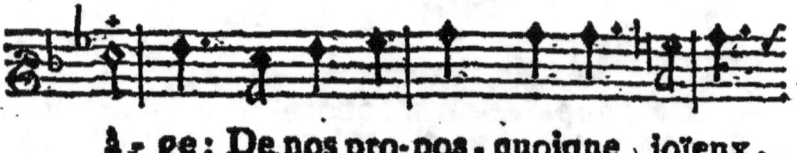

â-ge: De nos pro-pos, quoique joïeux,

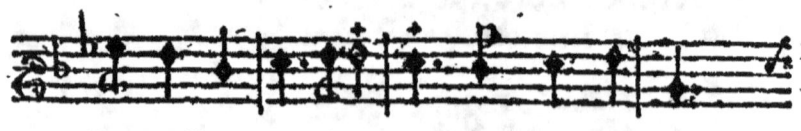

Bánniffons la licen-ce: Il n'eft de vrais

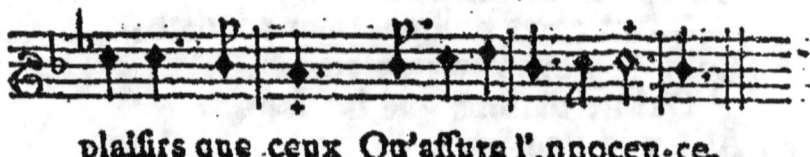

plaifirs que ceux Qu'affure l'.nnocen-ce.

✖

Bacchus n'est point dans ce féjour
  Un Dieu que l'on révere ;
On en prefcrit le fol Amour
  Qui régne dans *Cithere* ;
Ce n'eft qu'autant qu'ils font foumis
  A la Sageffe aimable ,
Que parmi nous ils font admis
  A nos plaifirs de table.

✖

L'un nous fait perdre la raifon ,
  Ce divin caractere ,
Qui feul diftingue un *Franc-Maçon*
  Du prophane vulgaire ;
L'autre, auprès d'un objet charmant,
  Pour vouloir trop lui plaire,
Pourroit d'un fecret important
  Dévoiler le miftere.

✖

De ce Couple trop enchanteur
  Défions-nous fans ceffe ;
L'efprit doit, autant que le cœur,
  Etre exent de foibleffe ;
Sur la vertu réglons nos goûts ,
  Qu'en tout elle préfide ;
Il n'eft point de plaifir plus doux
  Que de l'avoir pour guide.

Mais

Mais qu'elle se montre en ces lieux,
    Sans être trop sévere :
Elle déplairoit à nos yeux,
    Sous un maintien austere ;
De la volupté les attraits
    Peuvent toucher le Sage ;
Nous n'en condamnons que l'excès,
    Et nullement l'usage.

Unis par des nœuds solemnels
    Que dicte la justice,
Nous ecartons de nos Autels
    Jusqu'à l'ombre du vice ;
L'Amitié nous rend tous egaux,
    Enfans de la Lumiere ;
Ici l'on n'a point de rivaux,
    Chacun n'y voit qu'un Frere.

Nous ne faisons dans l'Univers
    Qu'une même Famille ;
Qu'on aille en cent climats divers,
    Par-tout elle fourmille ;
Aucun païs n'est etranger
    Pour la *Maçonnerie* ;
Un Frere n'a qu'à voïager,
    Le Monde est sa Patrie.

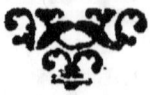

G 7   CHAN-

CHANSON

POUR UN NOUVEAU REÇU.

Sur l'Air précédent.

D'Une aimable Fraternité
  Pour goûter les délices,
Pour jouïr d'une volupté
  Qui fuit l'ombre des vices,
Pour trouver des mœurs & des loix,
  Pour s'aimer dans les autres,
Mes Freres, enfin je conçois
  Qu'il faut être des vôtres.

Du bonheur d'être joint à vous.
  J'eprouve l'excellence;
Par vos sentimens, jugez tous
  De ma reconnoissance :
Du Paradis voluptueux,
  Séjour du prémier Homme,
Je deviens l'habitant heureux,
  Sans redouter la pomme.

Tel

Tel que l'Hébreu ravi foudain,
    Dans un char de lumiere,
Un *Maçon*, fier de son deftin,
    Commence fa carriere;
Il laiffe, joyeux & content,
    Sa dépouille vulgaire,
Et fe pare, plus éclatant,
    Du beau titre de Frere.

Prophane que j'étois jadis,
    J'infultois à vos Fêtes;
Il faut, pour en favoir le prix,
    Etre ce que vous êtes:
Je le fuis, vous êtes vengés,
    Je me fais gré de l'être:
Pardon, fi je vous ai jugés,
    C'étoit fans vous connoître.

AVAN.

AVANTAGES DE L'UNION.

Sur l'Air précedent.

De me voir avec les *Maçons*,
   Que j'ai l'ame ravie!
Je réglerai sur leurs leçons
   Les actes de ma vie :
C'est par la vertu, la candeur,
   Qu'ils se font reconnoître,
Ils ont sçu corriger mon cœur,
   Je suis un nouvel être.

La plus exacte charité
   Conduit ces hommes sages :
On rencontre la vérité
   Dans leurs moindres langages :
Heureux! qui peut de leurs secrets
   Pénétrer le mistere ;
Plus heureux! qui suit leurs décrets,
   Vivant en digne Frere.

De

De la loi de l'égalité
    On connoît l'avantage,
Et la charmante urbanité
    Du Chef est le partage;
S'il est obligé de punir
    Quelque leger caprice,
En témoignant du repentir
    On fléchit sa justice.

Des régles de l'humanité
    Chacun suit les maximes;
On s'arme de sévérité
    Contre les moindres crimes;
On admire le vertueux,
    On le cherit, on l'aime;
On eloigne le vicieux,
    Le livrant à lui-même.

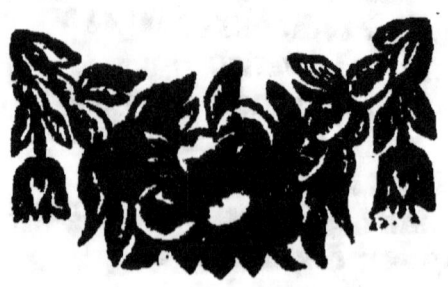

LA CONCORDE DES MAÇONS.

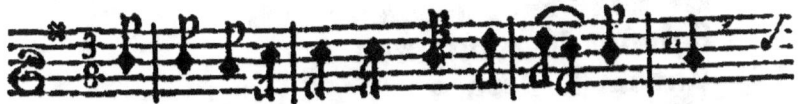

La *Maçonne - ri - e*, En li - ant les cœurs,

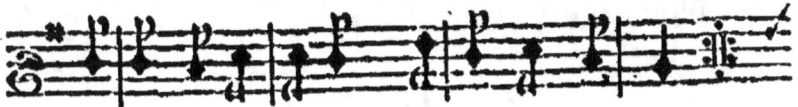

De la fimpa - ti - e Montre les douceurs.

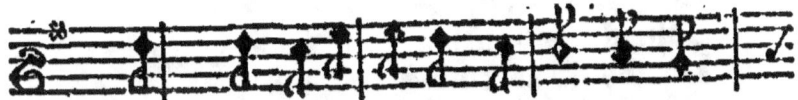

L'homme à la ri-cheffe Li-vre fon en-

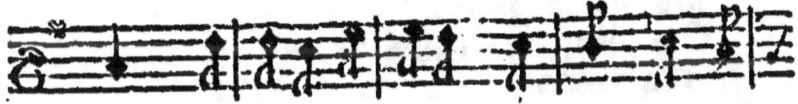

cens, La feule Sa-geffe Peut charmer nos

fens.

L'humaine Nature,
Féconde en défirs,
Chez nous, fans murmure,
Goûte les plaifirs.
L'aimable miftere
Aiguife nos jeux;
Et le nom de Frere
Nous rend feul heureux.

C 6-

Célébrons, mes Freres,
Ce charmant accord.
De nos vœux sinceres
Suivons le transport.
Envain la licence
Offre des appas,
Non ! sans la décence
Nous n'en voïons pas.

Ainsi notre troupe,
Loin du repentir,
Du jus de la coupe
Ose se servir.
Bannissons l'ivresse,
Aimons la gaîté,
Qui joint la sagesse
A la volupté.

Plus léger qu'*Eole*
Sans le sentiment
Le plaisir s'envole,
Privé d'agrément :
Il est dans la Loge,
Monté sur ce ton ;
Tout y fait l'eloge
Du vrai *Franc-Maçon.*

L E

LE FAUX PRÉJUGÉ.

Par le Fr. de VIGNOLES.

ARIETTE du *Maître en Droit.*

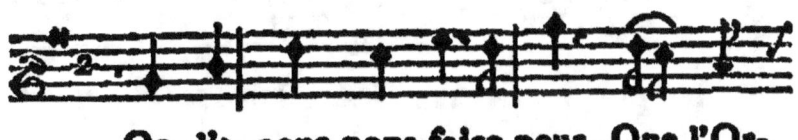

On dit, pour nous faire peur, Que l'Or-

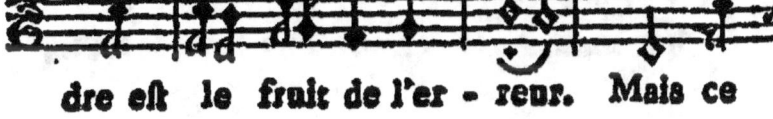

dre est le fruit de l'er - reur. Mais ce

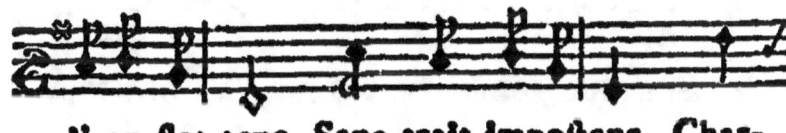

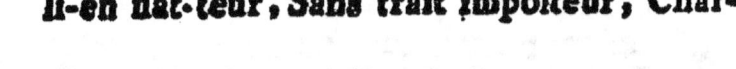

li-en flat-teur, Sans trait imposteur, Char-

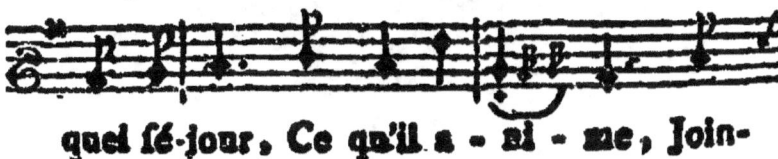

me le cœur. S'il disoit le cri-me, Dans

quel sé-jour, Ce qu'il a - ai - me, Join-

droit

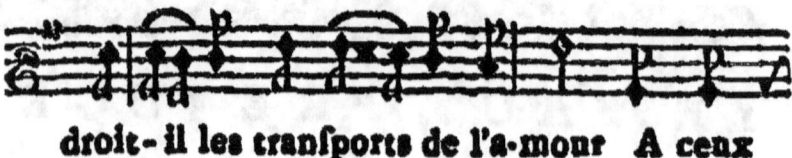

droit-il les transports de l'a-mour A ceux

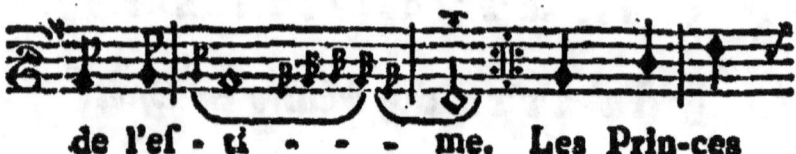

de l'ef - ti - - - me. Les Prin-ces

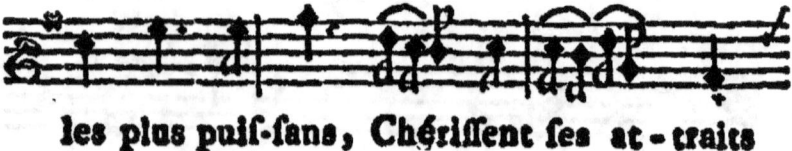

les plus puif-fans, Chériffent fes at - traits

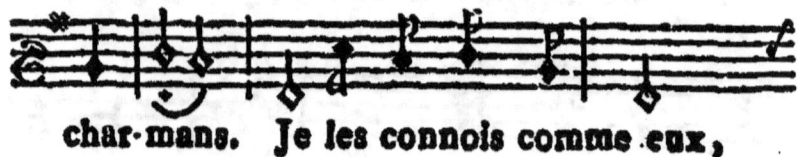

char-mans.   Je les connois comme eux,

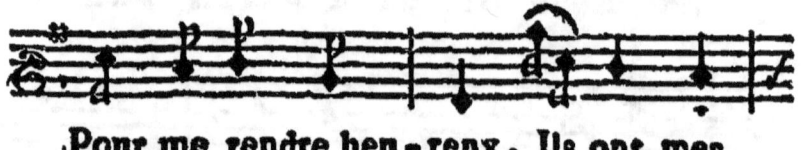

Pour me rendre heu - reux, Ils ont mes

vœux.

D'ONGEVEINSDHEID.

Stem: *God feav' great George our King.*

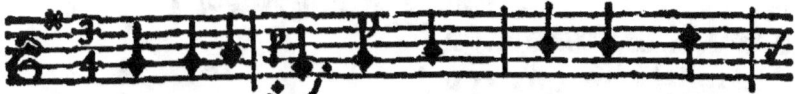

O lafter-ziek gemeen, Veracht vry

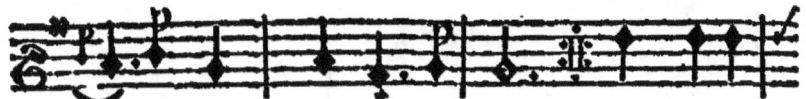

buiten reên, Uit enk'le nydt, De *Vrye*

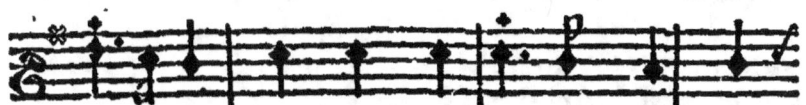

Metzelaars: Uw' blindheid is niets raars, Wyl

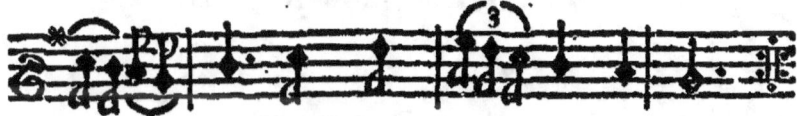

wy by Dag en Kaers, Zien tot uw fpyt.

Verband ons waar gy kunt,
Die wrok zy uw gegunt.
   Doch gy zyt mis,
Want eerder dan gy 't weet,
Schoon dat gy ziende heet,
Men uw voor blind verfleet.
   Dat zweer 'k gewis.

Scheld dan ook, hoe gy wilt,
't Is niet dan tyd verfpilt.
   Het *Metz'laarfcbap,*
Mint fteeds de zedigheid,
De reede en vriend'lykheid,
Gepaard met vrolykheid,
   Geen mal gekkap.

Was

Was 't *Metz'laarfchap* zoo flegt,
Als 't ons word voorgelegt,
  Door 't dom gemeen,
Wie wilde *Metz'laar* zyn?
De Deugd is by ons ryn.
Wy trekken eene lyn,
  Zonder geween.

Maar wy, die *Metz'laars* zyn,
Is fteeds een Medicyn,
  Te zyn by een.
Wyl zoete vrolykheid,
Wars van uitfporigheid,
De zorg en laft ontzeid
  Den zwakken leên.

Lang bloeije 't *Metz'laarfchap!*
Het klimm' ter eeren trap,
  Tot hunner fpyt,
Die 't zetten aan een zy,
Als of 't ons bragt in ly:
Zoo triompheeren wy
  Over de nydt.

Hier op dan volgt my ras
En maakt het waterpas,
  Broeders met my.
Is wenfcht nu met elkaar;
Dat deeze ganfche fchaar'
Bevryd blyv' voor gevaar;
  In alle ty.

AVAN-

AVANTAGES DU SILENCE.

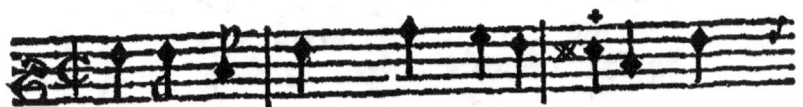

Freres *Ma-çons*, dans cette Loge, La

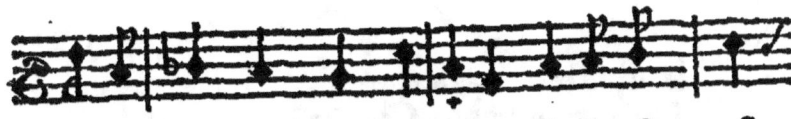

vertu fait tout votre éloge, Sa lumiere eſt

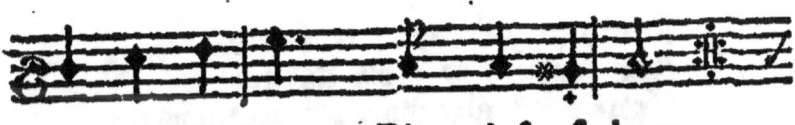

un vrai flambeau, Rien n'eſt ſi beau.

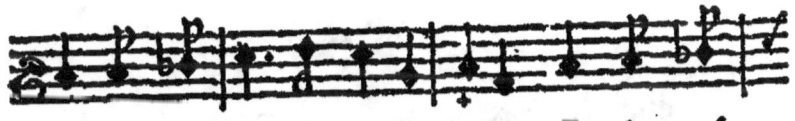

Il vous guide vers la Sa-geſſe, Sa clar-té

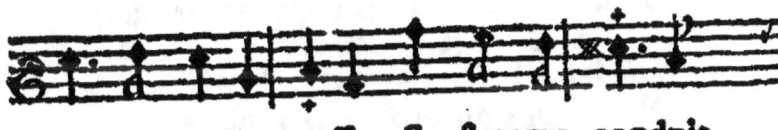

fait votre alle-greſſe; Sa flamme conduit

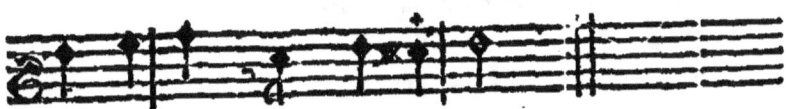

le *Ma-çon*: Rien n'eſt ſi bon.

Laiſ-

Laiſſons le prophane vulgaire,
Sur ce qu'un *Maçon* ſait ſe taire,
En vain ſe brouiller le cerveau :
   Rien n'eſt ſi beau.
Qu'il médiſe, ou qu'il applaudiſſe,
Soit dépit, ou bien artifice,
Je ſuis content d'être *Maçon* :
   Rien n'eſt ſi bon.

Reſpectable *Maçonnerie*,
De ton aimable Confrairie
Qui pourroit peindre le tableau ?
   Rien n'eſt ſi beau.
Toujours vertueux & fidele,
Ami ſincere & plein de zele,
Voilà les traits d'un *Franc-Maçon* :
   Rien n'eſt ſi bon.

Chaque *Maçon* aime ſon Frere
D'une flamme pure & ſincere ;
Dans l'Ordre on eſt tous de niveau ;
   Rien n'eſt ſi beau.
Du faſte fuyons le vain titre,
Ne reconnoiſſons pour arbitre,
Qu'un vénérable *Franc-Maçon* :
   Rien n'eſt ſi bon.

Reſ-

Respectons notre Vénérable,
En tout endroit & même à table.
Conduisons-nous par son flambeau,
 Rien n'est si beau.
Il plait par son humeur aimable;
Sa douceur & son air affable,
Le font ressembler à *Caton*:
 Rien n'est si bon.

RE'PONSE DU VE'NE'RABLE.

Par le Fr. de VIGNOLES.

Caton fut grand, mais fut rigide:
Dans cette Loge que je guide,
Il eut dit d'un transport nouveau,
 Rien n'est si beau.
Ici tout charme, tout enchante;
La critique, qui s'epouvante,
Dit avec moi, d'un même ton,
 Rien n'est si bon.

PALINODIE.

Sur le Menuet : *Quoi! toujours dire non.*

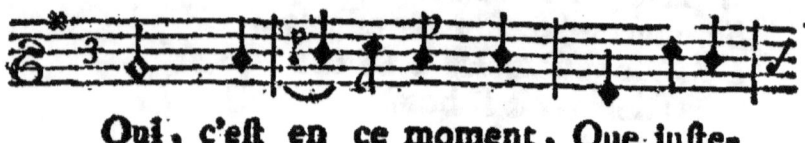

Oui, c'eſt en ce moment, Que juſte-

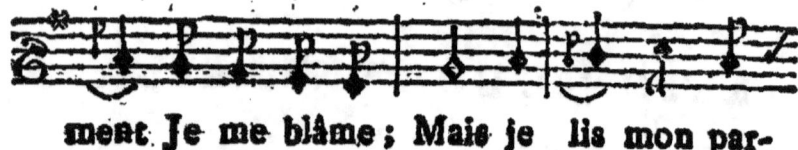

ment Je me blâme ; Mais je lis mon par-

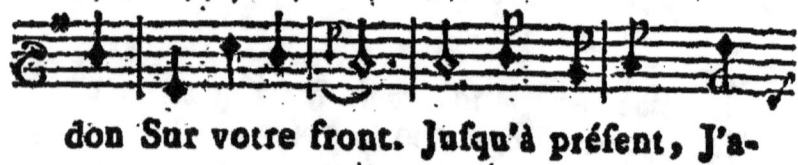

don Sur votre front. Juſqu'à préſent, J'a-

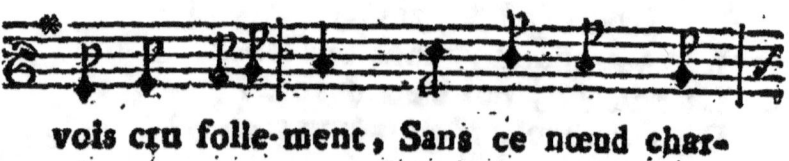

vois cru folle-ment, Sans ce nœud char-

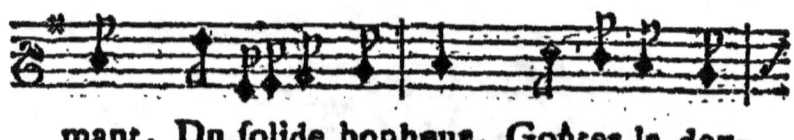

mant, Du ſolide bonheur, Goûter la dou-

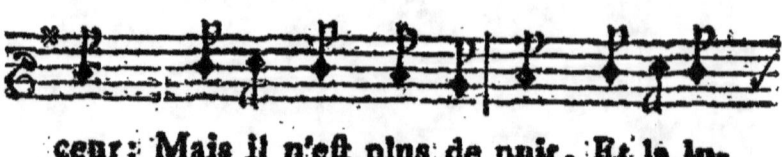

ceur : Mais il n'eſt plus de nuit, Et la lu-

miere

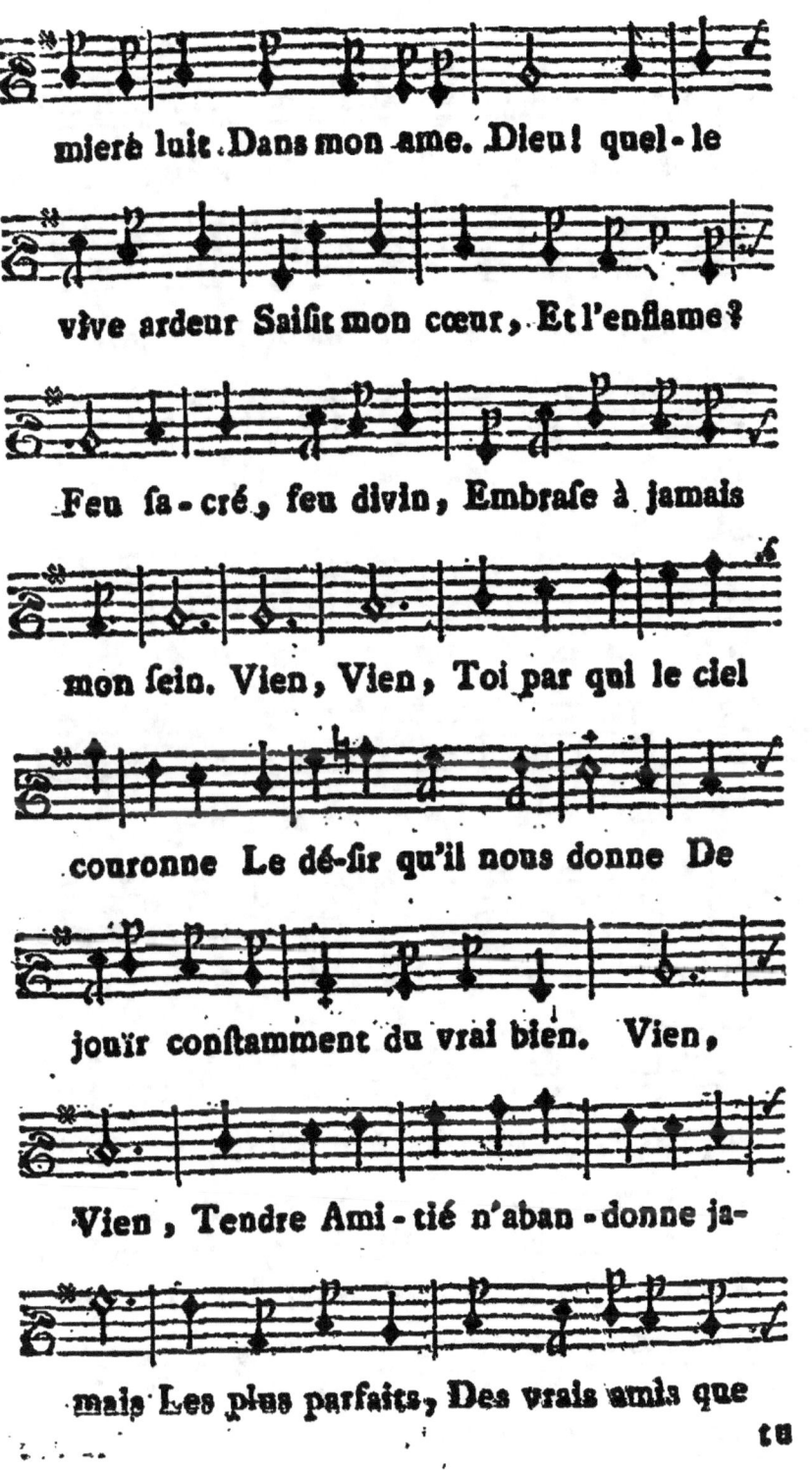

miera luit. Dans mon ame. Dieu! quel-le

vive ardeur Saisit mon cœur, Et l'enflame?

Feu fa-cré, feu divin, Embrafe à jamais

mon fein. Vien, Vien, Toi par qui le ciel

couronne Le dé-fir qu'il nous donne De

jouïr conftamment du vrai bien. Vien,

Vien, Tendre Ami-tié n'aban-donne ja-

mais Les plus parfaits, Des vrais amis que

tu

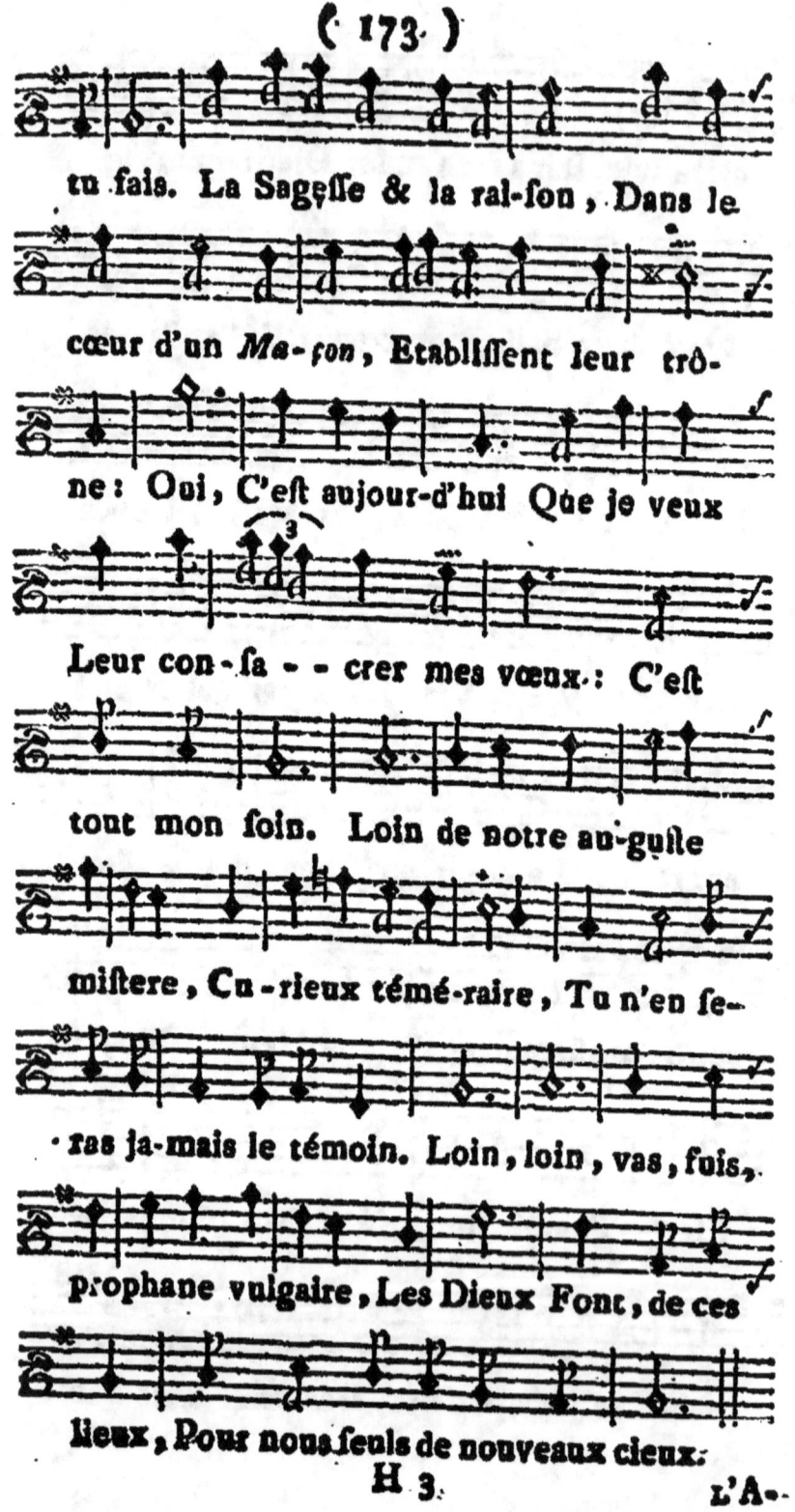

tu fais. La Sageſſe & la rai-ſon, Dans le

cœur d'un Ma-ſon, Etabliſſent leur trô-

ne : Oui, C'eſt aujour-d'hui Que je veux

Leur con-ſa - - crer mes vœux : C'eſt

tout mon ſoin. Loin de notre au-guſte

miſtere, Cu-rieux témé-raire, Tu n'en ſe-

-ras ja-mais le témoin. Loin, loin, vas, fuis,

prophane vulgaire, Les Dieux Font, de ces

lieux, Pour nous ſeuls de nouveaux cieux.

H 3.

L'A--

L'AMITIÉ, ECOLE DE MORALE.

Air : *Sous cet Ormeau.*

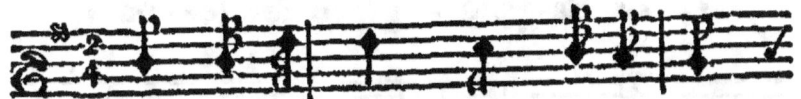

Dans nos ar-deurs, Tendre Ami-tié,

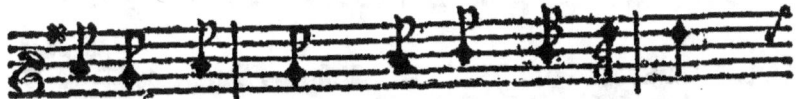

régles nos mœurs ; Accours en ces lieux,

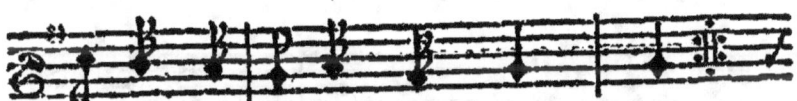

Et fais-en de nouveaux Cieux, Dieux !

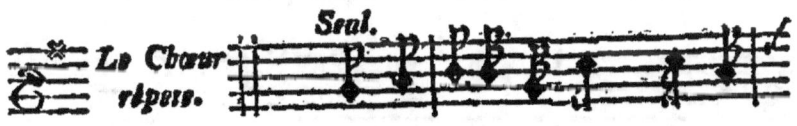

Le Chœur répete. *Seul.*

C'est i-ci le séjour, Où les

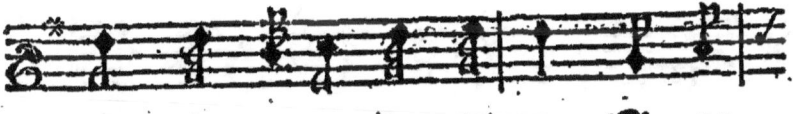

cœurs aux vertus font la cour ; Chaque

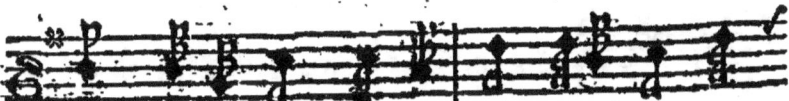

Frere est soûmis, Et toujours zélé pour ses
amis.

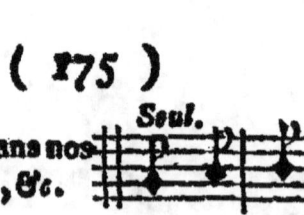

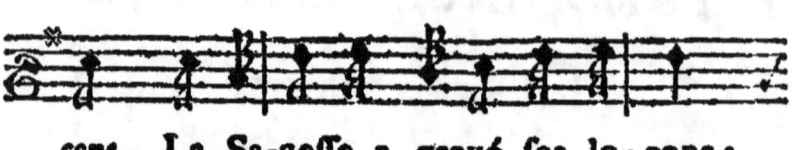

a-mis. Dans le cœur des Ma-

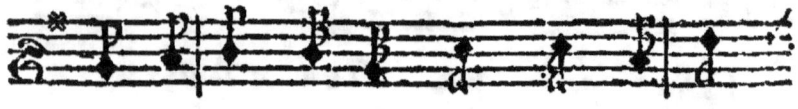

çons, La Sa-geſſe a gravé ſes le-çons;

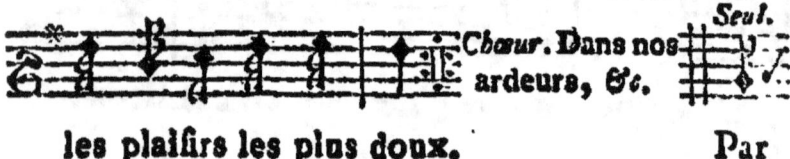

Chers a-mis, goûtons tous, Sans chagrin,

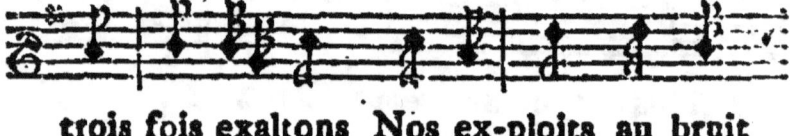

les plaiſirs les plus doux. Par

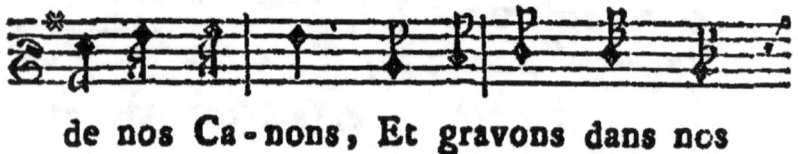

trois fois exaltons Nos ex-ploits au bruit

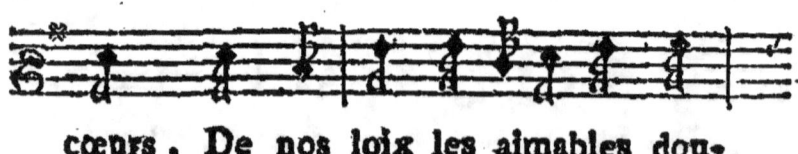

de nos Ca-nons, Et gravons dans nos

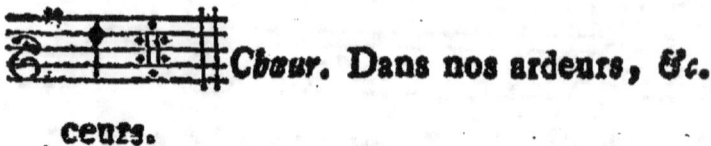

cœurs, De nos loix les aimables dou-

ceurs.

QUALITÉS DU MAÇON.

Air: *Dans ma Cabane obſcure.*
Ou, *Attendez moi ſous l'Orme.*

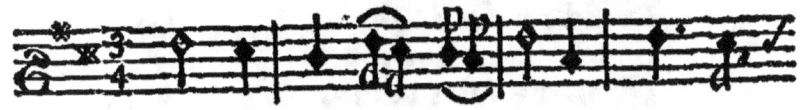

L'homme toujours s'a-gi-te, Pour trou-

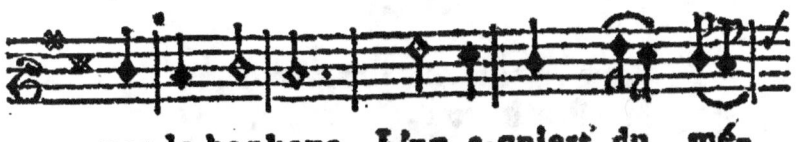

ver le bonheur. L'un a-quiert du mé-

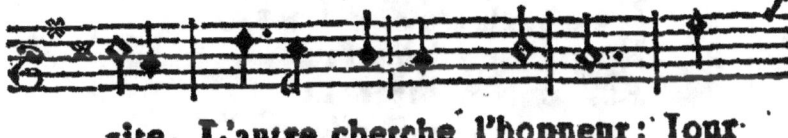

rite, L'autre cherche l'honneur: Jour

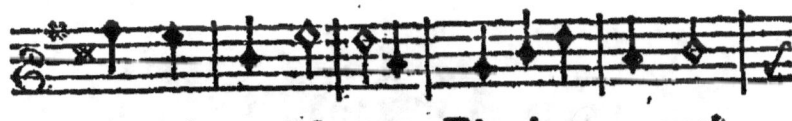

& nuit on eſ-pere D'arriver au vrai

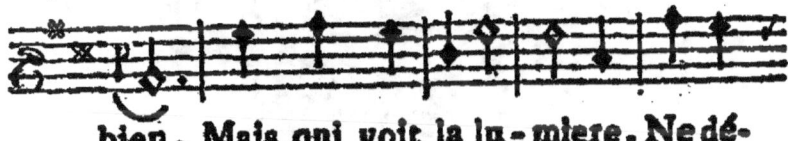

bien, Mais qui voit la lu-miere, Ne dé-

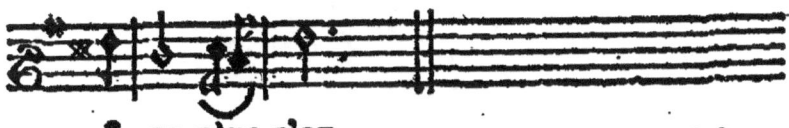

fi-re plus rien.

De

((☼))

De la fimple nature
Un *Maçon* fuit la voix;
L'Amitié la plus pure
Le foumet à fes loix.
Une aimable décence
Préfide à fes loifirs:
Et jamais la licence
N'infecte fes plaifirs;

((☼))

Aux mœurs du premier âge,
Il eft affujetti,
Jamais par fon langage
Son cœur ne fut trahi;
Il eft toujours bon Pere,
Epoux fage & parfait,
Ami pur & fincere,
Amant tendre & difcret.

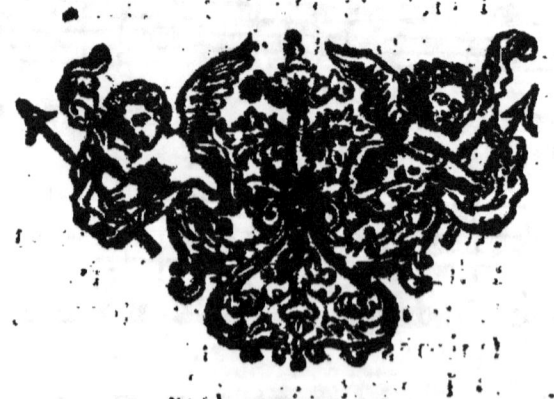

H 5   E A

LA VÉRITABLE ARCHITECTURE MAÇONNE.

Par le Fr. de VIGNOLES.

Sur l'Air précedent.

DE notre Architecture
Qui fait le fondement,
Dans la simple Nature
Cherche son élément.
Nous estimons la gloire
De *Vitruve* & *Mansart* :
Mais le pouroit-on croire ?
Ce n'est pas là notre Art.

Ces œuvres de génie
Qu'enfantent les beaux arts,
Objets de notre envie,
Touchent peu nos regards.
Le plus bel édifice,
N'étant que pour les sens,
N'est pas même l'esquisse
De nos merveilleux plans.

Rendons à ces grands hommes
L'honneur qui leur est dû,
Et tous tant que nous sommes,
Imitons leur vertu.
Qui tendit avec zele
A la perfection,
D'être notre modele
Montra l'intention.

A la

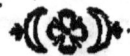

A la gloire eternelle
Quand *Salomon* bâtit,
S'il fut notre modele,
Ce ne fut qu'en efprit.
Il conftruifit un Temple
Qui charma tous les yeux ;
Nous ornons cet exemple
De traits plus radieux.

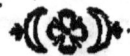

Mais leurs brillans ouvrages
Qu'admire encor le tems,
Sont de foibles images
De nos rares talens.
Le marbre, ni l'ivoire,
La pierre, ni la chaux,
Ne font rien à la gloire
Où tendent nos travaux.

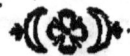

Le cœur eft notre planche ;
L'equité notre fin ;
La Morale eft la branche
Qui mène à ce deftin.
Sur les ruines du vice
Bâtir à la vertu ;
Voilà notre edifice.
Sera-t-il abattu ?

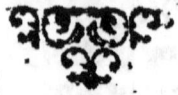

H 6   LES

LES AGES.

Sur l'Air : *L'Amour est de tout âge.*

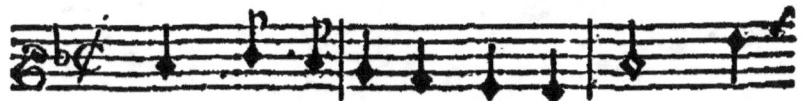

Nous nous u niſſons en tous lieux, Par

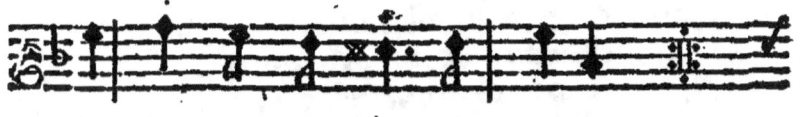

le flambeau qui nous é - claire,

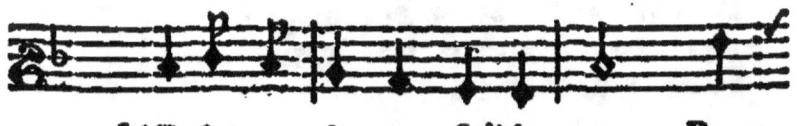

L'*Enfance* a de trop foibles yeux, Pour.

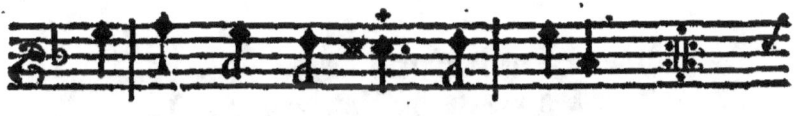

en ſup-por-ter la lu - miere :

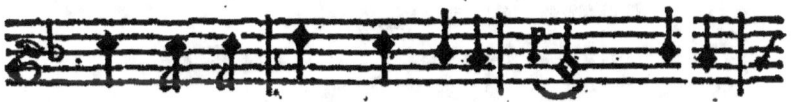

Nous devons faire un juſte choix, L'*Ado-*

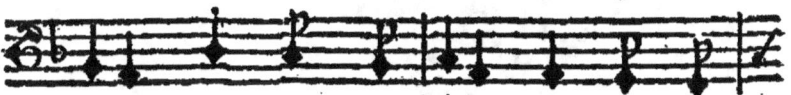

leſcence eſt trop peu ſage, Et, nos miſ-

ſe-

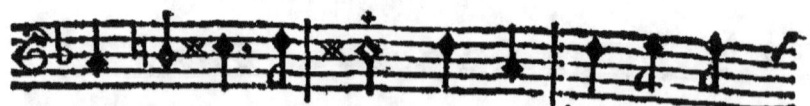

te - res & nos loix, Ne font pas de tout

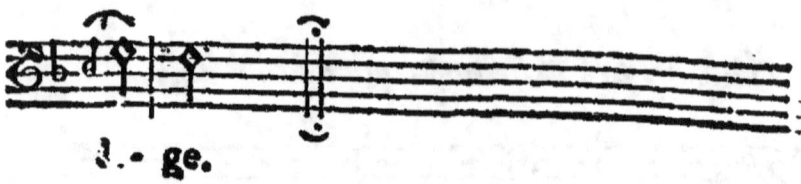

â - ge.

Quand l'*Age mûr* eft foutenu
Des fentimens, de la prudence,
L'homme parmi nous eft reçu
Sous les loix du Dieu du filence.
L'aimable *Vieilleffe*, par choix,
Eft admife & reçoit hommage:
Car nos mifteres & nos loix
Sont le propre du Sàge.

La candeur, qui régne entre nous,
Crafonne les traits de l'*Enfance.*
Dans nos plaifirs chaftes & doux,
On reconnoît l'*Adolefcence.*
On y trouve les attributs
Qui, dans l'*Age Mûr*, font un Sage:
Et qui juge & lit nos ftatuts,
De la *Vieilleffe* y voit l'ouvrage.

H 7   E G A

EGALITE' DU MAÇON.

Sur l'Air: *L'Amour m'a fait la peinture.*

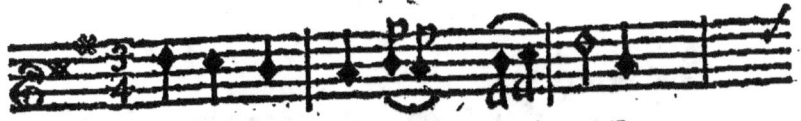

Freres cé - lébrons fans cesse,

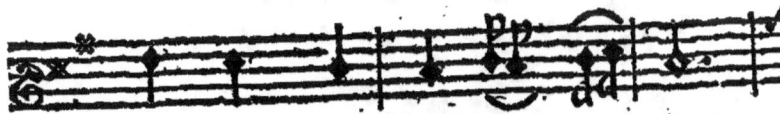

Les biens dont nous jou - ïf - fons;

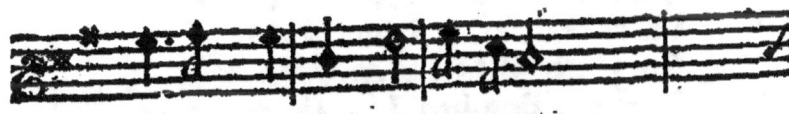

- Soïons exemts de tristesse,

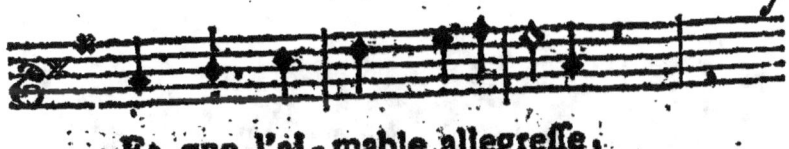

Et que l'ai - mable allegresse,

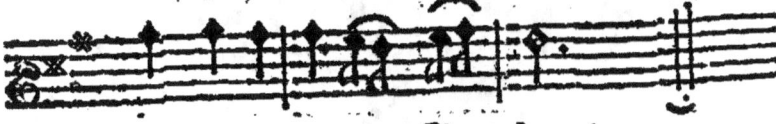

Soit l'ame de nos Chan-fons.

Dans

Dans notre Ordre refpectable
Nous goûtons mille douceurs,
Une paix toujours durable,
Par un lien admirable,
Enchaine à jamais nos cœurs.

La noire mélancolie
Ne vit point dans nos cantons;
De nos cœurs elle eft bannie:
Nous méconnoiffons l'envie
Que combattent nos leçons.

Dans notre Temple on révere
La concorde & l'amitié,
Et notre fort, fur la terre,
Même à l'ombre du miftere,
Eft digne d'être envié.

L B

LE MAÇON VIT POUR SON FRERE.

Vaudeville: *Pour foumettre mon ame.*

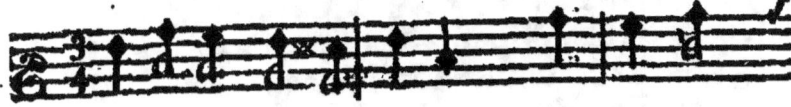

En dépit de la haine, Qu'on a pour

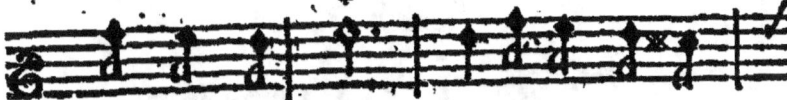

nous en tous lieux, Chériffons notre

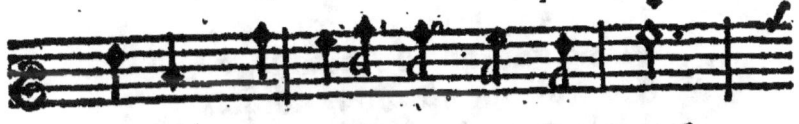

chaine, Et refferrons en les nœuds.

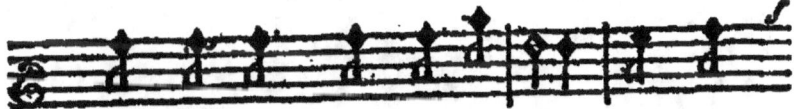

Sans ceffe on nous timpa - nife, On nous

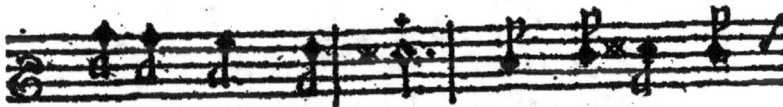

lance maint bro - card; Mais fouvent qui

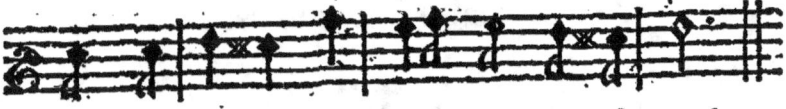

nous mépri - fe, Ne mérite aucun é - gard.

Nous

Nous bravons le langage
De ces fameux beaux efprits;
Aux mœurs du premier âge,
Nous fommes affujettis.
Une amitié vive & pure
Nous difpenfe fes faveurs;
Et la voix de la Nature
Se fait entendre à nos cœurs.

On veut nous faire un crime,
D'être trop miftérieux;
L'objet qui nous anime
N'a rien que de vertueux.
Nous goûtons en affurance
Le fruit de nos doux loifirs.
Mais une aimable décence
Ordonne tous nos plaifirs.

Ici d'un air affable
On fe voit, on s'entretient;
On fe rend fociable,
On s'excufe, on fe prévient.
Sans haine & fans jaloufie,
Nous fommes toujours unis;
Et nous n'avons d'autre envie
Que de plaire à nos amis.

D E.

DE VERGENOEGING.

Stem: *Schoon dat ik onder 't groen.*

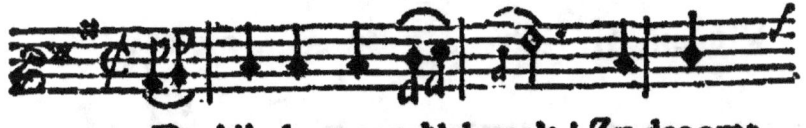

De blinde waereld dwaalt ! Zy droomt

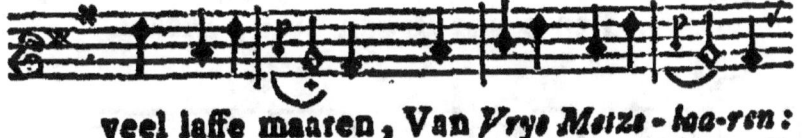

veel laffe maaren, Van *Vrye Metze - laa-ren:*

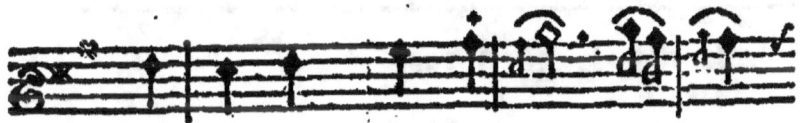

Maar ziet die 't licht beftraalt : De blin-

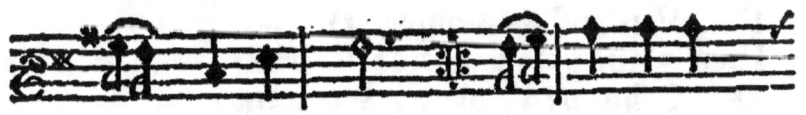

de waereld dwaalt ! De duifternis

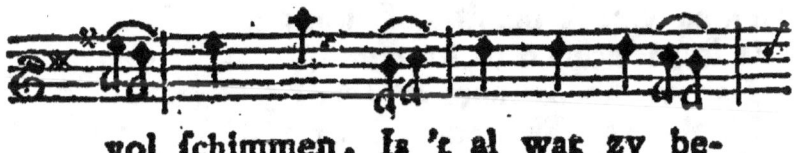

vol fchimmen, Is 't al wat zy be-

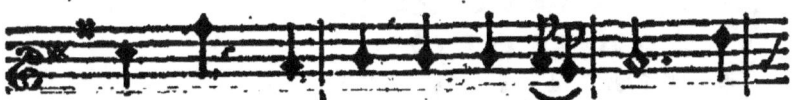

klimmen, Die niet als wy be - ftaan En

zelfs

zelfs aan 't metz'-les gaan.   Laat deeze

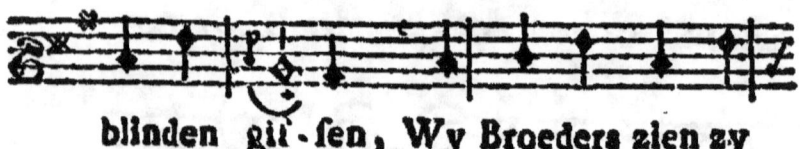

blinden gil-fen, Wy Broeders zien zy

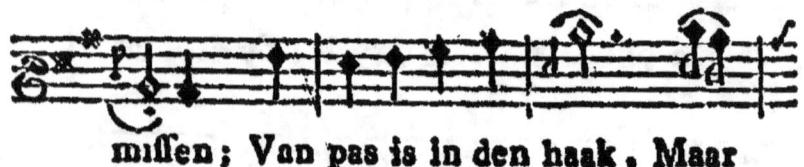

miffen; Van pas is in den haak, Maar

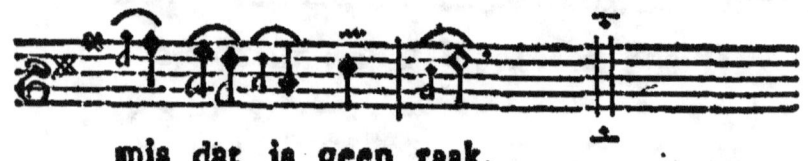

mis dat is geen raak.

De Wysheid is volmaakt!
Haar glans befchaamt de Roozen
Der Schoonen, als zy bloozen.
Ziet, die van minne blaakt:
De Wysheid is volmaakt!
Doch weet, beminde Schoonen,
't Is niet om u te hoonen,
Dat wy fteeds meer en meer
Beminnen, Wysheids Leer.
Gun ons 't vermaak der Reeden;
Eerlang zyn onze Leeden
Voor u alleen gewyd:
Want alles heeft zyn tyd.

‹(❀)›

O Zielverkwikkend zoet!
't Is Eng'len evenaaren,
Dat Geeft en Luft hier paaren,
Bevryd van fnoode gloed.
O Zielverkwikkend zoet!
Het laftig pak der zorgen
Verzetten wy tot morgen,
En fmaaken 't *Ambrozyn*
Der Goden, en hun Wyn.
Dit doen wy met veel reeden,
En zyn vernoegd op heeden:
In onze Broed'ren Ry,
Vivat de *Metz'lary!*

GLANS der METZELARY.

Ter eere van den Meefter.

Door Br. J. B.

Op de voorgaande Wys.

Laat onze *Metz'lary*,
Door alle d'eeuwen leven,
En vriendfchaps blyken geven,
Zo zyn wy altyd vry,
Lang bloei de *Metz'lary*:
Laat vry de waereld giffen,
Zy zwerft in duifterniffen,
Van 't regte fpoor verdwaalt,
Daar nooit het Zonligt ftraalt.
Wat moeten de Prophanen,
Van 't *Metz'laarfchap* wel wanen,
Maar ach! zy zyn verblind,
En taften naar den wind.

De

De Zon ryſt uit de Zee,
En ſteekt het hoofd in 't Ooſten,
Om ons met glans te trooſten.
De Zon ter dezer ſtee
Ryſt met een gouden vree,
En ligt ons met zyn ſtralen,
Daar d'oogen in verdwalen,
De Zon die ons bewaart
Daar 't Broederſchap vergaart,
Wil ons de deugd aanwyzen,
Om met hem op te ryzen,
Uit 's waerelds pekel bron,
Gelyk een morgen Zon.

O Zielverkwikkend ligt,
Daar al de *Metzelaren*
Eenparlglyk op ſtaren,
En volgen hunne pligt,
Daar niemand in bezwigt;
Lang moet g' uw ſtralen geven,
Voor 't welzyn van ons leven,
Het zoet der Maatſchappy:
Komt Broeders op een ry,
Wilt u in order ſtellen
Zo Meeſters als Gezellen,
Geſtrengeld hand aan hand,
Als aan een vriendſchaps band.

DUO

DUO.

TABLE MAÇONNE.

Sur l'Air: *Etre à table*, &c.

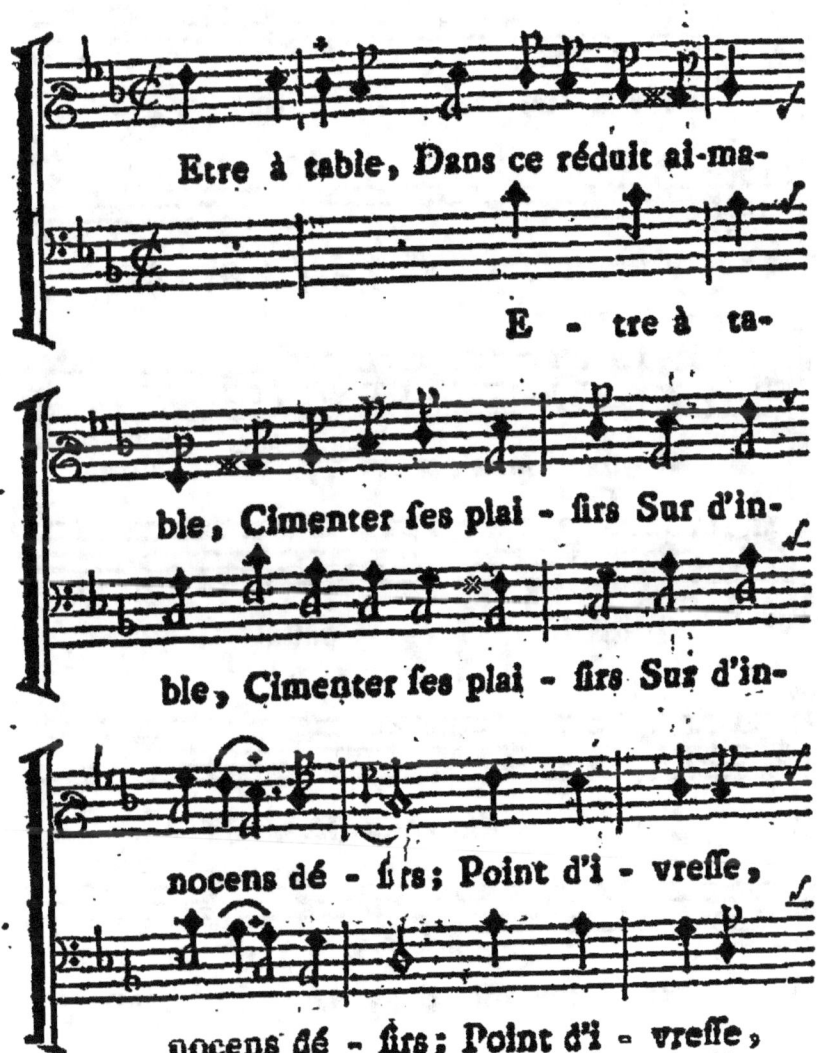

Etre à table, Dans ce réduit ai-ma-

E - tre à ta-

ble, Cimenter fes plai - firs Sur d'in-

ble, Cimenter fes plai - firs Sur d'in-

nocens dé - firs; Point d'i - vreffe,

nocens dé - firs; Point d'i - vreffe,

Ecou-

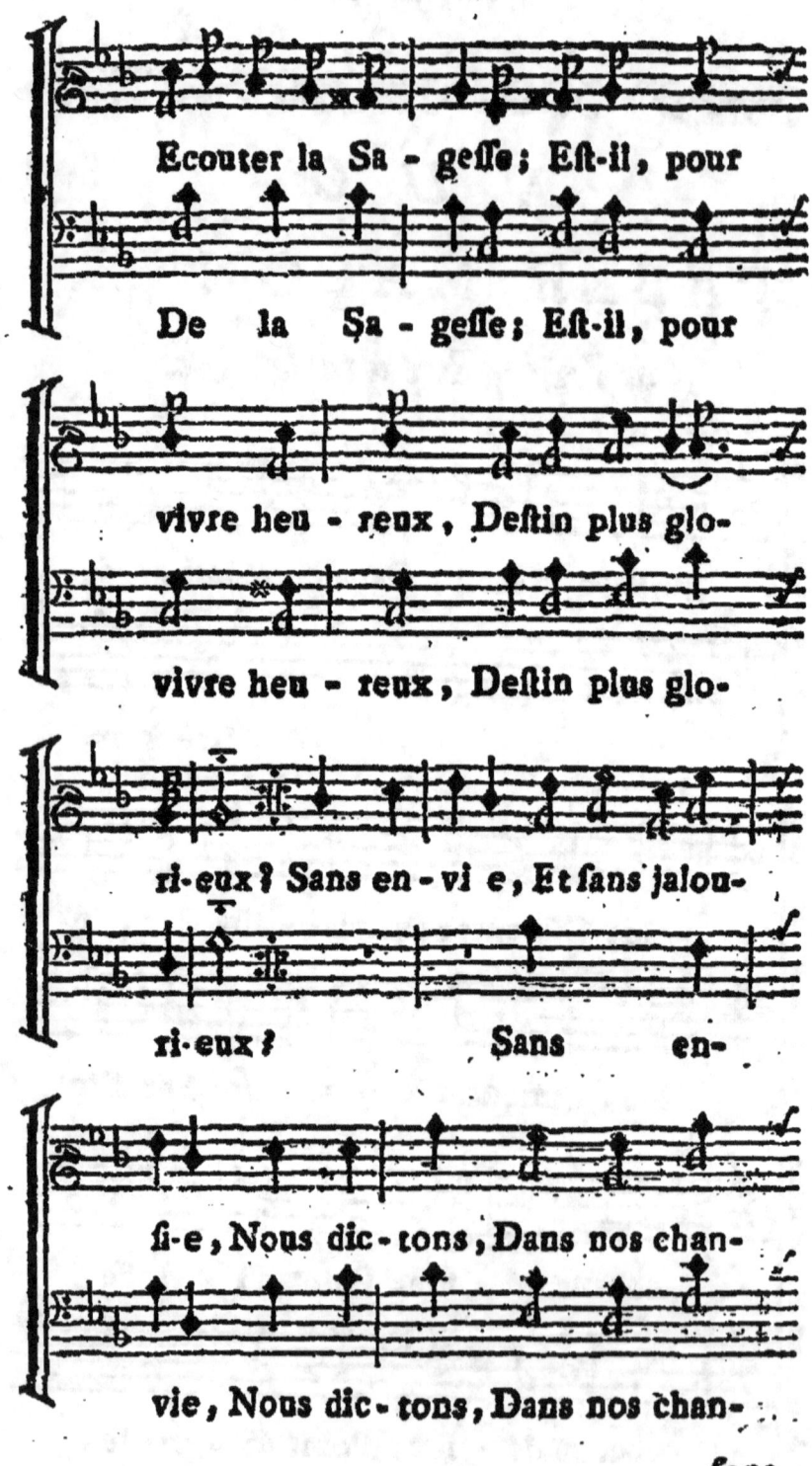

Ecouter la Sa - geſſe; Eſt-il, pour

De la Sa - geſſe; Eſt-il, pour

vivre heu - reux, Deſtin plus glo-

vivre heu - reux, Deſtin plus glo-

ri-eux? Sans en - vi e, Et ſans jalou-

ri-eux? Sans en-

ſi-e, Nous dic - tons, Dans nos chan-

vie, Nous dic - tons, Dans nos chan-

ſons,

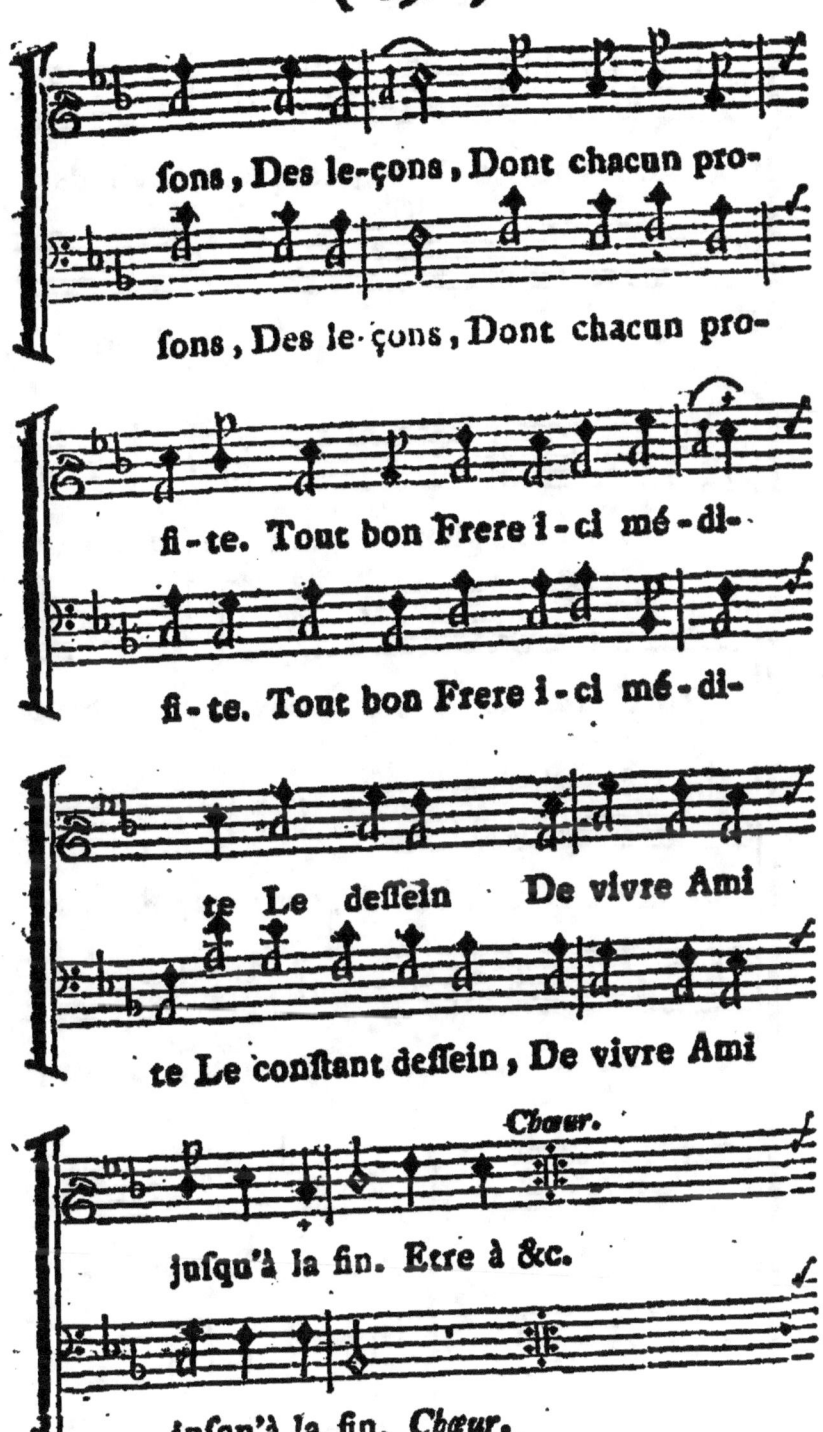

fons, Des le-çons, Dont chacun pro-

fons, Des le-çons, Dont chacun pro-

fi-te. Tout bon Frere i-ci mé-di-

fi-te. Tout bon Frere i-ci mé-di-

te Le deſſein De vivre Ami

te Le conſtant deſſein, De vivre Ami

Chœur.

jufqu'à la fin. Etre à &c.

jufqu'à la fin. *Chœur.*

Dans

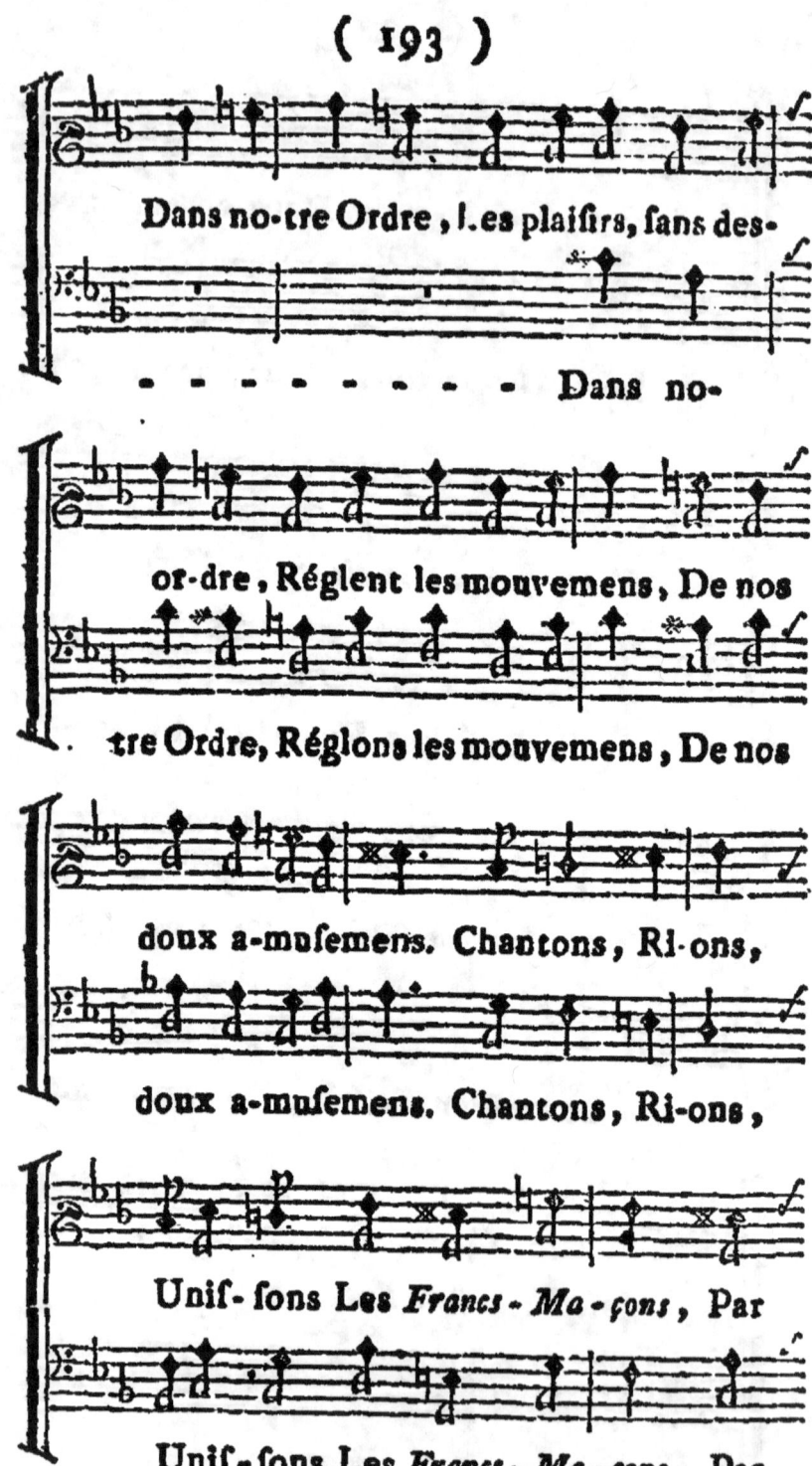

Dans no-tre Ordre , l.es plaifirs, fans des-

- - - - - - - - Dans no-

or-dre, Réglent les mouvemens, De nos

tre Ordre, Réglons les mouvemens, De nos

doux a-mufemens. Chantons, Ri-ons,

doux a-mufemens. Chantons, Ri-ons,

Unif-fons Les *Francs - Ma - çons*, Par

Unif-fons Les *Francs - Ma - çons*, Par

I

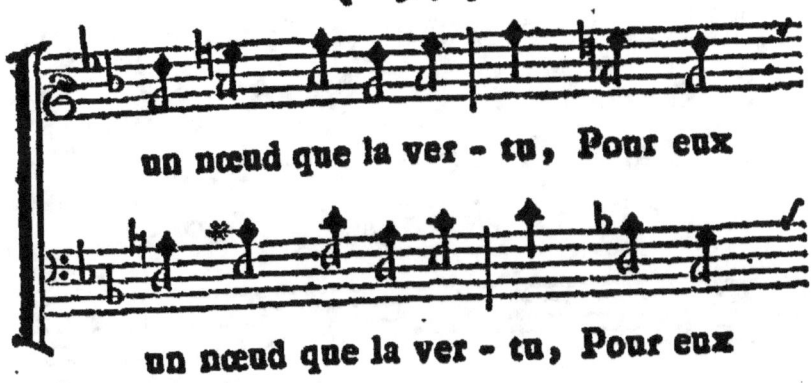

un nœud que la ver - tu, Pour eux

un nœud que la ver - tu, Pour eux

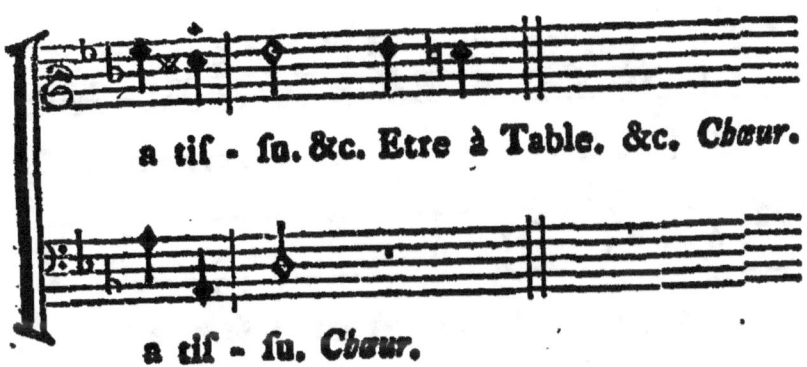

a tif - fu. &c. Etre à Table. &c. *Chœur.*

a tif - fu. *Chœur.*

L' E S-

L'ESPRIT MAÇON.

Par le Fr. de VIGNOLES.

Sur l'Air: *Viens tendre Amour.*

Viens, Muſe ai‑mable, inſpirer mon

gé‑ni‑e, Donne à mes vers la force & le

ton‑chant; Je veux chan‑ter de la

Maçonne‑ri‑e, Les vrais plai‑ſirs, l'eſ‑

prit & le ta‑lent. Morale pu‑re,

Simple Na‑ture, Connois ton eſ‑prit,

Au goût qui nous con‑duit.

A

A la sagesse,
A la tendresse,
Nous livrons des cœurs,
Qu'embrasent tes ardeurs.
Viens &c.

Toujours nouvelles,
Mais eternelles,
C'est par notre choix
Que nous suivons nos loix.
Viens &c.

Sans tirannie,
Sans jalousie,
Le bien est l'objet
Du Maître & du Sujet.
Viens &c.

Dieu de *Cithere*,
Sois sans colere,
Si nous suspendons
Tes plus aimables dons,
Viens &c.

Un vif hommage,
Et sans partage,
Par la liberté
Se doit à la beauté.
Le vrai *Maçon*, à l'amour, à l'ouvrage,
Est tour à tour avec egalité.

V RY.

VRY-METZELAARS GEESTIGHEID.

Door Br. Du Bois.

In navolging van het voorgaande.

Op dezelve Wys.

KOM Zang-Godin, ftelt uw' lieflyke fnaren,
Verheft uw' ftem en ftaat my gunftig by;
'T is om den lof der *Vrye-Metzelaren*,
En hunne kunft te zingen na waardy.
　　In reine Zeeden
　　Volgens de reeden,
　　Is de Broeders fmaak,
　　En ook hun beft vermaak.
　　Kom, &c.

　　Op hunne Wetten
　　Naauwkeurig letten,
　　Is de Broeders pligt,
　　Daar men den Tempel ftigt.
　　Kom, &c.

　　Tweedragt vermyden,
　　Niemand benyden,
　　't Gaat den Meefter aan,
Zoo wel als d'Onderdaan.
　　Kom, &c.

　　Gy God der Minnen,
　　Mag hier niet binnen,
　　Dog neemt wat gedult,
　　Uw' wil zal zyn vervult.
Den *Metzelaar* mint en werkt dus met zinnen,
En leeft geruft in vreugd en in onfchult.

I 3

VRY-METZELAARS EEREN-KRANS.

Stem: *Nu ga ik heen, ô Leids Atheen!*

Daar Deugd een y - ders doelwit is, En

Wysheid hen ge - leit; Daar 't alles

bouwt op een ge - wis, En gis-taal niets

be - pleit; Daar Vrée en Eendragt veilig

woont, En God nog Regter werd gehoont,

Zyn *Metzelaars* ver - bly - - - - t,

Zyn *Met - ze - laars ver - blyt.*

Daar

Daar geen vooroordeel toevlugt vind,
Maar Réen de voor-rang heeft;
Daar men zig door geen fchyn verblind,
Nog voor verdigtfels beeft;
Daar yder fpreekt gelyk hy denkt
En niemants eeven-naaften krenkt,
Daar zingen wy, lang leeft. *bis.*

Daar Liefde met verdraagzaamheid
Der Broed'ren zwakheid fchraagd;
Gepaart met mededogendheid,
Als Nootdruft angftig vraagd;
Daar men, als in *Lacedemon*,
Nooit eigenbaat nog afgunft kom,
Zyn *Metzelaars* geflaagd. *bis.*

Daar Haat en Nydt verbannen werd,
Als afgronds hels gebroet;
En Lafter nooit haar muyl opfpert,
Nog gramfchap eyffelyk woed;
Daar fnood bedrog nog vleijery,
Geduld werd in der vromen Ry,
Zyn *Metz'laars* wel gemoed. *bis.*

I 4   Daar·

Daar men nog Heer nog Slaven kent ;
Maar yder Broeder noemt ;
Daar d'Adel nooit den Burger fchent,
Of laager ftand verdoemt ;
Daar men, als in *Saturnus* Eeuw ,
Het Schaap ziet weiden naaft den Leeuw ;
Zyn *Metzelaars* geroemt. *bis.*

Kom Broeders, volgt myn yver na ,
Door drie maal drie in 't rond ;
Let wel hoe ik het teeken fla ,
Geeft agt op hand en mond ;
Dankt hem, die van ons blind gezigt
De duift're fchillen heeft geligt,
Leeft vry, verg'noegd, gezond. *bis.*

TER

TER INWYINGE van de ACHTBARE LOGE VIRTUTIS et ARTIS AMICI.

In het Genoodschap der Nederlandsche Broederschap.

Door J. V. V. D. H. J. Z.

Op de voorgaande Wys.

MEESTER.

WAT Glans, wat Heerlykheid, wat Ligt,
   Vertoond zig aan onz' oog!
Daar Deugt haar nieuwen Tempel stigt,
   Aan d'Ooster Starrenboog,
Daar Konst en Deugt ten reije gaan,
Daar kweekt men ware Vriendschap aan.
   Met vlyt, met vlyt, met vlyt.
           CHORUS, *twee reizen.*

Daar Konst &c.

OPZIENERS.

Thans zien w' ons weêr op nieuws bestraalt,
   Door 't Licht dat eertyds scheen.
Nu Deugt met Konst hier zegepraalt,
   Vlied laster van ons heen:
Met tweedragt, nyd, en al 't gebroed,
Door wangunst heim'lyk opgevoedt:
   Vol spyt, vol spyt, vol spyt.
           CHORUS, *twee reizen.*

Met tweedragt &c.

I 5:

OFFICIERS.

Zoo prykt nog lang dees' Westertrans,
  De Konst en Deugt tot eer:
Met Lichten door wier held'ren glans,
  Deez' Westerkim vermêer:
Met Flonkerstarren voor wier licht,
Het blind vooroordeel eind'lyk zwicht.
  Hoezée! Hoezée! Hoezée!
  CHORUS. *twee reizen.*

Met Flonkerstarren &c.

MEESTERS *buiten Functie.*

Komt Broeders volgen wy dan 't spoor,
  Van 't Oosterlicht met vlyt:
Zoo blyft ons Vrye Tempelchoor,
  Aan Deugt en Konst gewyd.
Daar 't rust op Wysheid, Schoonheid, Kragt,
Nu wy ons' wenschen zien volbragt.
  Hoezée! Hoezée! Hoezée!
  CHORUS. *twee reizen.*

Daar 't rust &c.

CHORUS.

Terwyl wy dan ons nieuw Gebouw,
  Alomme zien bewaakt;
Door Minnaars van de Liefd' en Trouw,
  Wiens yver altoos blaakt:
Tot vordering van Konst en Deugt:
Juicht nu Gewyde Schaar vol vreucht:
  Hoezée! Hoezée! Hoezée!
  CHORUS. *twee reizen.*

Tot vordering van Konst en Deugt:
Juicht nu Gewyde Schaar vol vreugt:
  Hoezée! Hoezée! Hoezée!

CHAN-

CHANSON
D'ALLEGRESSE.

Sur l'Air: *Oui je l'aime pour jamais.*

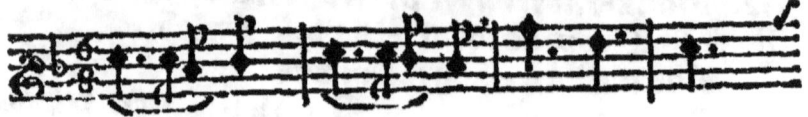

Chan-tons, chers Fre-res Ma - çons,

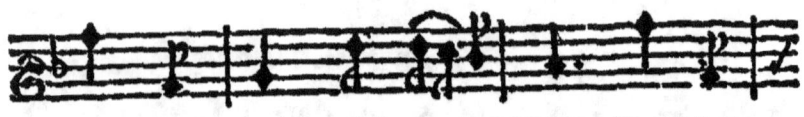

Les biens dont nous jou-ïf-fons; Les biens

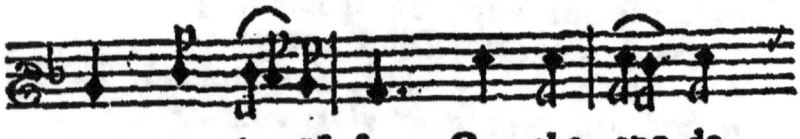

dont nous jou-ïf-fons. Que cha-cun de

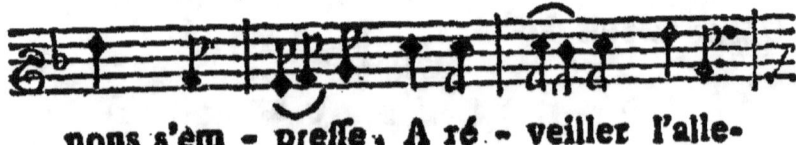

nous s'em - preffe, A ré - veiller l'alle-

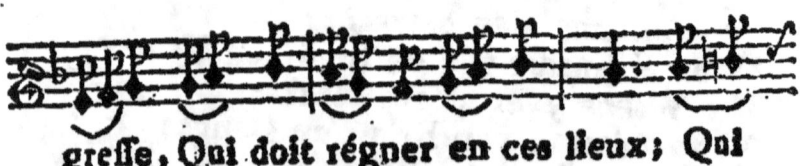

greffe, Qui doit régner en ces lieux; Qui

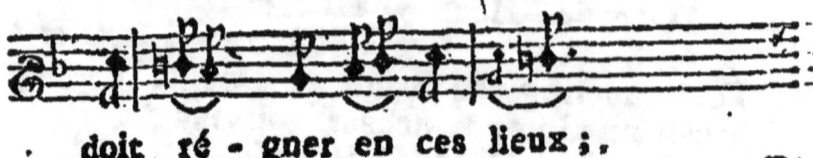

doit ré - gner en ces lieux;.

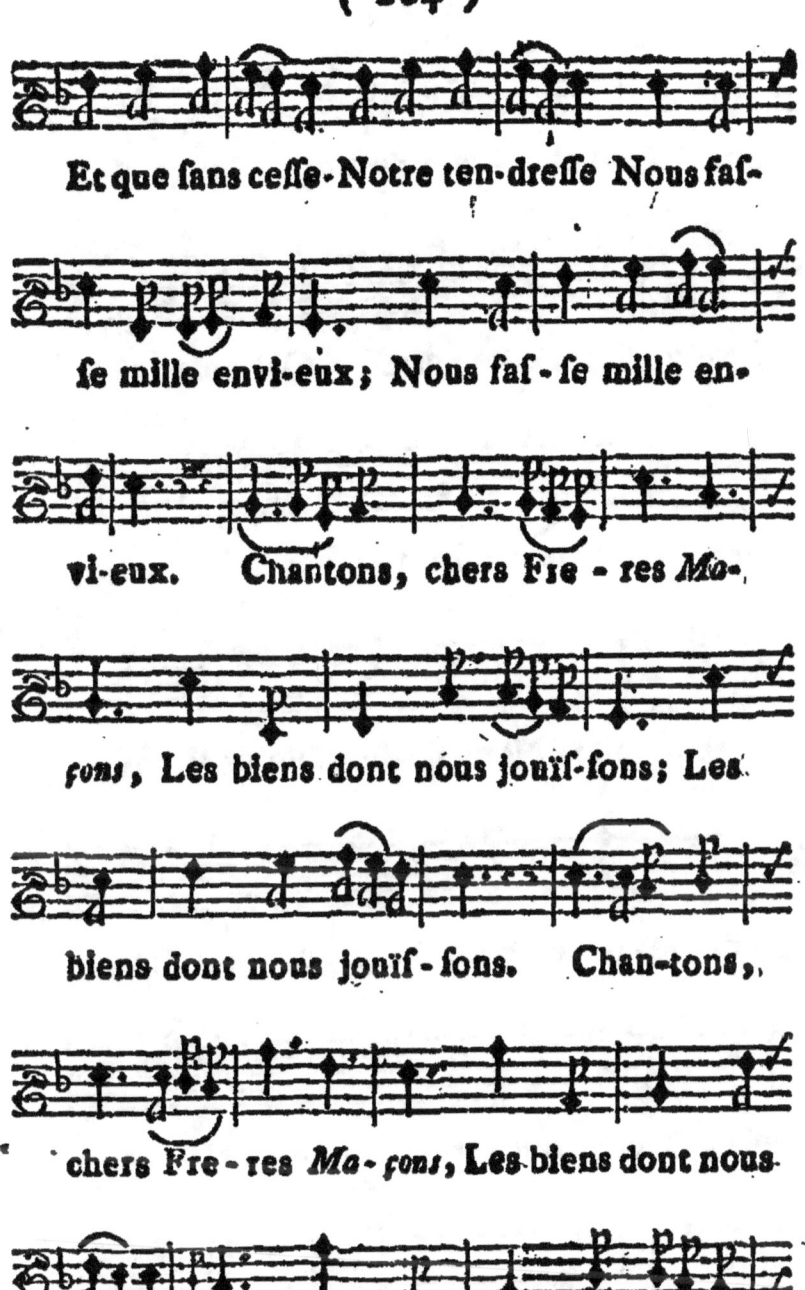

Et que fans cefle. Notre ten-drefle Nous faf-

fe mille envi-eux; Nous faf-fe mille en-

vi-eux. Chantons, chers Fre - res Ma-.

çons, Les biens donc nous jouïf-fons; Les.

biens dont nous jouïf-fons. Chan-tons,.

chers Fre - res Ma-çons, Les biens dont nous.

jouïf-fons; Les biens dont nous jouïf-

fons.

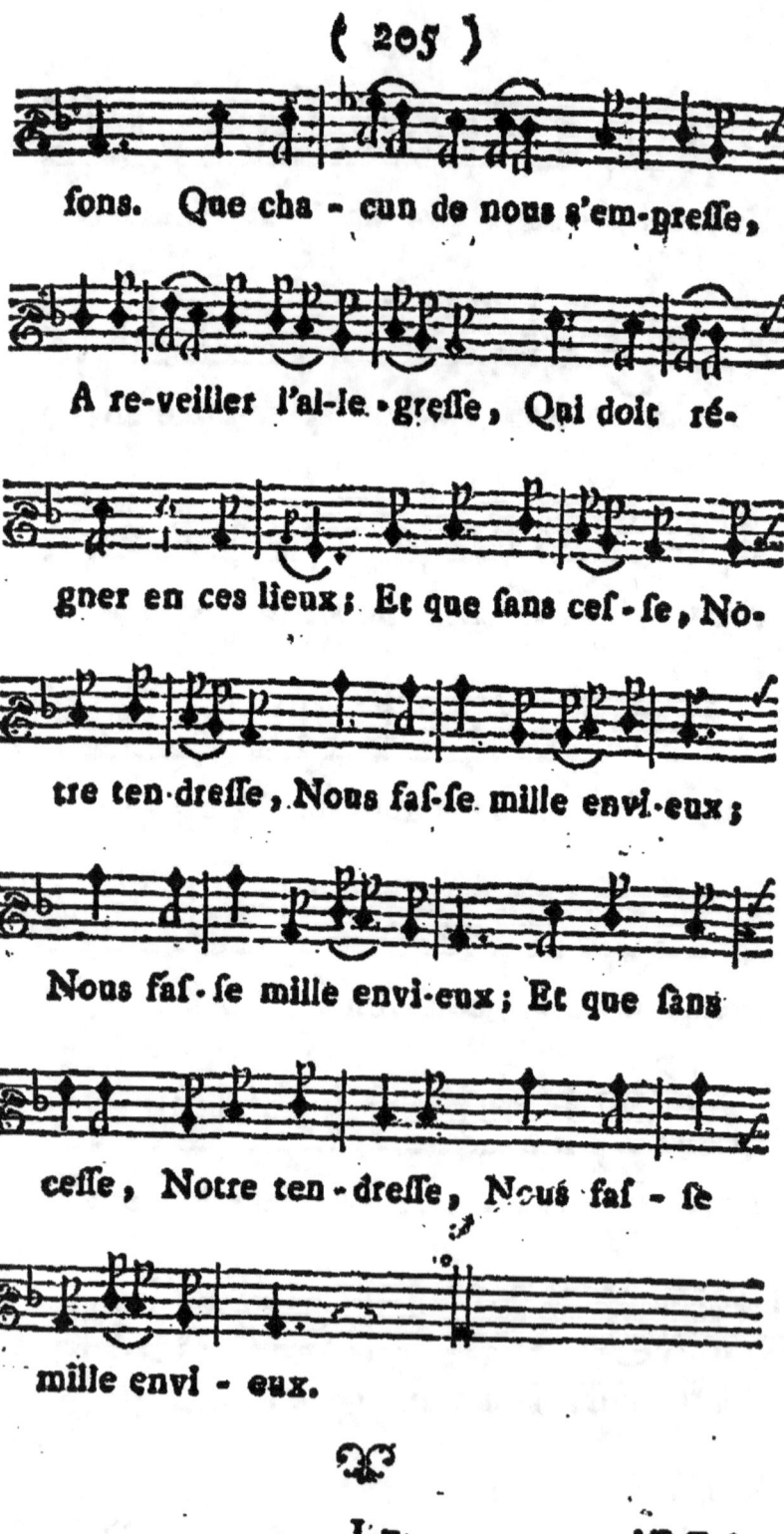

fons. Que cha - cun de nous s'em-preſſe,

A re-veiller l'al-le - greſſe, Qui doit ré-

gner en ces lieux; Et que ſans cef-ſe, No-

tre ten-dreſſe, Nous faſ-ſe mille envi-eux;

Nous faſ-ſe mille envi-eux; Et que ſans

ceſſe, Notre ten-dreſſe, Nous faſ - ſe

mille envi - eux.

L 7   L'EGA-

L'EGALITE'.

Par le Fr. de VIGNOLES.

Air: *C'est un Enfant.*

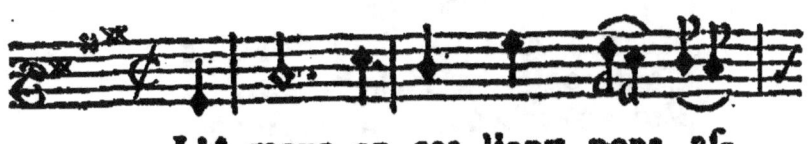

L'A-mour en ces lieux nous af-

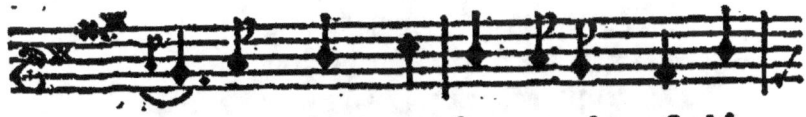

fem-ble; Ah! que son empire est lé-

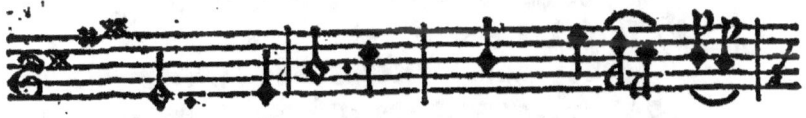

ger! Qui le con - noît, es-pe-re &

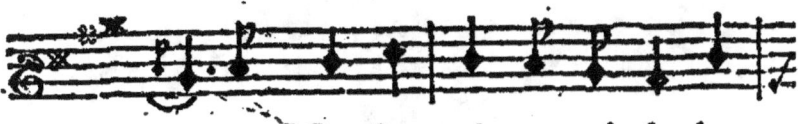

tremble; Car son prix accroît le dan-

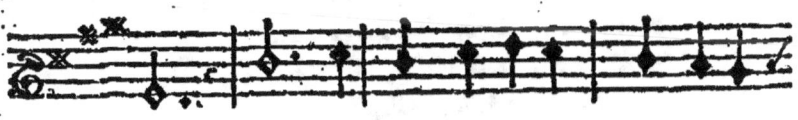

ger. Sous ce joug fa-ci-le, Pour être

tran.

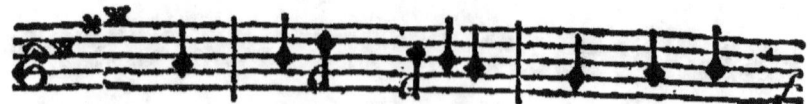

tran - quile, N'obéïf - fez qu'à la

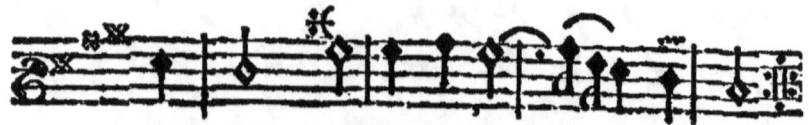

ral - fon, Soïez *Maçon*: Soïez *Ma-çon*.

Mortels pénétrez dans nos Loges,
Contemplez-y notre union:
Vos voix feront autant d'eloges
De notre tendre affection.
    L'on y vit fans peine,
    L'on aime fa chaine;
    Et le bien eft l'ambition
De tout *Maçon*: De tout *Maçon*.

Voïageons dans tout l'hemisphere,
Voïons les Bergers & les Rois;
    Ardent, zélé, difcret, fincere,
Tout *Maçon* fuit les mêmes loix.
    Soumis fans baffeffe,
    Grand fans foibleffe:
On ne voit marcher, fur ce ton,
Qu'un vrai *Maçon*: Qu'un vrai *Maçon*.

Garder les loix de la Sageffe,
Au milieu des plus doux ebats;
Admettre la délicateffe
Dans les plus fomptueux repas:
    Vivre fans envie,
    Et fans jaloufie;
C'eft ainfi qu'on obtient le nom
D'un vrai *Maçon*: D'un vrai *Maçon*.

LES

LES DE'SIRS SATISFAITS.

Sur l'Air: *Tout roule aujourd'hui*, &c.
Ou le Vaudeville: *Le Roi & le Fermier.*

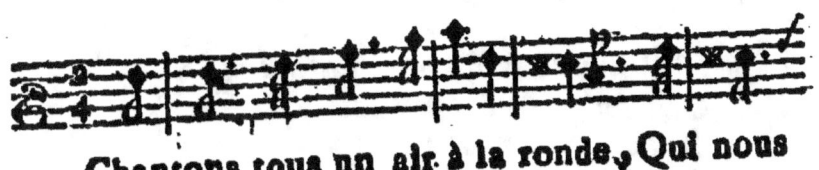

Chantons tous un air à la ronde, Qui nous

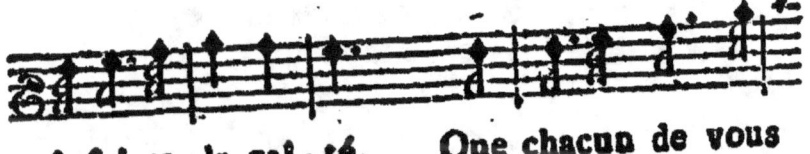

inspi-re la gai-té.   Que chacun de vous

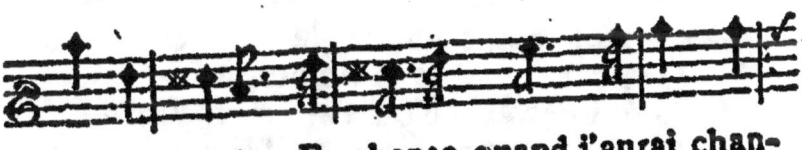

me se-conde, Et chante quand j'aurai chan-

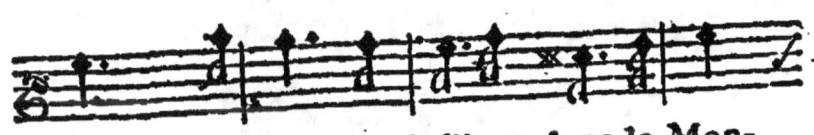

té: Les Ma-çons brillent dans le Mon-

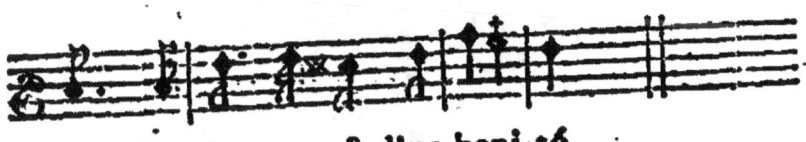

de, Par le cœur & l'ur-bani-té.

Si l'ambition nous harcele,
Elle expofe à bien des regrets;
Soupire-t-on pour une belle ?
Elle vous aime *ad Honores.*
A-t-on l'Ordre de la Truelle ?
Tous les défirs font fatisfaits.

Si l'on m'offroit par fantaifie
Ces rangs que l'on doit refpecter,
Avec un *je vous remercie,*
Je répondrois fans héfiter ;
Je fuis *Franc-Maçon* pour la vie,
Ce titre feul peut me flatter.

Ce n'eft point une régle auftere
Que celle que nous obfervons;
Elle ordonne qu'on s'aime en Frere,
De grand cœur nous obéiffons :
Qui peut pénétrer le miftere,
L'adore, en fuivant nos leçons.

HET

HET VERLANGEN VOLDAAN.

Vertaling van het voorgaande.

Door den Br. L. VERMEULEN.

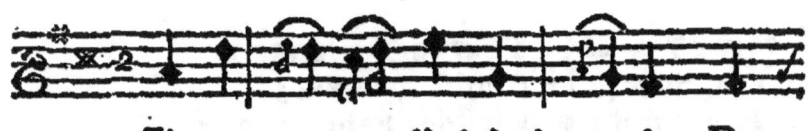

Zingen wy een lied in 't ronde, Dat

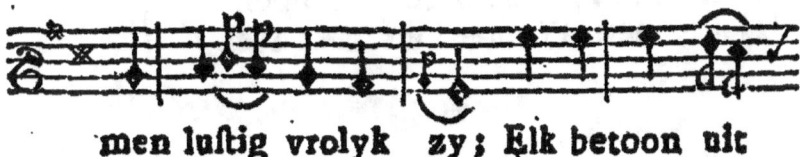

men luftig vrolyk zy; Elk betoon uit

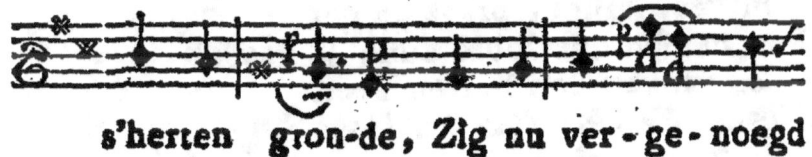

s'herten gron-de, Zig nu ver - ge - noegd

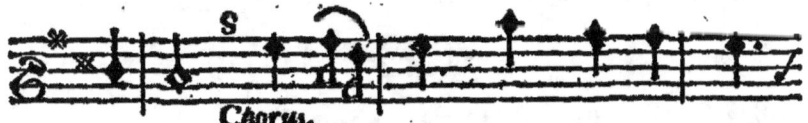

en bly: Roemen wy, met hert en mon-

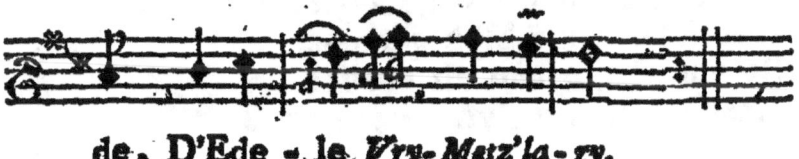

de, D'Ede - le Vry-Metz'la - ry.

Aan het Hof moet men vaak leeven,
  Tot aan d'ooren diep in schuld,
Eer 't fortuin daar wat komt geeven,
  Is men 't einde zyn geduld:
Mag ik met *Vry-Metz'laars* leeven, } bis.
  Zyn myn wenschen al vervult. }

Voelt gy u door d'eerzugt prangen,
  Vergenoegdheid mist gy veel;
Laat g'u door een schoonheid vangen,
  Hoornen zyn zeer vaak uw deel;
Men hoeft niets meer te verlangen, } bis.
  Heeft men d'Order van 't Trueel. }

Al wild' een Vorst my doen leeven
  In veel luister, pragt en eer,
Een heusch antwoord zoud' ik geeven,
  En danken van herten zeer.
Met de *Vry-Metz'laars* te leeven, } bis.
  Is myn eenigste begeer. }

Het is ook geen strengen reegel,
  Die men ons waarnemen doet;
Broederlyke liefd' is 't zeegel,
  Met een Koninklyk gemoet.
Die ontdekken kan dit zeegel, } bis.
  Aanbid het, en vind het goet. }

D E

DE VRIENDSCHAP.

Door den Br. J. OUDAAN.

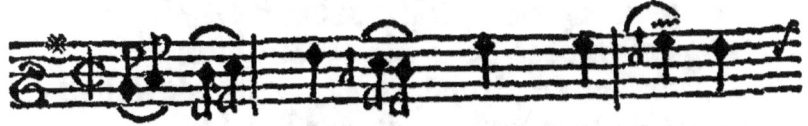

Laat ons t'faam in vriendfchap leeven,

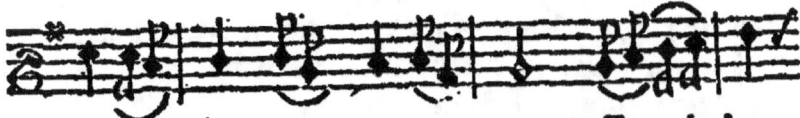

On-ge-veinft uit 's herten grond, En el-kan-

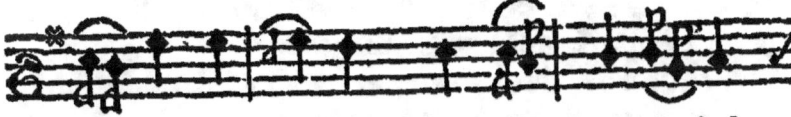

der blyken geeven Van ons broederlyk

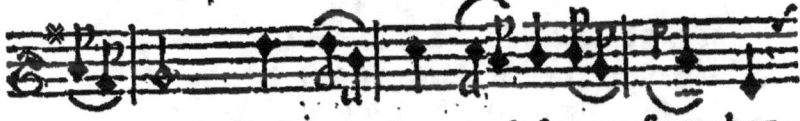

verbond: Laat ons doen gelyk wy fpreeken;

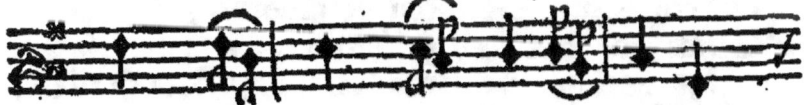

Schenkt en drinkt eens tot een teeken

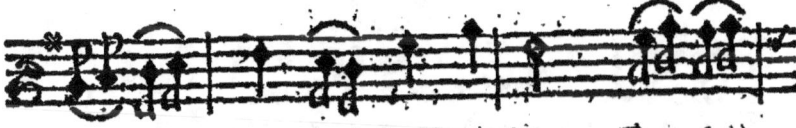

Van ge - trou-we Broederfchap, Broeder-

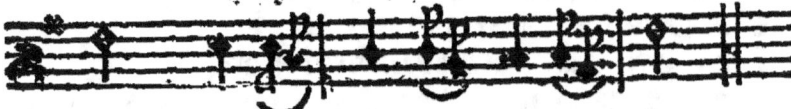

fchap, Een Bo - caal met druiven - fap.

Ziet,

Ziet, onz' eerste Meedebroeder
  Gaat ons luftig, ruftig voor;
Volg hem als ons aller hoeder,
  Eens-gezind op 't liefde-fpoor.
Laat geen nyd ons hart bekruipen,
Wangunft nooit daar binnen fluipen,
  Op dat onze Broederfchap, Broederfchap,
  Door geen onmin ooit verflapp'.

Nooit geen vloeken, nooit geen zweeren,
  Lafter, fpot, ontuchtig woord,
Moeten onzen Difch onteeren,
  Onze vreugd blyft ongeftoort.
Wy, die zulk een doen beminnen,
Met eenparigheid van zinnen,
  Vinden in dees Broederfchap, Broederfchap,
  Lof, gejuich en handgeklap.

Eendragt, Liefde, Trouw en Vreede,
  Worden fteeds door ons betracht.
Twift en Tweedracht hier ter fteede
  Uitgebannen en veracht.
Wy, die zulk een doel befchieten,
Zullen ook het heil genieten,
  Dat eerlang de Broederfchap, Broederfchap,
  Styg' ten hoogften eere-trap.

Broeders, volg' de Wet en Regels,
  Die de Vriendfchap ons gebiet,
Zo veel woorden, zo veel zegels;
  Maar vergeet het zwygen niet.
Het geheim moet van uw lippen,
Nu, nog nimmermeer ontflippen.
  Blyft aan onze Broederfchap, Broederfchap,
  Trouw en vry van Agterklap.

L'AMI-

L'AMITIÉ CONSTANTE.

Sur l'Air : *L'Amant frivole & volage,*
ou, suivant la Musique que voici.

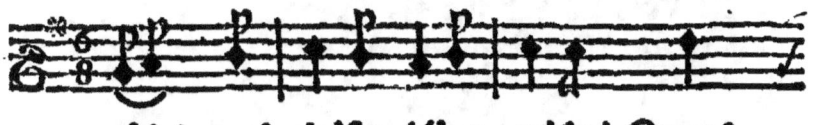

Ah! quel plaisir délec table! Quand,

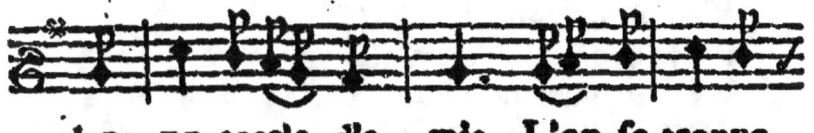

dans un cercle d'a - mis, L'on se trouve

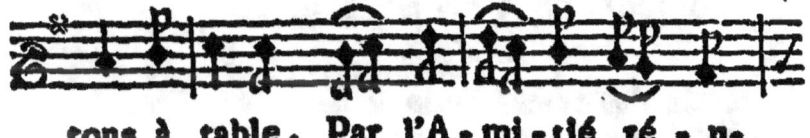

tous à table, Par l'A - mi - tié ré - u -

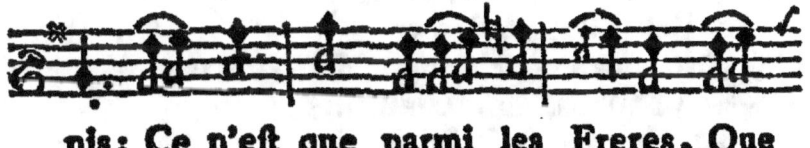

nis; Ce n'est que parmi les Freres, Que

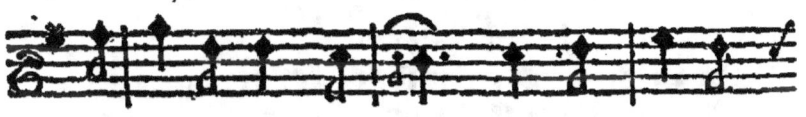

l'on goûte ces plai - sirs, Toujours tendres

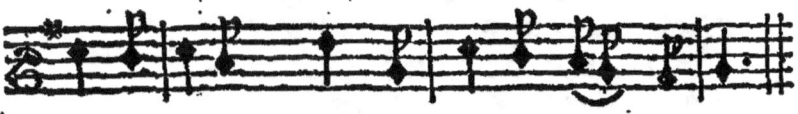

& sin-ceres, Rien ne trouble leurs dé-sirs.

Si

Si l'Amour a quelques charmes,
Un rien peut les effacer;
L'Amitié vit fans allarmes,
Et rien ne la fait cesser.
Le doux nœud qui la resserre,
Ne craint point le changement;
Et l'on ne vit jamais Frere
Changer ainsi qu'un Amant.

Le tems enlaidit la belle,
Et l'âge éteint nos désirs:
Mais dans l'amitié réelle
Il est toujours des plaisirs;
C'est le charme de la vie,
Amis nous en jouïssons;
Soïons donc, malgré l'envie,
Toujours bons Freres *Maçons.*

Loin des fracas de la Ville,
Et des regards curieux:
Nous fommes dans cet afile
A l'abri des envieux;
Que chacun, s'armant d'un verre,
Et chantant une chanfon,
Aux jaloux faffe la guerre,
Et fe montre bon *Maçon.*

Loin de nous, cenfeurs feveres;
Au doux bruit de nos canons,
Celebrons dans nos mifteres,
Le bonheur des *Francs-Maçons.*
Cachons toujours au vulgaire
Les biens dont nous jouïffons:
Savoir jouïr & fe taire,
C'est la Loi des bons *Maçons.*

L'AMBI-

L'AMBITION LOUABLE,

Sur l'Air: *Attendez-moi sous l'Orme.*

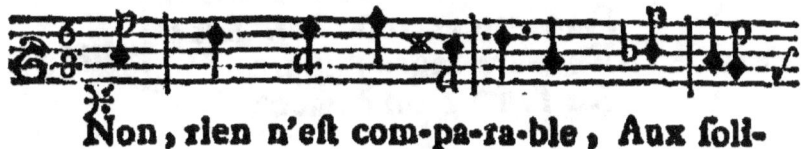

Non, rien n'est com-pa-ra-ble, Aux foli-

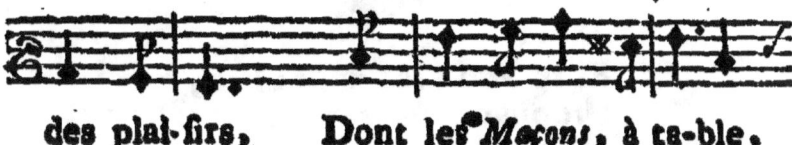

des plai-firs, Dont les *Maçons*, à ta-ble,

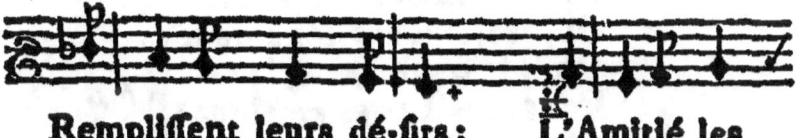

Rempliffent leurs dé-firs: L'Amitié les

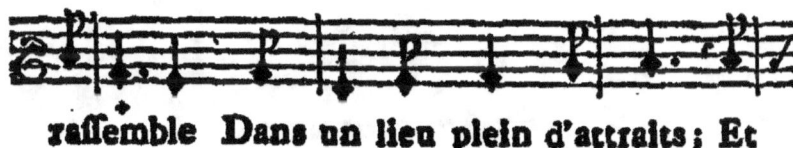

raffemble Dans un lieu plein d'attraits; Et

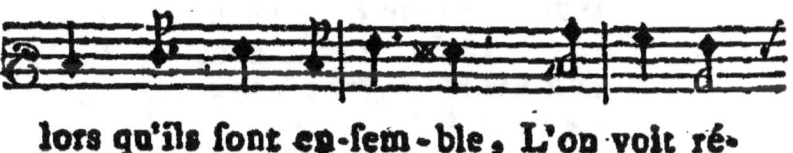

lors qu'ils font en-fem-ble, L'on voit ré-

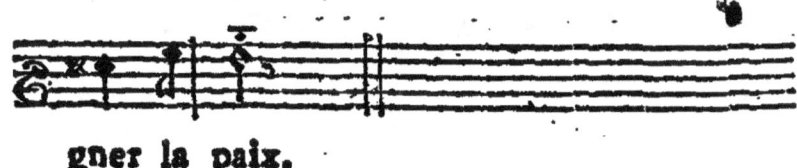

gner la paix.

Chez

Chez eux l'intempérance
Ne peut trouver accès ;
La raison, la prudence
Interdisent l'excès.
Ils vivent en bons Freres,
Dans un accord charmant ;
Et leurs sages misteres
En sont le fondement. } *bis*

Si tu veux les connoître,
Prophane curieux,
Hâte-toi de paroître,
Ils t'ouvriront les yeux.
Du profond des ténebres,
Où le vice te tient,
Dans nos Loges célebres
Viens jouïr du vrai bien. } *bis.*

Le vulgaire prophane,
Sans aucun fondement,
Nous critique & condamne
Notre Ordre injustement.
Son aveugle ignorance,
Le perd & le séduit,
Chez nous, en assurance,
La raison nous conduit. } *bis.*

Por-

Portons la main aux armes,
Bravons nos ennemis;
Craignons peu les allarmes,
Nous les verrons soumis.
Forçons les au silence,
En montrant des vertus; } bis.
Que de leur ignorance
Ils demeurent confus.

La Loge est bien couverte,
Non, jamais il n'y pleut;
Chacun est trop alerte
A faire ce qu'il peut.
Achevons notre ouvrage
Pour goûter le repos; } bis.
Et qu'un ardent courage,
Nous ranime à propos.

Ou de la manière suivante.

La Loge est découverte;
Ah! que vois-je? il y pleut!
Allons, Freres, alerte,
Qu'on fasse ce qu'on peut.
L'honneur de notre ouvrage
Ne permet de repos } bis.
Qu'autant que le courage
Se ranime à propos.

LA VERTUEUSE INDIFFE'RENCE.

Sur l'Air: *La nuit quand j' penfe à Jeannette.*

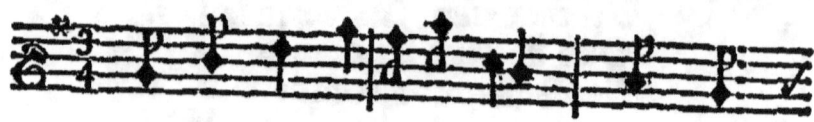

Au fein de l'indépendance, Nous cou-

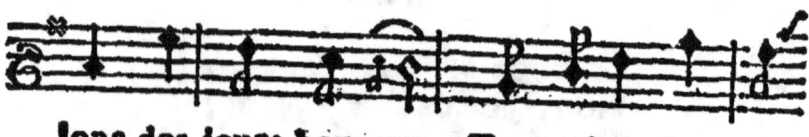

lons des jours heureux; Tranquiles fans in-

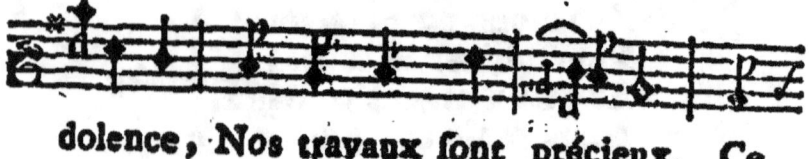

dolence, Nos travaux font précieux. Ce

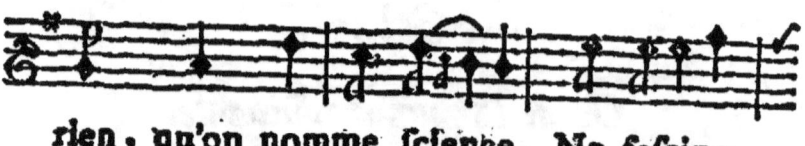

rien, qu'on nomme fcience, Ne fafcine

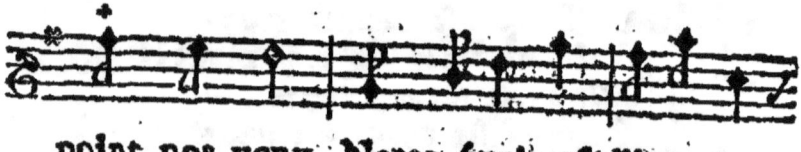

point nos yeux. Notre étude eft l'innocen-

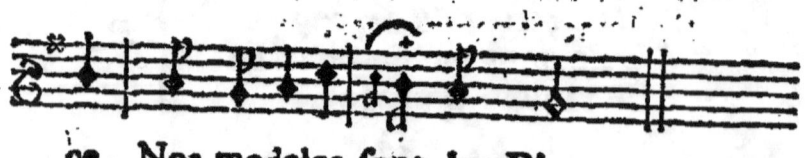

ce, Nos modeles font les Dieux.

K 2

Efcla-

Esclaves de l'opulence,
Nos cœurs, fuïant vos travers,
Vous condamnent sans vengeance,
Plaignant encor vos revers,
Dans un paisible silence,
Notre esprit, libre de fers,
Voit, avec indifférence,
Les erreurs de l'Univers.

L'Egalité notre Reine
Nous ramène au siécle d'or.
Sur l'urbanité Romaine
Nous enchérissons encor.
L'Amitié, qui nous enchaîne,
Est un besoin de nos cœurs;
Chez vous, c'est une ombre vaine,
Le jouët des imposteurs.

Nous possédons pour richesse
La foi, la sincérité;
La vertu fait la noblesse
De qui suit la vérité.
Le plaisir nous intéresse,
Quand il peut être monté
Sur le ton de la sagesse,
Et d'une aimable gaîté.

Qui

Qui cherche un bonheur durable,
Doit se ranger sous nos loix.
Notre sort est préférable
A celui des plus grands Rois.
Au pouvoir de la fortune
Nous ne sommes point soumis :
Le flatteur nous importune,
Nous cherchons de vrais amis.

Vous, que la sagesse inspire,
Mortels, amis des vertus,
Ce penchant doit vous suffire :
Mais nous avons encor plus.
Chez nous, la vérité pure,
Dont le cœur est enchanté,
De la premiere Nature
Fixe la simplicité.

Le vulgaire nous condamne !
Mais craignons-nous les arrêts
De ce tribunal prophane,
Qui ne nous entend jamais ?
Qu'au sage on fasse la guerre;
Est-ce un prodige à nos yeux,
Quand les enfans de la Terre
Ont osé la faire aux Dieux ?

LE

LE BONHEUR DE L'HOMME.

Sur l'Air : *Eh! voilà comme l'Homme*, &c.

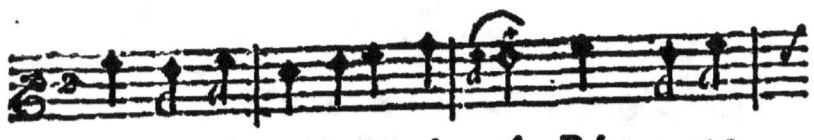

Parmi cet-te Soci-é - té, Régne une

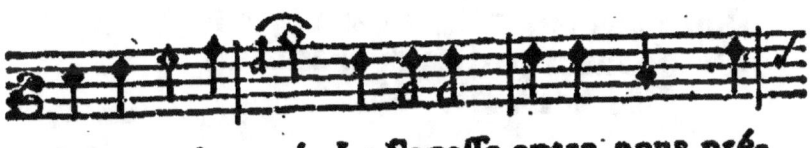

douce volup-té; La Sageffe entre nous pré-

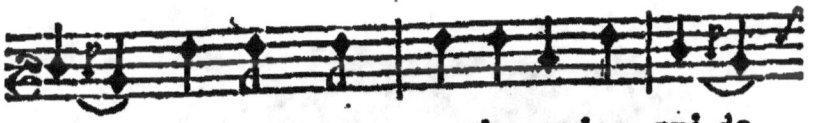

fi-de, Sur nos cœurs, que la candeur gui-de,

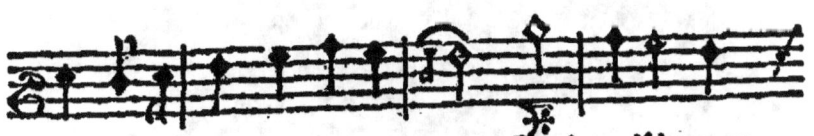

Le vice n'a nul afcendant: Eh! voilà com-

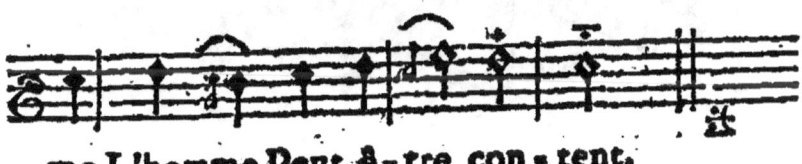

me L'homme Peut ê-tre con-tent.

Chez

Chez nous on paſſe d'heureux jours,
Et l'on mépriſe les amours.
On n'adore point l'opulence :
Par une heureuſe intelligence,
Le petit eſt egal au grand.
Eh ! voilà &c. *bis.*

Notre Ordre forme un doux lien ;
A chaque Frere on veut du bien.
Et nos cœurs ont une harmonie,
Qui nous fait goûter dans la vie
Un bonheur parfait & charmant.
Eh ! voilà &c. *bis.*

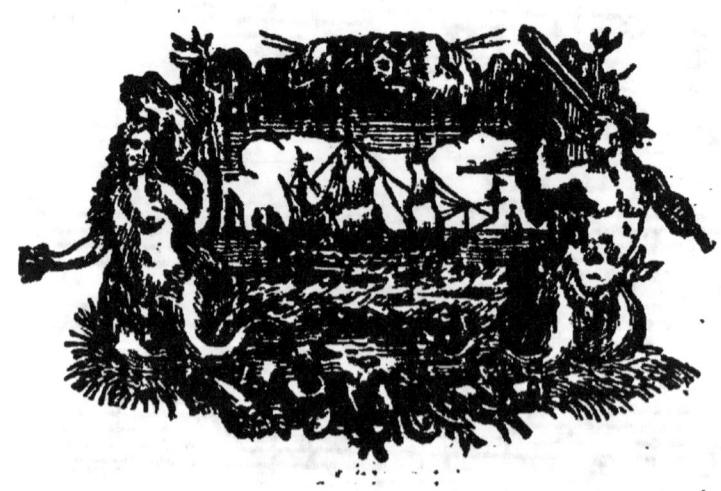

L'EX-

L'EXCELLENCE DU BONHEUR.

Par le Fr. de VIGNOLES.

Sur l'Air précedent.

QUi désire, dans ce séjour,
Voir à jamais régner l'amour,
Cet amour pur, vif & sincere,
Qui de chaque homme fait un Frere,
Doit avoir, pour premier talent,
   De savoir comme &c. *bis.*

Deux substances forment son tout,
Qu'elles aient toutes deux son goût:
Mais que l'une à l'autre soumise,
L'ame soit celle qui conduise
Un corps, qui la suit librement;
   Car voilà comme &c. *bis.*

Le plaisir le plus matériel,
Sans l'esprit, est superficiel.
Envain croit-on sentir sa pointe,
Le remord, qui bientôt l'epointe,
Montre qu'il faut du sentiment,
   Pour trouver comme &c. *bis.*

Formez une société,
Répandez-y la liberté,
Si la sagesse n'y préside,
A la gaîté ne sert de guide,
Vous direz unanimément,
   Ce n'est pas comme &c. *bis.*

Si *Comus* prépare un repas,
Si *Bacchus* y joint fes appas,
L'un & l'autre n'auront de charmes,
Qu'autant qu'en ufant de leurs armes,
La raifon dit, en finiffant,
　　　Eh! voilà comme &c. *bis.*

Silene fe vit en horreur,
Même dans les tems de l'erreur;
Paroîtroit-il moins méprifable,
Dans un fiécle plus raifonnable,
Qui met tout fon rafinement,
　　　A trouver comme &c. *bis.*

Mais ce fiécle même, à nos yeux,
N'obtient pas ce but précieux;
Pour acquérir cet avantage,
Nous nous féparons de notre âge,
Et recherchons affidûment,
　　　A trouver comme &c. *bis.*

Sans donc redouter le couroux
Des envieux ou des jaloux,
Soïons difcrets dans l'abondance,
Fermes contre l'intempérance,
Aimons qui penfe egalement;
　　　Car voilà comme &c. *bis.*

Si l'on méprife ces vertus,
N'en paroiffons pas abattus,
Le cœur trouve fa récompenfe
Dans le bien qu'il fait, ou qu'il penfe;
Et qui le voit, dit forcément,
　　　Eh! voilà comme &c. *bis.*

LE TRIOMPHE DE L'ORDRE.

Sur l'Air: *Dans les Gardes Françoises.*

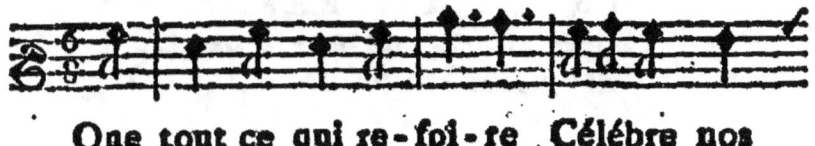

Que tout ce qui re-fpi-re Célébre nos

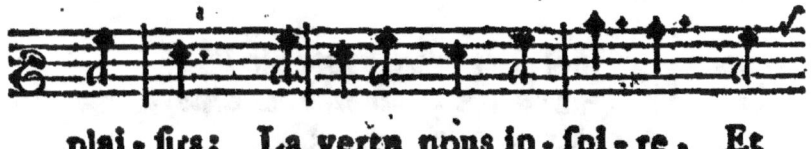

plai-firs; La vertu nous in-fpi-re, Et

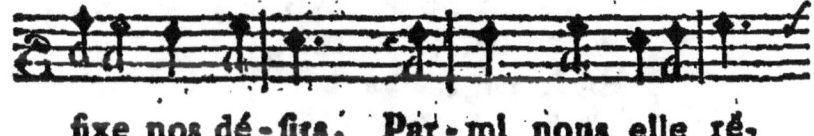

fixe nos dé-firs, Par-mi nous elle ré-

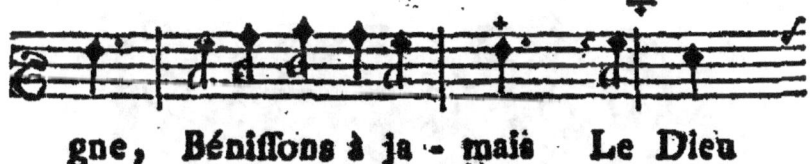

gne, Béniffons à ja - mais Le Dieu

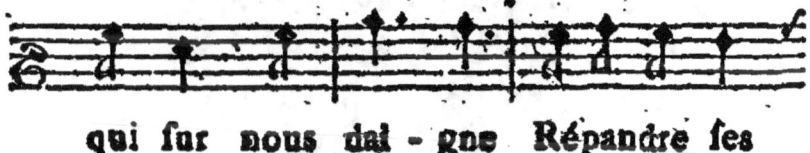

qui fur nous dai - gne Répandre fes

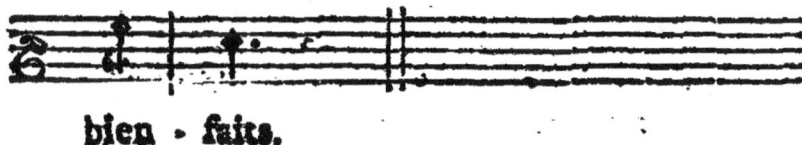

bien - faits.

En

En vain la calomnie
Cherche à nous attaquer,
Des efforts de l'envie
Qu'avons-nous à risquer?
Beauté, Force, Sageffe,
Voilà les traits vainqueurs,
Dont nous pourrons sans ceffe
Repouffer leurs fureurs.

Quel fort plus agréable !
Quand les *Maçons* entr'eux,
D'une amitié durable
Refferrent les doux nœuds.
Un *Vivas* pour un Frere,
Par trois-fois répété,
Eft le gage fincere
De la Fraternité.

POR

PORTRAIT D'UN MAITRE DE LOGE.

Par le Fr. de VIGNOLES.

Sur l'Air : *Des Filles du Village.*

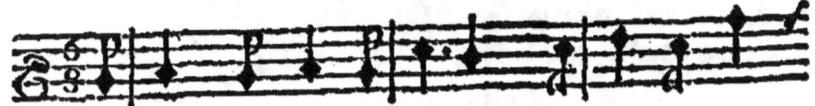

De notre Ordre fu-blime, L'efprit eft peu

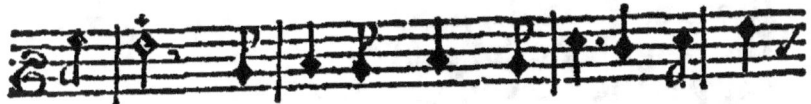

con-nu ; Pour gagner notre eftime, Il pre-

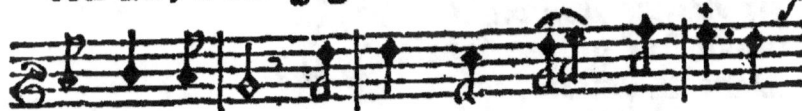

fcrit la ver-tu. Ses honneurs font pour el-le :

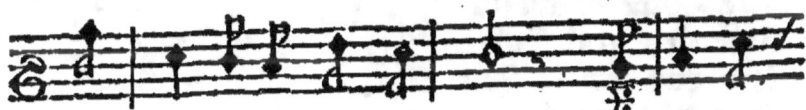

Mais plus il accroît fes droits, Plus il im-

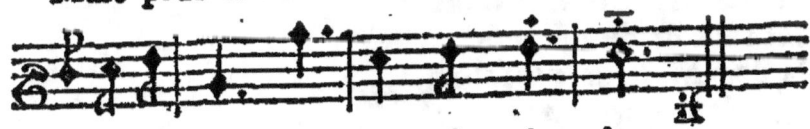

pofe de loix Au cœur fi - de - le.

Du Maitre qui gouverne
Tel eft l'ample devoir :
Il voit, fait & difcerne
De chacun le pouvoir.
Il foutient la foibleffe,
Il encourage le fort,
Et ne connoît d'autre fort } *bis.*
Que la Sageffe.

Qu'il

(❦)

Qu'il parle, ou qu'il agisse,
Tout est une leçon;
Qu'un jaloux en frémisse,
Pour lui, nul autre ton.
C'est un pédant qui glose,
Vous dira cet Envieux,
Qui fait, du moins sous ses yeux, } *bis.*
Ce qu'il propose.

(❦)

En excitant l'envie,
Il connoît son danger;
Du rang qu'on lui confie,
On peut le renverser.
Il a ce qu'il souhaite,
S'il est victime du bien;
Et trouve son propre soutien } *bis.*
Dans sa défaite.

(❦)

Etre doux & facile
Avec les vrais Maçons;
Etre dur, mais sans bile,
Pour de faux Compagnons;
Discourir en vrai Sage
De morale & de décrets:
Voilà des Maîtres parfaits } *bis.*
Le seul partage.

(❦)

Ce rang peut-il donc plaire?
Non : ne le croïez pas:
Si l'on doit y mal faire,
Pour y voir des appas.
Heureux! qui, dans ma place,
Peut découvrir, comme moi,
Qu'il n'est que la bonne foi, } *bis.*
Pour trouver grace.

K 7   TEM-

TEMPLE DE LA CANDEUR.

Air: *Un petit coup de malheur.*

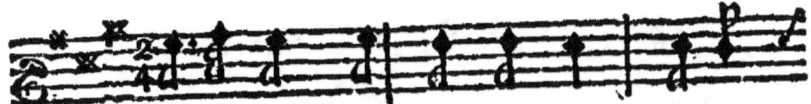

I - ci nous sui-vons les loix, De l'a-

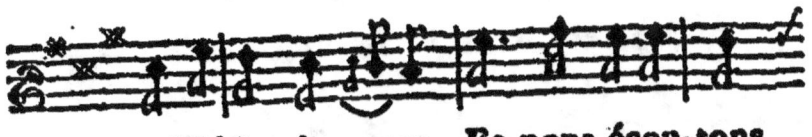

mitié la plus pure, Et nous écou-tons

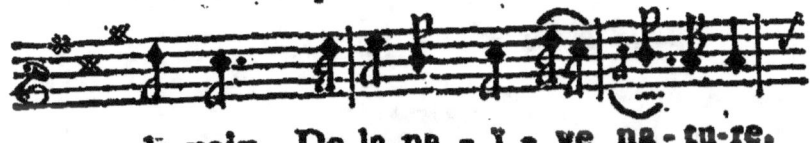

la voix, De la na - I - ve na - tu-re.

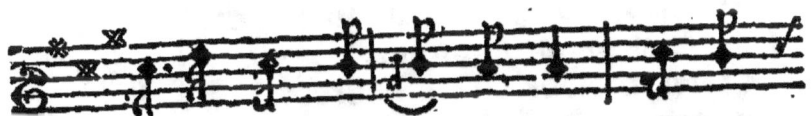

I - ci nous sui-vons les loix, De l'a-

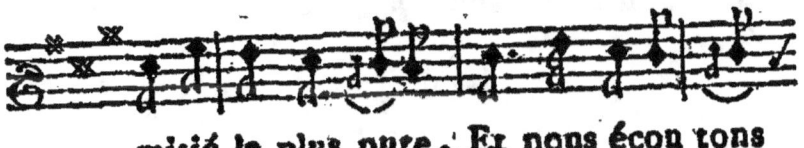

mitié la plus pure, Et nous écou tons

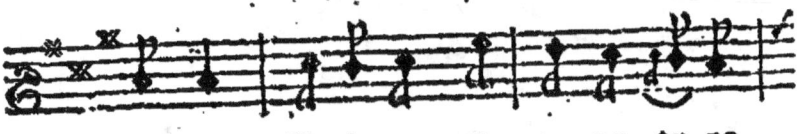

la voix, De la na - I - ve na-tu-re.

C'est

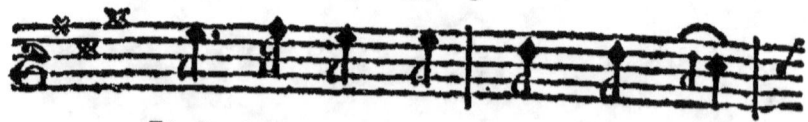

C'eſt dans ces lieux qu'on voit en-

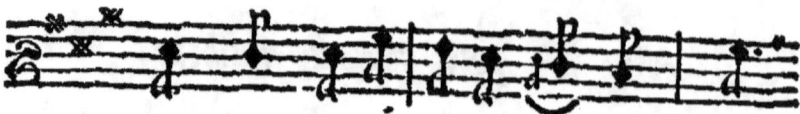

cor, Les plaiſirs de l'â - ge d'or. C'eſt

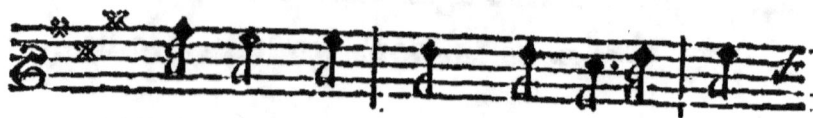

dans ces lieux qu'on voit encor, Les

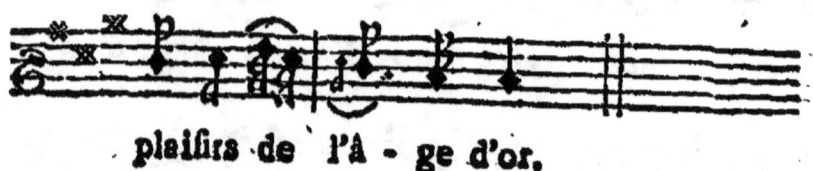

plaiſirs de l'â - ge d'or.

Dans nos concerts, dans nos jeux,
La vertu toujours préſide;
Sur les moïens d'être heureux,
La ſageſſe eſt notre guide.
} *bis*

C'eſt dans ces lieux qu'on voit encor,
Les plaiſirs de l'âge d'or.
} *bis.*

Cet aſile eſt habité
Par une aimable décence,
Il n'eſt jamais infecté
Du poiſon de la licence.
} *bis.*

C'eſt dans ces lieux qu'on voit encor,
Les plaiſirs de l'âge d'or.
} *bis.*

L A

LA DEVISE DU MAÇON.

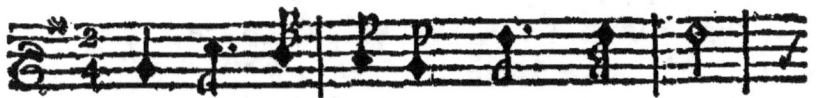

Ce que l'on nomme *Franc - Ma - çon*,

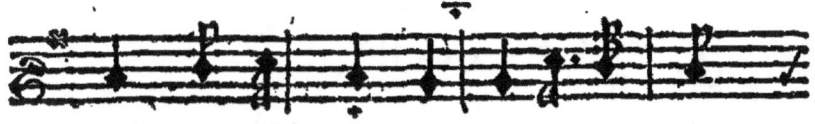

C'est l'honnête homme, On le con - noît

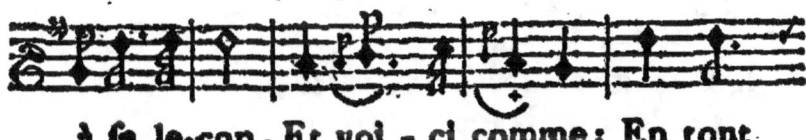

à sa le-çon, Et voi - ci comme; En tout

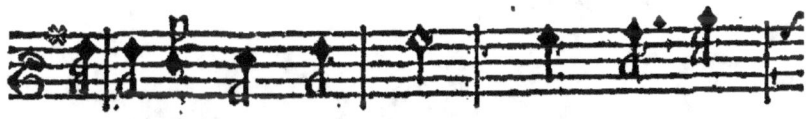

il est sage & dis - cret,   Quoi que l'on

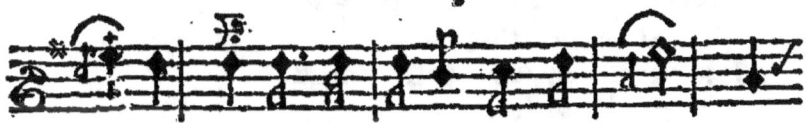

di - se : Ne jamais trahir son se - cret, C'est

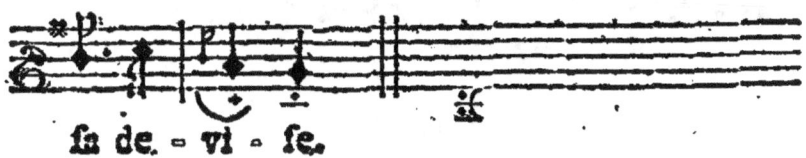

sa de - vi - se.

II

Il fonde tous ses sentimens
    Sur la droiture,
On ne le voit, dans ses sermens,
    Jamais parjure ;
Peu sensible aux mauvais discours,
    Il les méprise :
Aux malheureux prêter secours, } bis.
    C'est sa devise.

Sachant dompter les vains désirs,
    Il est modeste ;
Renonçant à tous faux plaisirs,
    Il les déteste :
Jamais de remords combattu,
    Plein de franchise,
Chérir en tous lieux la vertu, } bis.
    C'est sa devise.

Victime d'un faux préjugé,
    On le décrie ;
Mais il se trouve bien vengé
    De l'avanie :
La sincérité de son cœur
    Le tranquillise ;
N'agir que selon la candeur, } bis.
    C'est sa devise.

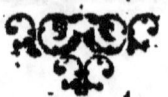

SCIENCE DU MAÇON.

Par le Fr. de VIGNOLES.

Sur l'Air précedent.

PRophanes, pour nous imiter,
    Soïez finceres.
Sans craindre de vous fréquenter,
    Vivez en Freres.
Détruire de l'ambition
    La pétulance :
De tout véritable *Maçon* } *bis.*
    C'eſt la ſcience.

Former deux hommes à la fois
    Tout diſſemblables,
Quoique ſoumis, quoique courtois,
    Inexorables :
Maintenir, mais avec raiſon,
    Cette alliance,
De tout véritable *Maçon* } *bis.*
    C'eſt la ſcience.

Aux régles ſe montrer, ſans choix,
    Toujours docile,
A tout homme qui ſuit ſes loix
    Se rendre utile :
Briller par la ſoumiſſion,
    La patience :
De tout &c. *bis.*

Ai

Aimer, pratiquer la vertu,
    Fuir l'injustice ;
Sans être de crainte abattu,
    Punir le vice ;
Mais balancer l'intention,
    Avec l'offense,
De tout &c. *bis.*

En Loge qui régle ses pas ?
    C'est la décence :
On voit régner dans ses repas
    La tempérance.
Combattre d'emulation
    En bienveillance,
De tout &c. *bis.*

Dans la suprême autorité,
    Tenir, sans faste,
De douceur & de fermeté
    L'heureux contraste.
Donner à la discrétion,
    La préférence,
De tout &c. *bis.*

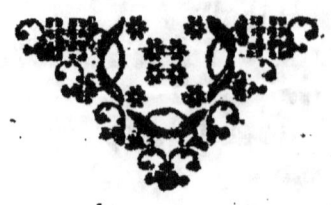

LE

LE FAUX T LE VRAI MAÇON.

Par le Fr. de VIGNOLES.

Sur l'Air précedent.

QUI veut du titre de *Maçon*
    Se faire gloire,
Doit en imprimer la leçon
    Dans sa mémoire;
Qui se borne à l'ext rieur
    De sa franchise,
Se couvre du voile imposteur } *bis.*
    De sa devise.

Affecter les airs souverains
    Dans la puissance,
Se croire au-dessus des humains,
    Par l'opulence:
C'est n'aïant que l'extérieur
    De sa franchise,
Se couvrit du voile imposteur } *bis.*
    De sa devise.

Penser que les honneurs sont dûs
    A son mérite;
Dans l'orgueil trouver les vertus
    De sa conduite,
C'est, n'aïant que &c. *bis.*

Ban-

Bannir l'aimable egalité
De l'affemblée ;
Faire taire la probité,
Comme d'emblée :
C'eft, n'aïant que &c. *bis.*

Se faire un code, avoir des loix,
Sans qu'on les fuive ;
Sans avoir bien pefé fon choix,
Qu'on y fouscrive,
C'eft, n'aïant que &c. *bis.*

Le *Maçon* prétend obéir
Quand il s'engage ;
Mais que la loi qu'il doit tenir
Soit fon ouvrage :
C'eft par-là que fa volonté,
Libre & foumife,
Se porte à remplir la beauté } *bis.*
De fa devife.

S'il ouvre quelque fentiment,
Il le propofe :
Qui le combat d'un ton décent,
Ne l'indifpofe :
Ami de la fincérité,
Quoique l'on dife,
Vouloir entendre, être écouté, } *bis.*
C'eft fa devife.

Ré-

Récompense-t-on ſes talens?
Sa modeſtie,
Loin de s'enyvrer de l'encens,
S'en humilie:
Ainſi jamais l'autorité
N'eſt compromiſe.
La grandeur & l'humilité, } bis.
C'eſt ſa deviſe.

Les *Maçons* ſont egaux entr'eux
Sur l'hémiſphere.
Un nom ſeul leur eſt précieux,
Celui de Frere.
Sans baſſeſſe, mais ſans hauteur,
Plein de franchiſe,
Sans Roi, mais ſans inférieur, } bis.
C'eſt ſa deviſe.

CHAR-

CHARMES DE L'ORDRE.

Sur l'Air: *Ma Voisine est très jolie.*

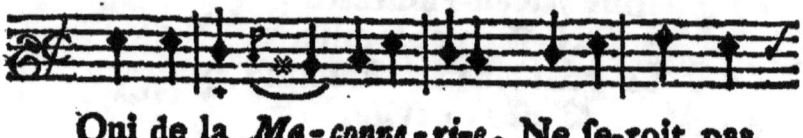

Qui de la *Ma-çonne-ri-e*, Ne se-roit pas

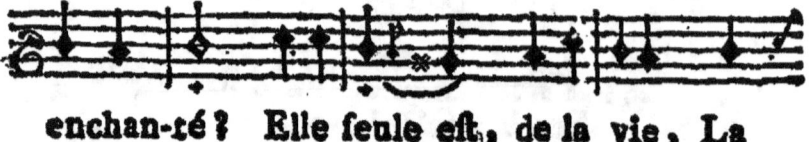

enchan-té? Elle seule est, de la vie, La

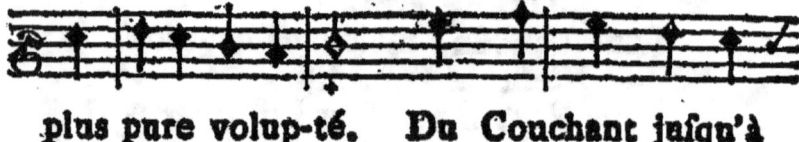

plus pure volup-té. Du Couchant jusqu'à

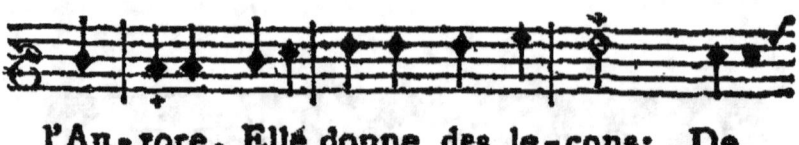

l'Au-rore, Elle donne des le-çons; De

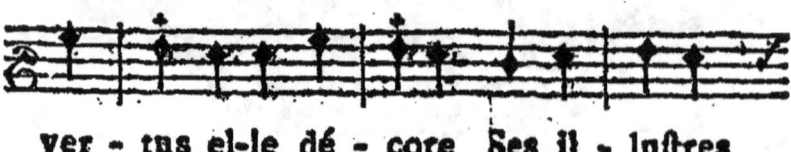

ver - tus el-le dé - core Ses il - lustres

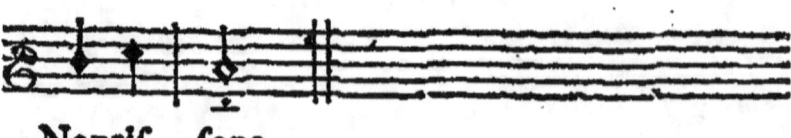

Nourif - fons.

De

De tout tems fous fon empire
On a vu les plus grands Rois,
Pleins de zele pour s'inftruire
De fes adorables loix.
Du Couchant &c.

Dans le filence des armes,
Que de braves généraux
Se délaffent par les charmes
De nos auguftes travaux!
Du Couchant &c.

De l'orgueilleufe rudeffe
Elle feule eft le fléau;
La roture & la nobleffe
Par elle font de niveau.
Du Couchant &c.

Au grand elle montre un Frere
Dans le plus fimple artifan,
Et veut dehors qu'on révere
Le titre honoré de grand.
Du Couchant &c.

Aux

Aux hommes, de ſes richeſſes
Elle cherche à faire part,
Et prodigue ſes largeſſes
Aux amateurs de ſon Art.
Du Couchant &c.

Sous ſes loix elle n'enrole
Que de vertueux amis ;
Et l'equerre eſt le ſimbole
Du cœur de ſes favoris.
Du Couchant &c.

Chantons, célébrons ſa gloire,
Par les tranſports les plus doux.
Eterniſons ſa mémoire,
En répétant aux jaloux :
Du Couchant &c.

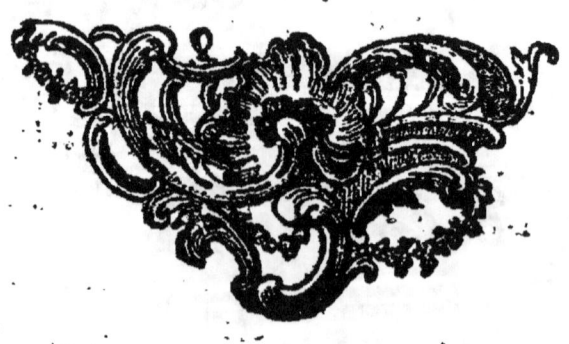

EDIFICES MAÇONS.

Sur l'Air : *Dans nos hameaux la Paix.*

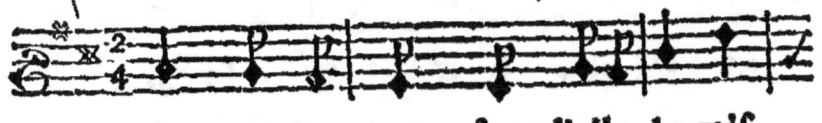

Dans nos banquets, fous l'aile du mif-

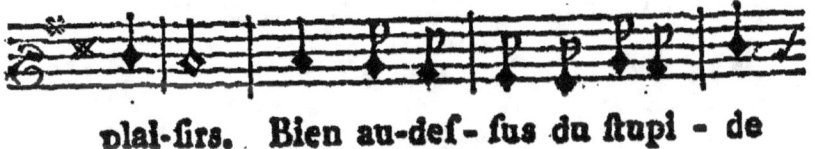

tere, Nous nous li-vrons à d'inno-cens

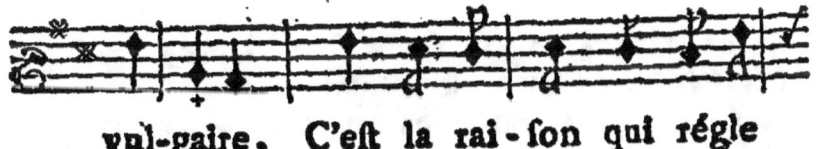

plai-firs. Bien au-def-fus du stupi - de

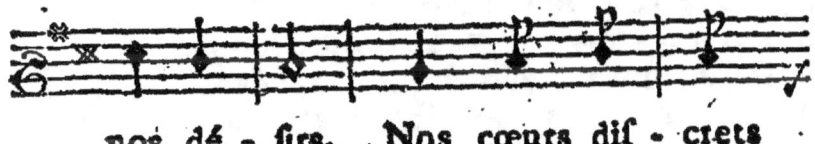

vul-gaire, C'est la rai-fon qui régle

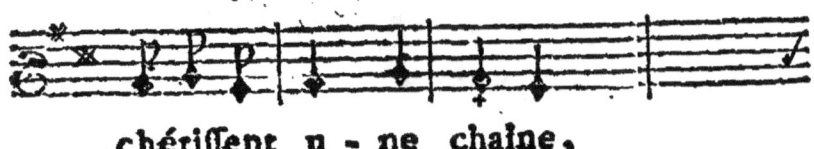

nos dé - firs. Nos cœurs dif - crets

chériffent u - ne chaîne,

Que

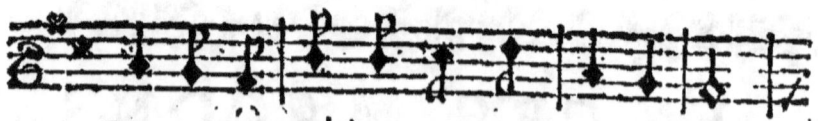

Que la candeur a pris soin de for-ger.

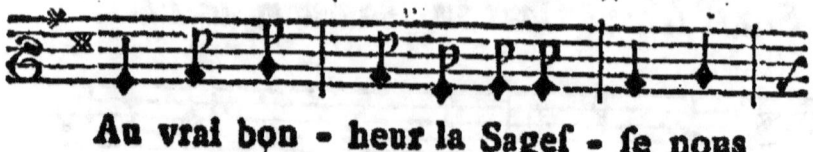

Au vrai bon - heur la Sagef - fe nous

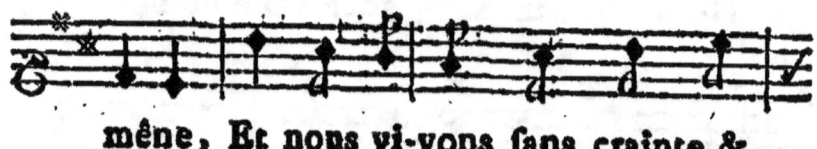

même, Et nous vi-vons fans crainte &

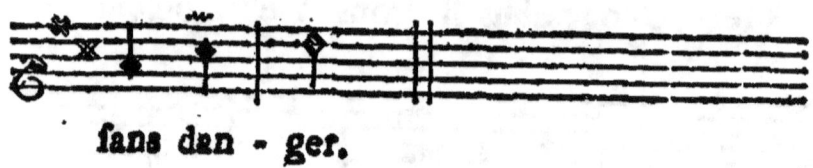

fans dan - ger.

Dans ces loifirs, que le Prophane blâme,
Nous élevons d'utiles monumens;
Notre Ordre porte en nous un trait de flamme
Qui fait germer les plus beaux fentimens.
La jaloufie & la haine étouffées,
Nous enfeignons comment il faut jouïr.
A l'Amitié nous dreffons des trophées
Que les vertus prennent foin d'embellir.

LES DOUCEURS DE LA CONCORDE.

Sur l'Air : *Vous qui voïez les Dames.*

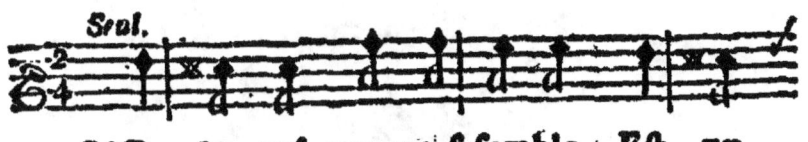

L'Or-dre qui nous raf-femble, Eſt un

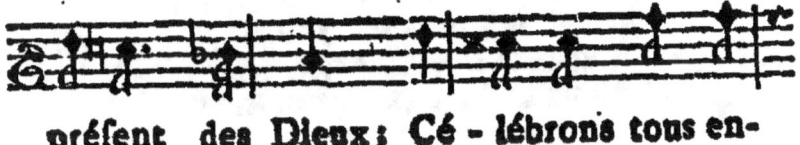

préſent des Dieux; Cé-lébrons tous en-

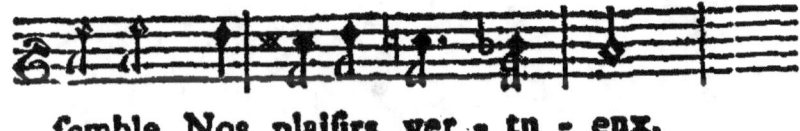

femble Nos plaiſirs ver-tu-eux.

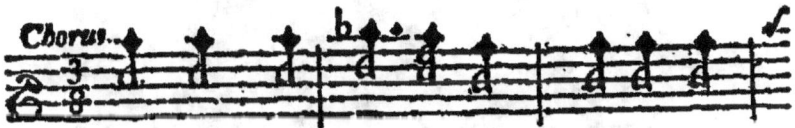

Chantons d'un cœur joïeux, Malgré les

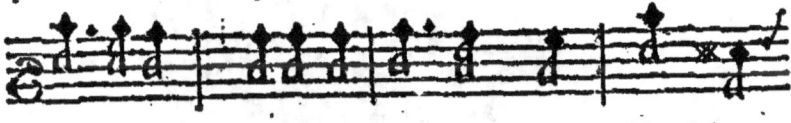

en-vieux, Jouïſſons en tous lieux De biens

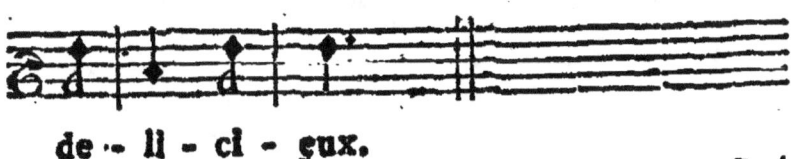

de-li-ci-eux.

Seul.

Seul. La douce intelligence
Ici nous rend heureux.
L'Amitié nous diſpenſe
Mille dons précieux.

Chœur. Chantons &c.

Seul. Les préceptes d'un ſage
Nous déſillent les yeux.
Mais un epais nuage
Nous voile aux Curieux.

Chœur, Chantons &c.

PAIX

PAIX du MAÇON.

Par le Fr. du Bois.

Sur l'Air précedent.

Seul. DE nos Loges chéries
Nous chaffons le fouci ;
Les fombres reveries
N'habitent point ici.

Chœur.

Exemts de vains défirs,
Sans remords, ni foupirs,
Nous paffons nos loifirs
Dans les plus doux plaifirs.

Seul. Tandis que *Mars* deploie
Ses funeftes drapeaux,
Nous vivons avec joie
Dans un profond repos.

Chœur.

D'un bien fi précieux
Rendons graces aux Dieux,
Et que nos envieux
Nous reconnoiffent mieux.

Seul

Seul. Déja ce Sexe aimable
    Regrette son erreur:
    Le *Maçon* raisonnable
    Est un ami de cœur.

Chœur.

    A plaire toujours prêt
    Il vole comme un trait,
    Tendre autant que discret
    Lui seul fait son secret.

Seul. L'Amitié, la Sagesse,
    Font notre plus grand bien;
    Resserrons-en sans cesse
    L'*indissoluble* lien.

Chœur.

    C'est par de si beaux nœuds,
    Que les cœurs vertueux,
    Formant les mêmes vœux,
    Peuvent se rendre heureux!

TEM-

TEMPLE DU MAÇON.

Sur l'Air : *O Filii.*

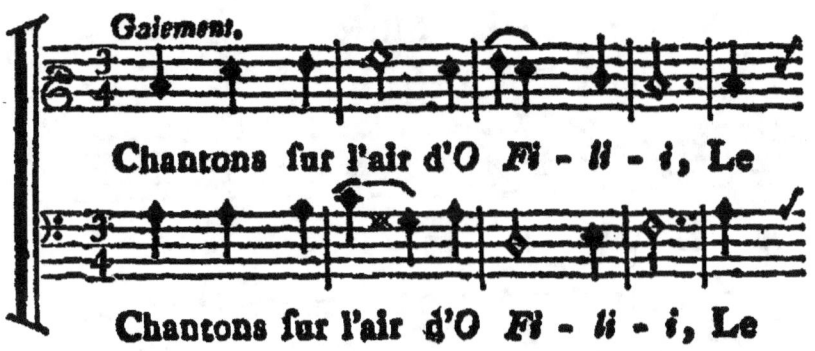

Chantons fur l'air d'*O Fi - li - i,* Le

Chantons fur l'air d'*O Fi - li - i,* Le

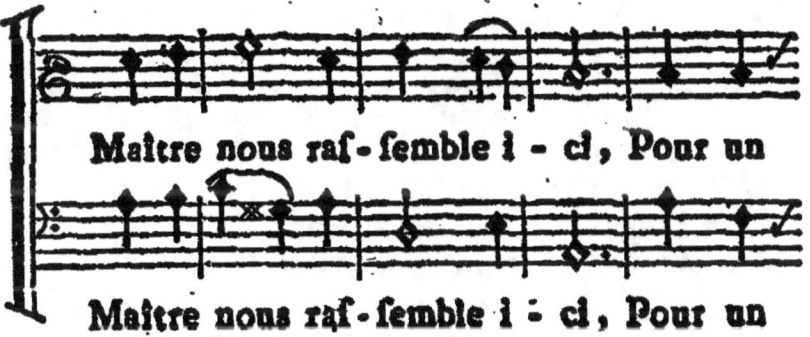

Maître nous raf-femble i - ci, Pour un

Maître nous raf-femble i - ci, Pour un

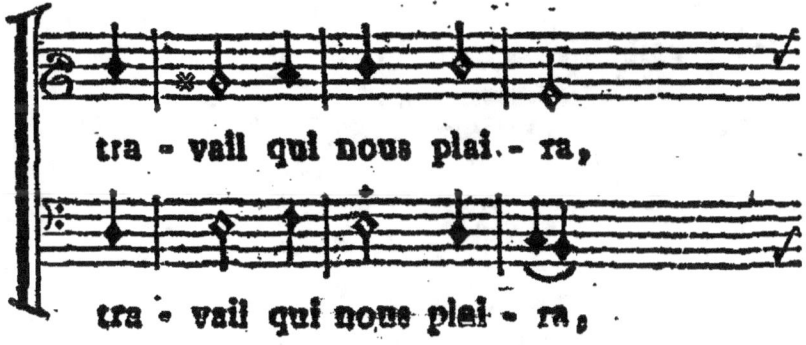

tra - vail qui nous plai - ra,

tra - vail qui nous plai - ra,

Al-

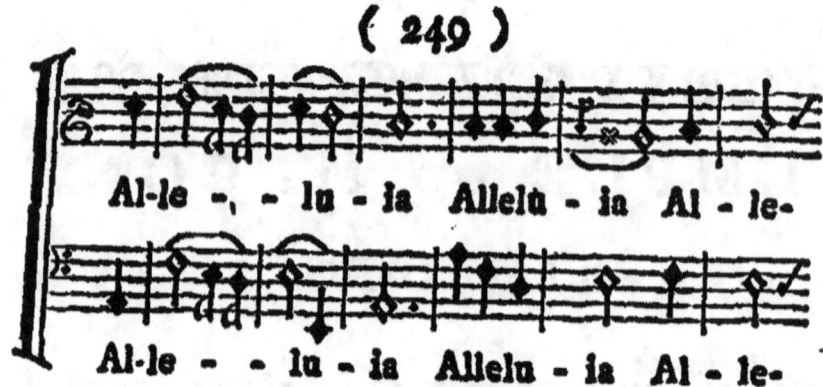

Al-le -, - lu - ia Allelu - ia Al - le-

Al-le - - lu - ia Allelu - ia Al - le-

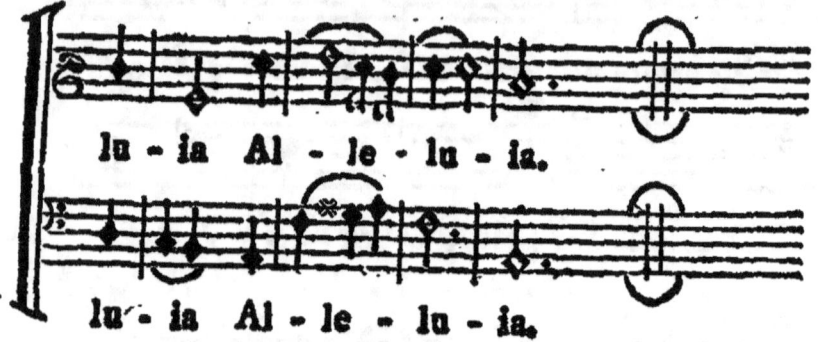

lu - ia Al - le - lu - ia.

lu - ia Al - le - lu - ia.

Qui veut élever un Autel,
Que l'on puiſſe rendre éternel,
Sur les vertus il poſera, Alleluia.

Pour embellir ce bâtiment
Et le fonder ſolidement,
La charité le ſoutiendra, Alleluia.

Nous chaſſerons de ce ſéjour,
Le turbulent Dieu de l'Amour,
L'Amitié le remplacera, Alleluia.

L 5   De

De tout rifque, de tout danger,
Où nous conduit ce Dieu léger,
Elle feule nous fauvera, Alleluia.

Les momens qu'il faut menager,
Doivent fervir à corriger
Les défauts que chacun aura, Alleluia.

Il faut fur-tout nous appliquer
A reprendre fans critiquer:
De la douceur on ufera, Alleluia.

Fideles dans nos bons propos,
Craignons à jamais les défauts
Où le monde nous entraina, Alleluia.

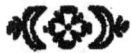

En Loge quand nous céderons
Au plus vertueux des *Maçons*,
Tout le monde l'approuvera, Alleluia.

LA TRANQUILLITE'.

Sur l'Air : *Pour Héritage.*

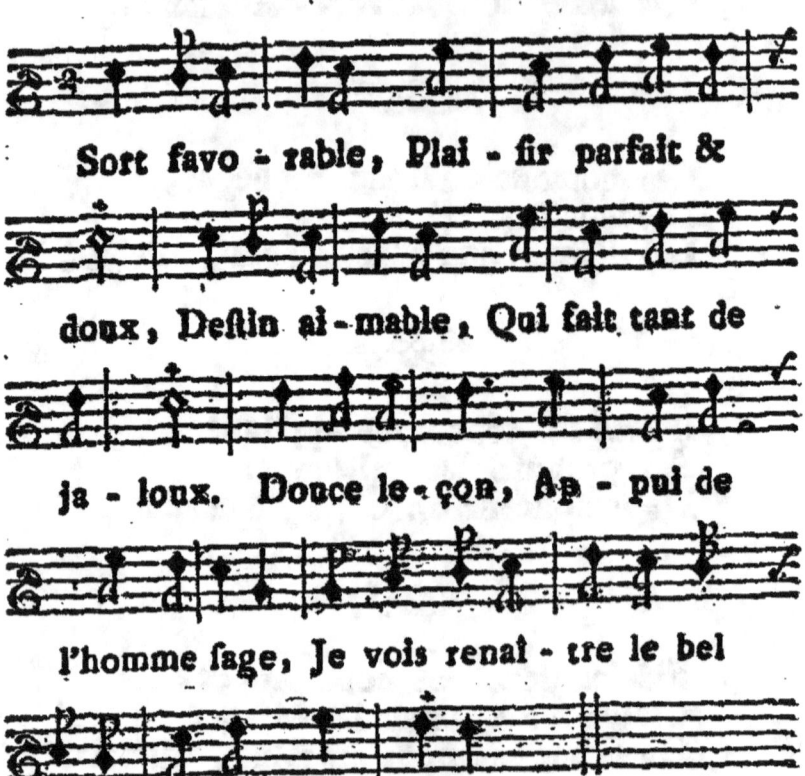

Sort favo - rable, Plai - fir parfait &
doux, Deftin ai - mable , Qui fait tant de
ja - loux. Douce le - çon, Ap - pui de
l'homme fage, Je vois renai - tre le bel
à ge, Je fuis *Franc-Maçon.*

De la fortune
Je crains peu les revers ;
Blonde, ni brune
Ne me donne des fers.
De ma raifon
Je retrouve l'ufage :
Elle fut toujours l'appanage
Du vrai *Franc Maçon.*

L 6   L'AGE

L' AGE D'OR.

Sur l'Air: *J'aime une ingrate beauté.*

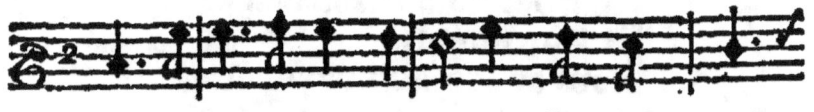

Le Philo-sophe entê-té Soutient qu'il

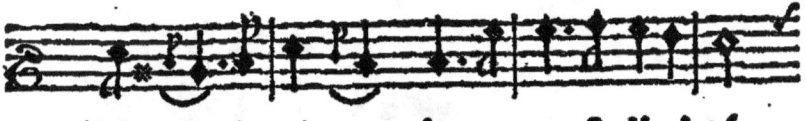

n'est dans la vi - e, Au-cu-ne fe-li-ci-té,

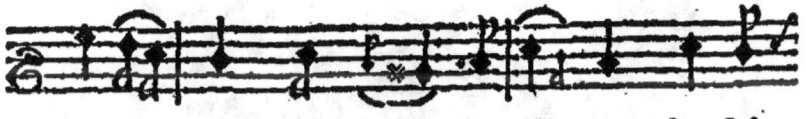

Et que tout n'est que fo - li - e. Au fein

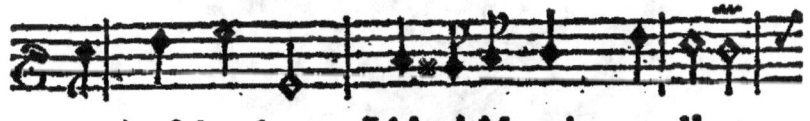

du vrai bonheur, L'Amitié qui nous li - e,

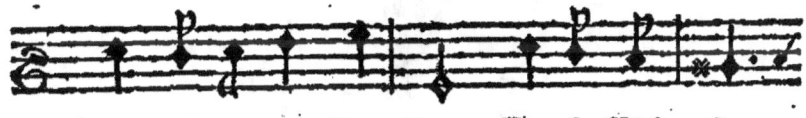

Nous decouvre l'er - reur De fa Phi - lo-

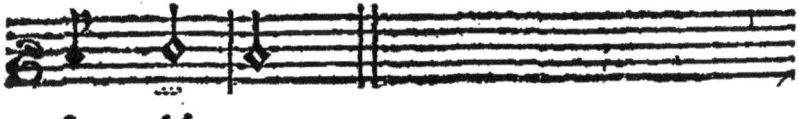

fo - phi - e.

Ces

Ces jours d'or, ces heureux tems,
Où tous les hommes, en Freres,
Avoient mêmes fentimens,
Et des cœurs droits & finceres;
 Dans ce cercle enchanté
 Nous les voïons renaître,
 Et leur férénité
 Nous donne un nouvel être.

LE BANDEAU LEVÉ.

Par le Fr. de VIGNOLES.

Sur le Rondeau du Devin de Village:
Quand on fait aimer & plaire:.

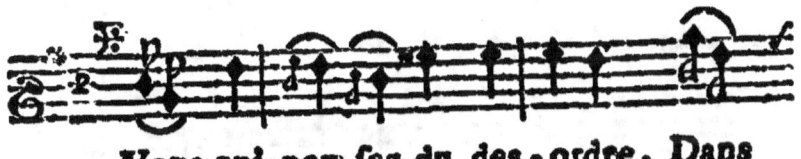

Vous qui pen-sez du des - ordre, Dans

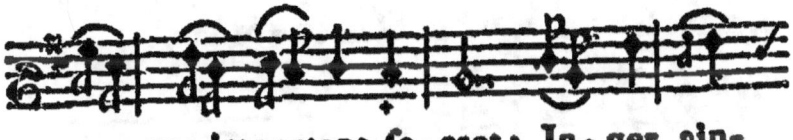

no - tre important se - cret: Ju - ger ain-

si de notre Ordre, C'est ê - tre au moins

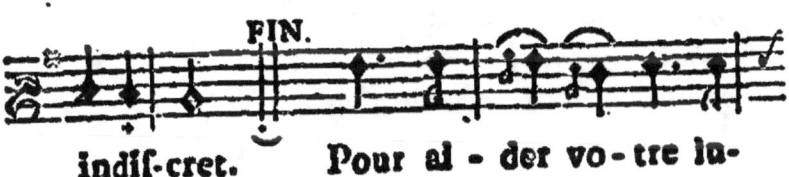

indis-cret. Pour al - der vo - tre lu-

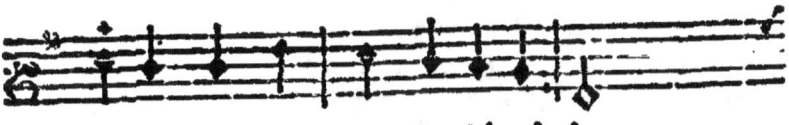

miere, Je vais vous le dévoi-ler.

Dans

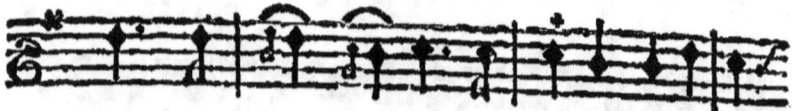

Dans son plan, dans sa ma - niere, Il est sa.

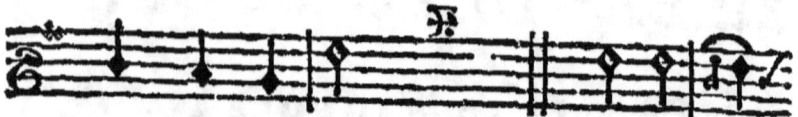

ge, il doit bril-ler. Vous &c. L'homme s'y

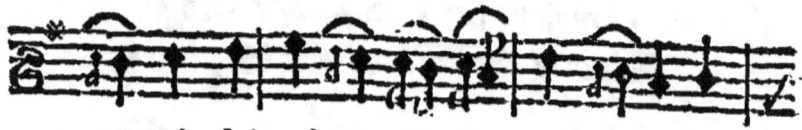

connoit soi-même, Il se ché-rit & se

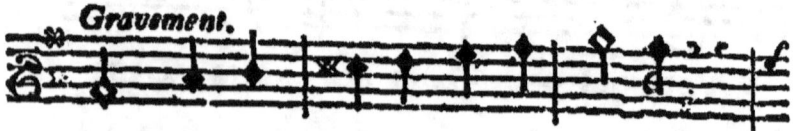

craint : Il trou - ve le bien su - prême :

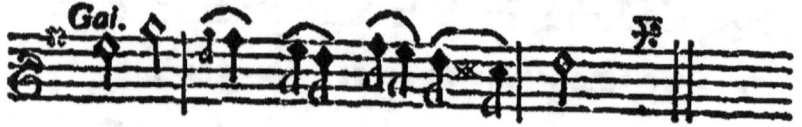

Qui le cor - ri - ge, le plaint.
Bis. ☥ Vous qui &c.

Tel est l'Ordre qu'on décrie :
Peut-on ne le pas aimer ?
Bientôt on le justifie,
Quand on s'en laisse enflamer. Fin.

Chacun sous l'œil de son Frere,
Ne connoit d'autre désir,
Que d'être juste & sincere,
Au sein même du plaisir.
Tel est l'Ordre &c. Fin.

Eh !

Eh! quel plus bel avantage,
Dans un fiecle corrompu,
De voir que l'homme, à tout âge,
Donne une heure à la vertu! *bis.*

Pénétrez dans une Loge,
La candeur vous l'ouvrira:
Et pour fonder fon eloge
Venez, on vous inftruira.   *Fis.*

Du moins, pendant la féance,
Chacun eft fans paffion :
Le jeune, fans pétulance:
L'homme, fans ambition:
Pénétrez dans &c.   *Fis.*

Le favant fans fuffifance,
Et l'ignorant fans orgueil;
Le noble fans arrogance,
Fait au foible un doux accueil.   *bis.*

Voilà l'objet du filence
Que blâment nos envieux:
Plaignez donc votre ignorance,
Vous, qui défirez les cieux.

POINT

POINT FONDAMENTAL.

Par le Fr. de VIGNOLES.

Sur l'ARIETTE d'*On ne s'avise jamais de tout.*
Ou *Une Fille est un Oiseau.*

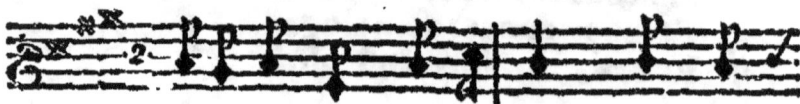

Une Loge est un sé-jour, D'où l'on

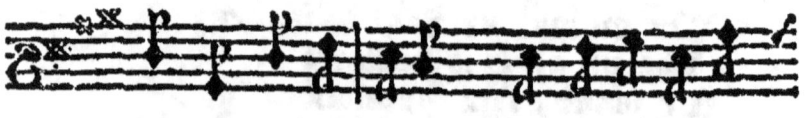

bannit l'escla-vage, Pour y substituer

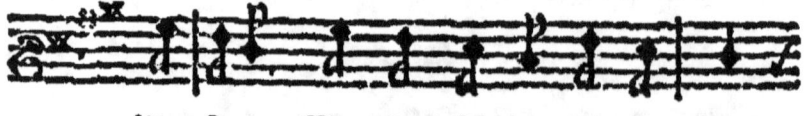

l'u-sage, Du plus surprenant a-mour.

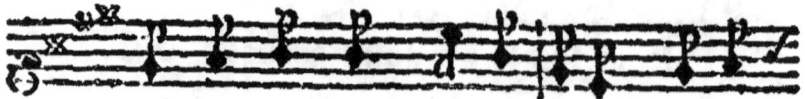

Ni des honneurs, ni de l'âge, On ne

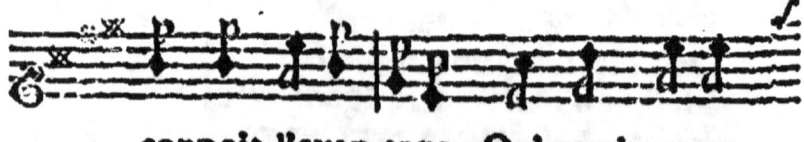

connoit l'avan-tage. Qui rend, y re-

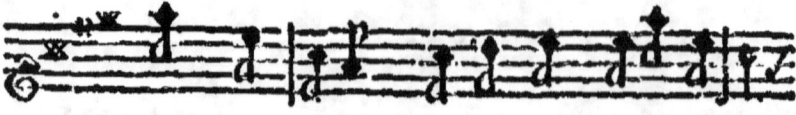

çoit l'hommage, De la douce éga-li-té.]
Mais,

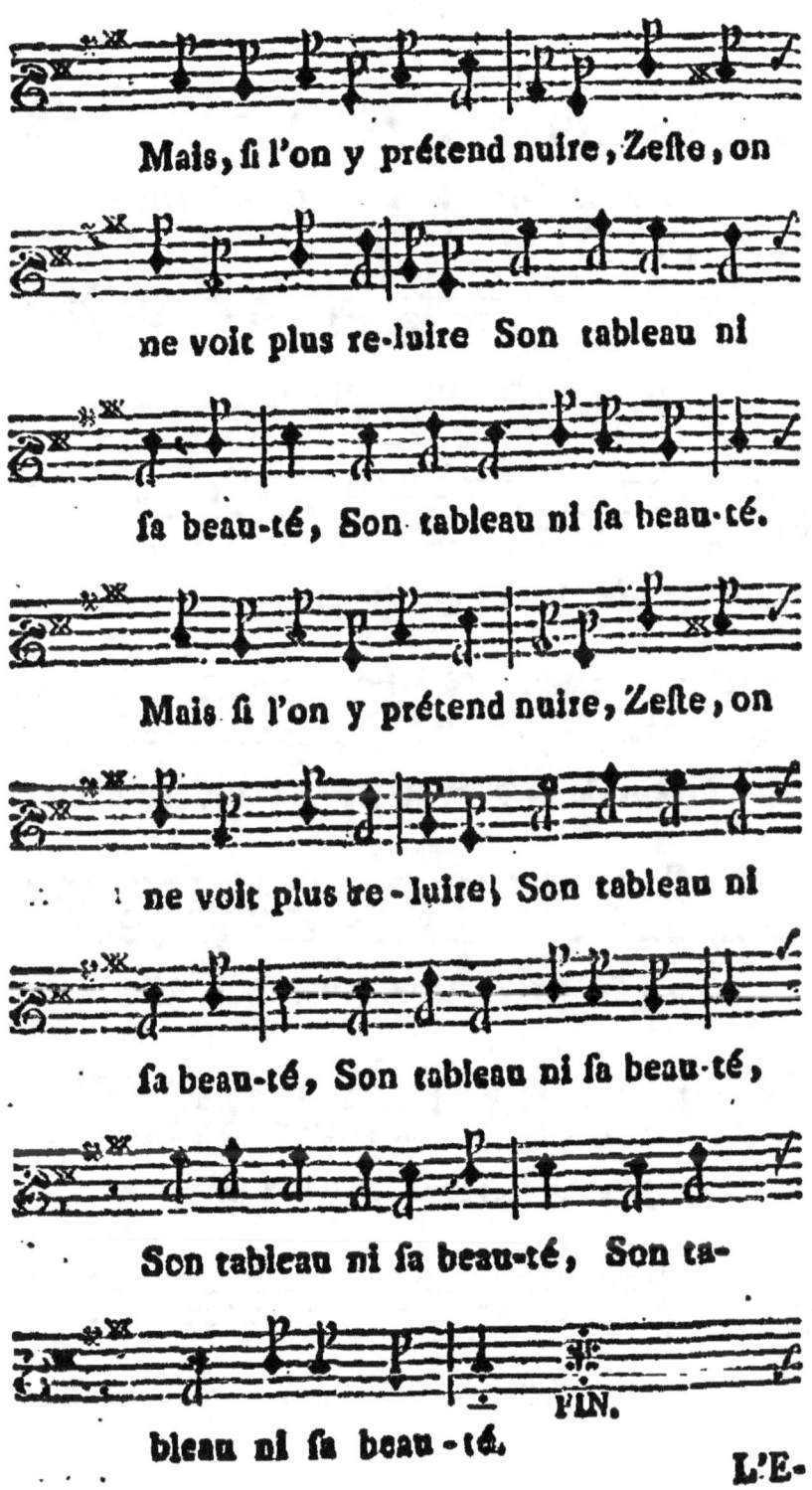

Mais, fi l'on y prétend nuire, Zefte, on

ne voit plus re-luire Son tableau ni

fa beau-té, Son tableau ni fa beau-té.

Mais fi l'on y prétend nuire, Zefte, on

ne voit plus re-luire, Son tableau ni

fa beau-té, Son tableau ni fa beau-té,

Son tableau ni fa beau-té, Son ta-

FIN.

bleau ni fa beau-té.

L'E-

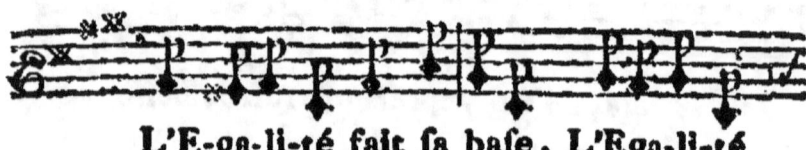

L'E-ga-li-té fait fa bafe, L'Ega-li-té

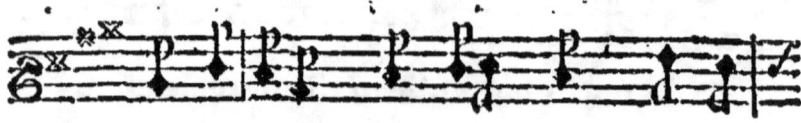

fait fa bafe, Pour elle point d'autre

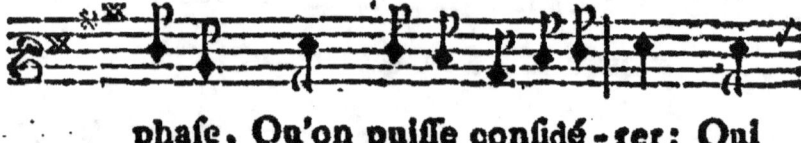

phafe, Qu'on puiffe confidé - rer : Qui

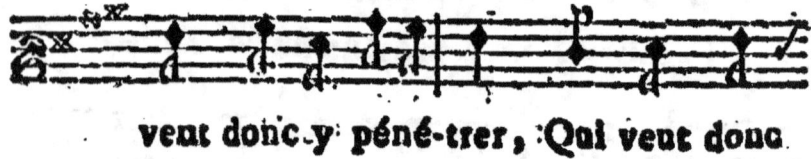

veut donc y péné-trer, Qui veut donc

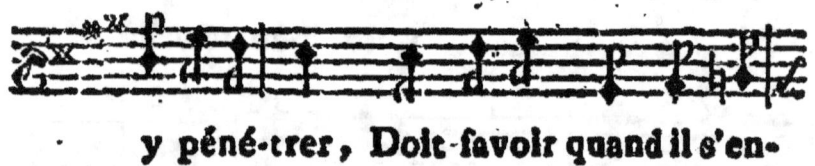

y péné-trer, Doit favoir quand il s'en-

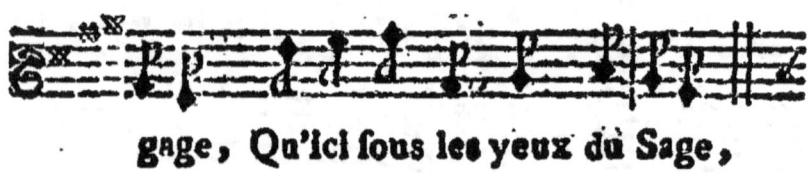

gage, Qu'ici fous les yeux du Sage,

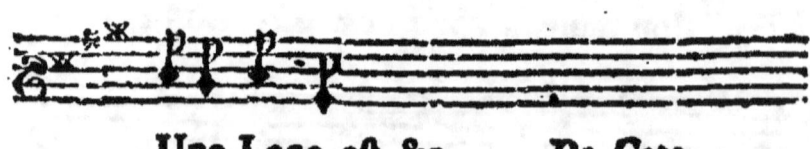

Une Loge eft &c.   *De Capo.*

TRAIT

TRAIT DE LUMIERE.

Air: *Tout nous dit que Lindor est charmant.*

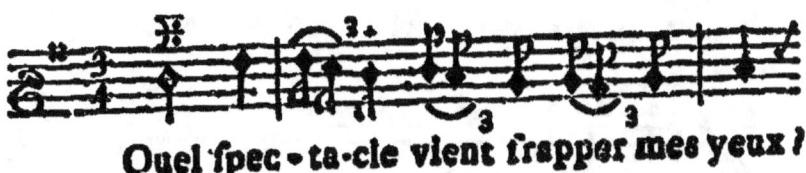

Quel spec‑ta‑cle vient frapper mes yeux?

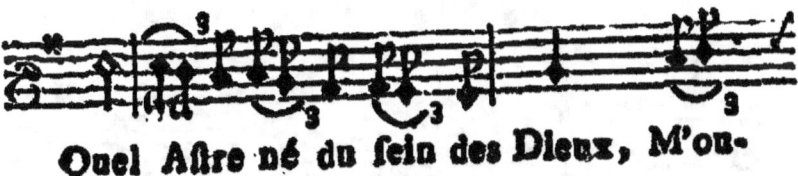

Quel Astre né du sein des Dieux, M'ou-

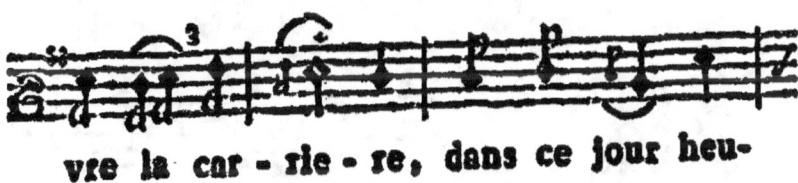

vre la car‑rie‑re, dans ce jour heu-

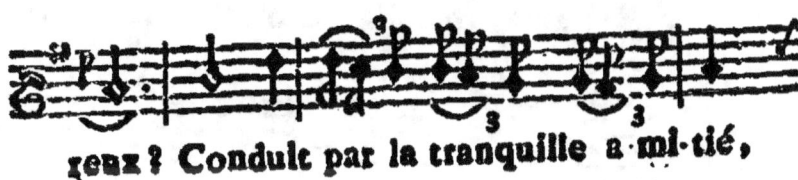

reux? Conduit par la tranquille a‑mi‑tié,

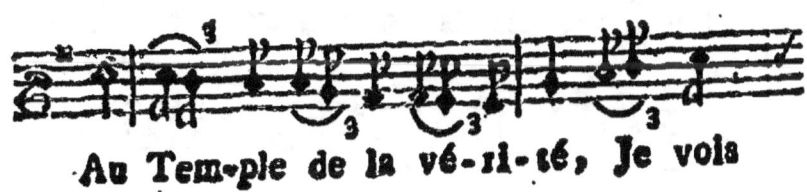

Au Tem‑ple de la vé‑ri‑té, Je vois

la

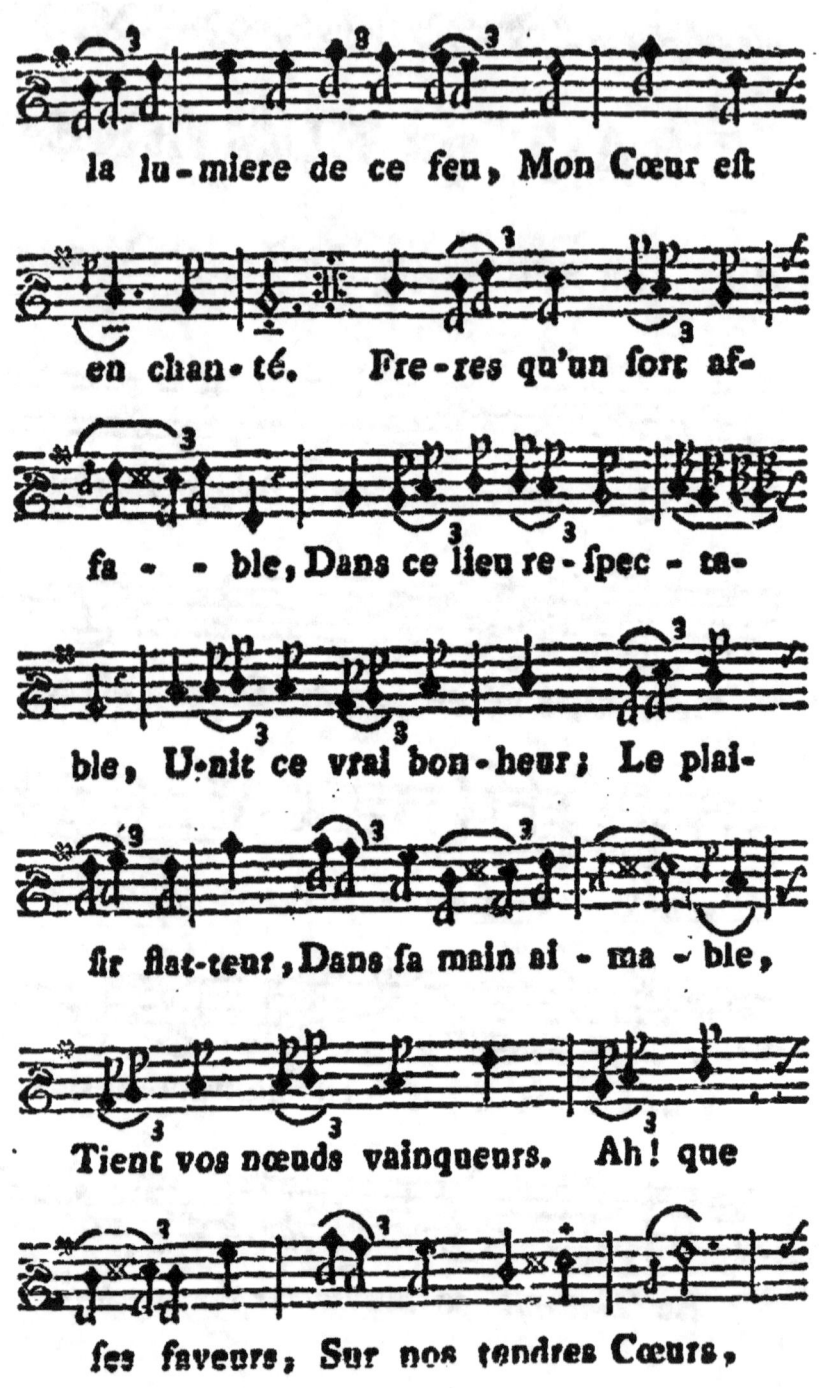

la lu‑miere de ce feu, Mon Cœur eſt

en chan‑té.   Fre‑res qu'un ſort af‑

fa ‑ ‑ ble, Dans ce lieu re‑ſpec‑ta‑

ble, U‑nit ce vrai bon‑heur; Le plai‑

ſir flat‑teur, Dans ſa main ai ‑ ma ‑ ble,

Tient vos nœuds vainqueurs.   Ah! que

ſes faveurs, Sur nos tendres Cœurs,

For‑

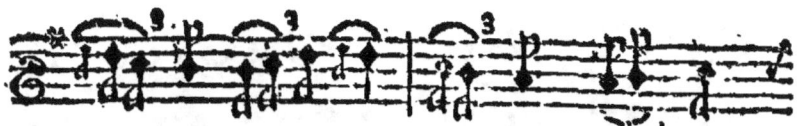

Forment à jamais, Par leurs doux bien-

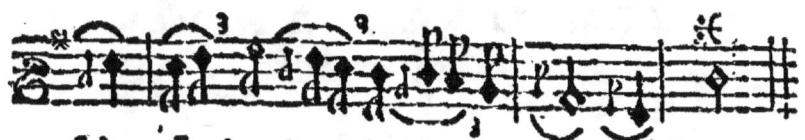

faits, Le bonheur le plus du - ra - ble. Quel &c.

LA VERITE' SANS NUAGE.

Sur l'Air du *Menuet* en Rondeau du
Comte de Saxe.

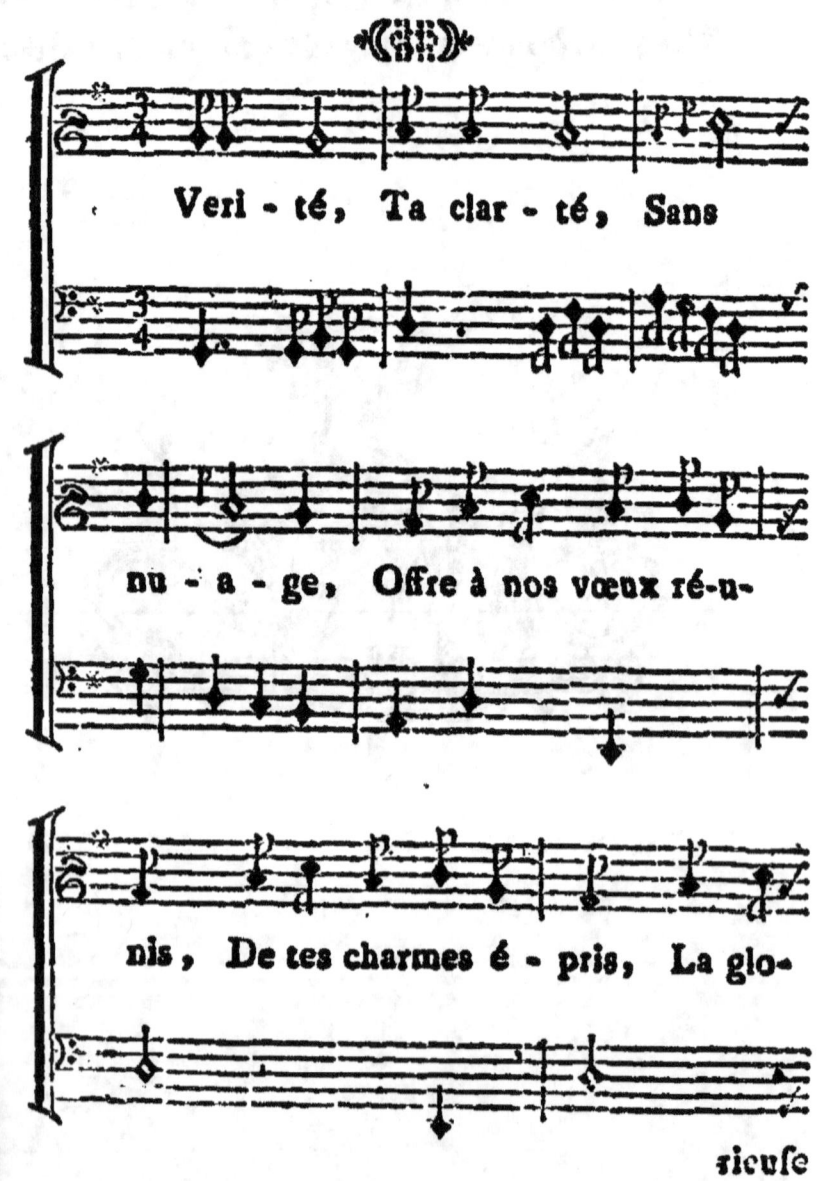

Veri - té, Ta clar - té, Sans

nu - a - ge, Offre à nos vœux ré-u-

nis, De tes charmes é - pris, La glo-

rieuse

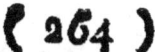

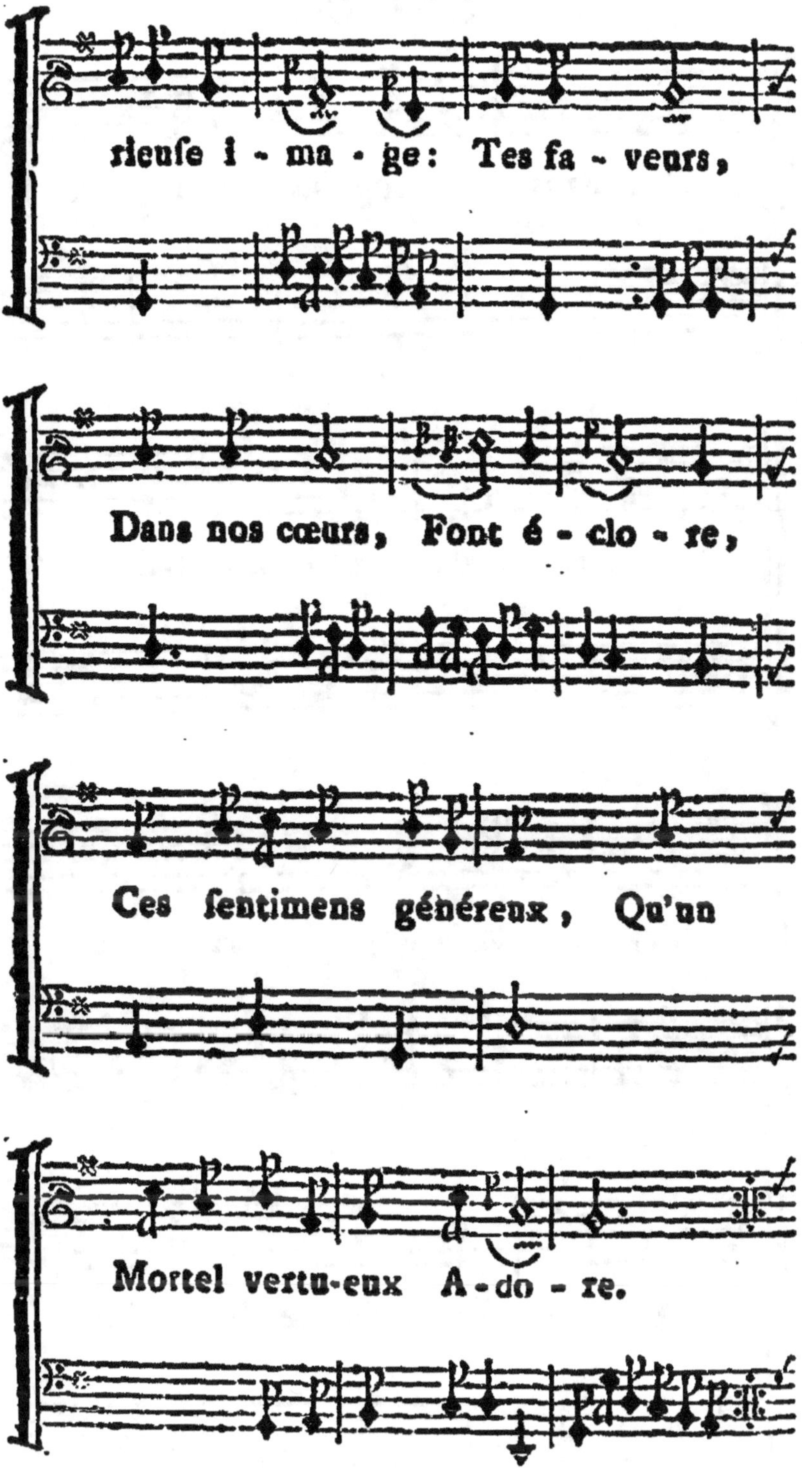

rieuſe i - ma - ge: Tes fa - veurs,

Dans nos cœurs, Font é - clo - re,

Ces ſentimens généreux, Qu'un

Mortel vertu-eux A - do - re.

C'eſ

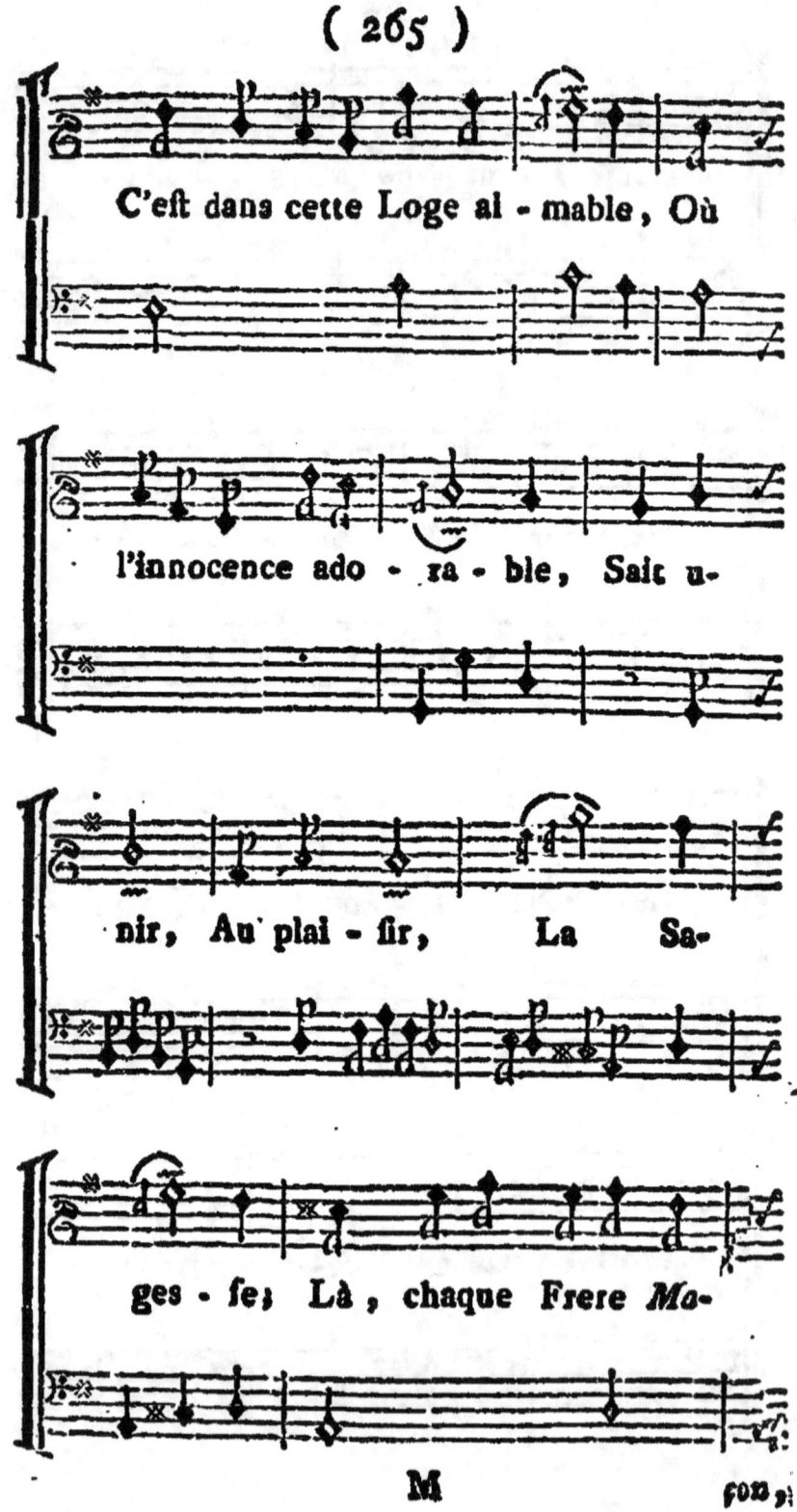

C'eſt dans cette Loge al - mable, Où

l'innocence ado - ra - ble, Sait u-

nir, Au plai - ſir, La Sa-

ges - ſe; Là, chaque Frere Ma-

M

ſon,

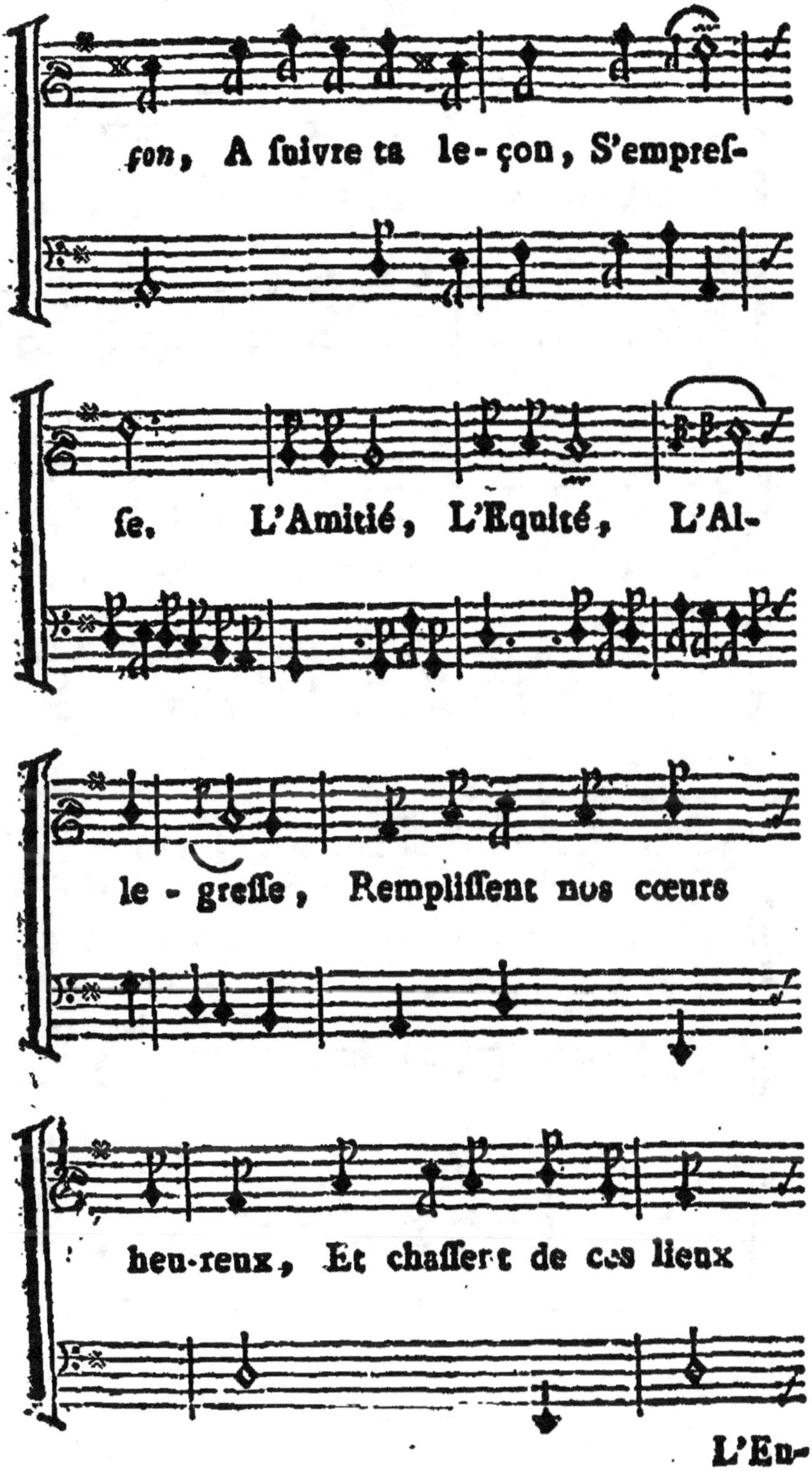

çon, A fuivre ta le-çon, S'empref-

fe. L'Amitié, L'Equité, L'Al-

le - greffe, Rempliffent nos cœurs

heu-reux, Et chaffert de ces lieux

L'En-

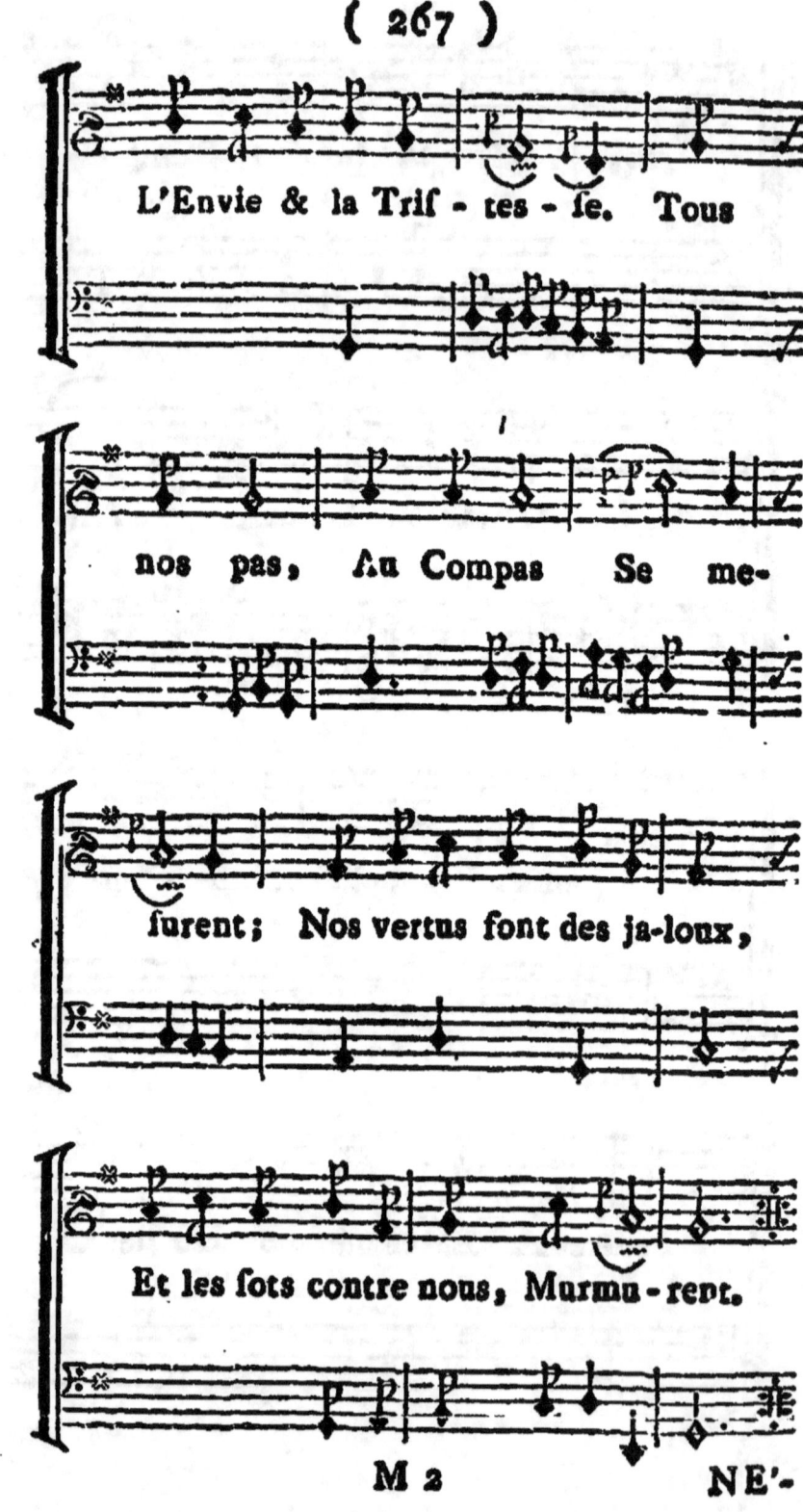

L'Envie & la Trif - tes - fe. Tous

nos pas, Au Compas Se me-

furent; Nos vertus font des ja-loux,

Et les fots contre nous, Murmu - rent.

M 2

NE'-

NÉCESSITÉ du MELANGE.

Par le Fr. de VIGNOLES.

Sur l'Air : *On ne s'avise jamais de tout.*

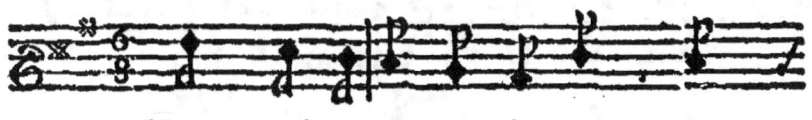

Vous, qui voïez que souvent, dans

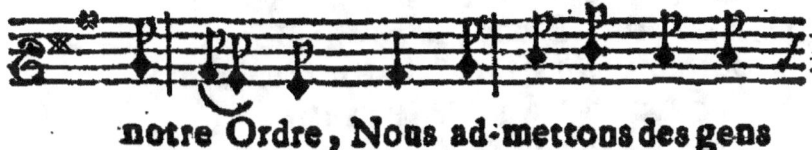

notre Ordre, Nous ad-mettons des gens

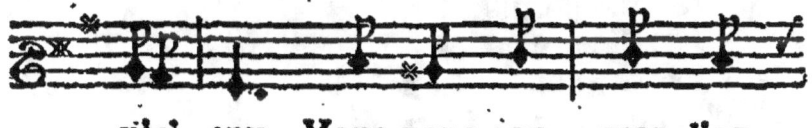

vici-eux, Vous nous cou - vrez d'un

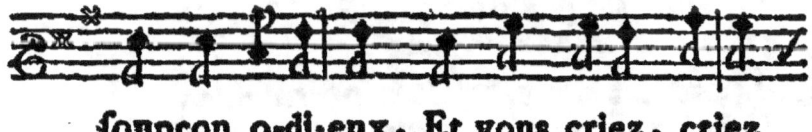

soupçon o-di-eux, Et vous criez, criez

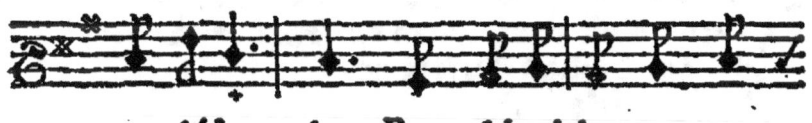

au désor - dre. Pour dévoi-ler un cœur

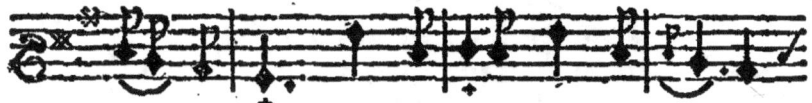

Im-posteur, Dont la ruse Nous a-bu - se,

En

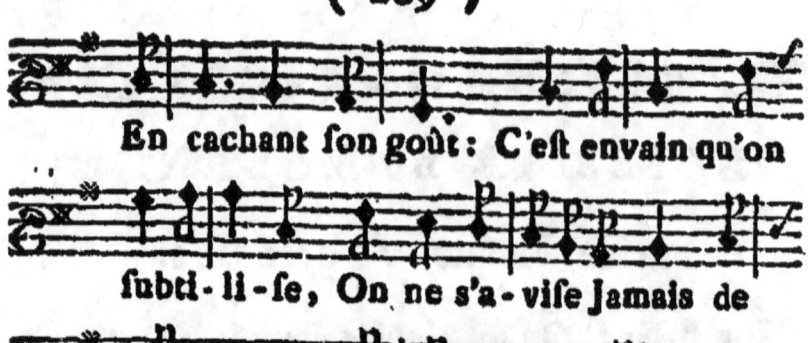

En cachant fon goût: C'eft envain qu'on

subti - li - fe, On ne s'a - vife Jamais de

tout, On ne s'a - vife Jamais de tout.

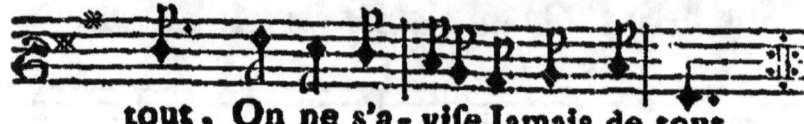

Oui, le méchant peut s'ouvrir notre Temple;
  Mais il change, s'il fuit nos leçons:
Car fans cela, fi nous le connoiffons,
  Il fert bientôt, fert bientôt d'exemple.
     Sans égard pour le rang,
      Pour le fang,
      La juftice,
      Sans caprice,
    Le conduit à bout.
  C'eft envain qu'il fubtilife,
     Il ne s'avife   } *bis.*
     Jamais de tout.

Qui pourroit donc infulter notre afile,
  Si le bon grain s'y mêle au mauvais?
Quand on nous voit féparer des parfaits,
  Ce qui n'eft pas, qui n'eft pas fertile.
     Tel un bon jardinier
      D'efpalier,
      Ote, ébranche,
      Coupe & tranche
    Le bois hors de goût,
  C'eft alors qu'il faut qu'on dife,
     Que l'on s'avife   } *bis.*
     Souvent de tout.

M 3

TOM.

TOMBEAU DE L'ENVIE.

Sur l'Air du *Rondeau*:

Partez puifque Mars vous l'ordonne.

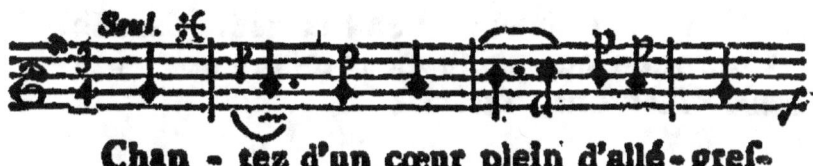

Chan - tez d'un cœur plein d'allé - gref-

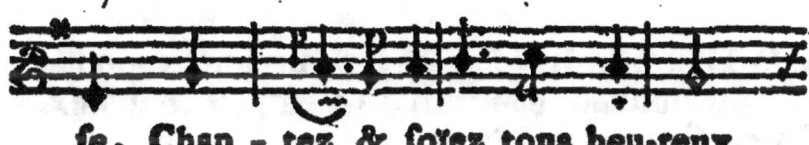

fe, Chan - tez & foïez tous heu-reux.

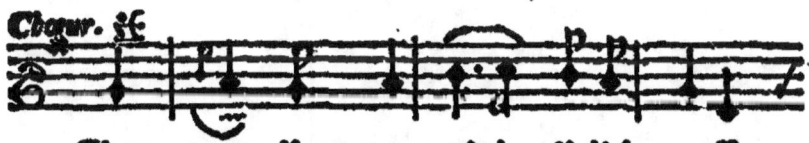

Chan - tons d'un cœur plein d'allé - greffe,

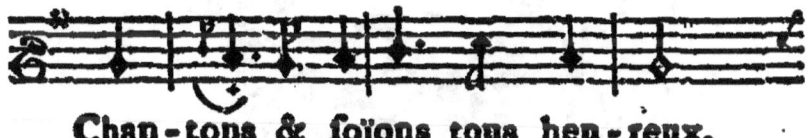

Chan - tons & foïons tous heu - reux.

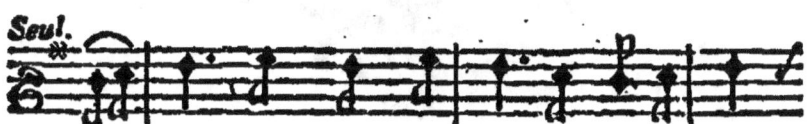

Par trois fois trois en - femble exprimons

la

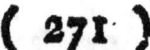

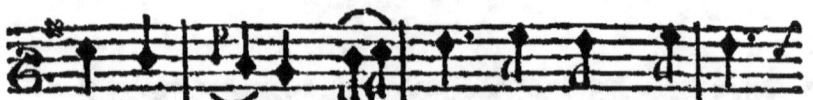

la ten - dreſſe, Que tous les bons *Ma-çons*

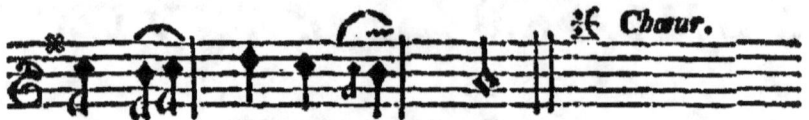

Chœur.

é - ta - bliſſent en - tr'eux. Chantons &c.

Seul. Dans ces aimables lieux la riante Sageſſe,
    Couronne nos plaiſirs & ſe mêle à nos jeux.
Chœur. Chantons, &c.

Seul. D'être droit & ſincere, ici chacun s'empreſſe,
    Et du bonheur d'autrui l'on n'eſt point envieux.
Chœur. Chantons, &c.

LA LOGE FERME'E.

Sur l'Air: *L'occasion fait le Larron.*

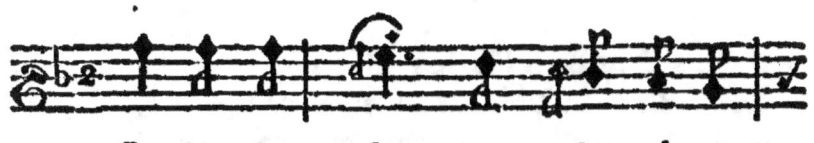

Laches hu - mains, trop adonnés aux

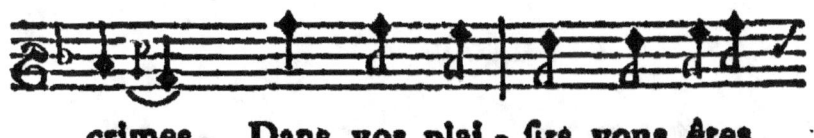

crimes, Dans vos plai - firs vous êtes

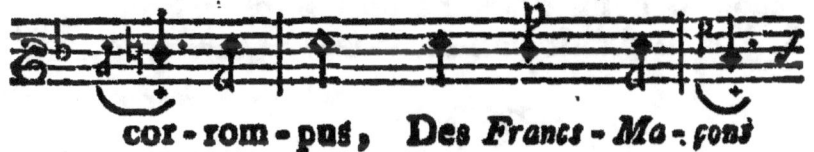

cor - rom - pus, Des Francs - Ma - çons

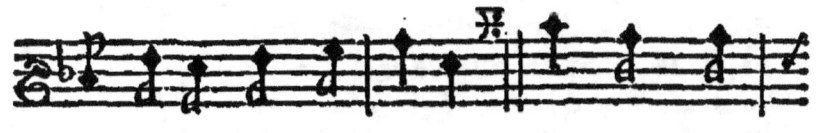

i - mitez les ma - ximes, Et vous con -

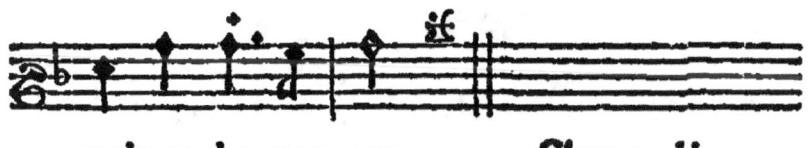

noitrez les ver - tus.   *Chorus, bis.*

Si vous avez une ombre de prudence,
Vous la vantez: chacun doit le favoir:
Mais le *Maçon* la fuit dans le filence,
    Et craint de la faire entrevoir. *Chorus*, bis.

Si vous êtes d'une naiffance illuftre,
Tout doit fentir le poids de votre nom:
Mais le *Maçon*, qui recherche un vrai luftre,
    Juge du rang par fa raifon. *Chorus*, bis.

Si l'opulence a comblé votre envie,
Elle tient lieu d'efprit & de talens:
Mais dans ce lieu, l'homme feul s'apprécie,
    Et l'or ne féduit point nos fens. *Chorus*, bis.

Qu'on juge donc, d'après ce parallele,
Pourquoi dans l'Ordre on travaille en fecret:
La folitude eft pour l'ame fidele
    L'endroit où l'on devient parfait. *Chorus*, bis.

C'eft donc à tort, qu'on entend le Vulgaire,
Sur nos fecrets, former d'affreux foupçons:
La probité conduit, dirige, eclaire,
    Les mœurs de tous les *Francs-Maçons*.
              Chorus, bis.

      M 5   LA

LA JUSTE SEVERITE'.

Air nouveau.

Modérato.

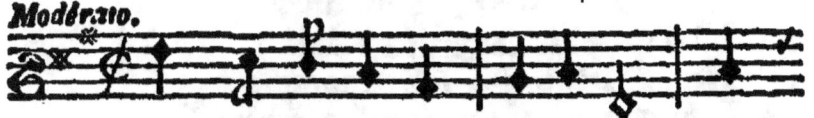

Loin des Prophanes, nos jaloux, Tres

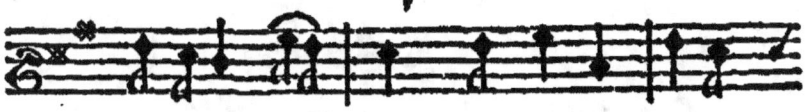

Vénérable, & vous mes Freres, Avec

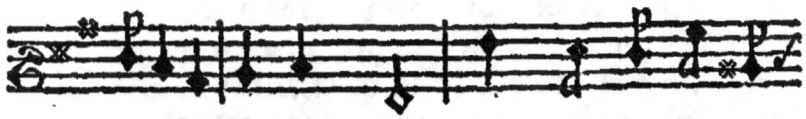

délices livrons-nous Aux charmes de nos

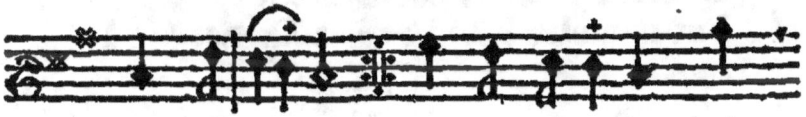

loix au-steres.   Que le Vulgaire, dans

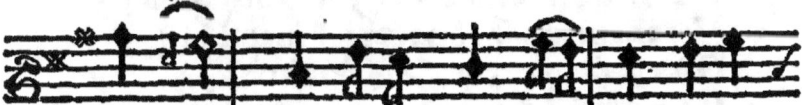

la nuit, Fronde le nœud qui nous assem-

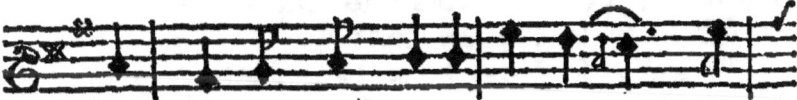

ble; Près de nous l'Univers séduit, N'est

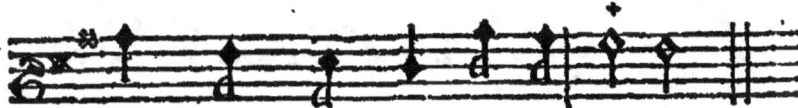

rien quand nous sommes en-semble.

Quoi

Quoi de plus fimple que nos mœurs?
Nos loix pour bafe ont l'innocence;
La nature dans tous nos cœurs,
Eft encore dans fon enfance.
Iffus du plus fage des Rois,
Nous bâtiffons à fon exemple;
L'humanité rentre en fes droits,
Et fe voit elever un Temple.

Comme l'*Athénien* difcret,
Dont on nous vante les harangues;
Pour mieux taire notre fecret,
On nous verroit couper nos langues:
Que cet aveu, Sexe enchanteur,
N'àllarme point vos tendres ames;
Quoique *Maçon*, cet Orateur
Fut-il moins l'Avocat des Dames? (*)

Toi qui, muni des yeux du Linx,
Marchant au Tfône par l'incefte,
Ofas jadis percer, du Sphinx,
L'énigme, à tant d'autres funefte;
Si le Monftre, plus pénétrant,
T'eût propofé notre Miftere,
Oedipe, fa cruelle dent
T'eût fauvé des bras de ta mere.

(*) Hipéride, *fameux Orateur d'Athènes, plaida la caufe de la belle Phriné; & fe coupa la langue avec les dents, pour ne pas révéler le fecret de fa Patrie aux ennemis dont il étoit le prifonnier.*

L'ASILE DE LA JUSTICE.

Air nouveau.

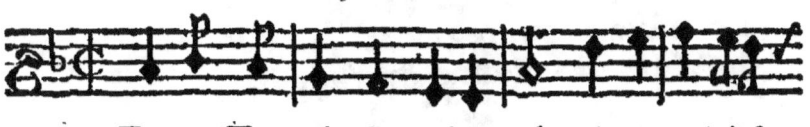

De ce Temple de volup-té *Astrée* a bâti

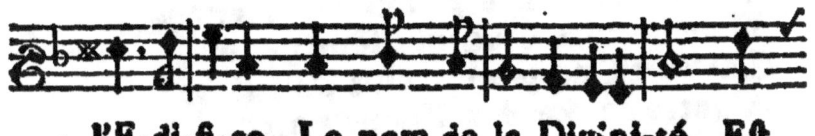

l'E-di-fi-ce, Le nom de la Divini-té Est

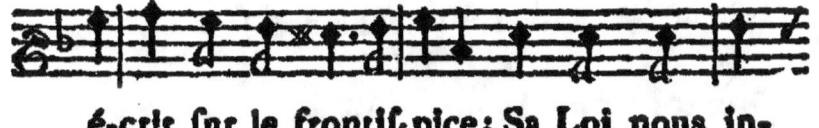

é-crit fur le frontif-pice; Sa Loi nous in-

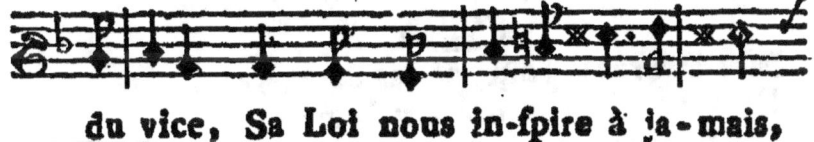

fpire à ja-mais, L'amour du vrai, l'horreur

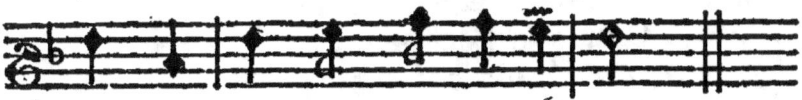

du vice, Sa Loi nous in-fpire à ja-mais,

Le goût des biens purs & par-faits.

De

※(⊞)※

De cet augufte Bâtiment
Et la fa eue & la décence
Ont elevé le fondement ;
L'honneur en traça l'ordonnance :
Le miftere qui régne ici,
En empêche la décadence;
Le miftere qui régne ici,
Lui fert de colonne & d'appui.

※(⊞)※

Parmi nous les plaifirs admis,
Pour tous les Freres ont des charmes;
Mais de tous ceux qui font permis,
La Vertu ne prend point d'allarmes;
Contre le nœud qui nous unit,
La critique émouffe fes armes;
Contre le nœud qui nous unit,
Les traits malins font fans crédit.

※(⊞)※

Aux loix d'un innocent fécret,
La Loge eft toujours confacrée ;
Un ordre prudent & difcret
Au Profane en ferme l'entrée.
On n'en a que la fauffe Clé,
La véritable eft ignorée :
On n'en a que la fauffe Clé,
Le fecret n'eft point révélé.

※(⊞)※

Mes Freres, goûtons les douceurs
De l'Amitié qui nous raffemble;
C'eft le plus beau lien des cœurs,
Au vrai bonheur elle reffemble :
Dure à jamais le Bâtiment,
Qui nous a réunis enfemble :
Dure à jamais le Bâtiment
Des Vertus & de l'Agrément!

M 7

HET

HET PIT DER METZELAARY,

Stem: *Ik lag met d'overvloet der Steeden,*
of, volgens deeze Muziek.

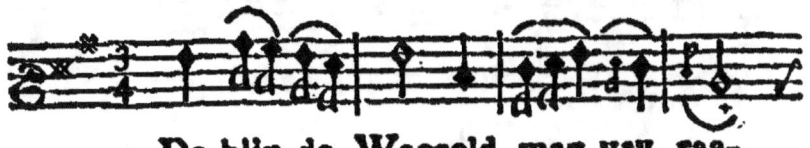

De blin-de Waereld mag vry raa-

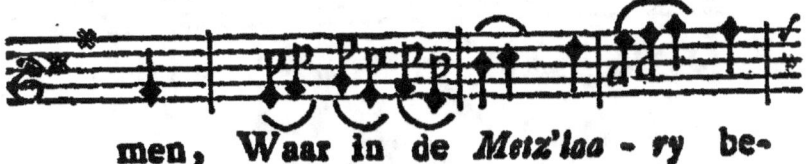

men, Waar in de *Metz'loo - ry* be-

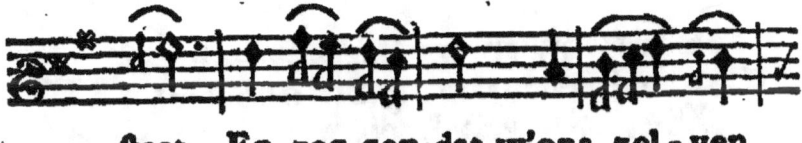

ftaat. En zeg-gen dat w'ons zel-ven

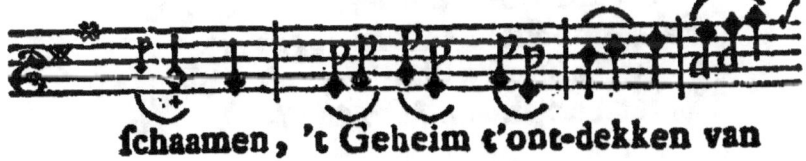

fchaamen, 't Geheim t'ont-dekken van

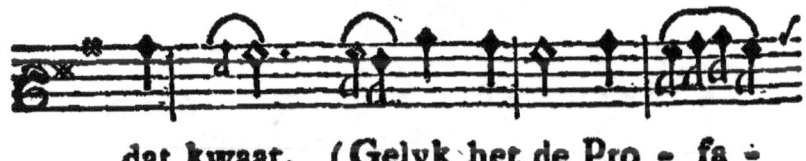

dat kwaat. (Gelyk het de Pro - fa -

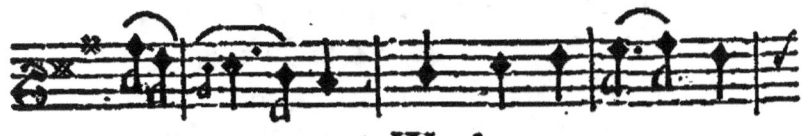

nen noe-men) Wy kennen ons ge-
wiſſe

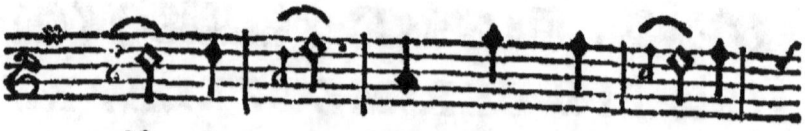

wif - fe vry, Dat niets daar in is

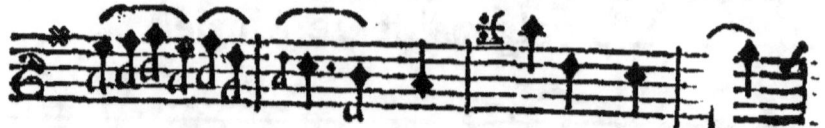

te ver - doe - men, Vivat dan fteeus

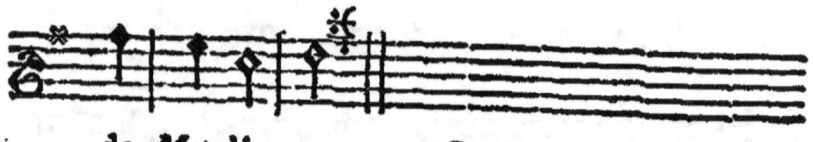

de *Metz'loo-ry.*   *Chorus.* bis.

Hoe! zouden wy het offer weezen
Van Reedenaars, gants onbewuft?
Die, of 't gelaakt dient, of gepreezen,
Niet weeten waar het werk op ruft.
(Veel min ons kunnen overtuigen
Van fnoodheid of bedriegery.)
Voor zulken willen wy niet buigen.
Vivat dan fteeds de *Metz'laary.* bis.

Neen blinde Mollen, al uw vroeten
Zal nimmer fchaden ons Gebouw;
Dat fteeds op diamante Voeten
Van Eendragt ruft, en goede Trouw;
Uw lafter kan ons weinig deeren,
Wy lachgen om uw huyg'lary,
Terwyl wy Deugd en Zeeden leeren,
Vivat dan fteeds de *Metz'laary.* bis.

Wy

Wy eeren alle brave Lieden,
En vragen niet wat men gelooft;
Maar wat men najaagd, of moet vlieden,
En minnen ftammen om het ooft.
Wat kan 't uw dog o! Mensdom, fcheelen
Of ons Genootfchap zoekt, daar by
De milde gaven uit te deelen?
Is 't pit der *Vrye Metz'laary.*

Een Burger van 't Heel-al te weezen,
En eeren die het heeft gewrogt;
Niets fterfelyks dan hem te vreezen,
Aan wien het alles is verknogt:
Geen menfch, maar wanbedryven haten,
Doen, als men wenfcht aan ons gedy;
Al wat na boosheid zweemt, verlaaten,
Is 't pit der *Vrye Metz'laary.*

Geen School van *Epicurus* ftigten,
Nog zuypen zwelgen als een beeft;
Met Wysheid 't Mensdom voor te ligten,
Op dat het ziet met oog en geeft;
Medogendheid tot grond te leggen
En maaken Broeders eenerly,
De Hovaardy vaar wel te zeggen,
Is 't pit der *Vrye Metz'laary.*

Kom Broeders wilt malkaar aanfpooren
In onz' eedele Weetenfchap,
En laaten wy ons nimmer ftooren
Aan dwaaze reën of zot geklap;
Doen wy, flegts, yder een bemerken,
Dat onze Broederfchap is vry
Van booze taal, en booze werken;
Zoo leeft, fpyt Nyd, de *Metz'laary!*

G. L. O I-

GLOIRE ET GRANDEUR
DE LA MAÇONNERIE.

Nouvelle Composition du Fr. B.....

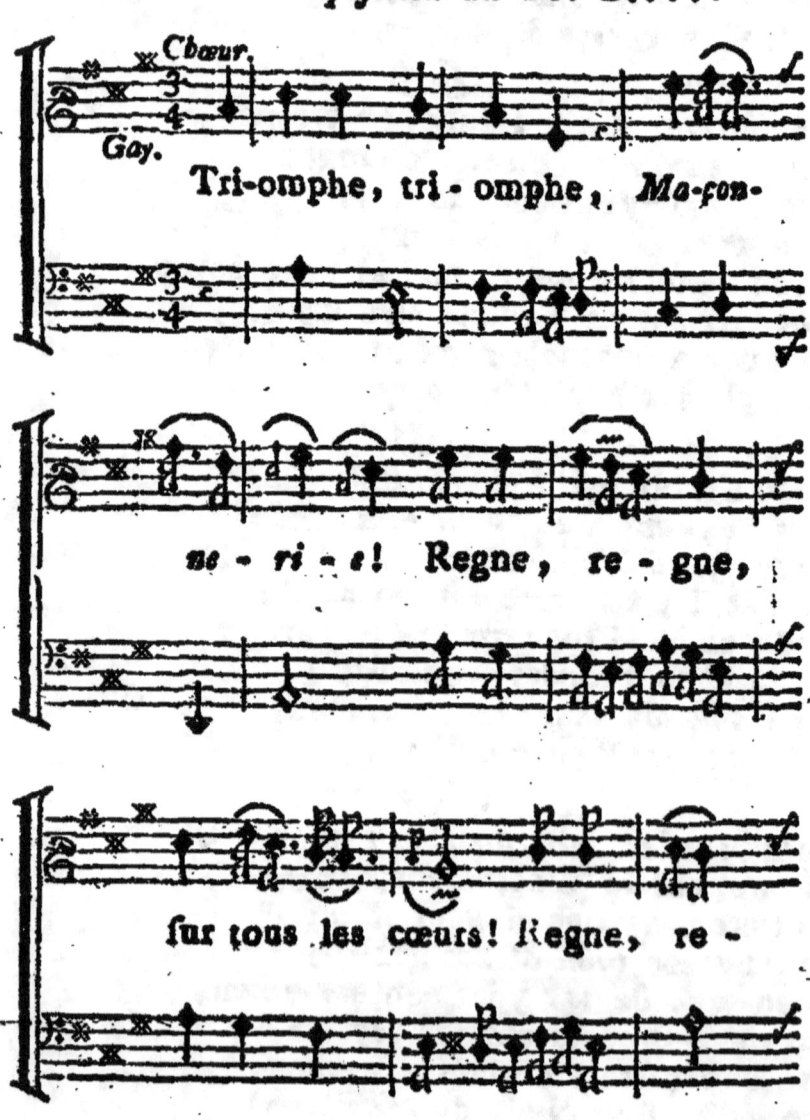

Tri-omphe, tri-omphe, Ma-çon-

ne - ri - e! Regne, re - gne,

fur tous les cœurs! Regne, re -

gne

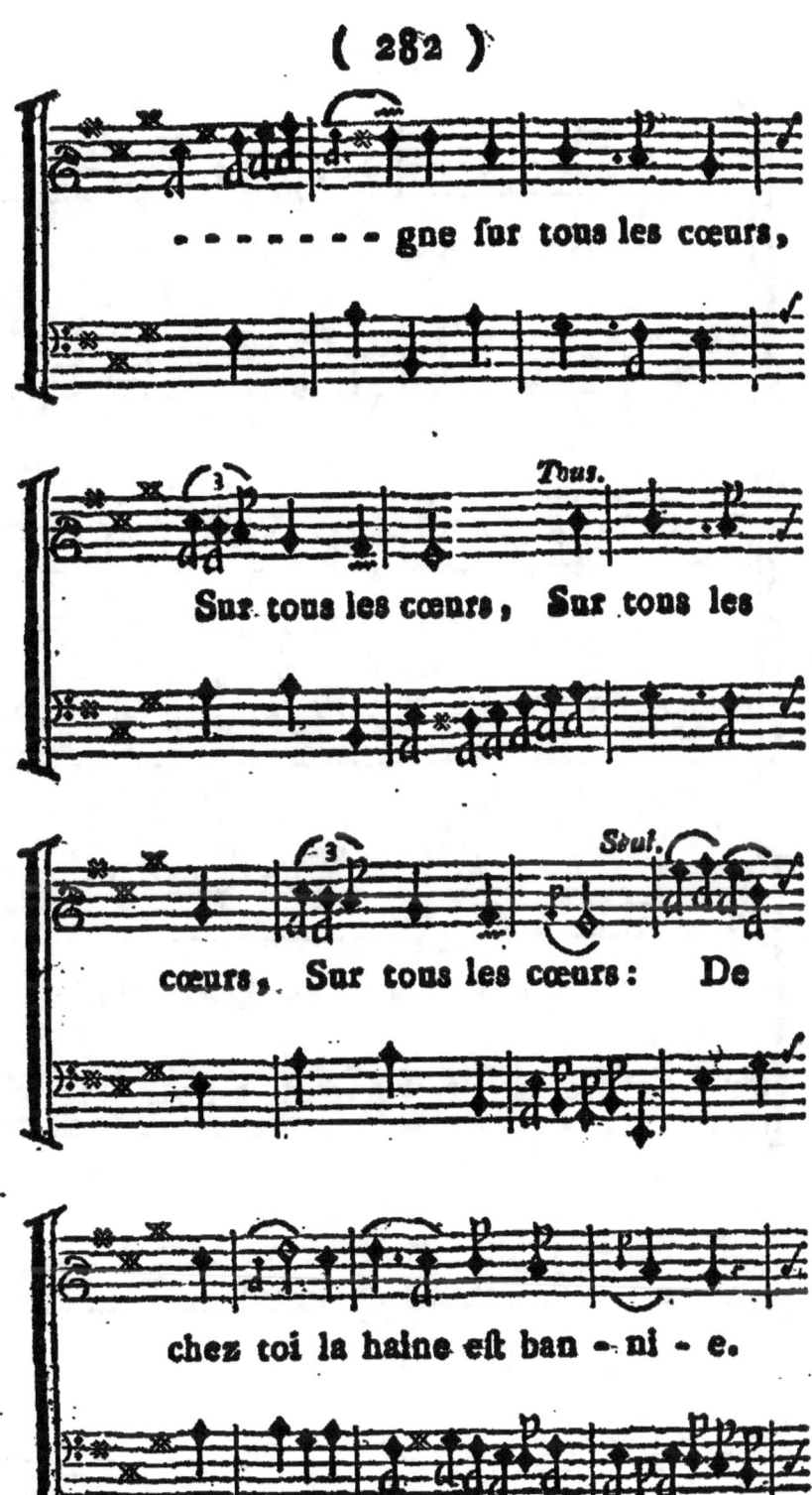

........gne fur tous les cœurs,

Sur tous les cœurs, Sur tous les

cœurs, Sur tous les cœurs: De

chez toi la haine eft ban - ni - e.

Ton

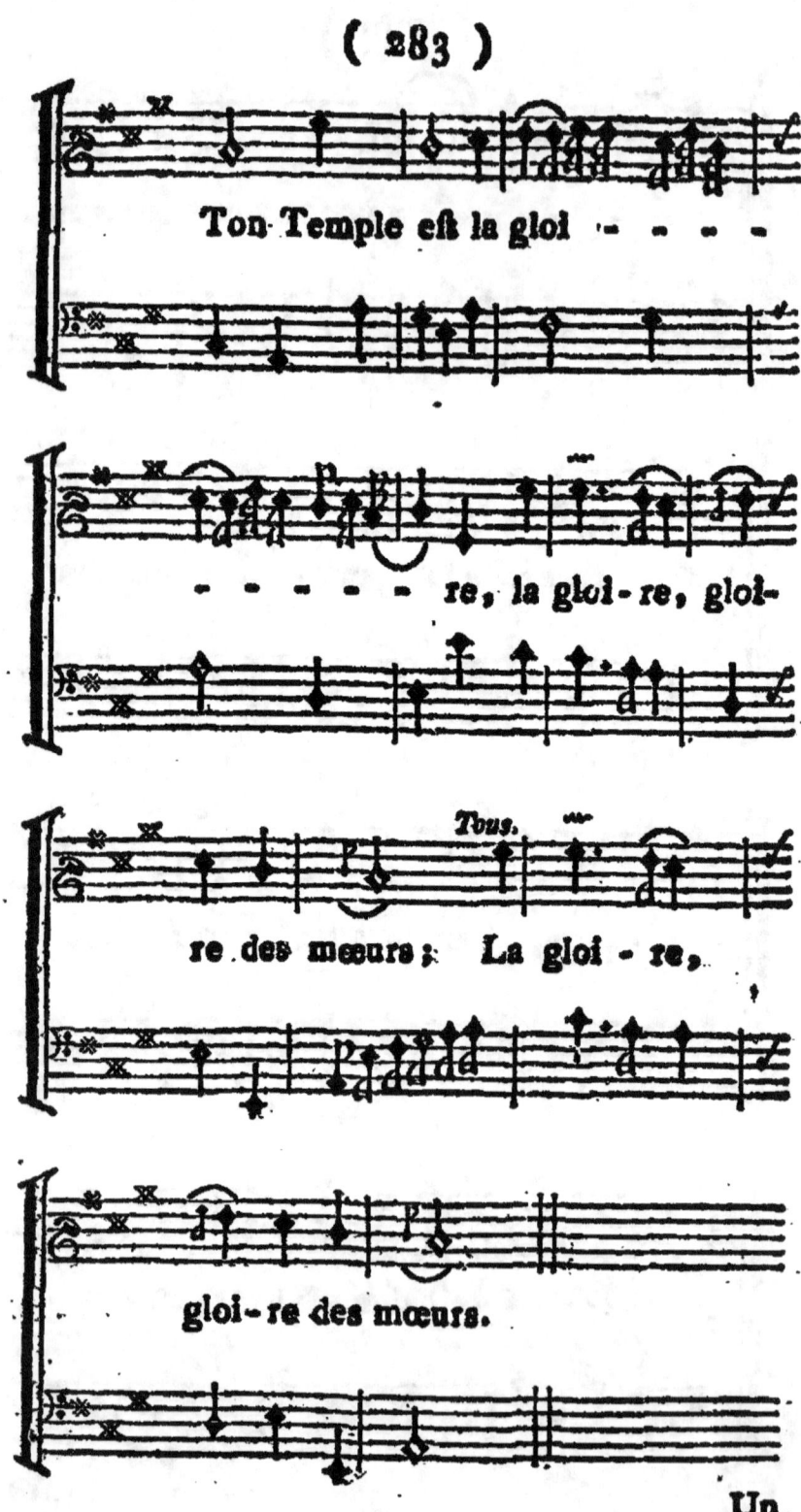

Ton Temple eſt la gloi - - - - - - - - - re, la gloi-re, gloi-re des mœurs; La gloi - re, gloi-re des mœurs.

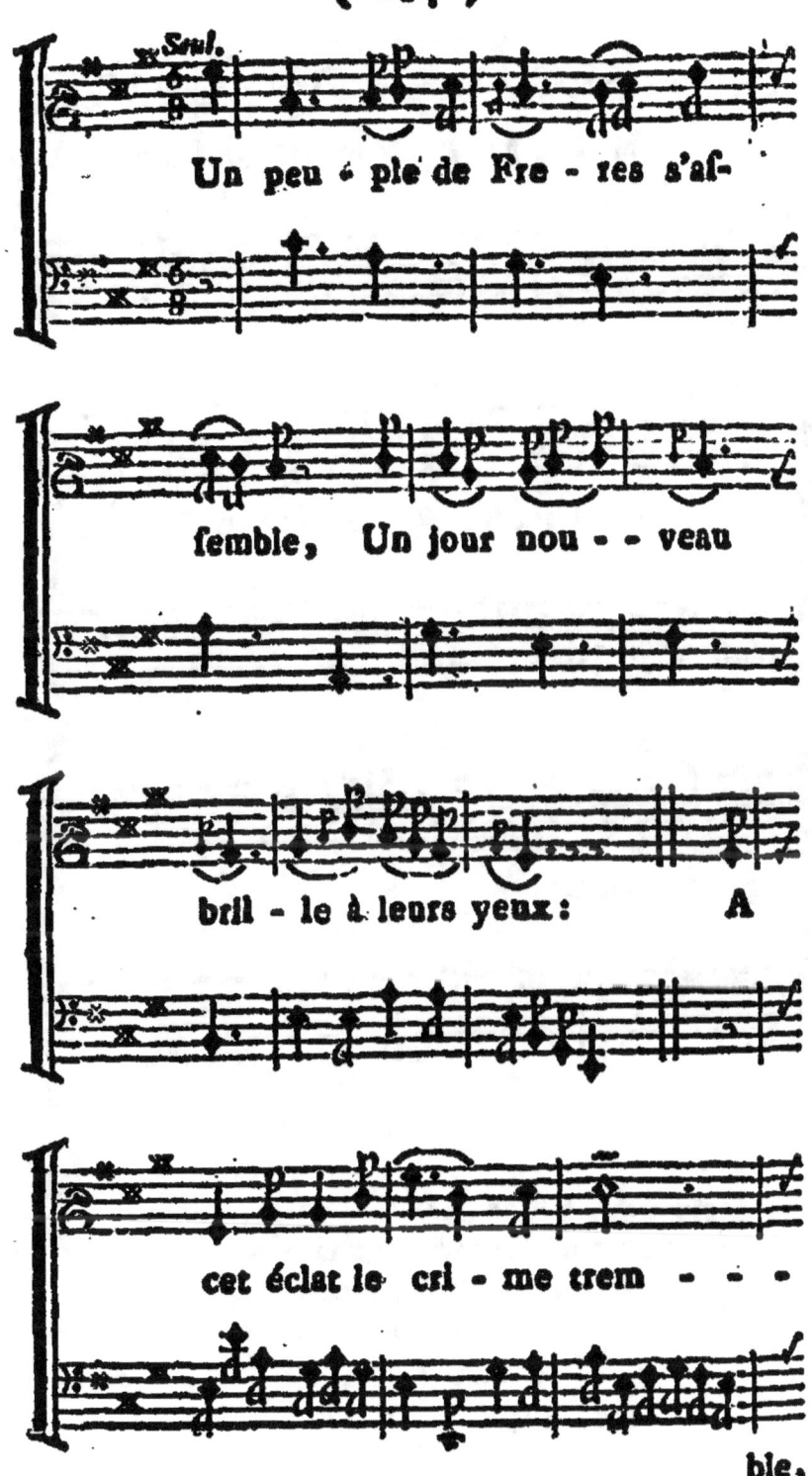

Un peu - ple de Fre - res s'af-

femble, Un jour nou - - veau

bril - le à leurs yeux : A

cet éclat le cri - me trem - - -

ble,

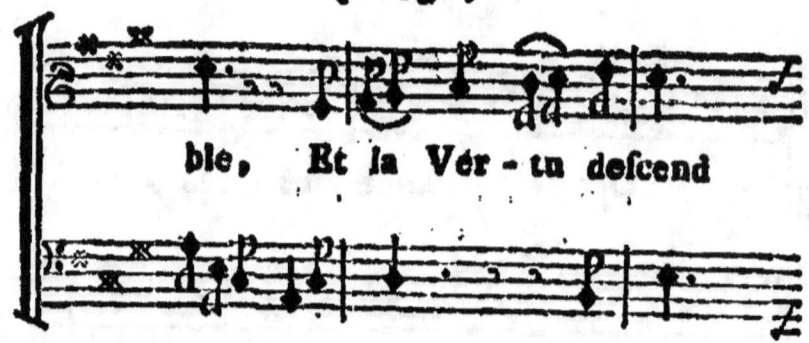

ble, Et la Ver - tu descend

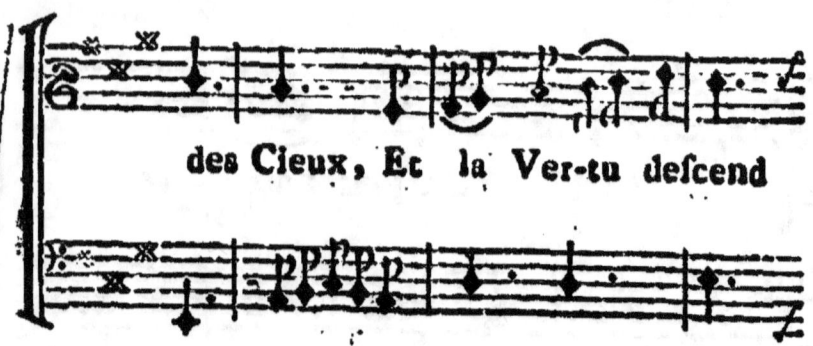

des Cieux, Et la Ver-tu descend

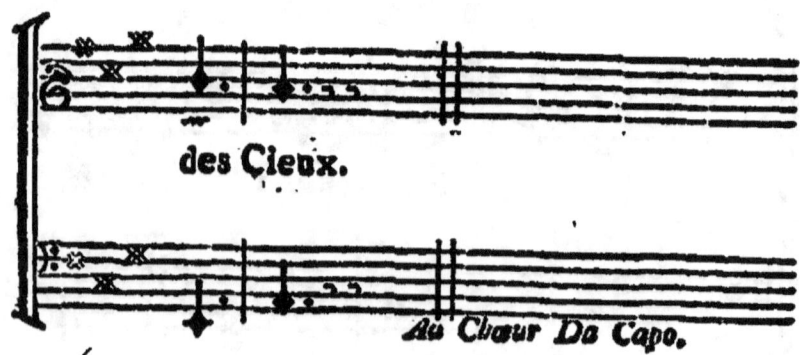

des Cieux.

Au Chœur Da Capo.

Descends, viens suprême Sagesse,
Un Temple s'ouvre à ta clarté;
La terre aujourd'hui t'intéresse,
Vois renaître l'humanité. *bis.*

CHŒUR.

Triomphe &c.

Sous

Sous les drapeaux de l'innocence
J'apperçois des hommes nouveaux,
Ciel! quelle heureuse intelligence!
L'Equité regle leurs travaux. *bis.*

CHŒUR.

Triomphe &c.

La Vertu couronne leur tête,
L'Allegresse anime leurs jeux ;
Et l'Amitié qui les apprête
Vient s'unir & chante avec eux. *bis.*

CHŒUR.

Triomphe &c.

Leurs Loix réservent leurs richesses
Au seul besoin des Malheureux,
Et leurs plus prodigues largesses
Ne peuvent suffire à leurs vœux. *bis.*

CHŒUR.

Triomphe &c.

Les Rois viennent dans leurs aziles,
Oublier le soin des grandeurs :
Leurs vertus simples & tranquilles,
Les remplissent de leurs douceurs. *bis.*

CHŒUR.

Triomphe &c.

Que

Que le Ciel tonne d'allegreffe,
Les *Maçons* font dignes de lui :
C'eft par eux, aimable Sageffe,
Que ton nom triomphe aujourd'hui. *bis.*
CHŒUR.
Triomphe &c.

Amour dont le charme durable
Trompe toujours les foibles cœurs,
Porte ta chaîne méprifable
A d'aveugles adorateurs. *bis.*
CHŒUR.
Triomphe &c.

Ce Temple, où régne la Décence,
A tes yeux veut être inconnu,
Nous craignons pour notre innocence,
Si tu parois tout eft perdu. *bis.*
CHŒUR.
Triomphe &c.

O vous enfans de la lumiere !
Vous, que les cieux ont éclairés,
Aux extrémités de la terre
Annoncez vos travaux facrés.
CHŒUR.
O nous enfans de la lumiere !
Nous, que les cieux ont éclairés,
Aux extrémités de la terre
Annonçons nos travaux facrés.

LE

LE TRIOMPHE DE L'AMITIE'.

Par le Fr. DU BOIS.

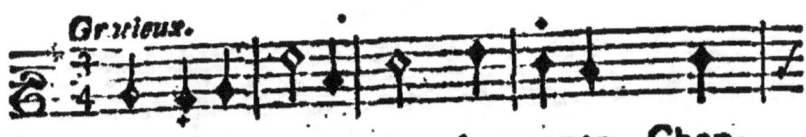

De l'uni - on la plus charmante, Chan-

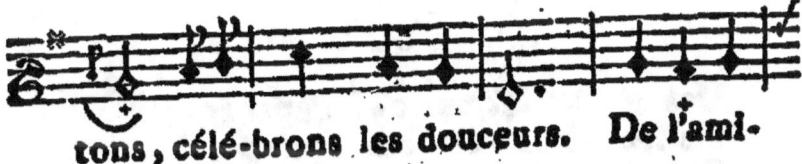

tons, célé-brons les douceurs. De l'ami-

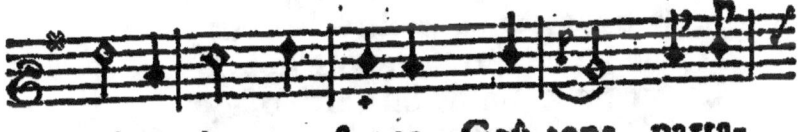

tié la plus con-ftante, Goû-tons, parta-

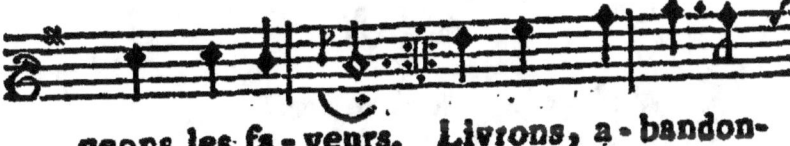

geons les fa - veurs. Livrons, a - bandon-

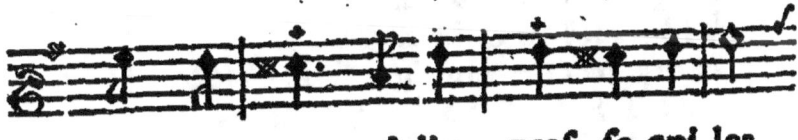

nons nos cœurs, A l'y - vreſ-ſe qui les

en-

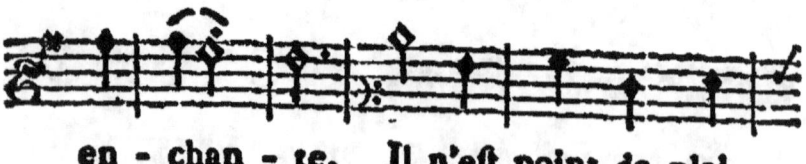

en - chan - te.   Il n'eſt point de plai-

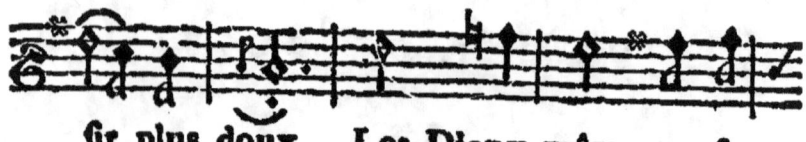

ſir plus doux,   Les Dieux même en ſe-

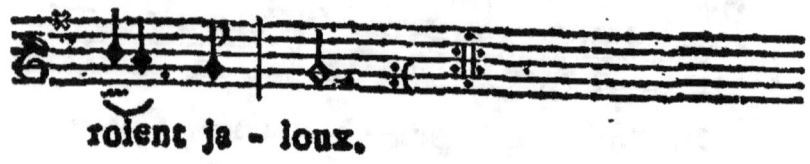

roient ja - loux.

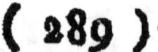

Des *Francs-Maçons* c'eſt l'apanage:
De ſes attraits ils ſont épris;
C'eſt la récompenſe du ſage:
Mais pour en connoître le prix,
Il faut, chez eux, avoir appris
Comment on doit en faire uſage.
        Il n'eſt point &c. *bis.*

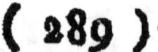

Ce n'eſt point un titre ſterile,
Dont on ne vit jamais d'effet,
Au pauvre il vaut un ſûr aſile:
Ici le Maître & le Sujet
N'ont pas de plus preſſant objet
Que d'être l'un à l'autre utile.
        Il n'eſt point &c. *bis.*

N   LE

LE MAÇON UNIT TOUS LES ETATS.

Sur l'Air : *Vive à jamais le Pere & le Roi des François.*

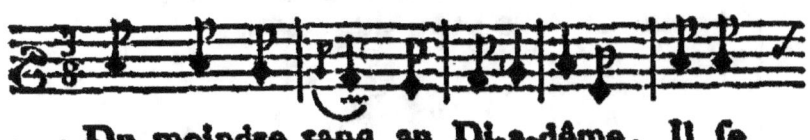

Du moindre rang au Di-a-dême, Il se

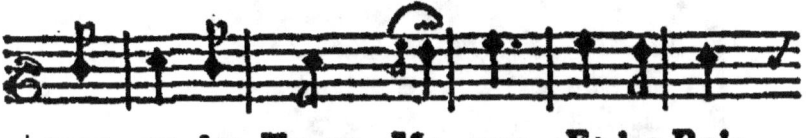

trou-ve des *Francs-Ma-çons*, Et les Rois

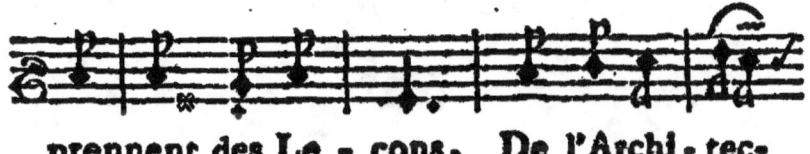

prennent des Le - çons, De l'Archi - tec-

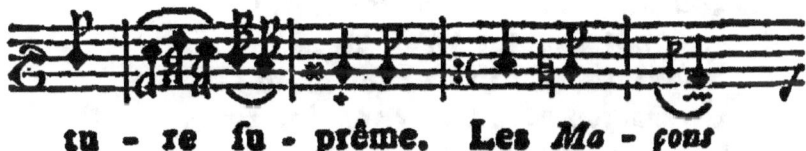

tu - re fu - prême. Les *Ma* - çons

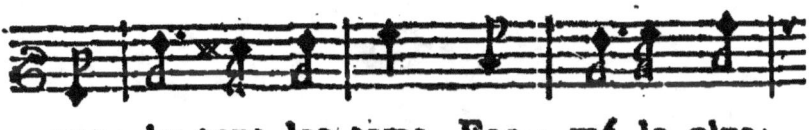

ont, de tous les tems, For - mé le plus

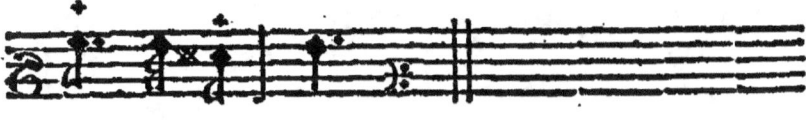

beau des ta - lens.

Dans

Dans nos Loges, on voit paroître
Tout ce qui brille au firmament.
Si vous voulez savoir comment,
Venez à nous pour le connoître.
Les *Maçons* ont, de tous les tems,
Formé le plus beau des talens.

De nos dons l'augufte affemblage
Eft *Force*, *Sageffe* & *Beauté*:
Le *Maçon* en eft enchanté,
Et lui feul en fait faire ufage.
Car il fera, dans tous les tems,
Orné du plus beau des talens.

Content de ce bonheur fuprême,
Qui du prophane eft ignoré,
Il contraint qui l'a dénigré,
Souvent, à l'imiter lui-même.
Un *Maçon* eft, dans tous les tems,
Orné du plus beau des talens.

Nous ne reconnoiffons pour Freres
Que ceux, de qui l'efprit difcret,
Fidele à garder le fecret,
Cultive & chérit nos mifteres,
Qui des *Maçons*, dans tous les tems,
Forment le plus beau des talens.

　　　　　　　　　　　L'Etoi-

L'Etoile, qui fur nous préfide,
Sert aux faux Freres de bandeau;
Mais elle eft l'utile flambeau
Des Freres que l'amitié guide.
Les *Maçons* font, dans tous les tems,
Ornés du plus beau des talens.

L'Urbanité la plus facile,
La plus exacte probité,
Chez nous ont, fans auftérité,
Fait choix de leur plus fûr afile.
Les *Maçons* font, dans tous les tems,
Ornés du plus beau des talens.

Freres, chantons dans notre Loge,
Le bonheur dont nous jouïffons,
Et le verre en main, célébrons
Les vertus qui font notre eloge.
Les Amis à qui nous buvons:
C'eft à tous nos Freres *Maçons.*

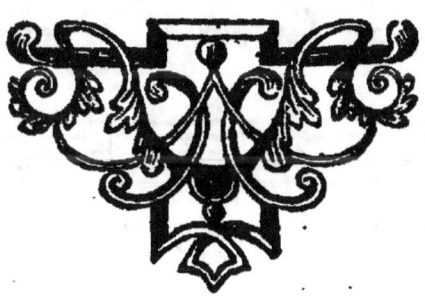

LE

LE BON EXEMPLE.

Par le Fr. B. J. de D . . . .

Le lendemain de fa Reception.

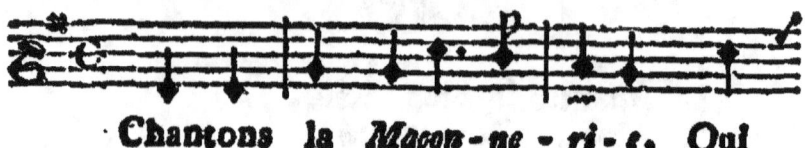

Chantons la *Maçon - ne - ri - e*, Qui

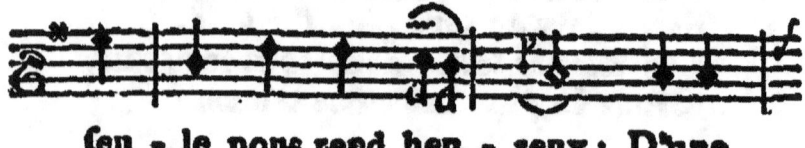

feu - le nous rend heu - reux; D'une

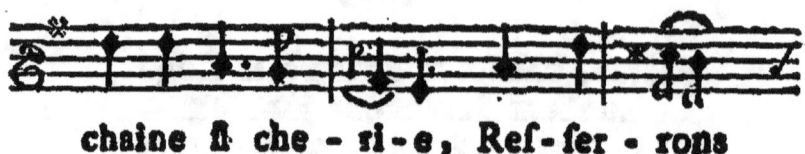

chaine fi che - ri - e, Ref-fer - rons

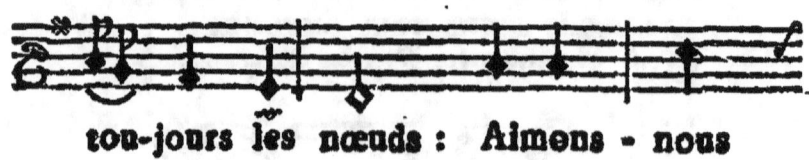

tou-jours les nœuds: Aimons - nous

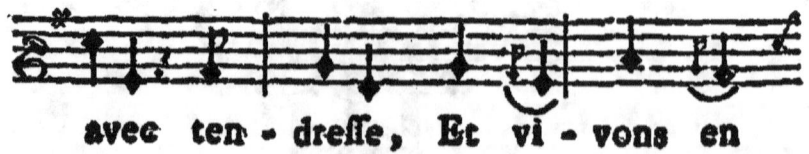

avec ten - dreffe, Et vi - vons en

vrais

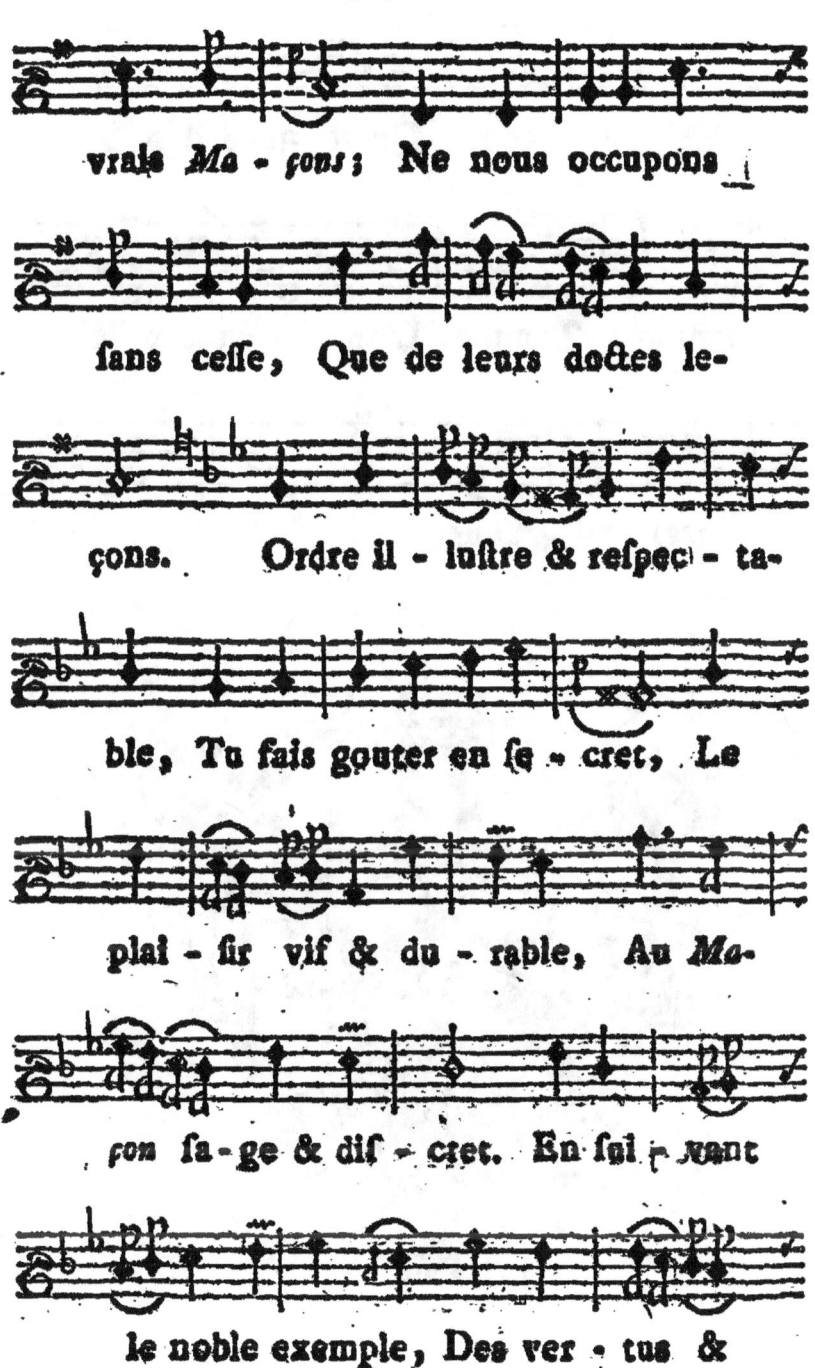

vrais Ma - çons; Ne nous occupons

fans ceffe, Que de leurs doctes le-

çons. Ordre il - luftre & refpec - ta-

ble, Tu fais gouter en fe - cret, Le

plai - fir vif & du - rable, Au Ma-

çon fa - ge & dif - cret. En fui - vant

le noble exemple, Des ver - tus &

de

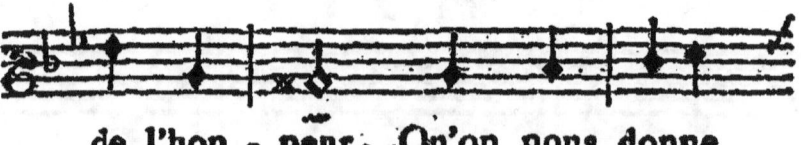

de l'hon - neur, Qu'on nous donne

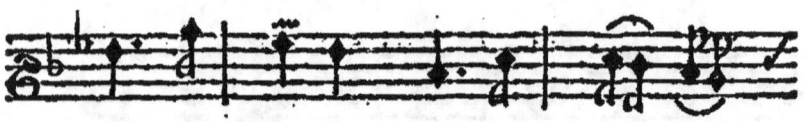

dans ton Temple, L'on ac - quiert le

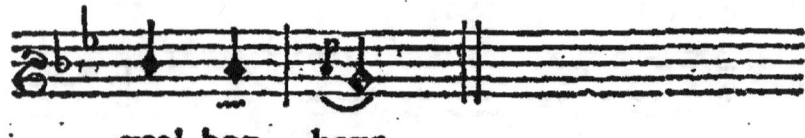

vrai bon - heur.

POT POURRI.

CONTRE LES ESPRITS DOUBLES.

Par le Fr. de VIGNOLES.

Sur des Airs différents.

AIR : *Vaudeville d'Epicure*, pag. 50.

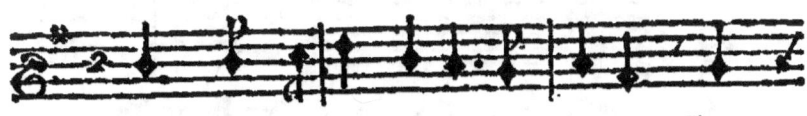

Vous qui de la *Maçon-ne - ri - e*, Cher-

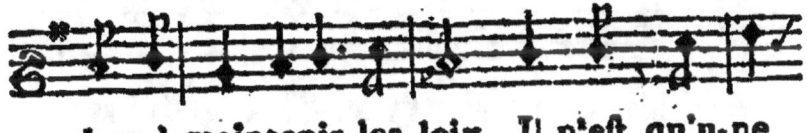

chez à maintenir les loix, Il n'est qu'u-ne

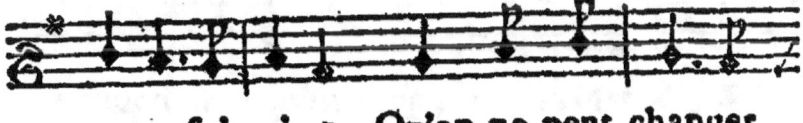

route fui - vi - e, Qu'on ne peut changer

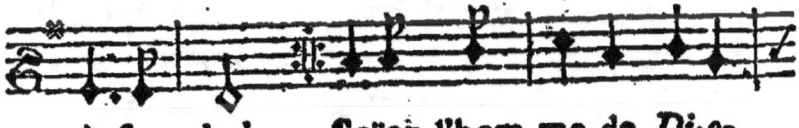

à son choix ; Soïez l'hom-me de *Di - o-*

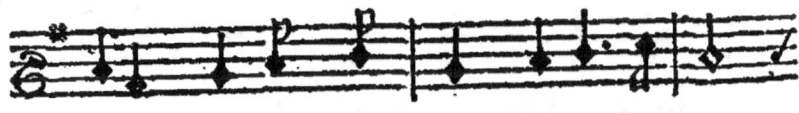

gens, Qui ne craint point l'éclat du jour, Ja-

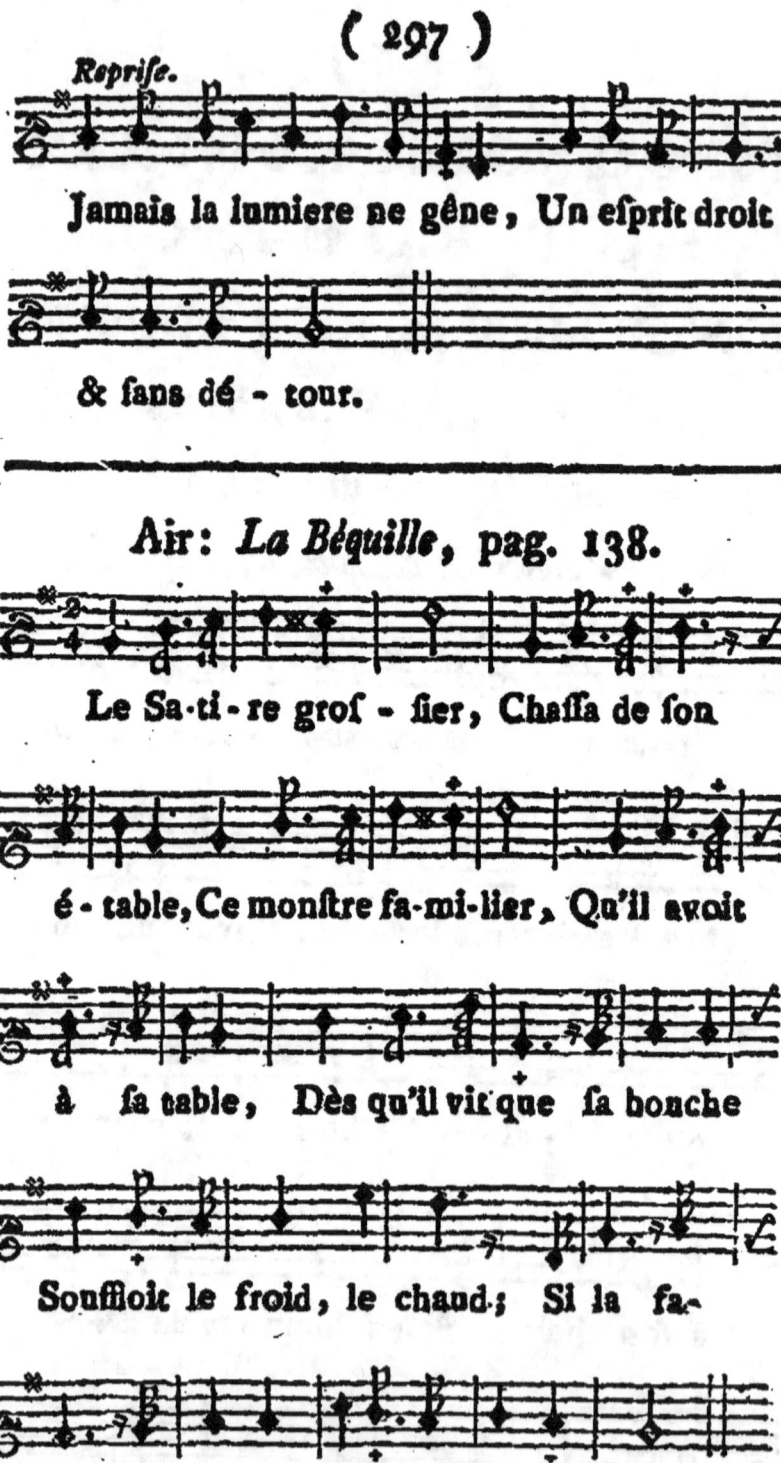

Reprise.

Jamais la lumiere ne gêne, Un efprit droit

& fans dé - tour.

Air: *La Béquille*, pag. 138.

Le Sa-ti-re grof - fier, Chaffa de fon

é - table, Ce monftre fa-mi-lier, Qu'il avoit

à fa table, Dès qu'il vit que fa bouche

Soufloit le froid, le chaud; Si la fa-

ble nous touche, Evi-tons ce dé - faut.

N 5

Air:

Air: *Chanſon des Maîtres*, pag. 19.

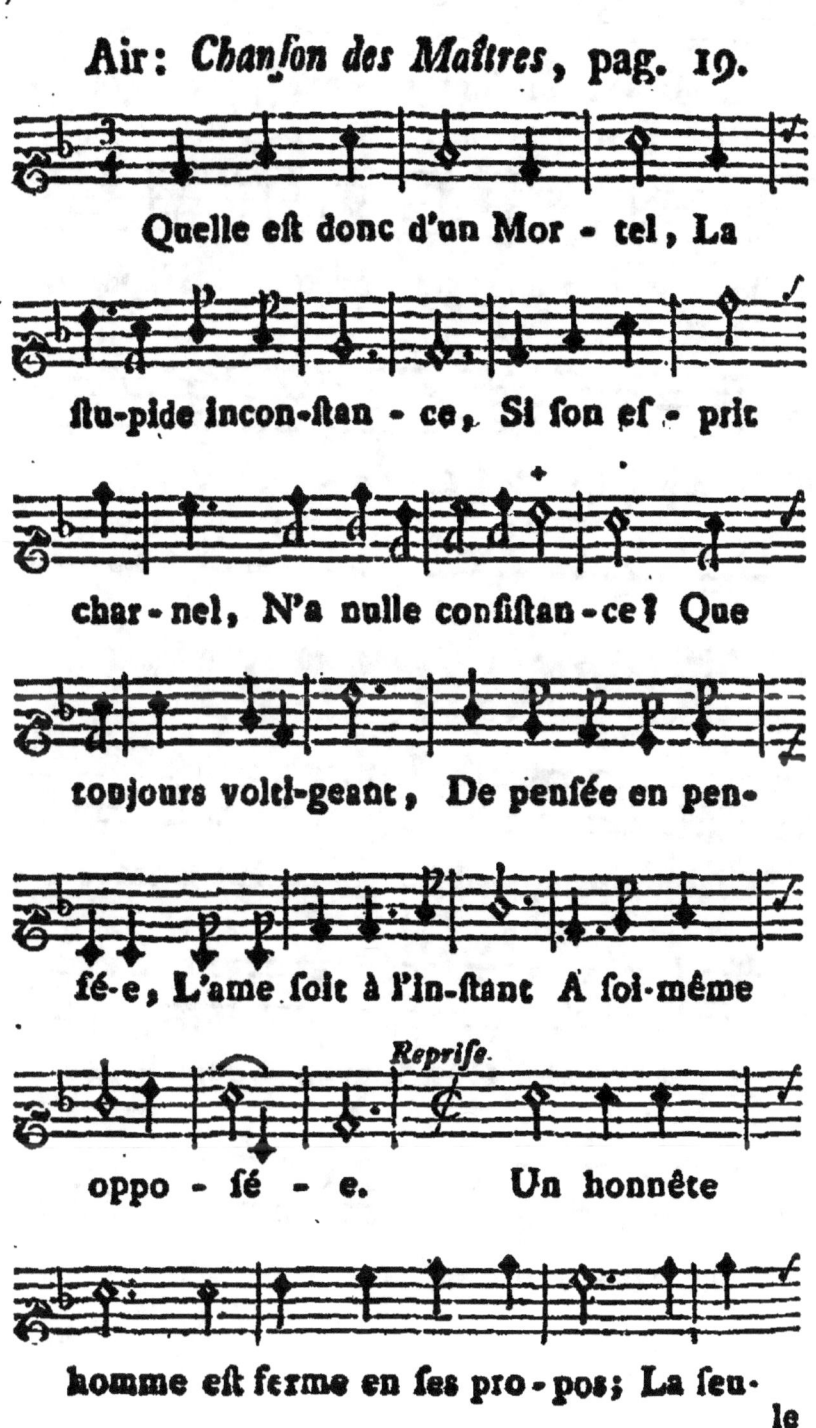

Quelle eſt donc d'un Mor - tel, La

ſtu-pide incon-ſtan - ce, Si ſon eſ - prit

char - nel, N'a nulle conſiſtan - ce? Que

toujours volti-geant, De penſée en pen-

fé-e, L'ame ſoit à l'in-ſtant A ſoi-même

oppo - ſé - e. Un honnête

homme eſt ferme en ſes pro - pos; La ſeule

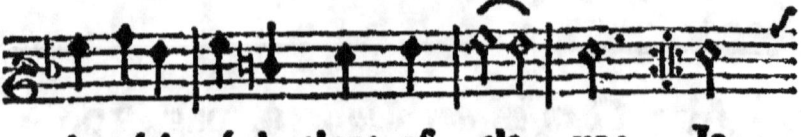

le véri - té le tient ef - cla - ve: Ja-

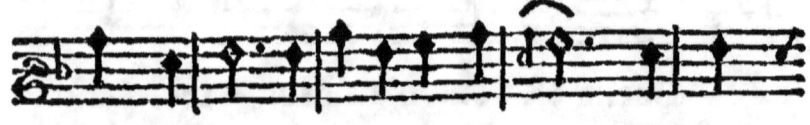

mais au-trui ne réglera fes mots; S'il parle,

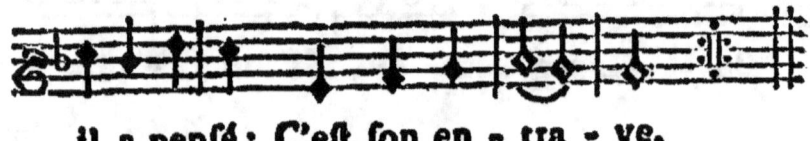

il a penfé; C'eft fon en - tra - ve.

Air: *Freres & Compagnons*, pag. 1.

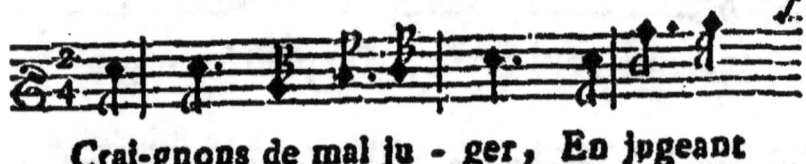

Crai-gnons de mal ju - ger, En jugeant

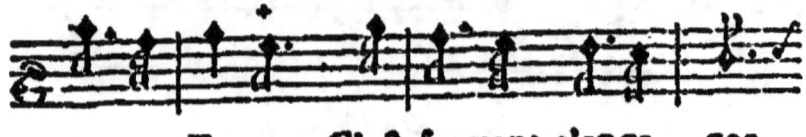

de nos Freres: C'eft fouvent s'enga - ger

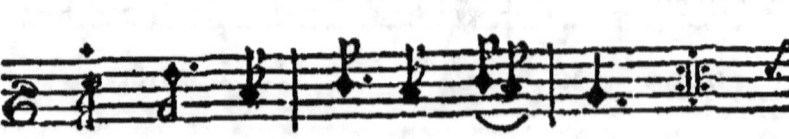

Dans d'o - di - eux mi - fte - res.

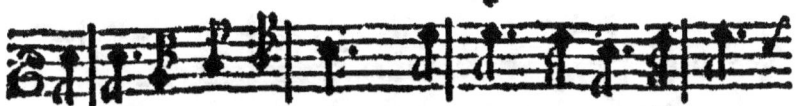

A l'abri du se-crec, On fait couler la noi-

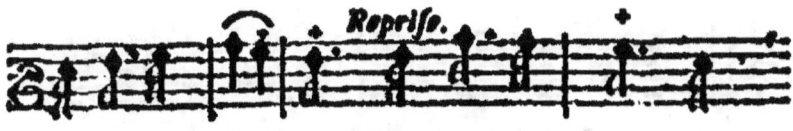

re calom - ni - e: Un rien dé - voi - le

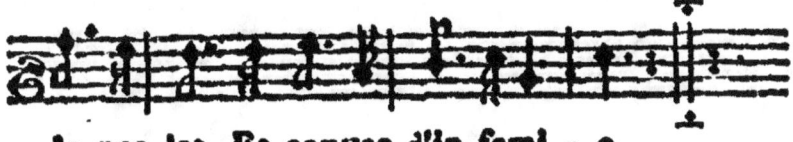

le pro-jet, Et couvre d'in-fami - e.

Air : *Freres, que des plus doux accords,*
pag. 97.

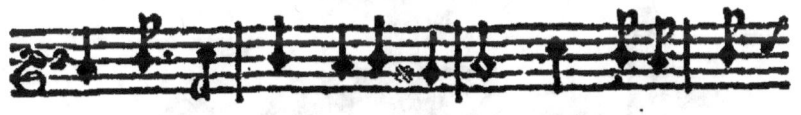

I - ci l'on doit reéti-fi - er, Ces incli - na-

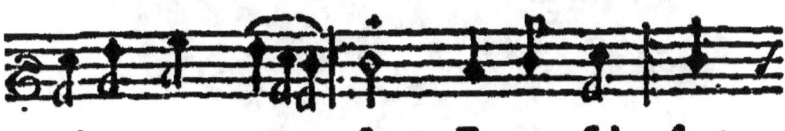

tions per - ver - fes ; En y fai - fant

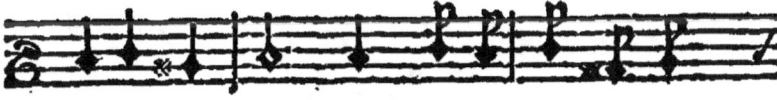

fruéti - fi - er, De l'Ordre les leçons

diver-

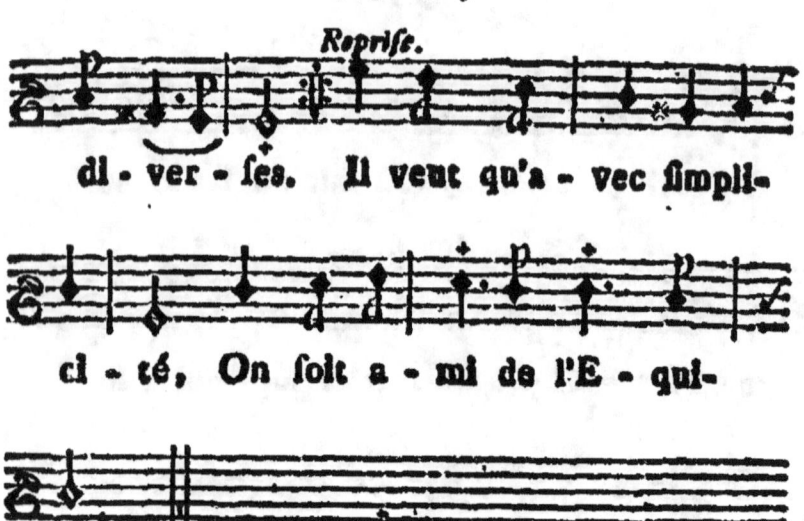

di - ver - fes. Il veut qu'a - vec fimpli-

ci - té, On foit a - mi de l'E - qui-

té.

DE.

DEVOIRS DES MAÇONS.

Par le Fr. DU BOIS.

Vaudeville en Menuet.

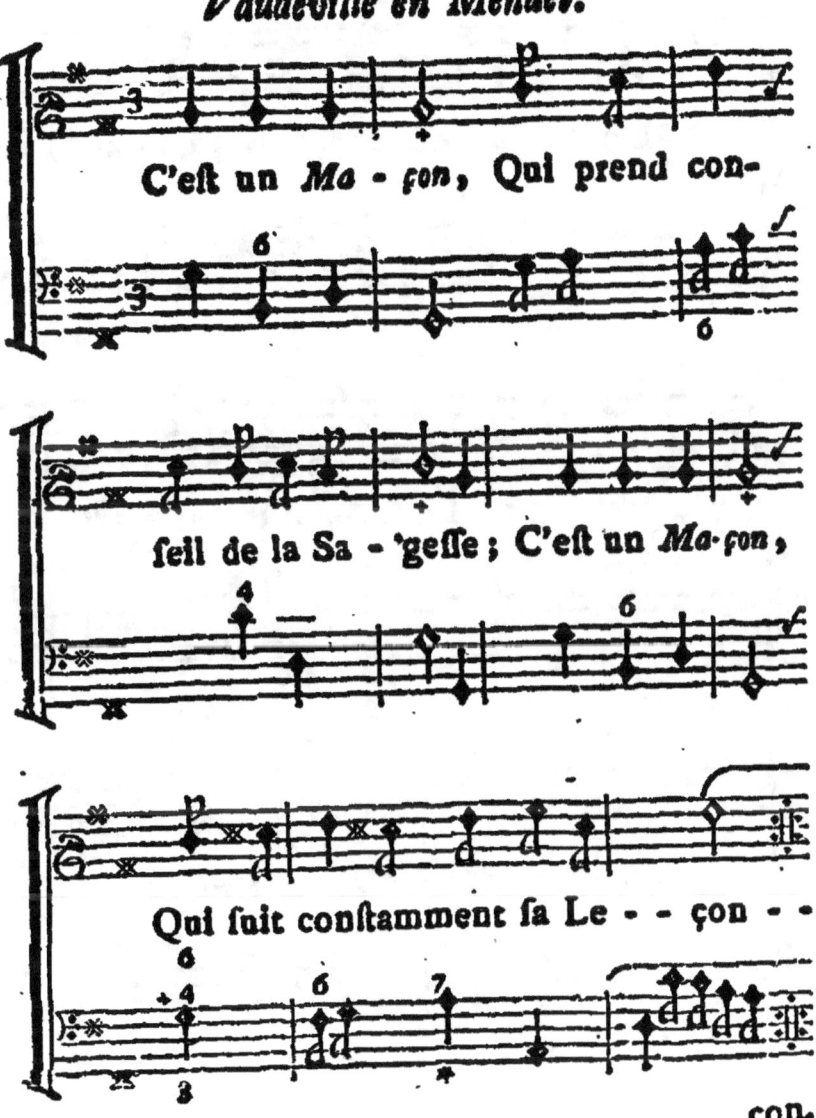

C'eſt un *Ma - çon*, Qui prend con-

feil de la Sa - 'geſſe ; C'eſt un *Ma-çon*,

Qui ſuit conſtamment ſa Le - - çon - -

çon.

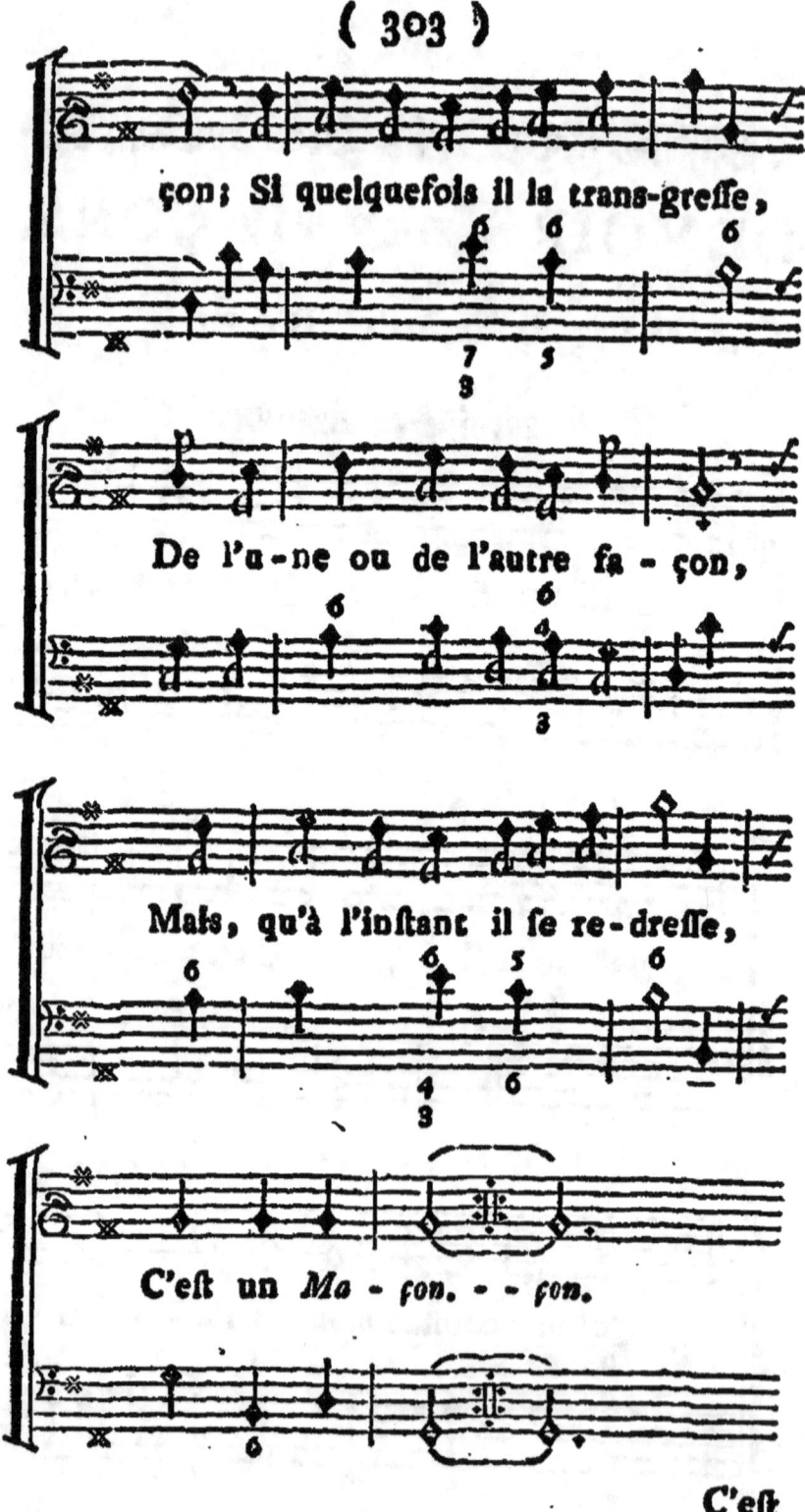

çon; Si quelquefois il la trans-greffe,

De l'u-ne ou de l'autre fa - çon,

Mais, qu'à l'instant il se re-dreffe,

C'est un *Ma* - *çon.* - - *çon.*

C'est

❦❦

C'eſt un *Maçon*,
Qui reprend doucement ſon Frere ;
C'eſt un *Maçon*,
Qui lui fait entendre raiſon.
Une morale trop ſevere,
N'eſt pas exemte de poiſon ;
Tel qui corrige, & peut s'en taire,
C'eſt un *Maçon*.

❦❦

C'eſt un *Maçon*,
Qui profite de la Critique ;
C'eſt un *Maçon*,
Qui fait mépriſer ſon poinçon :
Qu'il ſoit l'objet du Satirique,
Ou d'une maligne Chanſon,
S'il n'y fait aucune réplique,
C'eſt un *Maçon*.

❦❦

C'eſt un *Maçon*,
Qui, ſur ſon Art, reſte en ſilence ;
C'eſt un *Maçon*,
Qui craint l'exemple de *Samſon*.
S'il place bien ſa confiance,
Sans redouter la trahiſon,
On doit exalter ſa prudence,
C'eſt un *Maçon*.

❦❦

C'eſt un *Maçon*,
Qui pour le Sexe eſt plein de zele ;
C'eſt un *Maçon*,
Qui peut diſſiper ſon ſoupçon ;
Un bon Pere, un Epoux fidele,
Veillant au bien de ſa Maiſon,
D'un parfait Ami le modele,
C'eſt un *Maçon*.

PRE-

PRÉCEPTES MAÇONS.

Air : *Ici je fonde une Abbaye.*

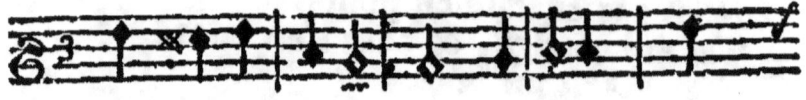

Pour paffer douce - ment la vi-e, Fiers

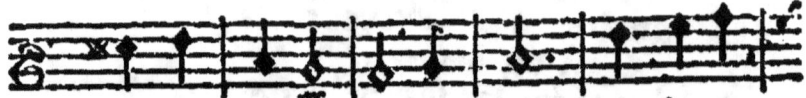

Mortels, fuivez nos le - çons : La trahi-

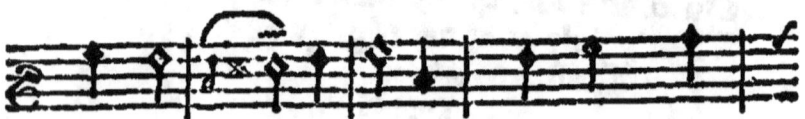

fon, la ja - lou - fi - e, N'entrent point

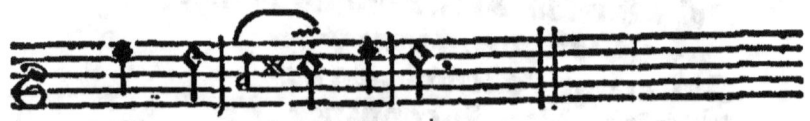

chez les *Francs-Maçons.*

Chez nous on eft fimple & fincere,
On s'applique à faire le bien :
Thémis eft la Pierre angulaire,
Qui, de notre Ordre, eft le foutien.

Nous ne fuivons point cette route,
Qui méne à de brillans emplois ;
La fageffe parle, on l'écoute,
Et nous nous rendons à fa voix.

BRON-

BRON VAN ZEEDEN.

Door M. G.

Volgens deeze Muzieq, bekent onder de
Naam van 't *Feeſt van Flora.*

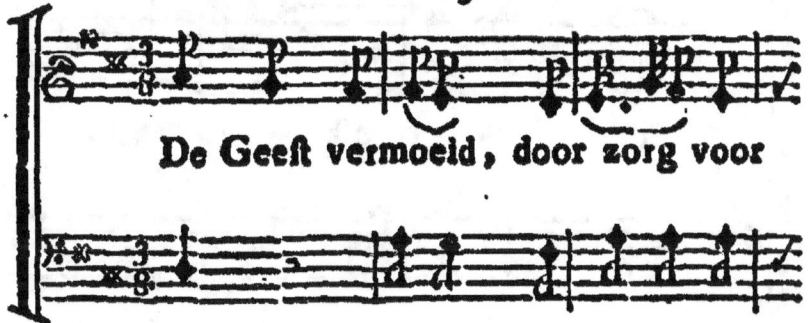

De Geeſt vermoeid, door zorg voor

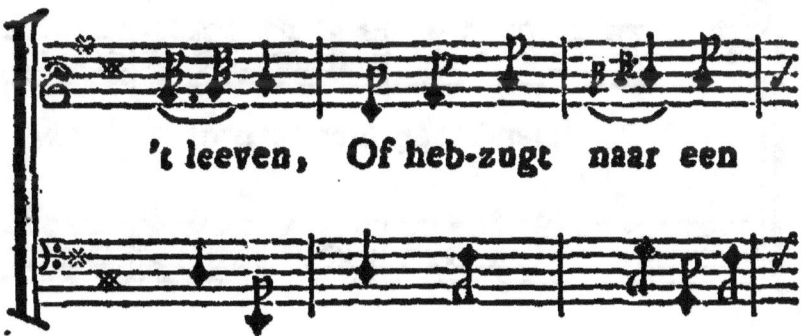

't leeven, Of heb-zugt naar een

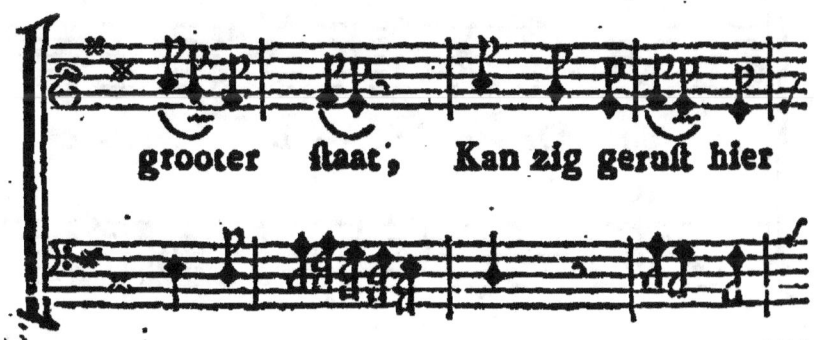

grooter ſtaat, Kan zig geruſt hier

toe

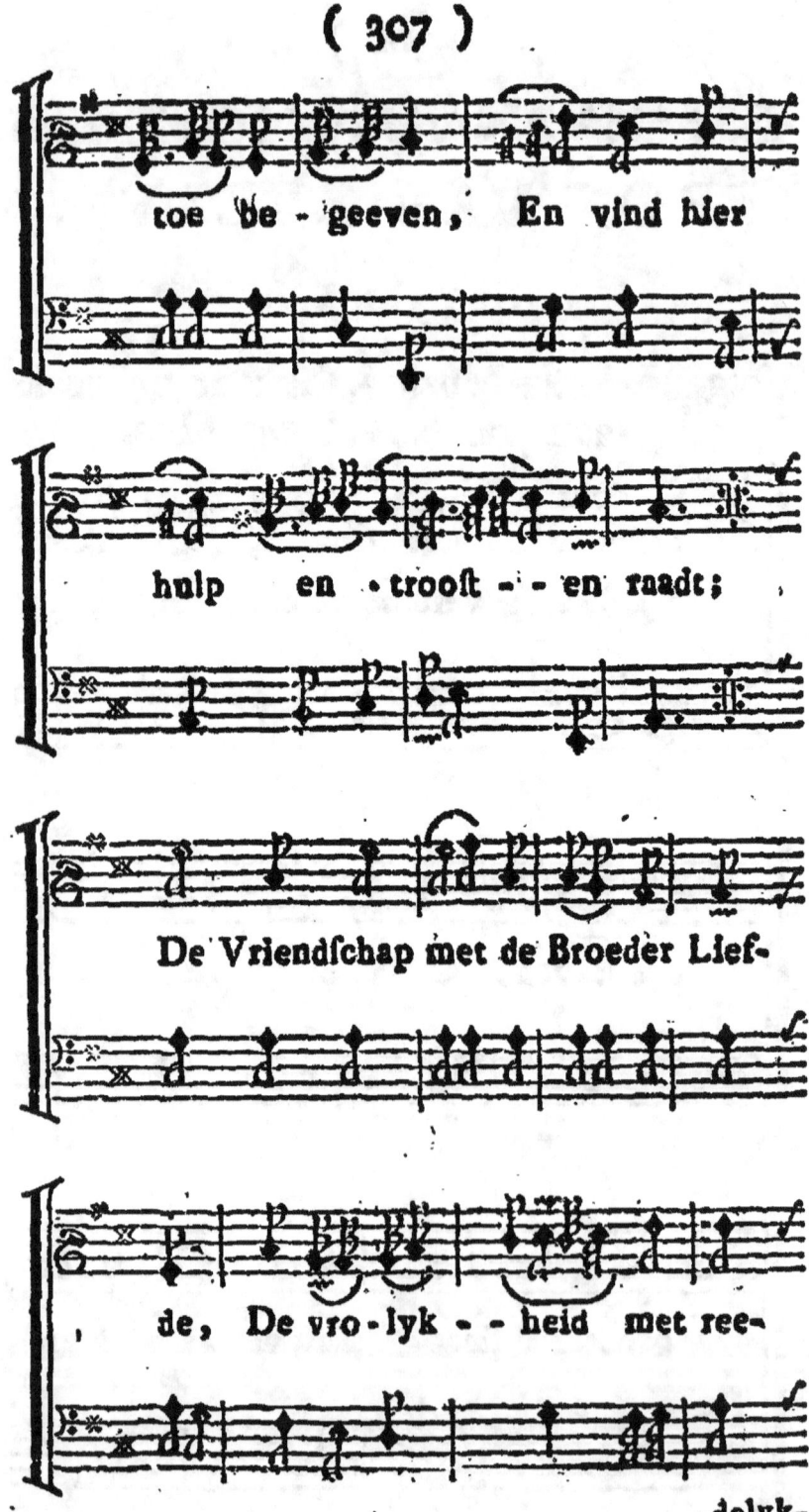

toe be - geeven, En vind hier

hulp en · trooft -- en raadt;

De Vriendfchap met de Broeder Lief-

de, De vro·lyk -- heid met ree-

delyk-

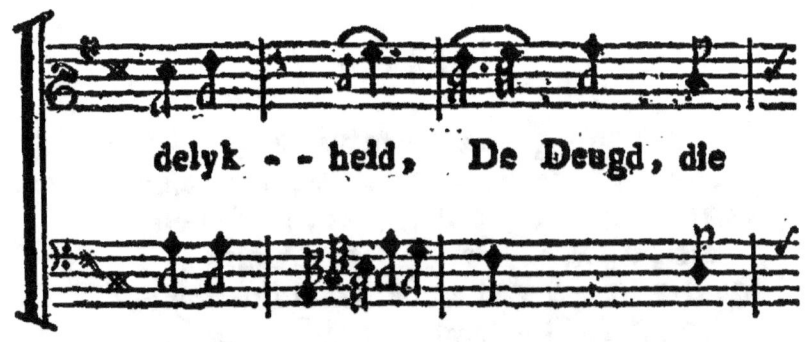

delyk - - heid, De Deugd, die

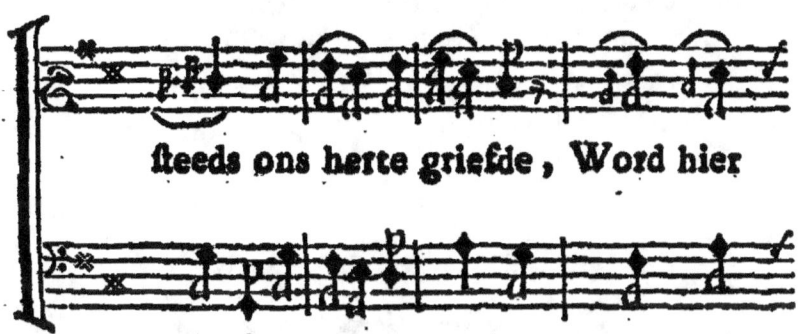

fteeds ons herte griefde, Word hier

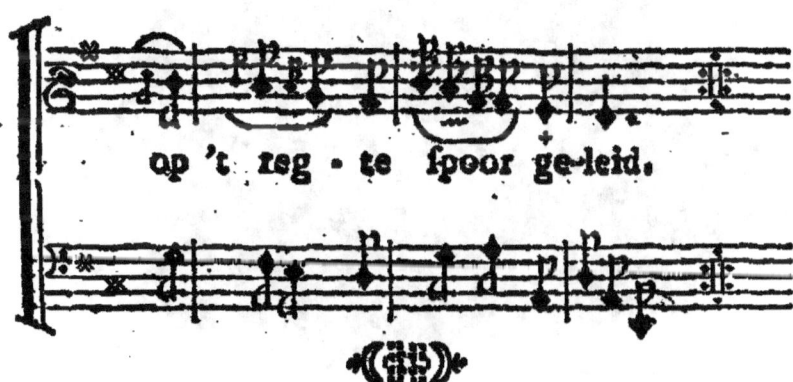

op 't reg - te fpoor ge-leid.

Treên toe dan, die naar wysheid ſtreeven,
　Ban rang en glorie 't hert vry uit;
Gaat om *Minervaa's* Ryks-Troon zweeven,
　Gelyk de Bie om bloem en kruit:
Zuigt Honing uit de friffe Bloemen,
　Die gy hier vind alom ver preid,
En wilt haar deugt ſteeds waardig roemen,
　Daar wysheid heeft haar grond geleid.

Stoof

Stoor u aan geene laftertalen;
  Door blinde dwaafen fteeds gezaait;
Vaart voort, gy zult de prys behalen,
  Als gy uw rype vrugten maait;
Maar wilt uw zelfs ook waardig maken,
  Tot d'Eed'le Konft der *Metz'laery*,
En laat uw yver vuurig blaken
  Tot prys der *Loges* aan het Ϫ.

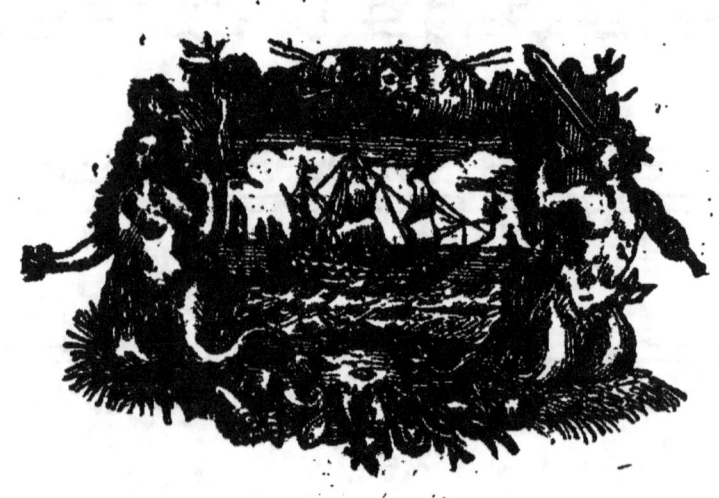

VRY-

VRYHEIDS DOELWIT,

EERZANG.

Op de voorgaande Wys.

WYK duisternis voor 't licht der reden,
Wyk traage droomen in deez' uur;
Wyk tweedragt en verlaat ons heden,
Nu 't alverkwikkend geestig vuur,
Blaakt by gewyde stervelingen,
Die boogen op dien gloed, die oog
En zielen voerd langs Hemel Kringen,
Van d'Aard naar 't Starren dak om hoog.

Hier voegd zig d'Eendragt by de Vreede,
De Vryheid paart hier met de Deugd.
Hier ziet men niets dan goede zeede,
En smaakt men schuldelooze vreugd.
Geen tweedragt nadert onze zaalen,
Nog helsche snôo verradery;
Geen logens hoort men hier verhaalen,
Hier zyn wy van die misdâan vry.

De schat by ons zoo hoog in waarde;
By *Metzelaaren* zeer geagt,
Is Vryheid; 't beste deel op Aarde:
By 't Menschdom vaak te min bedagt.
Dog wy, die zien by 't ligt der reeden,
De Mensch geboeid in slaverny,
Wy, die op goude starren treeden,
Zyn van het blind vooroordeel vry.

Gy

Gy blinde Werelt, moogt vry giſſen,
  Na onze Kunſt, vergrypt u niet;
Een Vorſt moet Kroon en Troon eerſt miſſen,
  Eer dat hy onz' Geheimen ziet.
Wy zien Monarchen, Keizerlingen,
  Het ſchoots-vel, voor den Adelaar
Verwiſſelen, en den Lof vaak zingen,
  Der Eed'le *Metzelaaren* ſchaar.

Drie werf geluk gy vryheid Hoeders!
  Geluk doorlugte vrye ſchaar;
Die Prinſſen teld by uwe Broeders!
  En maakt een Vorſt, *Vry-Metzelaar!*
Die Staats gelykheid voegt, gewyden
  Aan wie die ſchat alleen behoord.
De vryheid, die ons doet verblyden,
  Ons meer dan Perun's goud bekoord.

Laat ons 't geheugen onzer braven,
  Verëeren met Fiool en Fluit;
Beminde Broeders, toont uw gaven,
  Voegt by de ſtem uw ſpeelgeluit.
Dat zëegen, voorſpoet en welvaren,
  Ons Broeders' overal verzelt;
Zoo groeyen, bloeyen, *Metzelaaren*,
  Steeds daar men Dag en Eeuwen telt.

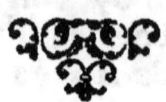

IN-

INSTRUCTION aux PROPHANES.

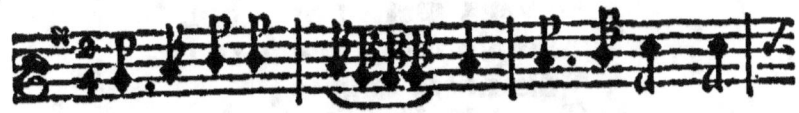

Ju-ge témé - - ral - re, Prophane vul-

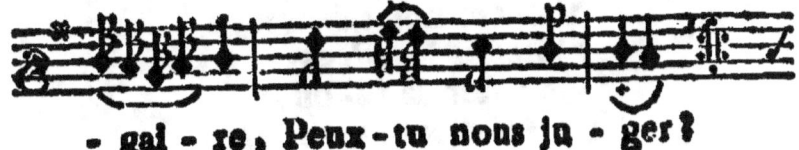

- gai - re, Peux-tu nous ju - ger?

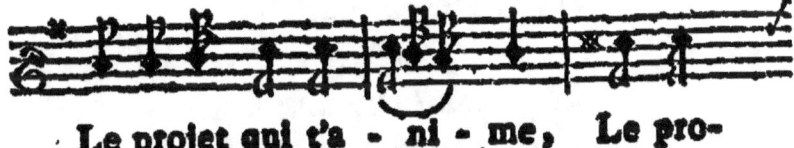

Le projet qui t'a - ni - me, Le pro-

jet qui t'a - - ni - me, Te doit en - ga-

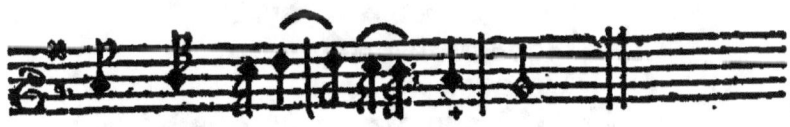

ger Sur les pas du cri-me.

Nos mots & nos fignes,
Seroient-ils donc dignes
De tes noirs foupçons?
Que ton efprit cinique ,   *bis.*
Contre les *Maçons,*
Celle fa critique.

Viens

Vien, foible génie,
A ta calomnie,
Je veux mettre un frein.
Un simple mot t'ecrase : *bis.*
Vois notre dessein,
Tracé sans emphase.

Vaincre nos caprices,
Détester les vices,
Que fuit la raison,
Et prémunir sa vie, *bis.*
Contre le poison
De la moindre envie.

L'on reproche aux Freres,
Que sur leurs misteres,
Chacun est discret :
Ne sauroit-on donc plaire, *bis.*
Avec le secret,
De savoir se taire ?

Sexe aimable & tendre,
Nous osons prétendre,
Un aveu de vous.
Quoi ! nous aimons le crime ! *bis.*
Et tant d'entre nous,
Gagnent votre estime.

Aimons-nous en Freres,
Voilons nos misteres,
Mes chers Compagnons.
Que l'ordre dans la Loge, *bis.*
Mieux que nos Chansons,
Fasse notre eloge.

O   LA

LA GLOIRE DE LA PHILOSOPHIE.

Air *nouveau, composé par le* Fr. de
St. MARTIN.

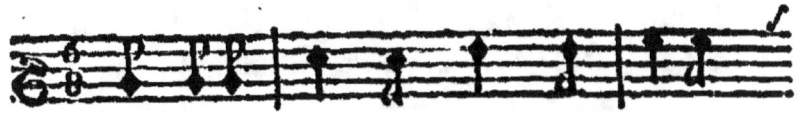

Très Véné - rable & vous chers Freres,

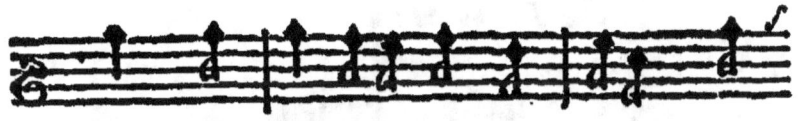

Vous, dans nos sublimes mis - teres, Bons

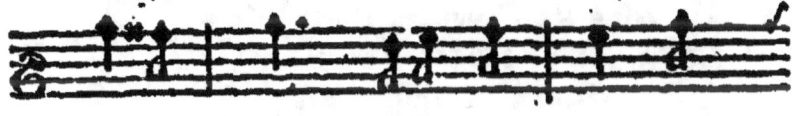

Compa - gnons, Célébrons d'un cœur

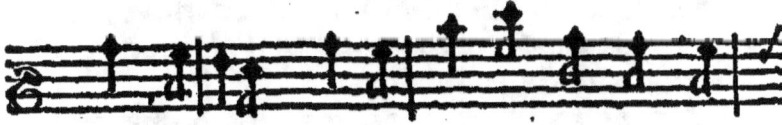

plein de zele, L'ami - tié constante & fi-

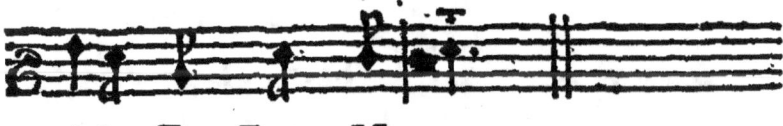

dele Des *Francs-Ma-çons.*

De

De Vertus ecole brillante,
Loge, dont la douceur enchante,
Nous t'admirons :
Chez toi, nous voïons la Sageſſe
Diriger avec allégreſſe
Les *Francs-Maçons.*

Vous, anciens SAGES de la Grece,
Vous, ARISTOTE, vous, LUCRECE,
Et vous PLATON,
Vous n'eûtes rien de comparable
A l'Ordre pur & reſpectable
Du *Franc-Maçon.*

Vulgaire imbécile & volage,
Malgré ton impuiſſante rage,
Nous jouïſſons
De tous les charmes de la vie ;
Ceſſe donc de porter envie
Aux *Francs-Maçons.*

Belles dont nous louons les charmes,
Vos cœurs feroient exemts d'allarmes
Et de foupçons,
Si vous trouviez chez tous les hommes,
Dans le fâcheux ſiécle où nous ſommes,
Des *Francs-Maçons.*

Au vrai bonheur, à l'harmonie,
A l'amitié de nous chérie,
Nous aſpirons :
Tous de concert, Freres aimables,
Exaltons les plaiſirs durables,
Des *Francs-Maçons.*

SOURCE DE LA MAÇONNERIE DE HOLLANDE.

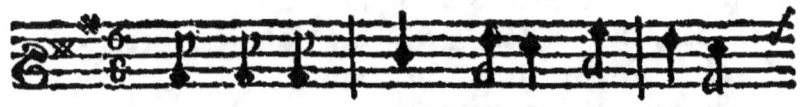

Chez le De - vin, un de nos Freres

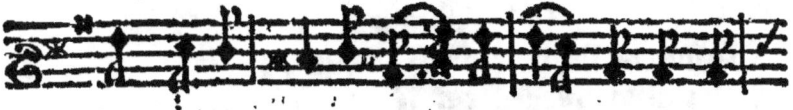

Se rendit pour être infor - mé, Si le BA-

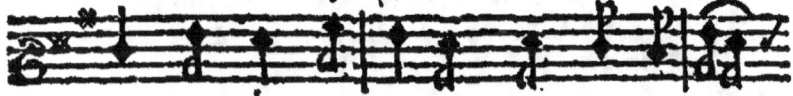

TAVE, à nos miſ - teres, Pourroit un jour

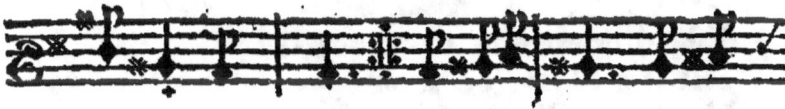

ê - tre for - mé. L'Oracle dit, ſuivant

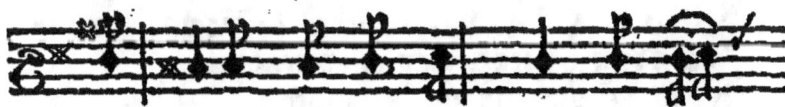

l'u - ſage, Le plus ru - de eſt l'appren-

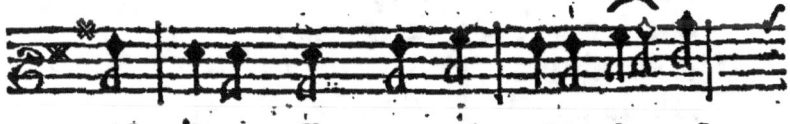

tiſ - ſage. Ce mot dé - cida ſon eſ-

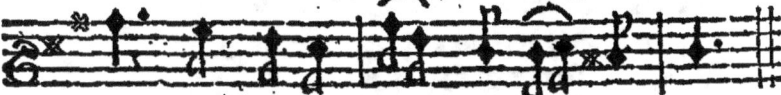

prit, Et l'horóſ - co - pe s'ac-com-plit.

De

De tous côtés gronde l'orage ;
Et le Devin eſt conſulté.
Dois-je redouter le naufrage,
Quand ma bouſſole eſt l'équité ?
Non, dit le Vieillard, ſois ſans crainte,
Ici la vertu, ſans contrainte,
Se ſoumet les cœurs qu'elle unit,
Et l'horoscope s'accomplit.

Pénetre l'eſprit du BATAVE,
Il s'allarme de ton ſecret ;
Peuple libre, il craint d'être eſclave,
Mais ſon ſoupçon même eſt diſcret,
Pourſuit l'Oracle : il voit ton ame ;
C'eſt la liberté qui t'enflame,
Bientôt il te juge & te ſuit,
Et l'horoscope s'accomplit.

Eſt-ce donc une vaine idée ?
Dit-il à l'Oracle *Maçon* :
Quoi ! de l'heureux ſiécle d'*Aſtrée*,
Vous faites revivre le nom ?
Viens parmi nous, répond l'Oracle,
Tu peux contempler ce miracle ;
Reçu Dimanche & le Lundi,
L'horoscope étoit accompli.

Tout ſecret enfin ſe révele,
Dit un Bigot à ce Devin ;
Les miſteres de la Truelle,
N'auront-ils pas même deſtin ?
La choſe eſt ſûre, dit le Sage,
Quand la riviere, pour préſage,
Vers ſa ſource remontera,
L'horoscope s'accomplira.

O 3

LA

LA VRAIE FE'LICITE'.

Sur l'Air: *Ne v'la-t'il pas que j'aime.*

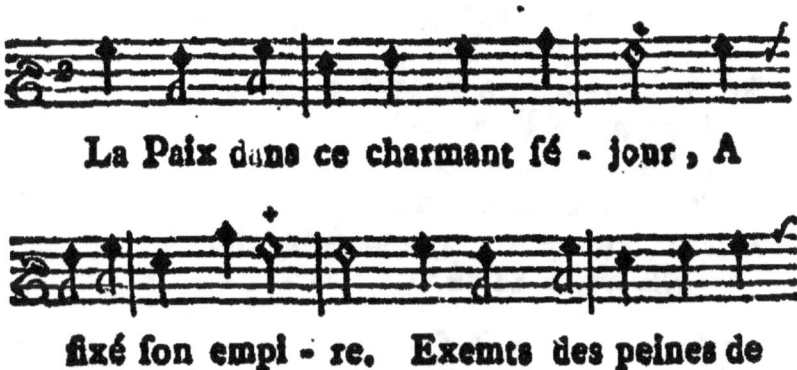

La Paix dans ce charmant fé - jour , A

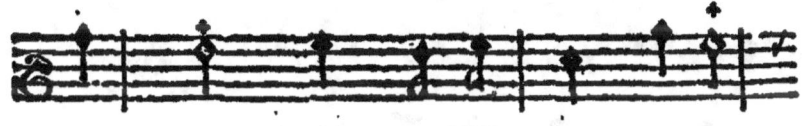

fixé fon empi - re. Exemts des peines de

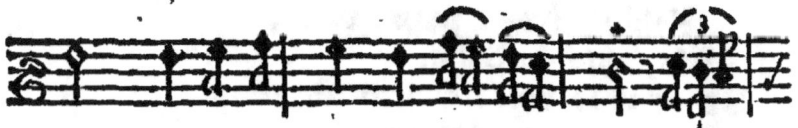

l'a - mour, Nous n'en fai - fons que ri -

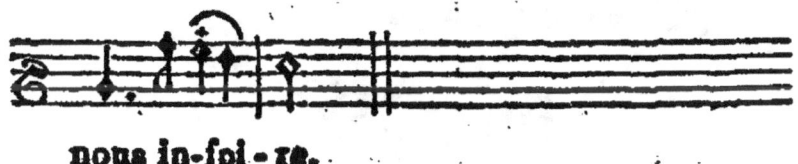

re. L'amitié nous fuf-fit tou - jours, Et

nous in-fpi - re.

La

La douceur de notre union
  Rend notre ame contente;
Tout tend à la perfection,
  Et tout nous la préfente:
Le bien d'être fans paffion,
  Seul nous enchante.

Freres, tous d'un accord parfait,
  Suivons le Vénérable:
Il brille dans tout ce qu'il fait,
  Chez lui tout eft aimable:
Il nous femble voir, fous fes traits,
  Minerve à table.

RE'PONSE DU MAÎTRE.

Par le Fr. de VIGNOLES.

La Table même, parmi nous,
  Eft l'afile du Sage.
On peut le voir: chacun de vous
  Soutient cet avantage.
Si je l'expofe aux yeux de tous,
  C'eft votre ouvrage.

TRA.

TRAVAIL INUTILE.

Traduction raisonnable de l'Anglois.

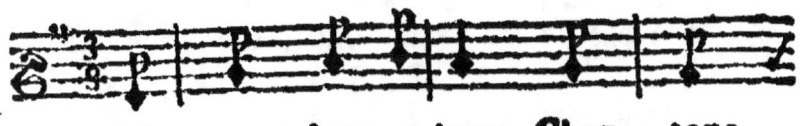

Ma - çons, dans ce jour, Chan - tons

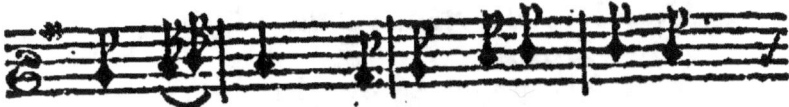

tour à tour, Paffons joïeu - fement

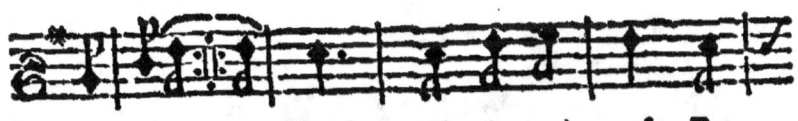

la vie.---e. Rem - plis de gaî - té, Bu-

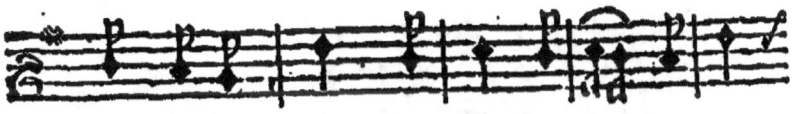

vons la fan - té Des Fils de la Ma-çon-

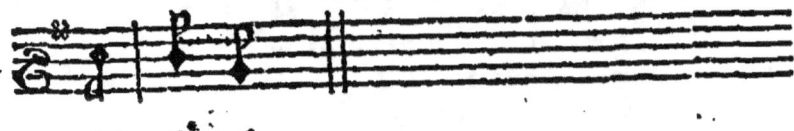

ne - ri - e.

Le monde indifcret,
Cherche le fecret :
Qu'il entre en la *Maçonnerie.*
Les fignes portés,
Les mots ufités,
Pour lui, fans cela, font folie.

Quoi

Quol, dit-il, les Grands
Reçoivent des gands!
Un tablier fait leur parure!
Sur ces ornemens,
Sur leurs fondemens,
S'il parle, c'est par conjecture.

Rois, Princes, Guerriers,
Dans nos atteliers,
Déposent librement leurs armes.
En sont-ils honteux?
Ils forment des nœux,
Dont l'égalité fait les charmes.

Oui l'égalité,
Sans rivalité,
Nous fait triompher de l'envie:
Et notre leçon,
Montre que le bon,
Réside en la *Maçonnerie.*

Le beau Sexe en nous,
Trouve des cœurs doux,
Pour lui prêts à perdre la vie,
Chez nous ses bienfaits,
Sont tenus secrets,
Ainsi que la *Maçonnerie.*

Illustres humains,
Unissons nos mains,
Bannissons la mélancolie.
Est-il de santé,
Qui soit en beauté,
Pareille à la *Maçonnerie?*

LA

LA PRATIQUE NÉCESSAIRE.

Sur l'Air: *J'en atteste Hippocrate*, &c.

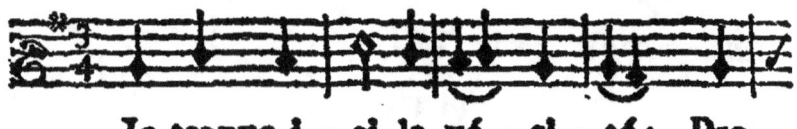

Je trouve i - ci la vé - ri - té; Pro-

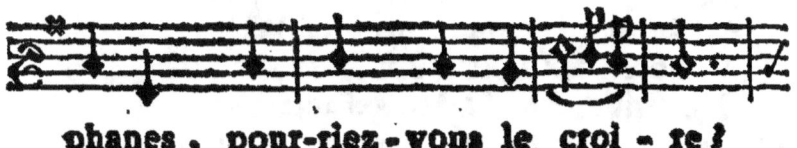

phanes , pour-riez-vous le croi - re?

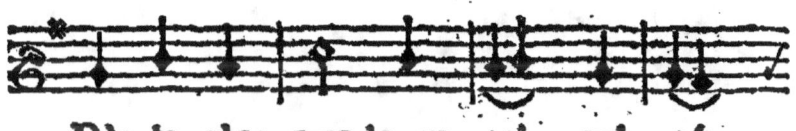

Dès la plus grande an - ti - qui - té,

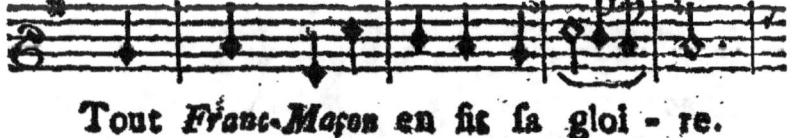

Tout *Franc-Maçon* en fit sa gloi - re.

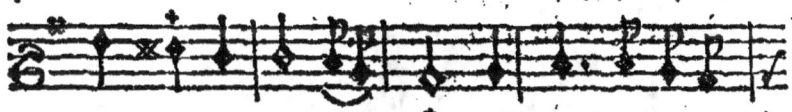

Pour garder en - tre nous un bien fi dé fi-

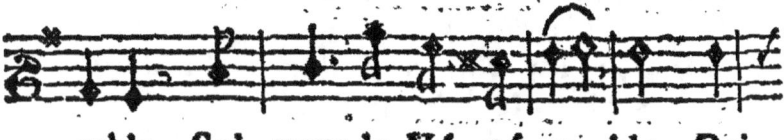

rable, Sui - vons le Vé - né - ra - ble, Qui

dit

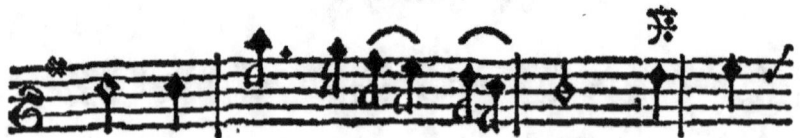

dit qu'il faut, à cha - que mois, Du moins

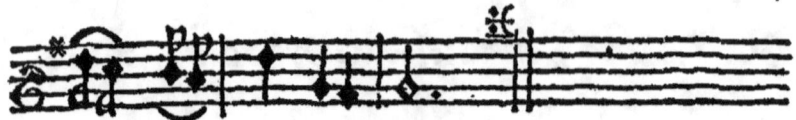

ma - çon - ner une fois.

Qu'on parcoure à loifir les tems,
S'il fut un homme raifonnable,
Il expofa les fentimens,
Que fuit notre Ordre refpectable.
Qui voudra maintenir cette pratique aimable,
Suive le Vénérable,
Qui dit, &c. bis.

Nos fectateurs n'ont d'autres loix,
Que de rappeller la nature,
Et de la remettre en fes droits,
Sans que la morale en murmure.
Que chacun d'entre nous, fous ce joug agréable,
Suive le Vénérable,
Qui dit, &c. bis.

Qu'on ne foit donc pas etonné,
Si nous profpérons d'âge en âge;
Chez nous, le jufte eft couronné,
Le vice n'a nul avantage
Voulons-nous foutenir ce fiftême admirable?
Suivons le Vénérable,
Qui dit, &c. bis.

O 6

Beau-

Beaucoup de Princes souverains,
Jaloux d'imiter notre zele,
Tiennent avec les mêmes mains,
Et leur Sceptre & notre Truelle.
On en voit chaque jour, d'un transport incroïable,
   Suivre le Vénérable,
   Qui dit, &c. bis.

Notre invincible bâtiment,
Est gouverné par la *Sagesse*,
La *Force* en est le fondement,
Sa *Beauté* fait notre allegresse :
Sa parfaite union le conserve immuable.
   Suivons le Vénérable,
   Qui dit, &c. bis.

Pour récompenser nos travaux,
Du ciel nous recevons des gages.
Ici nous sommes tous egaux,
Sans murmurer de nos partages.
Et si nous désirons, c'est le bien favorable,
   De suivre un Vénérable,
   Qui nous fasse ici, chaque mois,
   Du moins maçonner une fois.

HOE-

HOEDANIGHEDEN
VAN EEN WAAR
V. R Y-M E T Z E L A A R.

Door den Br. L. VERMEULEN.

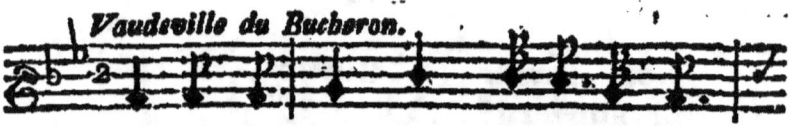

Vaudeville du Bucheron.

O Gy die naar deez' groote les wilt

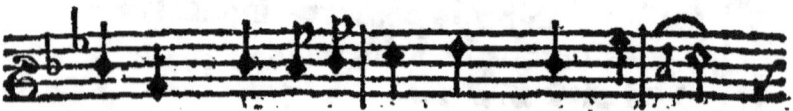

leeven, De befte die ooit wierd geleerd:

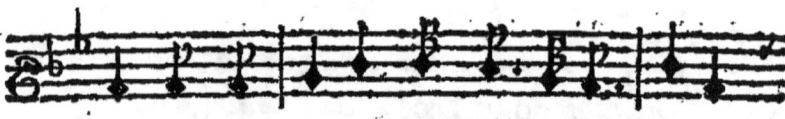

Van aan een ander graag te willen geeven,

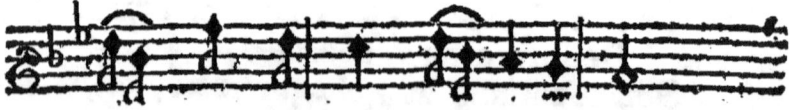

Het geen gy zelfs voor u begeert.

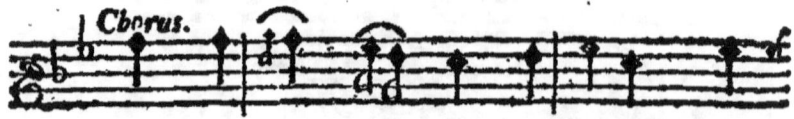

Chorus.

Komt by ons, daar kunt gy leeren, En

wer-

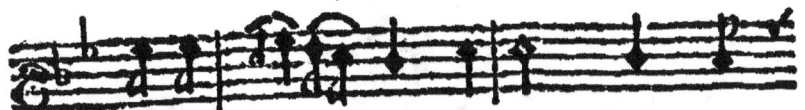

werden met 'er daad gewaar, Dat', van

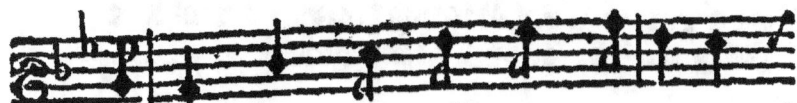

volmaaktheid, gy veel blyft ontbeeren,

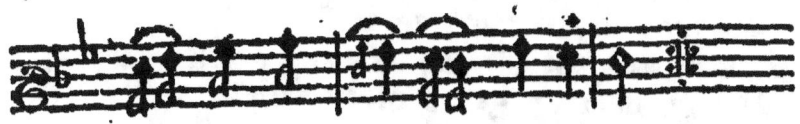

Zoo gy niet zyt *Vry-Metzelaar.*

Zyt gy een eerlyk Vaderland's beminnaar,
　Getrouw aan uwe Overigheid,
En uwer driften temmer en verwinnaar,
　Die een goed vreedzaam leeven leid,
　　Komt by ons, daar &c.　　　　*Chorus.*

Zyt gy begaaft met een medogent herte,
　Over uw's naaften druk en leed,
Die tot verligting, van zyn nood en fmerte,
　Mildadig van uw goed befteed,
　　Komt by ons, daar &c.　　　　*Chorus.*

O Kunne fchoon vol van betoorlykheden,
　Het fraaifte ftuk van 't geen men ziet,
Gy werd in 't herte van ons aangebeden,
　Al hebt gy hier den toegang niet.
　　　　Chorus.
Had gy dien, gy zoud haaft leeren,
　Dat, zelfs niet zonder groot gevaar,
Gy zulken Minnaar immer kond' ontbeeren,
　Als een die is *Vry-Metzelaar.*

Ook

Ook kan het u geenfins tot nadeel ftrekken,
  Zoo gy al voor een korten tyd,
Uwen getrouwen Minnaar ziet vertrekken,
  En gaan tot onzen arrebeyd.

Chorus.

Aan den Difch, en in zyn werken,
  Zingend' hy uw lof verkieft,
Gy zult ook ras, by zyn te rug komft, merken,
  Dat gy daar by gants niet verlieft.

Nogte de Deugd, nog ware Wysheid, beide
  Verbieden nimmer heufch vermaak,
Maar willen, dat, voorzigtig men zal melde,
  Dat men tot dert'l' uitfpatting raak.

Chorus.

Ach! Prophaan, kond g' onzen reegel,
  En wift gy onz' wetten maar,
Gy gaf daar aan uw hart en ook uw zeegel,
  En wierd wel haaft *Vry Metzelaar.*

Men kan hier aan, ô Broeders, haaft bemerken,
  Wie een opregt *Vry Metz'laar* is,
Toont hy veel trouw en yver in zyn werken
  Eerbiedend' ons geheimenis.

Chorus.

Vorft en Land getrouw te leeven,
  In den nood, zelfs met lyf's gevaar,
Zynen Broeder hulp en byftand geeven,
  Is 't werk van een *Vry-Metzelaar.*

KEE-

KEETEN DER EENDRAGT.

Nieuwe Compositie, door J. H. P.

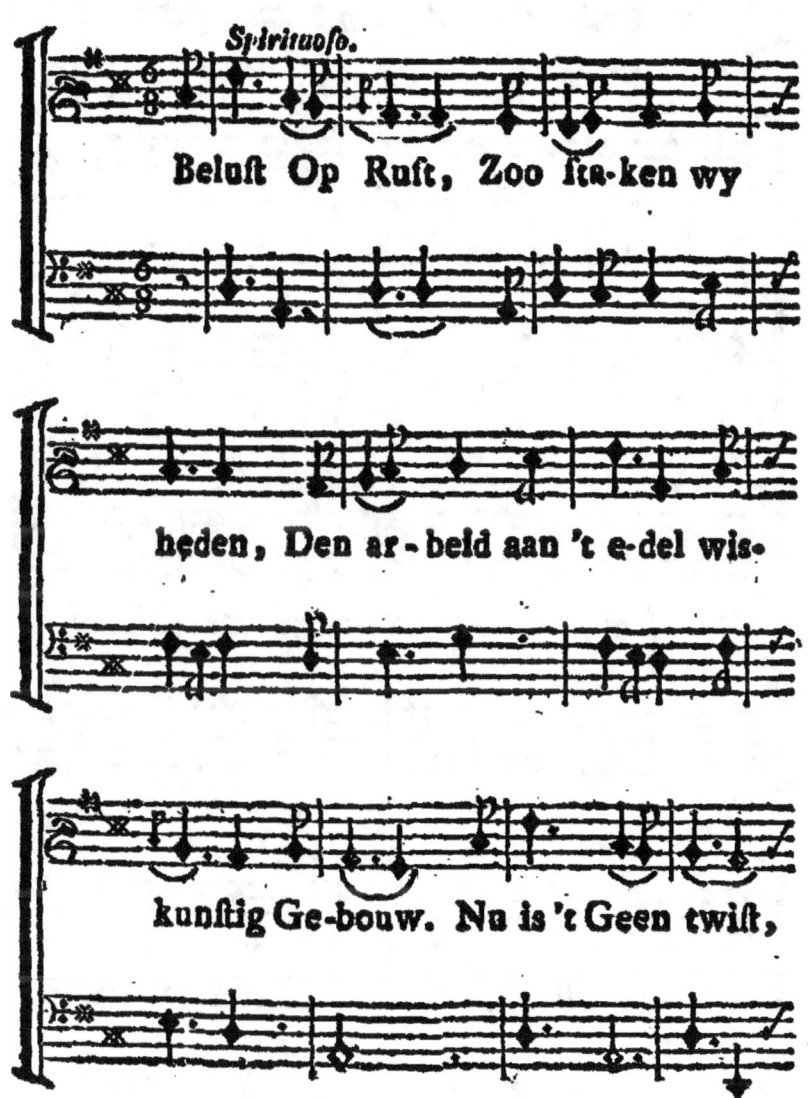

Belust Op Rust, Zoo fta-ken wy

heden, Den ar-beid aan 't e-del wis-

kunftig Ge-bouw. Nu is 't Geen twist,

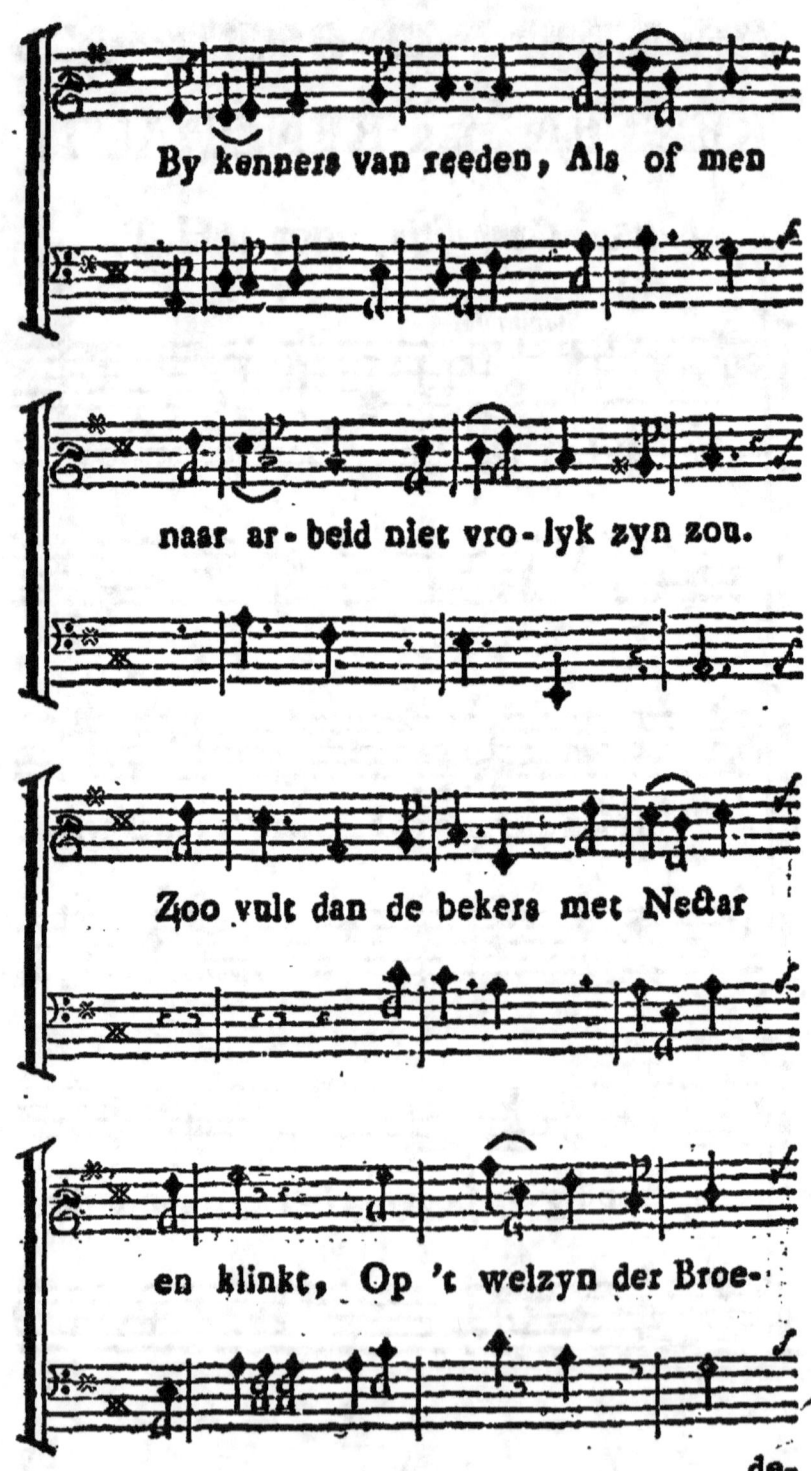

By kenners van reeden, Als of men

naar ar - beid niet vro - lyk zyn zou.

Zoo vult dan de bekers met Nectar

en klinkt, Op 't welzyn der Broe-

de-

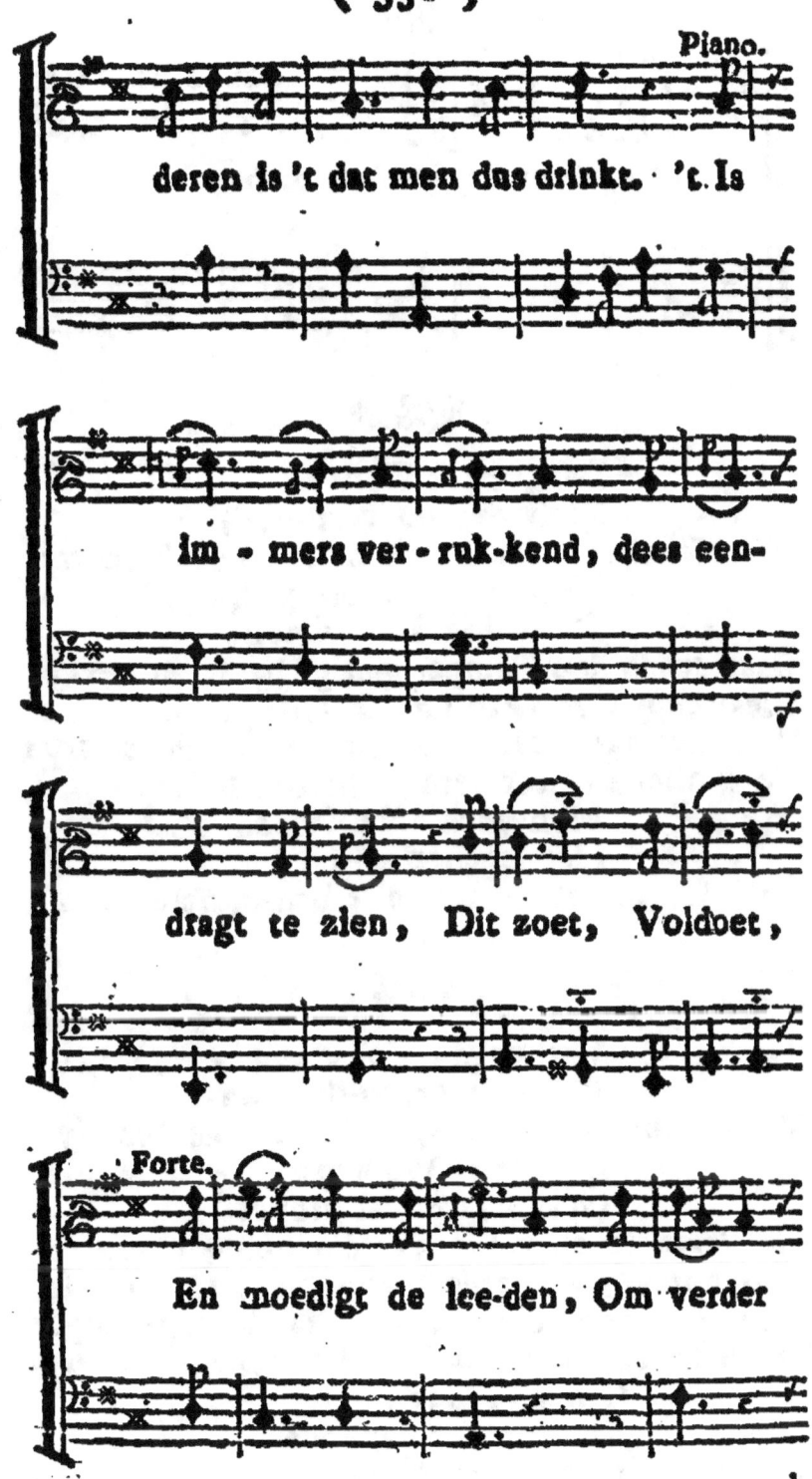

deren is 't dat men dus drinkt. 't. Is

im - mers ver - ruk-kend, dees een-

dragt te zien, Dit zoet, Voldoet,

En moedigt de lee-den, Om verder

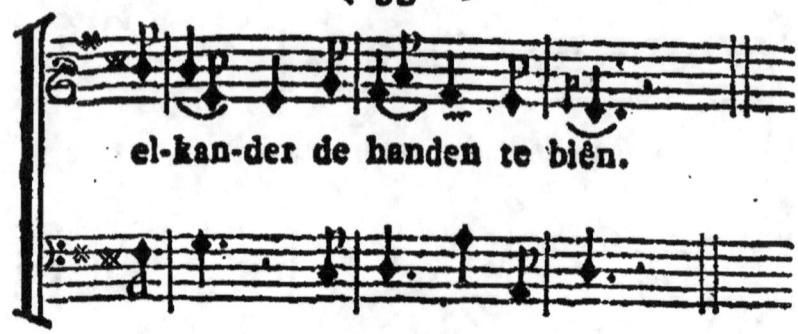

el-kan-der de handen te biën.

((✿))

Laat vry 't Gety
Zig woedend vertonen,
Vry-Metzelaars weeten wiens hand dit beſtiert;
Nooit vreeſt Hun geeſt,
Die veilig kan wonen,
Daar reede den Tempel geſtigt heeft en ciert:
Dies roepen wy *Vivat de Metzelary!*
Van alles dat haters haar wenſchen, ſteeds vry;
Voor blinde beſtormers is dit ons beſluit,
Men voed' Hun woed'
Met lagchen en honen,
En ſluite die bloeden van 't Broederſchap uit.

((✿))

Verheugd, Vol vreugd,
Als Broeders verbonden,
Verpletten wy Tweedragt, Geveinſdheid en Nyd,
En hand Aan hand
Getuigd op wat gronden
De Vriendſchap geſtigt is, die nimmer verſlyt:
Zoo opregt, zoo teder, zoo plegtig verknogt,
Ziet, Broeders, de *Keten der Eendragt* gewrogt;
Geen Broederſchap is 'er, dit roemen wy vry,
O neen, Geen een
En word 'er gevonden
Zoo edel als onze *Vry-Metzelary*.

L'OP-

L'OPTIMISME.

Par le Fr. de VIGNOLES.

Air: *Anette à l'âge de quinze ans.*

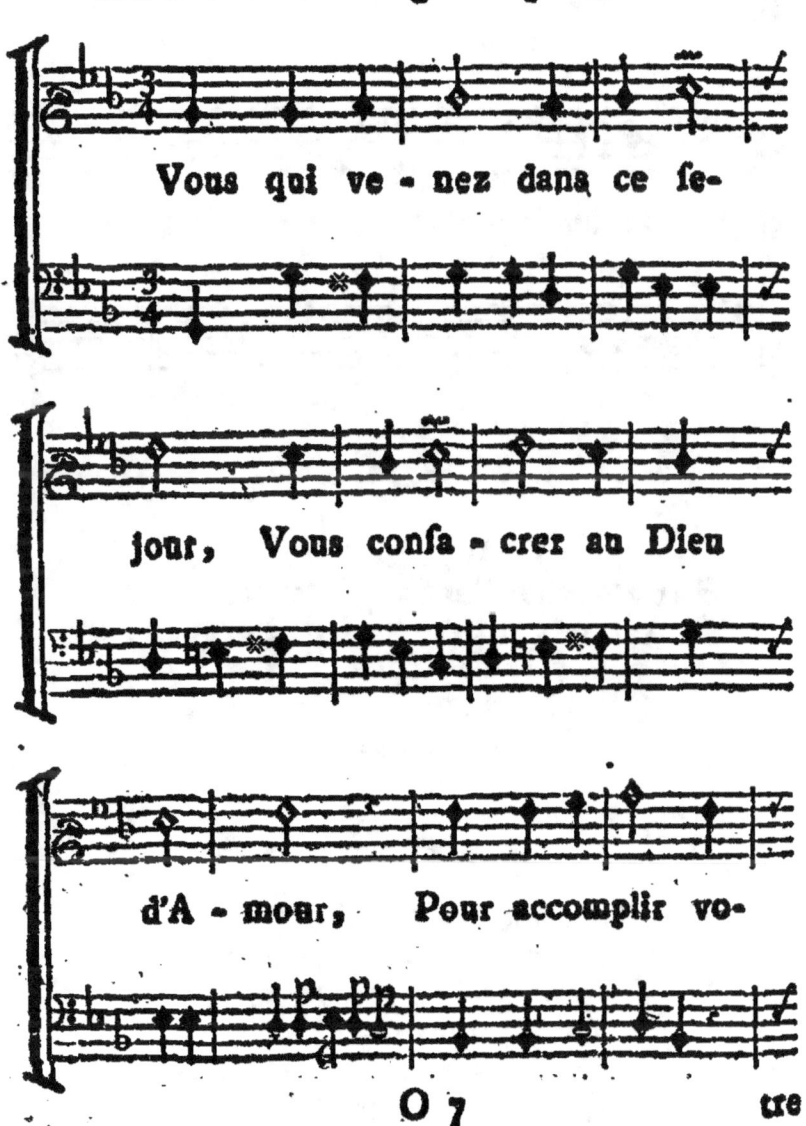

Vous qui ve - nez dans ce se-

jour, Vous consa - crer au Dieu

d'A - mour, Pour accomplir vo-

tre

Refrain.

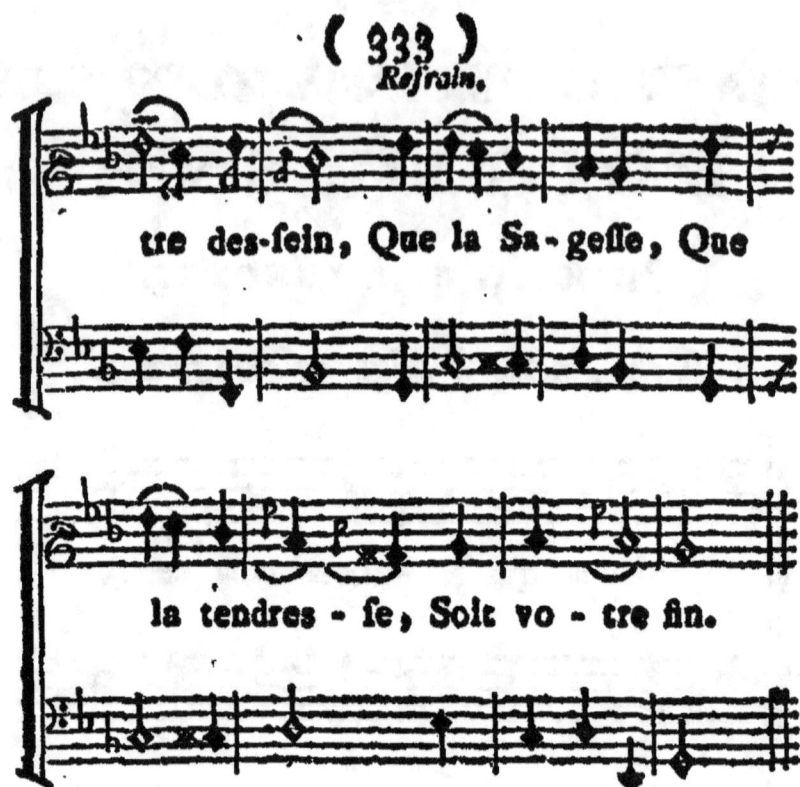

tre des-fein, Que la Sa - geffe, Que

la tendres - fe, Soit vo - tre fin.

Le Sage ici, de la grandeur,
Sait meprifer l'attrait flatteur,
Le Grand, dit-il, eft, de l'orgueil,
    Prêtre & victime;
    Ici l'eftime,   } *bis.*
    Eft fans écueil.

Le Heros dés faveurs de *Mars*,
Voit le néant, fruit des hazards,
Il ne trouve qu'ici l'honneur,
    Où la nature,
    Facile & pure,   } *bis.*
    Conduit le cœur.

La

✿

La *Sphere* ou l'*Astrolabe* en main,
Le doute accompagne un humain:
C'est ici qu'est le vrai savoir;
   A le connoître,
   Sujet ou Maître, } *bis.*
   Met son pouvoir.

✿

Vous Martyrs de la nouveauté,
Un vœu par l'autre est écarté;
Il n'est ici qu'un but commun,
   La jouissance,
   Et l'esperance, } *bis.*
   Pour nous sont un.

✿

La Mode ne nous soumet pas;
L'Antique a pour nous des appas,
Et nous tenons de nos Aïeux,
   Ce qu'il faut être,
   Pour le transmettre, } *bis.*
   A nos Neveux.

DE

DE BESTE KEUSE.

Vertaling van het voorgaande.

Op dezelve Wys.

GY, wien deez' zoete Stel verblydt,
En u den Minnegod toewydt,
Op dat g'uw wit bereik' (nooit koel)
    Dat wysheid weder, ⎫
    Verzell' al 't teeder, ⎬ *bis.*
    En blyv' uw' doel. ⎭

De Wyze zet hier 't vlyend schoon
Der Grootheid, in zyn schand, ten toon;
De Groote is Hoogmoeds offeraar,
    Zoo wel als flagting; ⎫
    Maar hier loopt d'agting ⎬ *bis.*
    Geenzins gevaar. ⎭

Een Held draagt uit het Oorlogsveldt,
De vrugt zyn's arbeids, die niets geldt,
Maar hier word eene Eer bereid,
    Waar naar Natuure, ⎫
    Ter goeder uure, ⎬ *bis.*
    Het Hart geleid. ⎭

Wie

Wie 't Aardryk meet, wie Sterren zoekt;
Word ligt door twyffling nog verkloekt;
Maar hier doelt ware Wetenschap,
   Dat d'een den ander
   Leer kennen fchrander, } *bis.*
    Van Trap tot Trap.

Gy Martelaars van Nieuwigheen
Ziet vliegen all' uw wenfchen heen;
Maar hier is aller doel gemeen:
   't Genot van 't goede,
   En hoop te voede, } *bis.*
    Is voor ons een.

Geen Mode legt ons aan den band;
Het oude reek'nen wy geen fchand:
Wy flaan op Grootvaers Zeden agt,
   Daar zy gehengen,
   Het overbrengen, } *bis.*
    Op 't Nagefjagt.

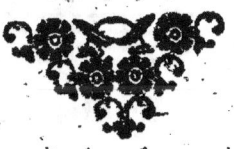

LE MAÇON A' L'OUVRAGE.

Sur le Vaudeville du *Maréchal Ferrant*.

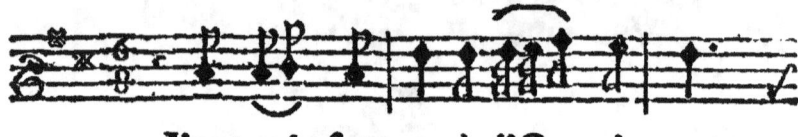

J'entends frapper à l'O - ri - ent,

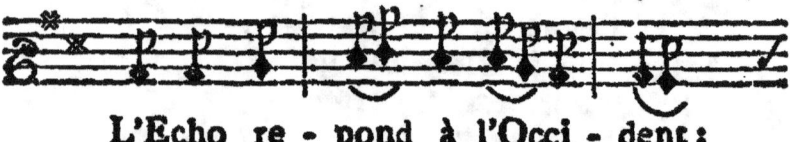

L'Echo re - pond à l'Occi - dent;

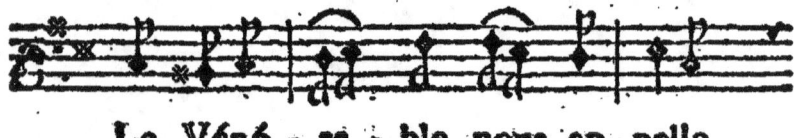

Le Véné - ra - ble nous ap - pelle,

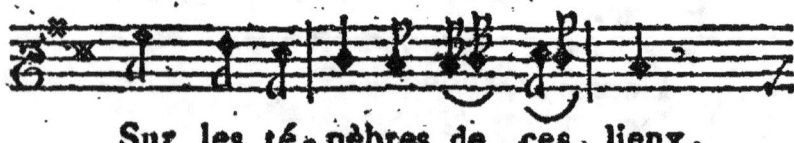

Sur les té - nèbres de ces lieux,

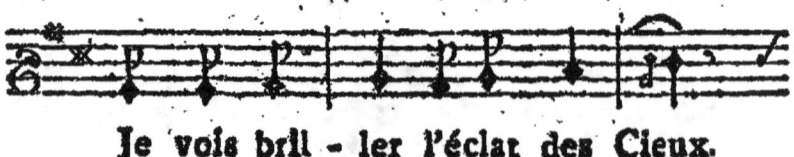

Je vois bril - ler l'éclat des Cieux.

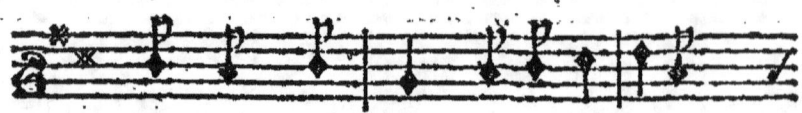

Que notre ar - deur fé renouvelle:

P   Tot

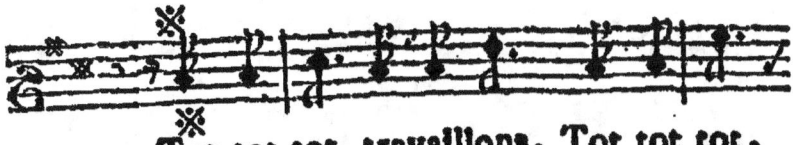

Tot tot tot, travaillons, Tot tot tot,.

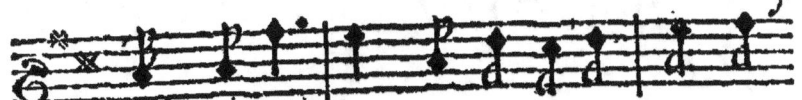

bon coura - ge, Il faut avoir cœur à

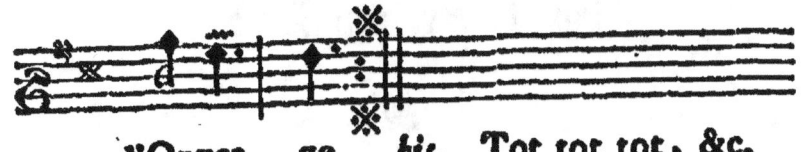

l'Ouvra - ge. *bis.* Tot tot tot, &c.

L'Amitié presente à nos cœurs
Des fers sans poids, des nœuds de fleurs;
L'allegresse nous environne,
Livrons-nous aux sages desirs,
Nos cœurs ont besoin des plaisirs,
Et quand l'innocence les donne
Tot tot tot, &c. *bis.*

Dans cette Loge où l'équité,
Triomphe avec la charité,
Quel heureux destin nous rassemble!
Unissons nos cœurs & nos voix,
Pour célébrer nos douces loix;
Avec transport chantons ensemble
Tot tot tot, &c. *bis.*

EXHOR·

EXHORTATION

A UN NOUVEAU FRERE.

Sur l'Air précedent.

Par le Fr. DU BOIS.

VOus qui montrez de l'embarras,
Apprentif, on vous tend les bras,
Venez, & foyez moins timide ;
Vous voyez vos Freres tous prêts
A vous enfeigner leurs fecrets,
Et l'*Oeil du Maitre* ici vous guide,
Tot tot tot, &c. *bis.*

SI vous avez de la ferveur,
Et fi vous cheriffez l'honneur,
Enfin, fi vous êtes docile,
Bientôt à d'autres *Francs Maçons*
Vous pourrez donner des Leçons,
Et vous rendre à notre Ordre utile,
Tot tot tot, &c. *bis.*

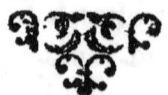

AGRÉ'MENS des MAÇONS.

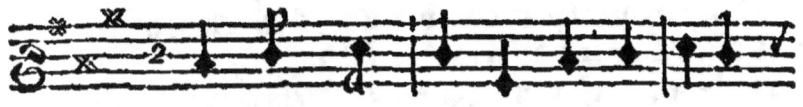

D'un Ordre au-guste & reſpec-table,

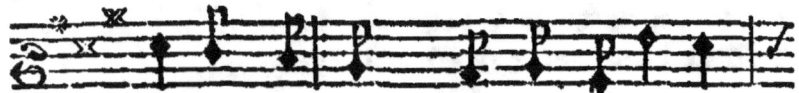

Freres d'accord, chantons avec ar-

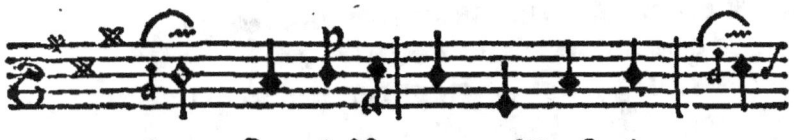

deur, Le plaiſir tranquille & du - ra-

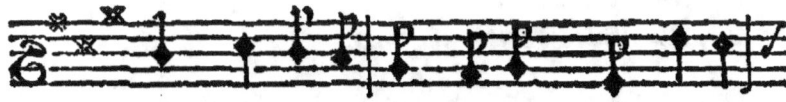

ble, Que ſa lu-miere épanche en notre

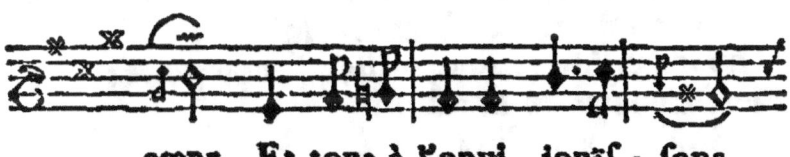

cœur, Et tous à l'envi, jouïſ - ſons

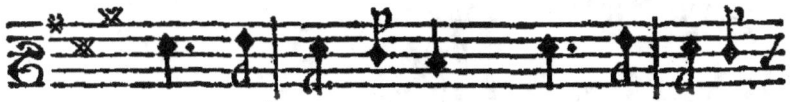

De l'heureux inſtant, D'où nait l'agré-

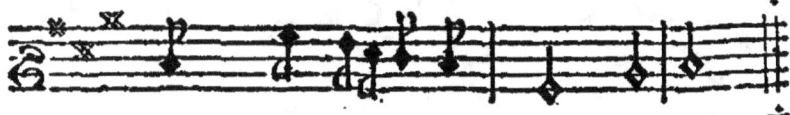

ment, Des véritables *Francs-Maçons.*

Qu'un

((❀))

Qu'un Peuple ignorant & vulgaire,
Sans les connoître, ôfe blâmer nos mœurs,
Quel tort cela peut-il nous faire ?
Nous devons rire de telles erreurs,
Et meprifer ces noirs foupçons.
  Dans ce beau jour,
  Chantons tour à tour,
Les doux charmes des *Francs Maçons.*

((❀))

Sous leurs Loix les plaifirs qu'on goute,
De *Minerve* en tous lieux fuivent les pas,
Quiconque entre dans cette route
Peut être feur de ne s'égarer pas :
La Vertu dicte les leçons,
  Et reglant les mœurs,
  Se foumet les cœurs
Des véritables *Francs Maçons.*

((❀))

Eft-il de bonheur preferable,
Aux biens parfaits, que nous offrent ces lieux ?
Dans leur fein tout eft amirable,
Un nouveau jour vient briller à nos yeux :
Et le flambeau de la raifon
  Guide nos defirs,
  Conduit nos plaifirs,
Dans cet Azile du *Maçon.*

((❀))

Que le miftere & le filence
Soient obfervés dans nos moindres ebats,
Qu'en tous lieux brille la fcience,
Qui réunit l'*Equerre* & le *Compas.*
C'eft ainfi que nous jouïffons,
  Malgré les jaloux,
  Du fort le plus doux,
Sous les Etendarts des *Maçons.*

       L'A-

L'AVEU INGENU.

Par le Fr. de VIGNOLES.

Air : *Le cœur de mon Annette.*

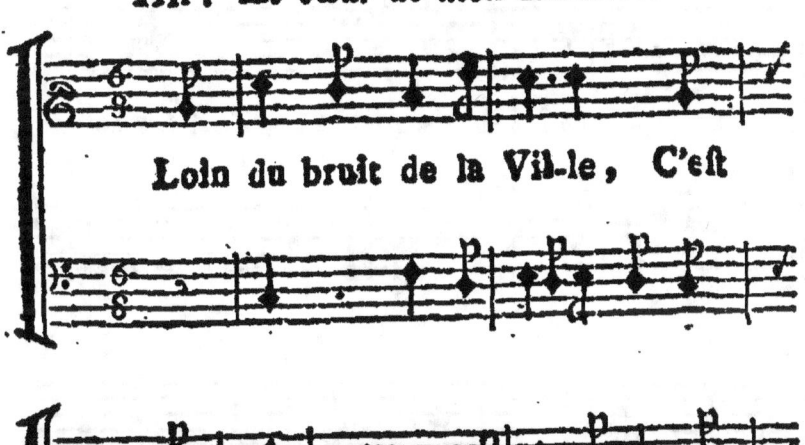

Loin du bruit de la Vil-le, C'eft

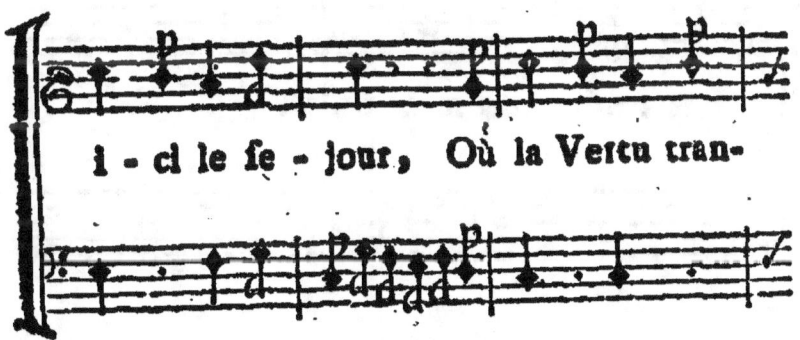

i - ci le fe - jour, Où la Vertu tran-

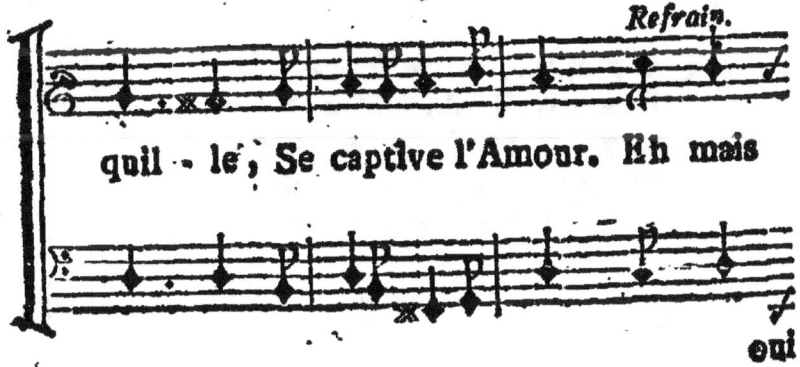

quil - le; Se captive l'Amour. Eh mais

oui

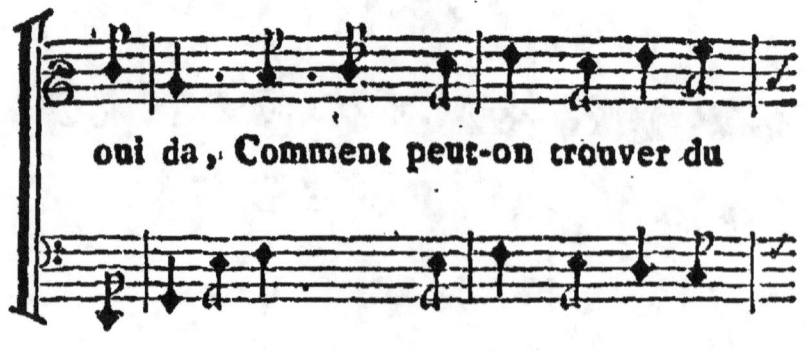

oui da , Comment peut-on trouver du

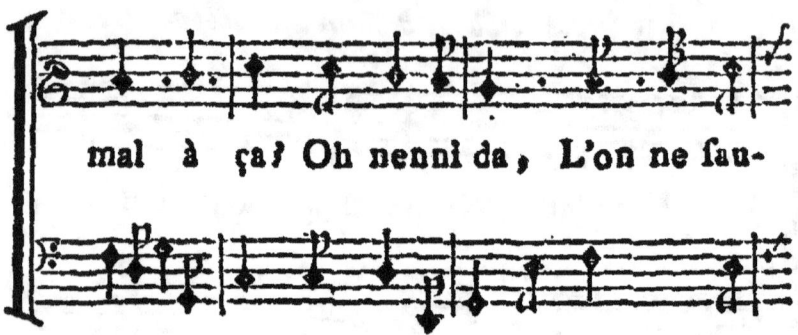

mal à ça! Oh nenni da , L'on ne sau-

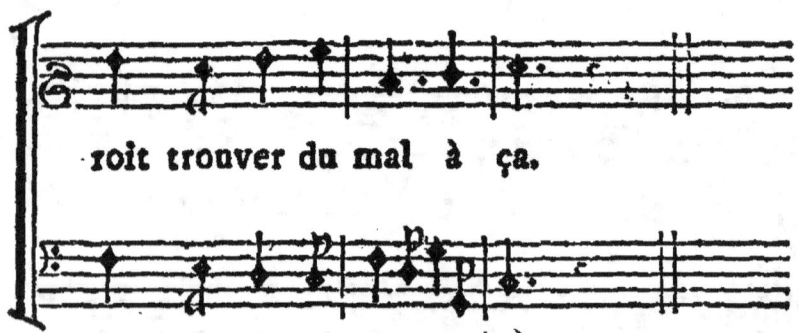

roit trouver du mal à ça.

((❂))

On ÿ craint la préfence
Des attraits de *Venus*,
Les cœurs par leur puiffance
Seroient trop tôt vaincus.
Eh mais oui da &c.

(##)

On fuit la jaloufie,
  Ce fier tiran des cœurs,
Qui detruit l'harmonie,
  Où tendent nos ardeurs.
        Eh mais oui da &c.

(##)

L'homme avec fon femblable
  Se retire en fecret,
Et fa decence aimable
  L'y tient fage & difcret.
        Eh mais oui da &c.

(##)

Il n'y reçoit perfonne
  Qui ne foit bien connu,
Et la loi qu'il y donne
  C'eft d'être retenu.
        Eh mais oui da &c.

(##)

Des propos la licence,
  Du cœur la vanité,
Du vin l'intemperance,
  Tout vice eft rejetté.
        Eh mais oui da &c.

(##)

L'orgueil de la naiffance,
  Les titres faftueux,
Cedent fans violence
  Au foible vertueux.
        Eh mais oui da &c.

(##)

Vous que le bien anime,
  Ennemis des deffauts,
Vous devez votre eftime
  A nos nobles travaux.
        Eh mais oui da &c.

DE

DE ONGEVEINSDE BELYDENIS.

Vertaling van het voorgaande.

Op die zelve Wys.

((❀))

VER van 't gewoel der Steede,
Is hier het ftil verblyf,
Daar eed'le Deugd, daar Vreede,
De Liefde kleeft aan 't lyf.
Ja maar, kan dit,
Geen kwaat aan Eer, aan Naam, of agting doen?
Neen, geen gevit,
Geen nyd, geen haat, kan krenken ons fatfoen.

((❀))

Men vreeft hier d'aangezigten
Van *Venus* fchoonheên meeft;
Wier magt, die 't al doet zwigten,
Vermeeft'ren mogt den Geeft.
En tog kan dit
Geen kwaat aan d'Eer, of Naam, of agting doen,
Want, hoe men vit,
Elk doet zyn werk, en houd zyn waar fatfoen.

((❀))

De Minnenyd, die Zielen
Fel ketent door haar magt,
En d'Eendragt komt vernielen,
Daar onze ziel naar tragt,
Word hier gemyd;
Wat kwaat fteekt dan in 's *Metz'laars* Maatfchappy?
Weg zwarte Nyd,
W' ontvlieden u, met all' uw Jalouzy.

B 5

Elk

《✾》

Elk die met zyn's gelyken
Hier omgaat, ftil, bedekt,
Geeft van befchaaftheid blyken,
En houd zig onbevlekt.
Schoon dan de Nyd,
Door valfch gerugt, vermoedens zaaid van kwaat,
Zy moet, vol fpyt,
De *Loges* tog zien bloeijen in den Staat.

《✾》

Men duld 'er geen Perfoonen,
Dan die men kent naby,
Die, naar de Wet, zig toonen
Zoo digt gefloote als vry.
De waereld fnapp'
Of zoek en vifch, zoo veel zy wil naar 't kwaad,
By 't *Metz'laarfchap*:
Daar 's nimmer vuil te vinden met der daad.

《✾》

't Ontugtige gefnater;
Al 's harten ydelheid;
Te drinken Wyn als Water,
Word daar aan elk ontzeid.
Men meid, men weert,
Al wat als zonde of ondeugd ftaat te boek;
Wie dan ontëert
Nog langer ons, na nood'loos onderzoek?

Hoog-

((❀))

Hoogmoedige Edellieden,
  Hoe groots hun Tytel bromt,
Zyn willig eer te bieden,
  Als deugd'lyke Armoê komt,
  Wie vraagd dan nog
Naar fmet, of vlek, van 't *Vrye Mets'laars* gild?
  Weg helfch bedrög
Dat, liefdeloos, uw' Pylen op ons fpild.

((❀))

Gy die bemint goê zeeden,
  Voor wien alle ondeugd zwigt;
Gy houd uw' Eer met reeden,
  Aan ons êel werk verpligt.
  Gy kreunt U niet
Aan al het geen de waereld denk' of zegg'
  Wat hier gefchiet:
Wy gaan tog zaam den Koninklyken weg.

D 6   BEAU-

BEAUTE' DU NOM DE FRERE.

Air nouveau: *par le* Fr. J. B. ANSELME.

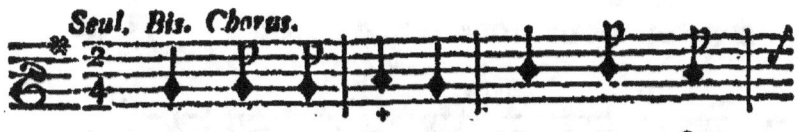

Nous fommes Freres, Nos cœurs fin-

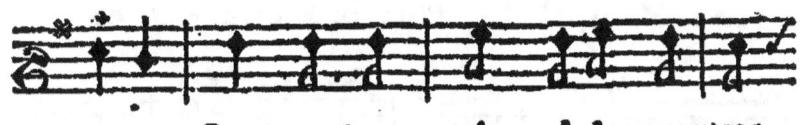

ceres, Sont toujours prêts, A le prouver

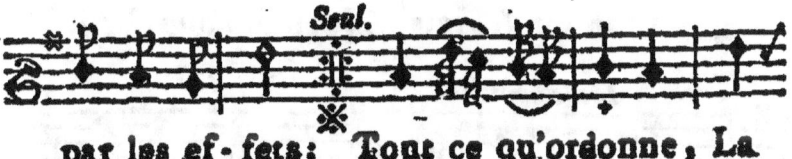

par les ef - fets; Tout ce qu'ordonne, La

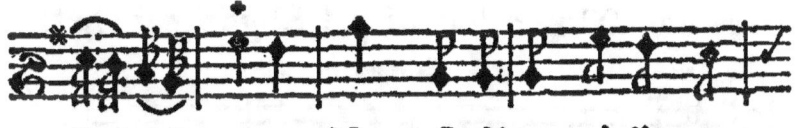

Loi Ma - çonne, Notre Inftitut, A l'amour

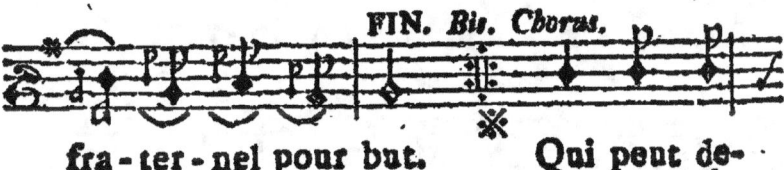

fra - ter - nel pour but. Qui peut de-

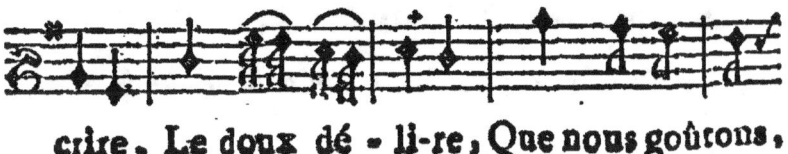

crire, Le doux dé - li-re, Que nous goûtons,
Lors-

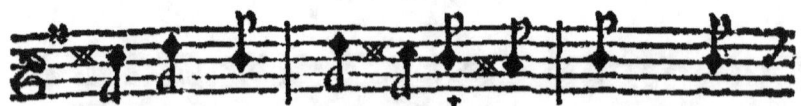

Lorsque nous nous reconnoiſ-ſons, Par

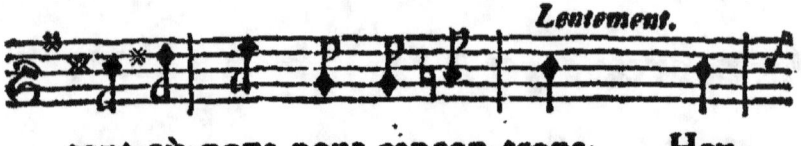

tout où nous nous rencon-trons, Heu-

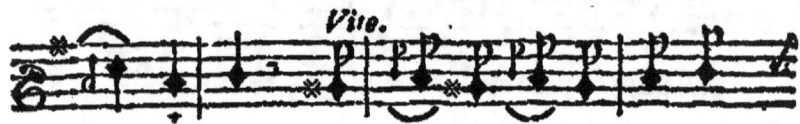

reux Ma-çons! On voit le Propha-ne ſur-

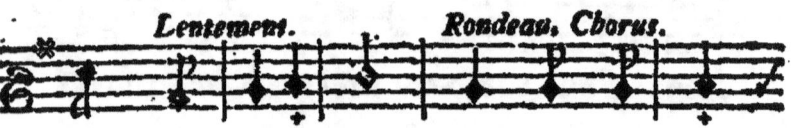

pris; L'on dit A-mis, Nous ſommes Fre-

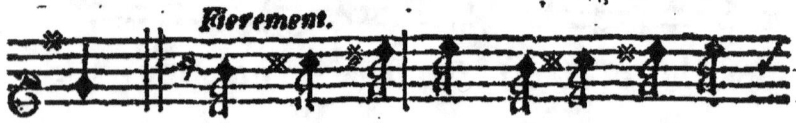

res &c. Titre ex-cel-lent! Si-gne parlant!

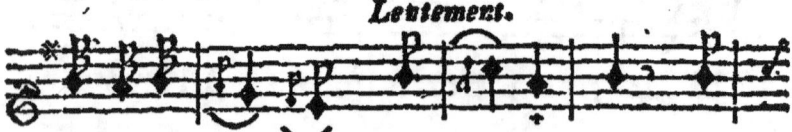

Maçonne - ri - e! Nous t'hono-rons, Et

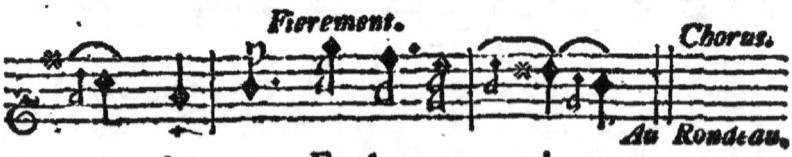

nous chantons, En harmo - ni - e.

Nota. Ces Paroles peuvent être chantées ſur l'Air ſuivant.

P 7   CHAR-

CHARMES DE L'UNION MAÇONNE.

Par le Fr. DU BOIS.

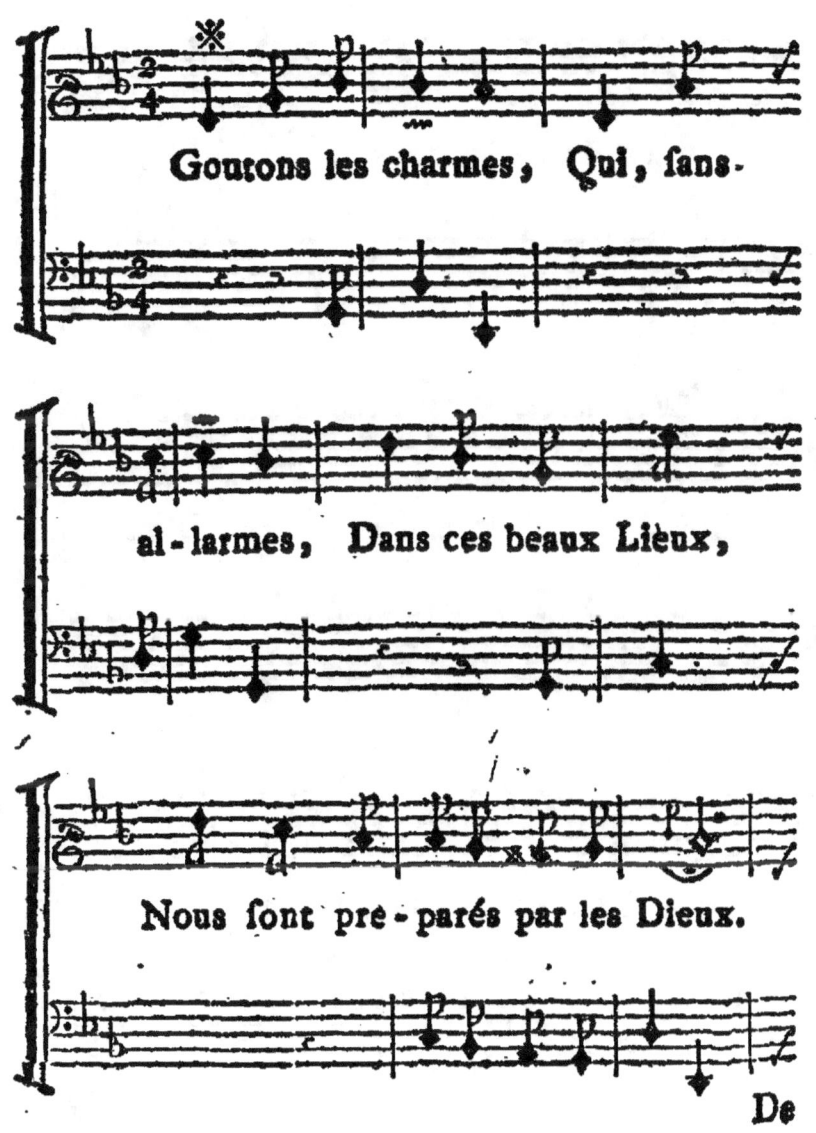

Goutons les charmes, Qui, fans-

al-larmes, Dans ces beaux Lieux,

Nous font pre-parés par les Dieux.

De

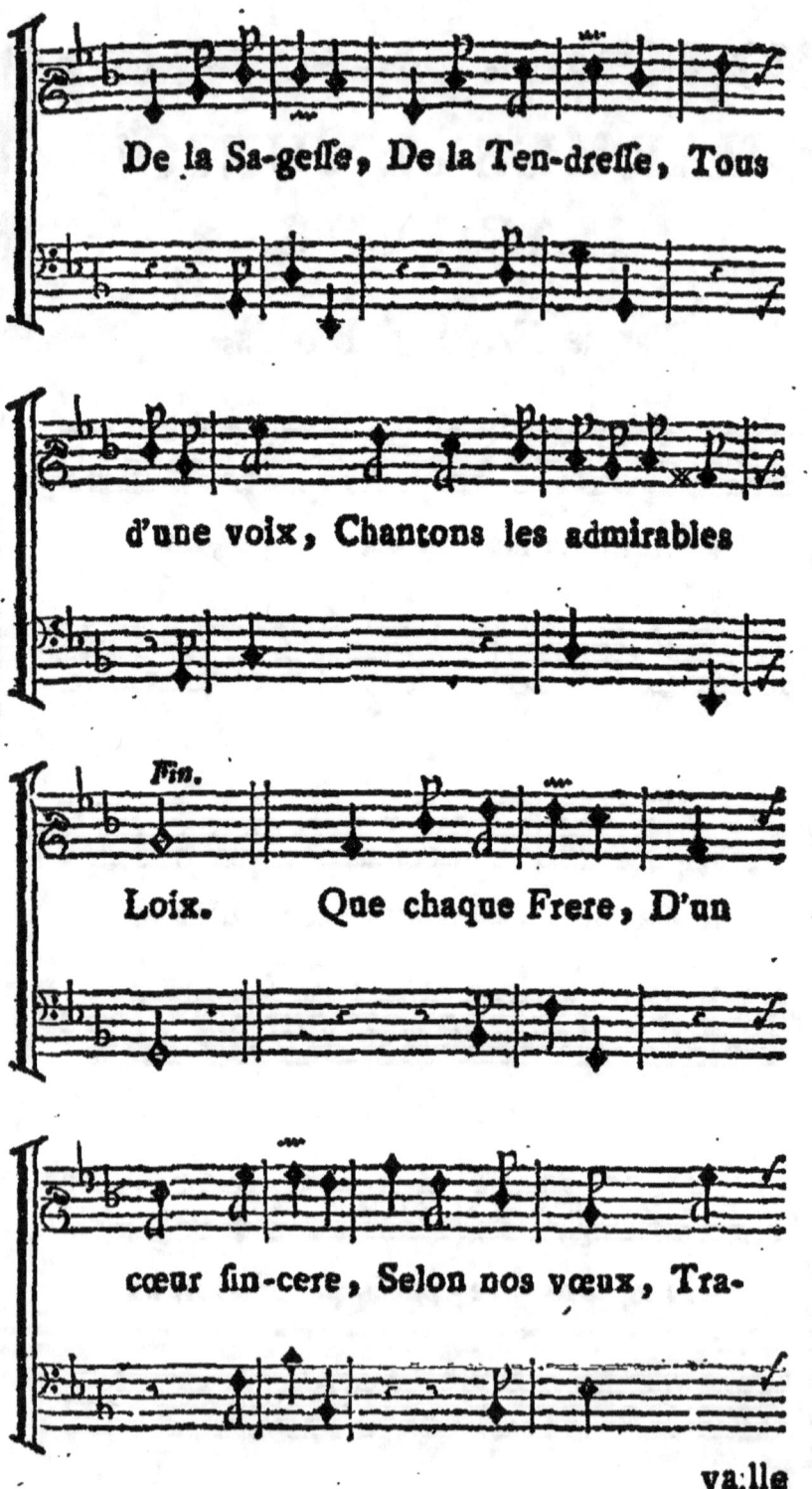

De la Sa-geſſe, De la Ten-dreſſe, Tous

d'une voix, Chantons les admirables

Loix.   Que chaque Frere, D'un

cœur ſin-cere, Selon nos vœux, Tra-

va:lle

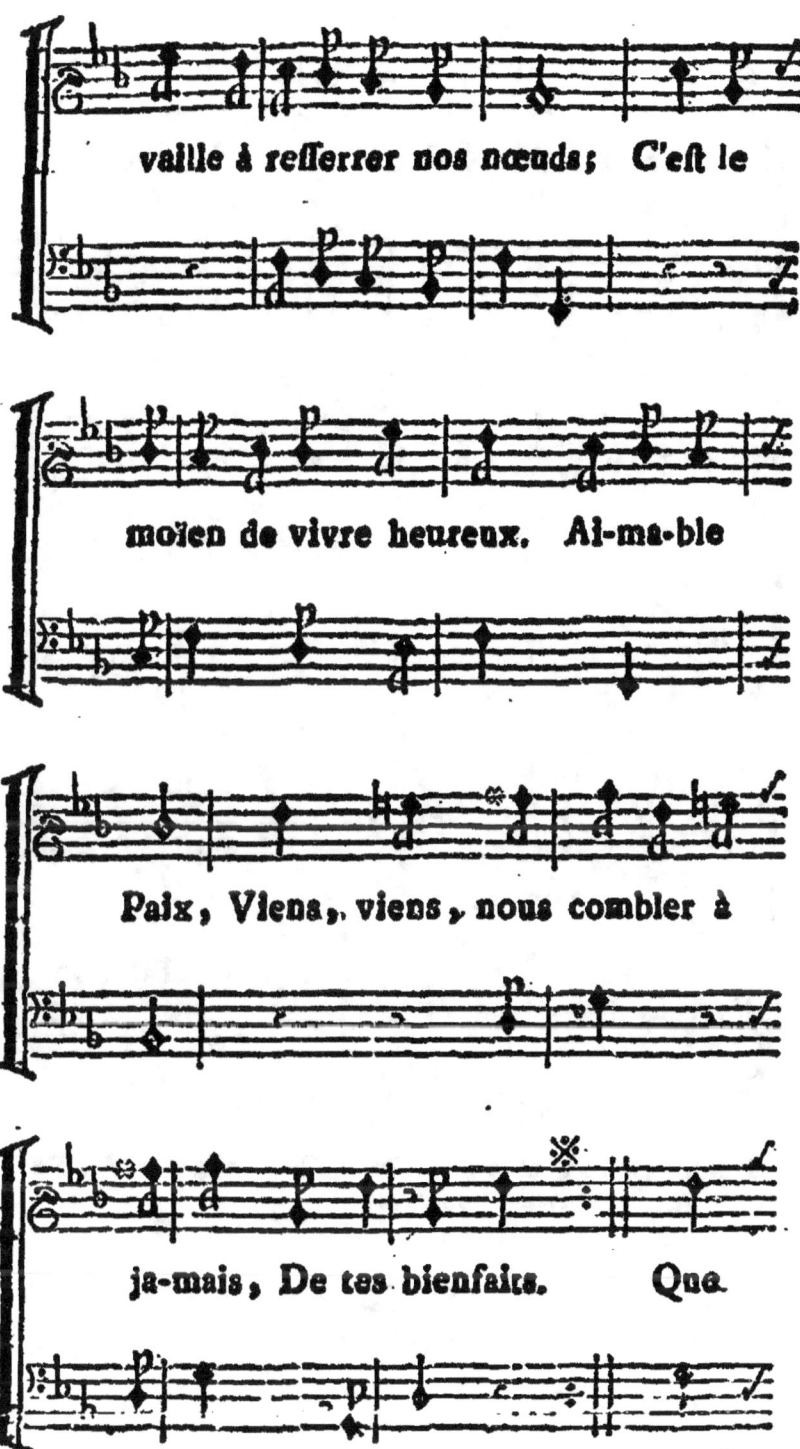

vaille à refferrer nos nœuds; C'eft le

moïen de vivre heureux. Ai-ma-ble

Paix, Viens, viens, nous combler à

ja-mais, De tes bienfaits. Que

j'a-

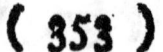

l'a - mi-tié, Soit de moitié, Et que les

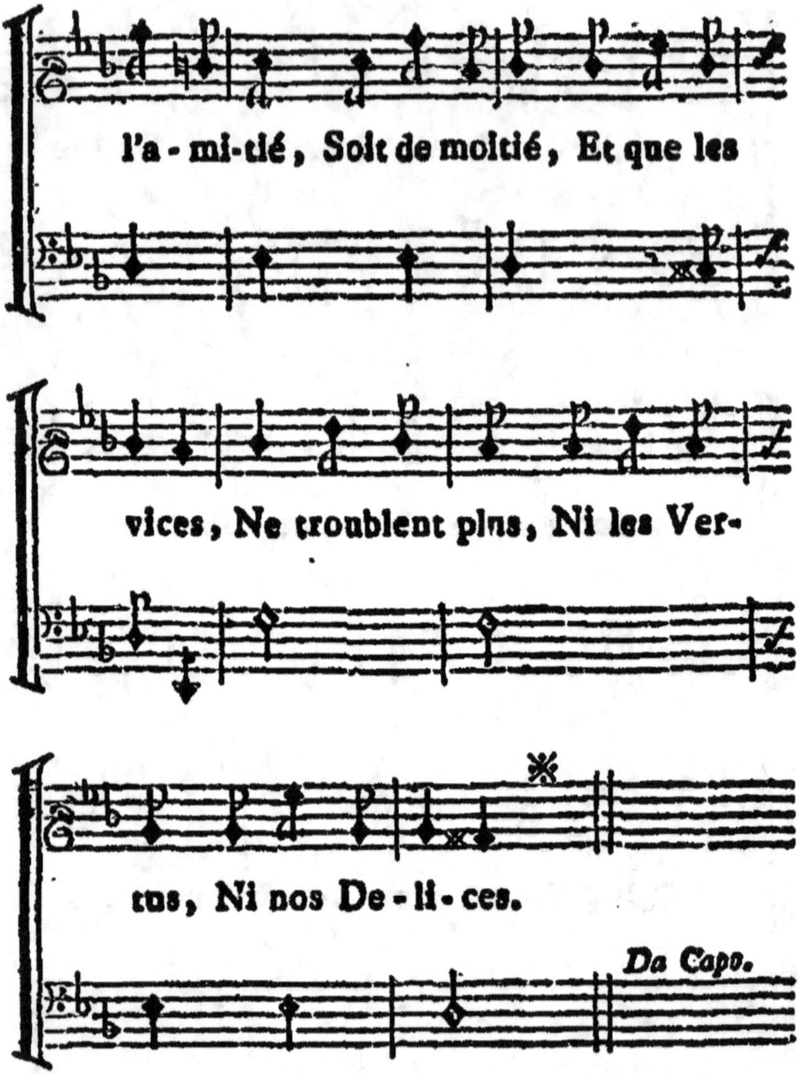

vices, Ne troublent plus, Ni les Ver-

tus, Ni nos De - li - ces.

Da Capo.

Nota. Ces Paroles peuvent aussi se chanter sur l'Air précédent. *Nous sommes Freres.*

PARODIE D'UNE ARIETTE
D'ANNETTE ET LUBIN.

Air: *Une jeune Bateliere.*

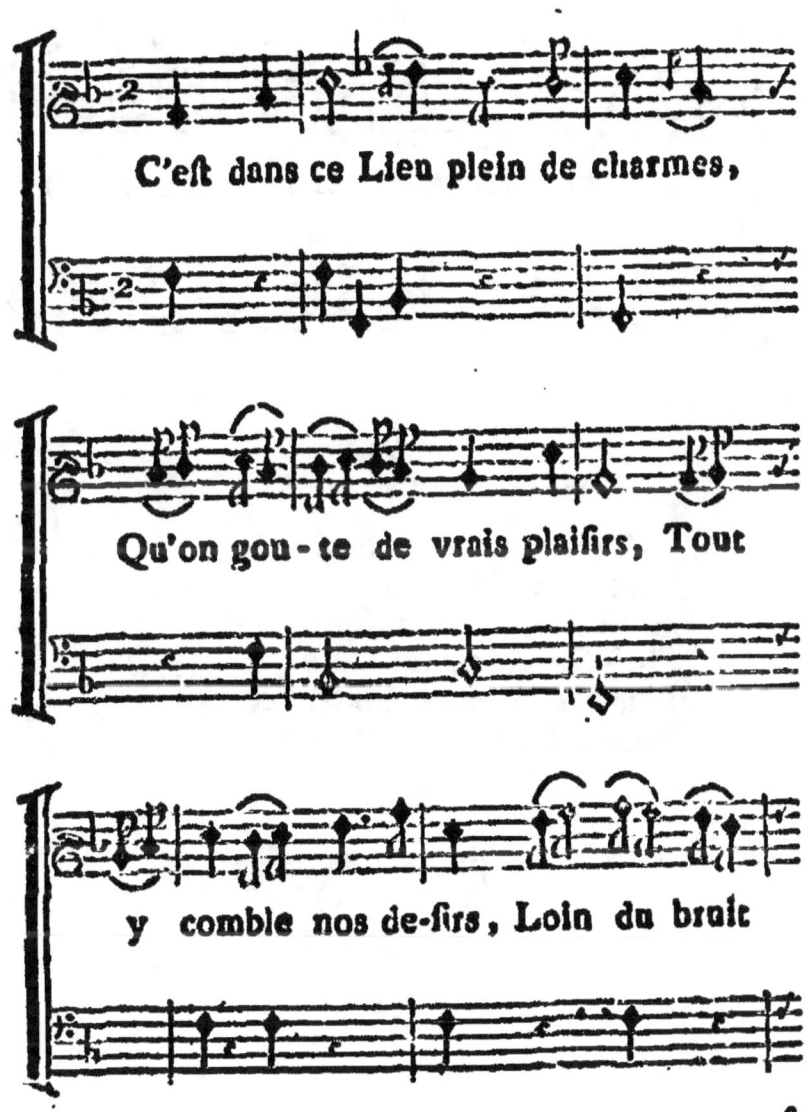

C'eſt dans ce Lieu plein de charmes,

Qu'on gou-te de vrais plaiſirs, Tout

y comble nos de-ſirs, Loin du bruit

&

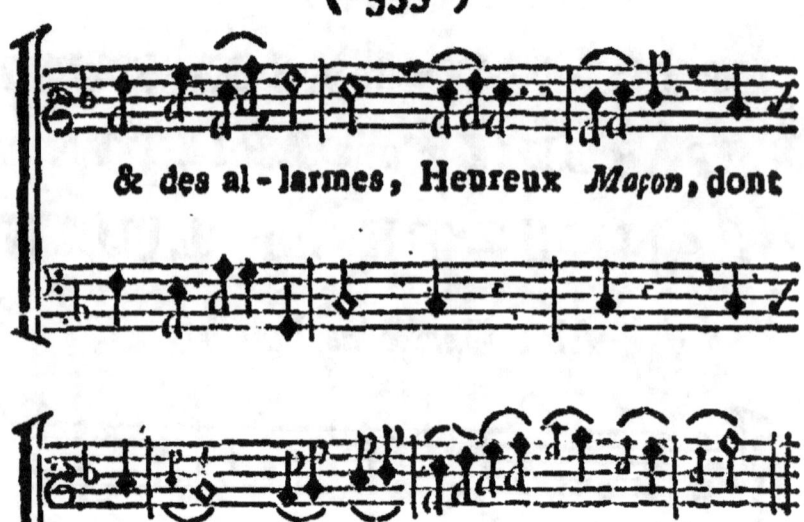

& des al - larmes, Heureux *Maçon*, dont

le cœur, Trouve-i - ci le vrai bonheur!

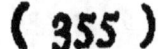

La Vertu douce & tranquille,
Conduit ici la raison :
Le vice, de son poison,
N'infecte point cet azile.
Heureux *Maçon*, dont le cœur,
Trouve ici le vrai bonheur !

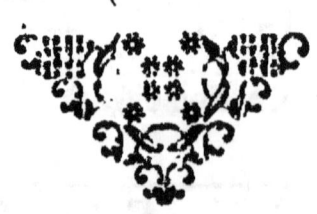

BAND

BAND VAN VEREENIGING.

Nieuwe Compofitie, door J. H. P.

Door den Br. J. B.

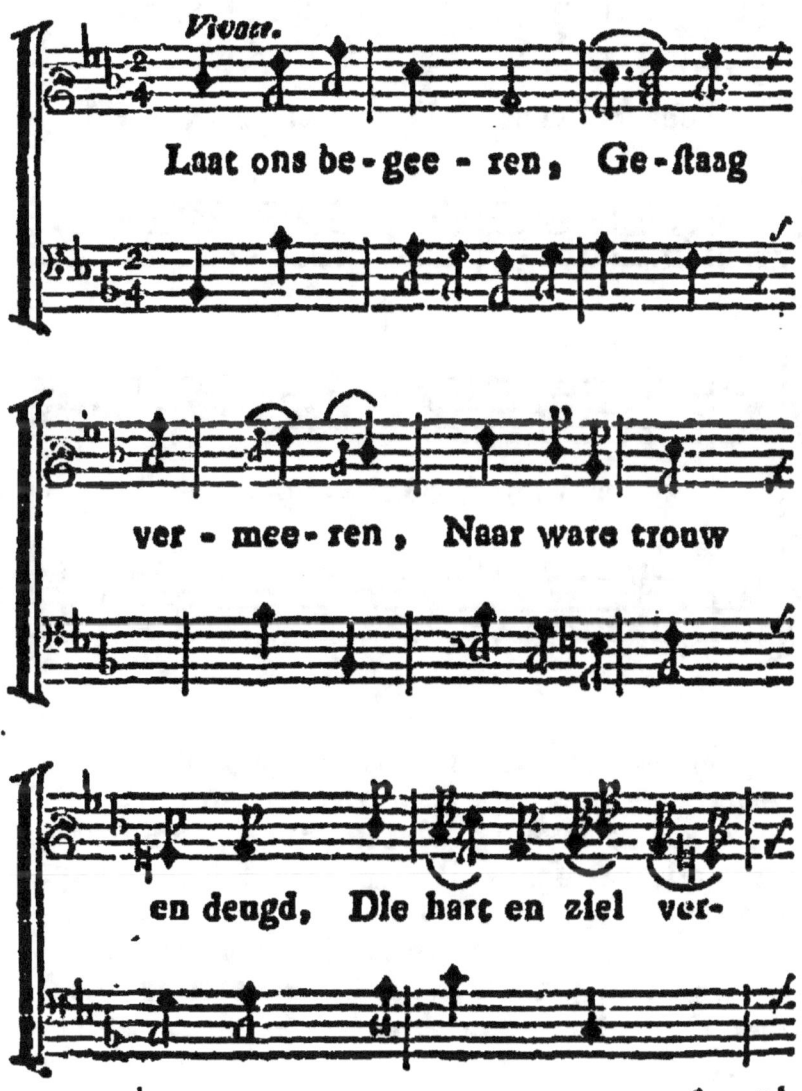

Laat ons be - gee - ren, Ge - ftaag

ver - mee - ren, Naar ware trouw

en deugd, Die hart en ziel ver-

heugd.

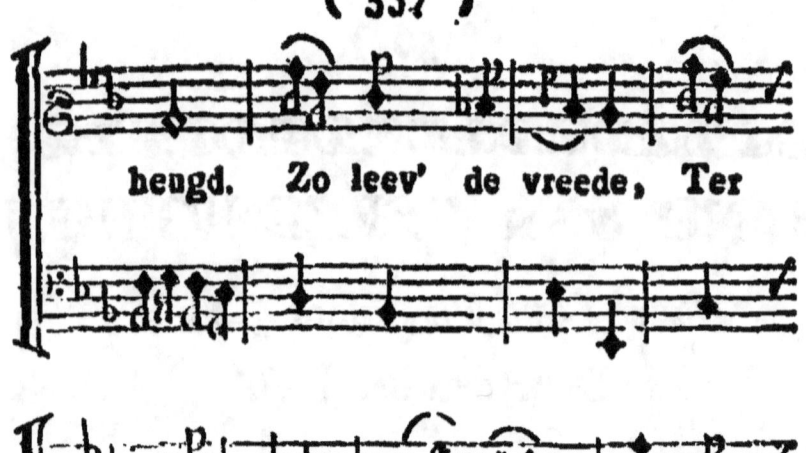

heugd. Zo leev' de vreede, Ter

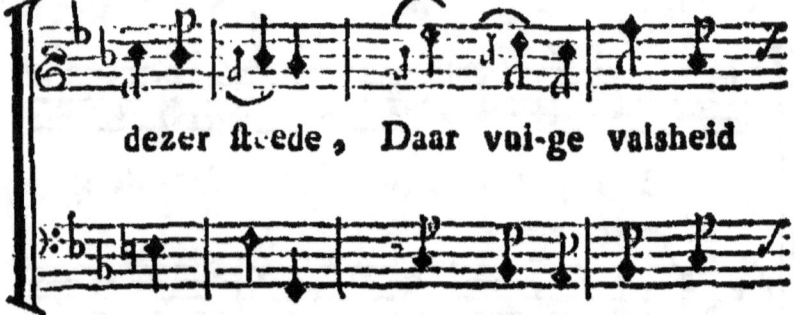

dezer ftede, Daar vui-ge valsheid

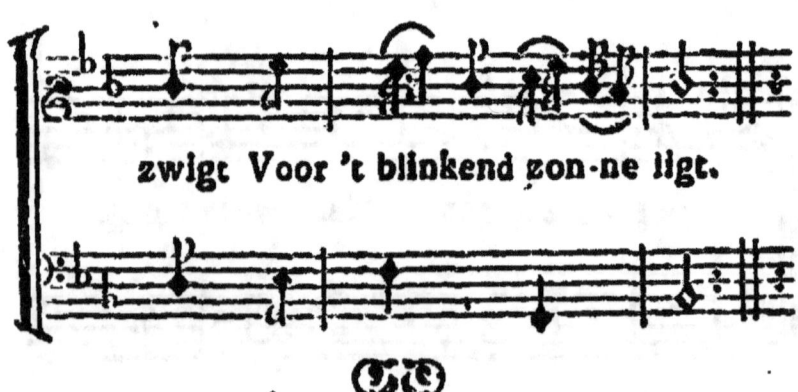

zwigt Voor 't blinkend gon-ne ligt.

Klap in uw handen, | Koom Difchgenoten,
Verfterk de banden | Laat ons vergroten,
Der ware Metz'lary, | Met juichend hand-geklap,
Trots alle veinfery. | De lof der Broederfchap.
Ons word gegeven, | Geen nyd kan grimmen,
't Zout van het leven, | Aan d'Oofter kimmen,
Aan dezen blyden Dis, | Ryft fchooner hemelgloed,
Daar liefd' daar een- | Voor 't Metzelaars gemoed.
   dragt is. | ANT-

Antwoord van den Meester.

Nieuwe Compositie, door J. H. P.

Door den Br. J. B.

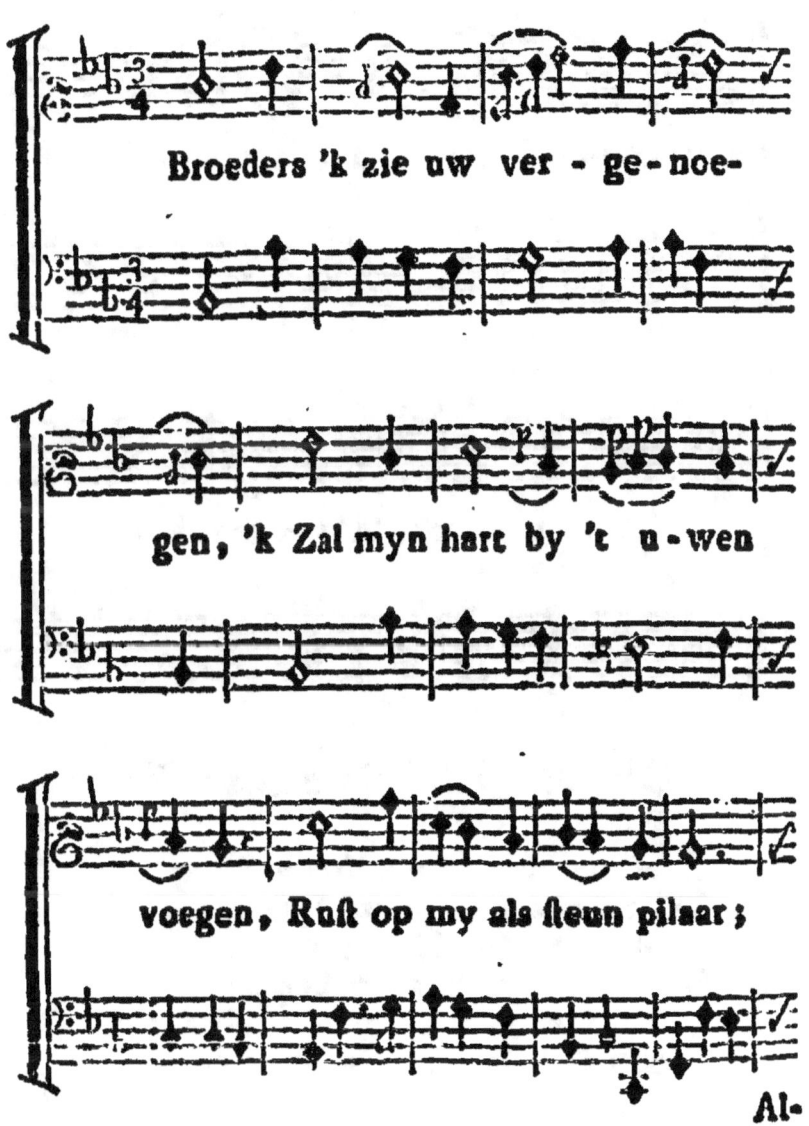

Broeders 'k zie uw ver - ge - noe-

gen, 'k Zal myn hart by 't u - wen

voegen, Ruſt op my als ſteun pilaar;

Al-

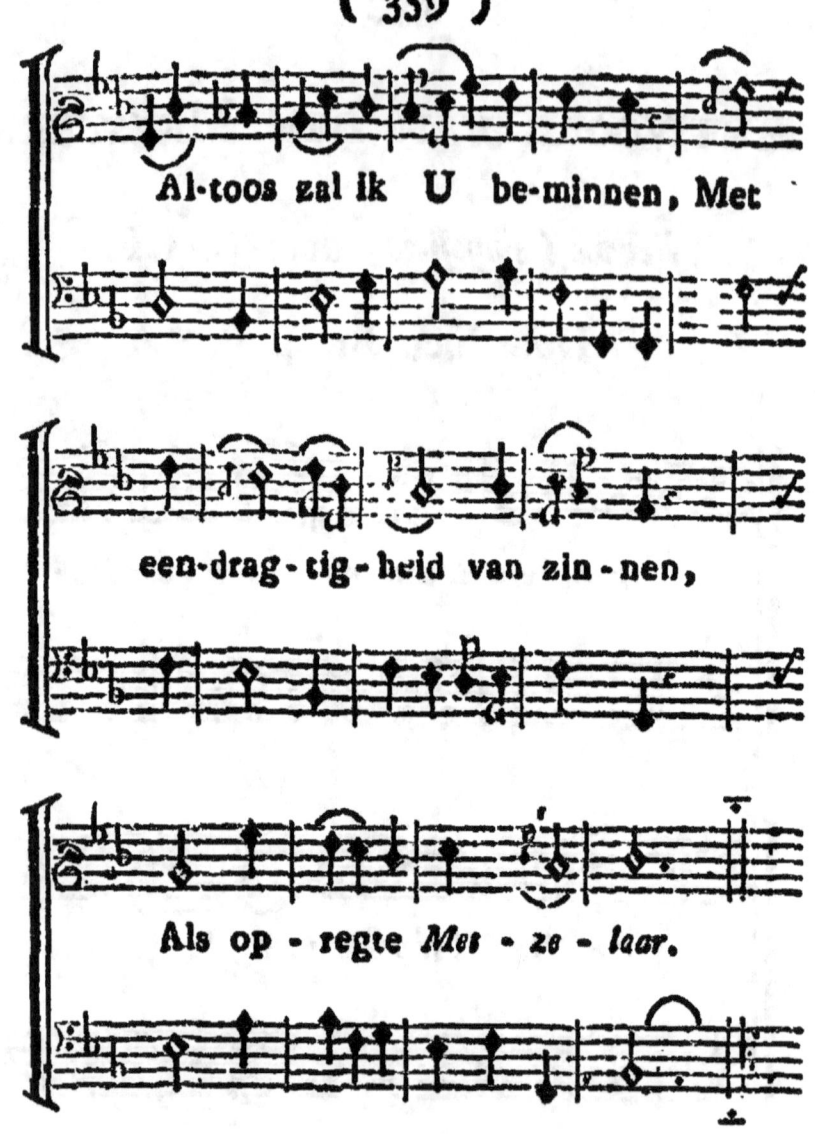

Al-toos zal ik U be-minnen, Met

een-drag-tig-heid van zin-nen,

Als op-regte Mes-ze-laar.

CHORUS. *Op dezelve Wys.*

Leef' verblyd in uw hoogagting,
W' off'ren u de pligts betragting,
Daar gy in het Oosten praalt,
By het vrolyk handen klappen,
Merkt men blydschaps eigenschappen,
Schoon de Zon in 't Westen daalt.

L'OR-

L'ORDRE UTILE AU BEAU SEXE.

Par le Fr. de VIGNOLES.

Sur l'Air : *Lubin aime sa Bergere.*

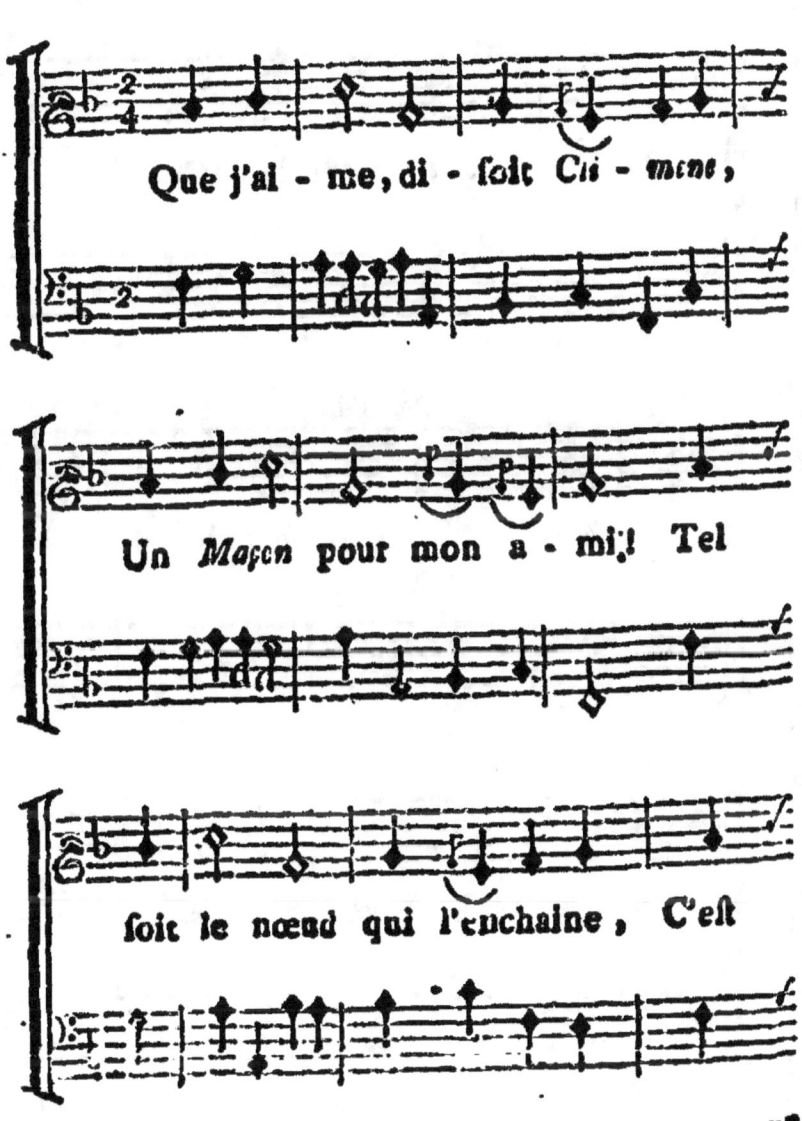

Que j'ai - me, di - soit Cli - mene,

Un *Maçon* pour mon a - mi ! Tel

soit le nœud qui l'enchaine, C'est

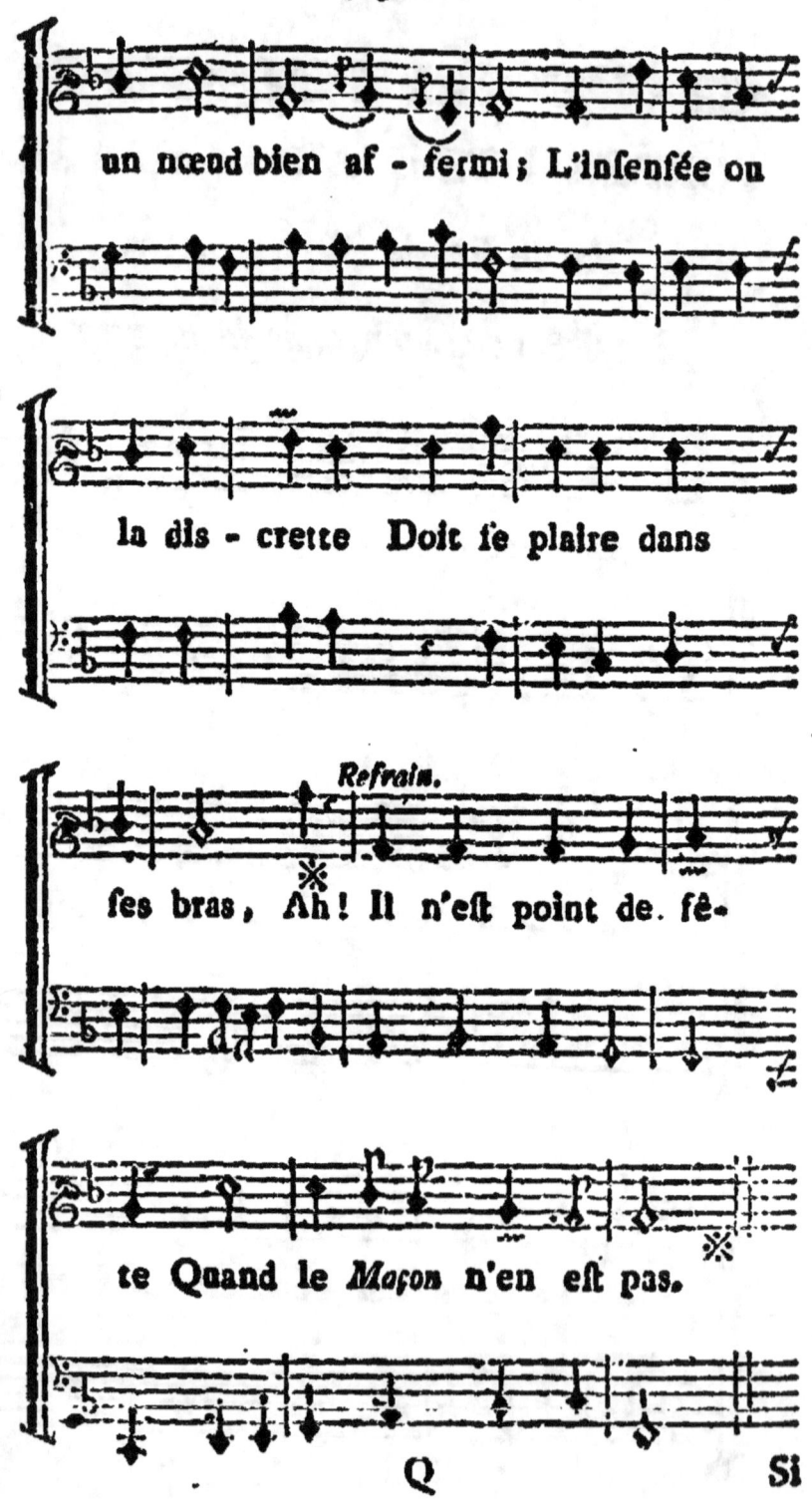

un nœud bien af - fermi ; L'Infenfée on

la dis - crette   Doit fe plaire dans

Refrain.

fes bras, Ah! Il n'eft point de fê-

te Quand le *Maçon* n'en eft pas.

Q   Si

✤

Si fon Iris eft fidèle,
 Elle aura le cœur content,
Car la Loi de la Truelle,
 Le rendra ferme & conftant;
Tranquille pour fa conquête,
 Elle eft libre d'embarras,
  Ah! &c.

✤

Sa flamme eft-elle genée,
 Par fon âge ou fon état,
Du *Maçon* elle eft aimée,
 Sans apprehender l'éclat;
Son ame toujours fecrete
 Dans l'amour fuit le fracas.
  Ah! &c.

✤

Seroit-elle impetueufe,
 Son Amant, pour la fervir,
Doit, fur notre Loi flatteufe,
 Savoir regler le plaifir.
Si nul Demon ne l'arrête
 Il fatisfait fes appas.
  Ah! &c.

✤

Si cette Iris eft volage,
 Que de fortunés momens
Lui prefente notre Ouvrage
 Pour fuivre fes mouvemens!
Elle en defire la fête
 Favorable à fes ébats.
  Ah! &c.

Ve-

Venez Femme, Fille, ou Veuve,
  Qui voulez vous engager,
D'un *Maçon* faites l'épreuve,
  Eſt-il un joug plus leger ?
D'une allegreſſe parfaite
  Vous direz au moins tout bas,
    Ah ! &c.

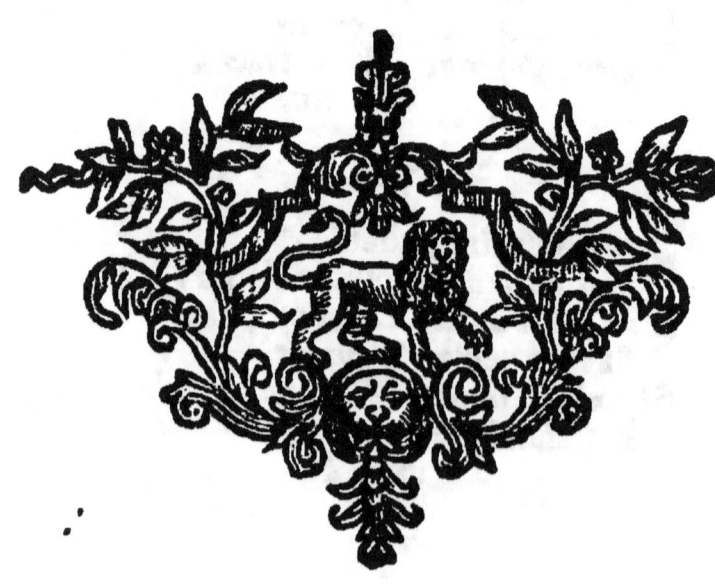

DE

DE BROEDERSCHAP

NUTTIG AAN DE

SCHOONE SEXE.

Door den Br. Pr. V.

Vertaling van het voorgaande.

Op dezelve Wys.

HOE bemin ik , zei *Climeene*
Tot myn vriend een *Metzelaar!*
De band die hem kan vereene,
Is geftrengeld in elkaar:
't Zy gy dom zyt of bedreeven,
Zyn omhelfing geeft vermaak:
Ach! Hy kan vreugde geeven,
Niets is van zo 8el een fmaak. } *bis.*

Wilt gy hem uw gunften fchenken
Tot verkoeling van uw pyn,
Verban vry het achterdenken,
Hy zal fteeds ftilzwygend zyn;
Want geheymen te bewaaren,
Is der *Metzelaaren* pligt:
Ach! Niets kan evenaaren,
By het werk 't geen hy verricht } *bis.*

Slaat

Slaat uw vuur te fel aan 't blaaken,
Hy weet door byzond'ren kunft,
U al koelend' te vermaaken:
Zig te veften in uw gunft;
Wyl de winkelhaak en pasfer,
Hem den maat en reegel leert:
Ach! Wie is 'er die rasfer
Al te groote drift verheert? } *bis.*

Zo zyn Iris hem getrouw is,
Kan haar hart ook zyn geruft,
Dat 'er geene and're vrouw is,
Die voldoen kan aan zyn luft:
Want ftandvaftig te beminnen,
Zyn de wetten die hy leert:
Ach! Hy ftreelt ziel en zinnen:
Niemand die de trouw zo eerd. } *bis.*

Maar zyt gy te wulps van zinnen,
Te veranderlyk van aardt,
Straks gaat hy een ander minnen,
Zyne deugd en kunft meer waard:
Dus wilt gy aanhoudend fmaaken
't Treffent zoet het geen hy fchenkt:
Ach! Wilt hem nooit verzaaken, }
Wyl hy u met Neftar drenkt. } *bis.*

Schoonheên! wilt g'u dan verbinden,
Neem een waardig *Metzelaar.*
Nergens kunt gy weêrgaa vinden,
En geen juk is minder zwaar:
Als gy in zyn arm zult leggen,
En hy mind're zal uw pyn,
Ach! Zeeker zult gy zeggen
Dat zy 't puyk der mannen zyn. } *bis.*

D'AANMOEDIGING.

Door A: N: D......K.

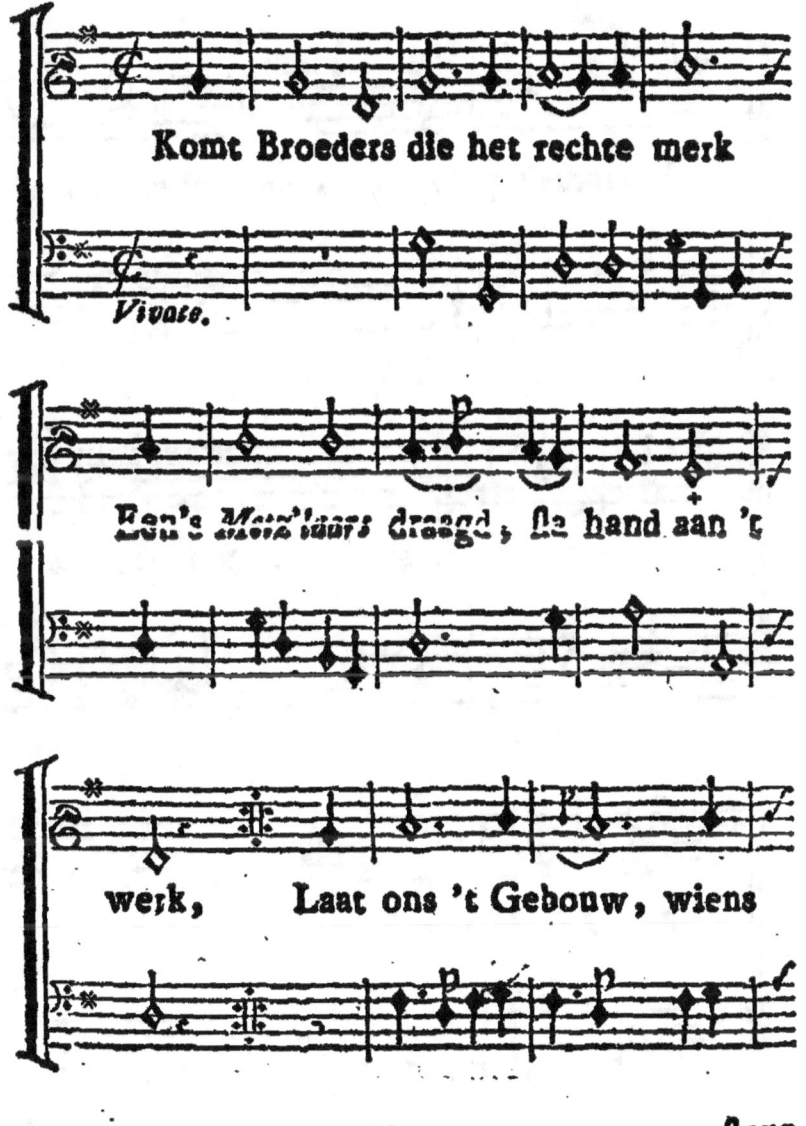

Komt Broeders die het rechte merk

Vivace.

Een's Metz'laars draagd, sla hand aan 't

werk,   Laat ons 't Gebouw, wiens

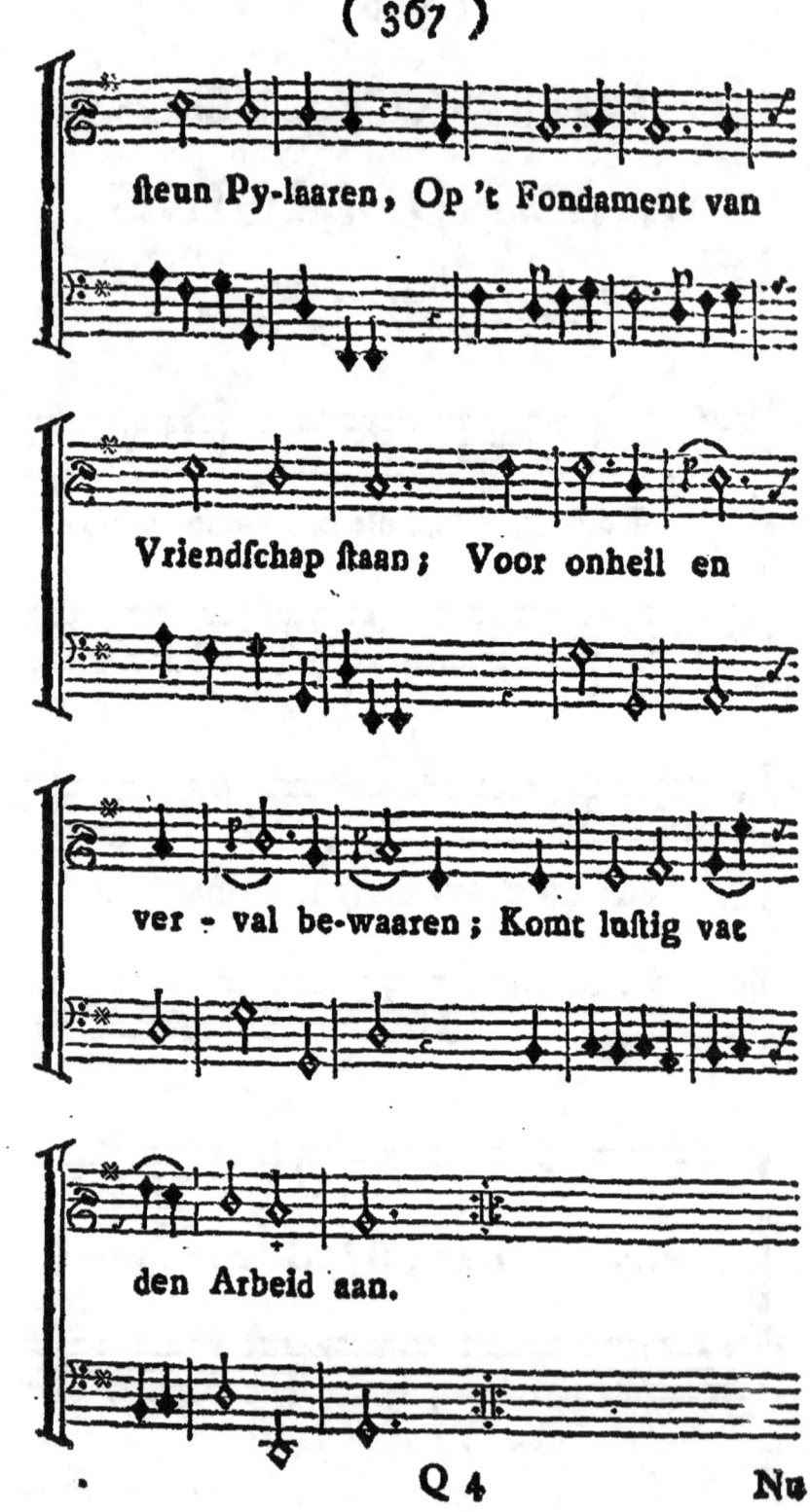

steun Py-laaren, Op 't Fondament van

Vriendfchap ftaan; Voor onheil en

ver - val be-waaren; Komt luftig vat

den Arbeid aan.

Nu eens bedaard gewerkt, gezwoegd,
Gelyk 't een yvrig *Mtiz'laar* voegd;
Paft met de Paffer van de reede,
Al wat gy denkt, of fpreekt, of doet;
De Winkelhaak van Liefd' en Vreede,
Toont hoe ge uw' Arbeid rigten moet.

De Kalk van Eendragt houde uw Steen,
Hoe d'afgunft buld're, vaft aan een,
Beftrykt elkanders Ziel gebreken,
Met Troffels van verbetering;
Geen fout dient over 't hoofd gekeken,
Van Meefter, Knegt of Leereling.

Op dat men zig dan niet vergifs,,
Of in zyn Arbeid agt'loos mifs',
Wilt alles keuriglyk befchouwen,
Door het by ons bekent getal;
Zoo kan men zeekerlyk vertrouwen,
Dat daar niets aan ontbreken zal.

INSTRUMENS MAÇONS.

Parodie du *Serrurier d'Amour.*

Par le Fr. DU BOIS.

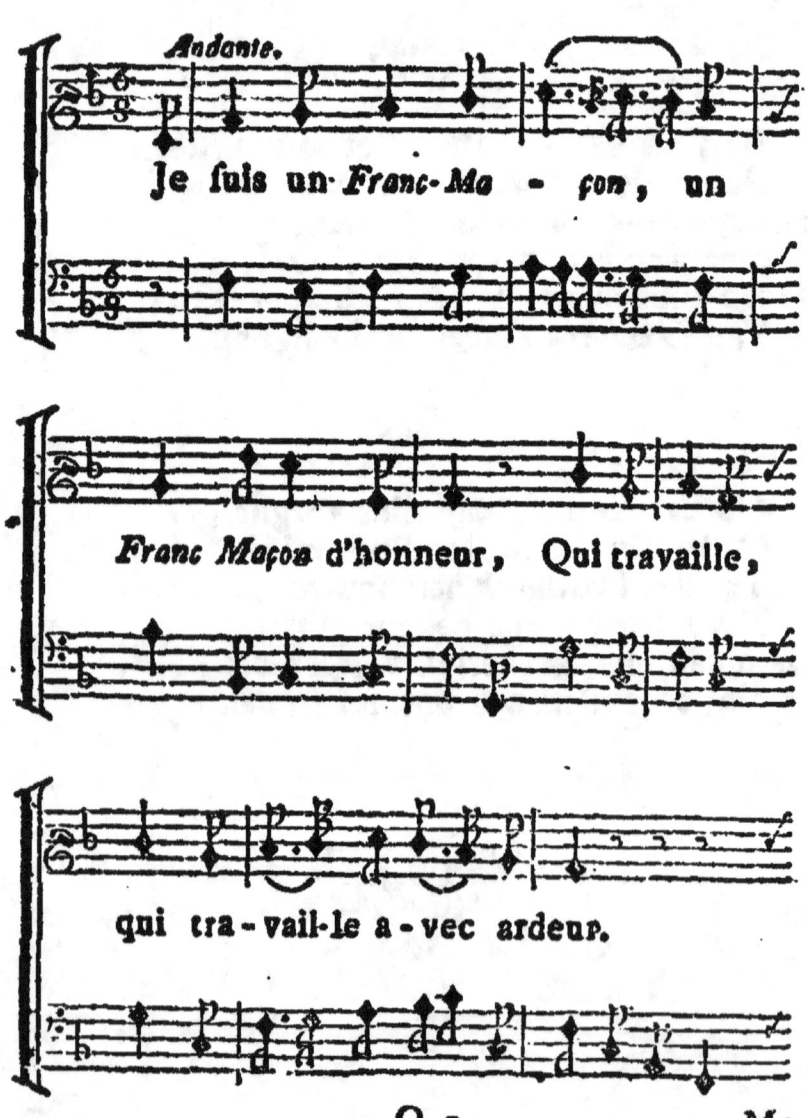

Je suis un Franc-Ma - çon, un

Franc Maçon d'honneur, Qui travaille,

qui tra-vail-le a-vec ardeur.

Q 5.   Ma

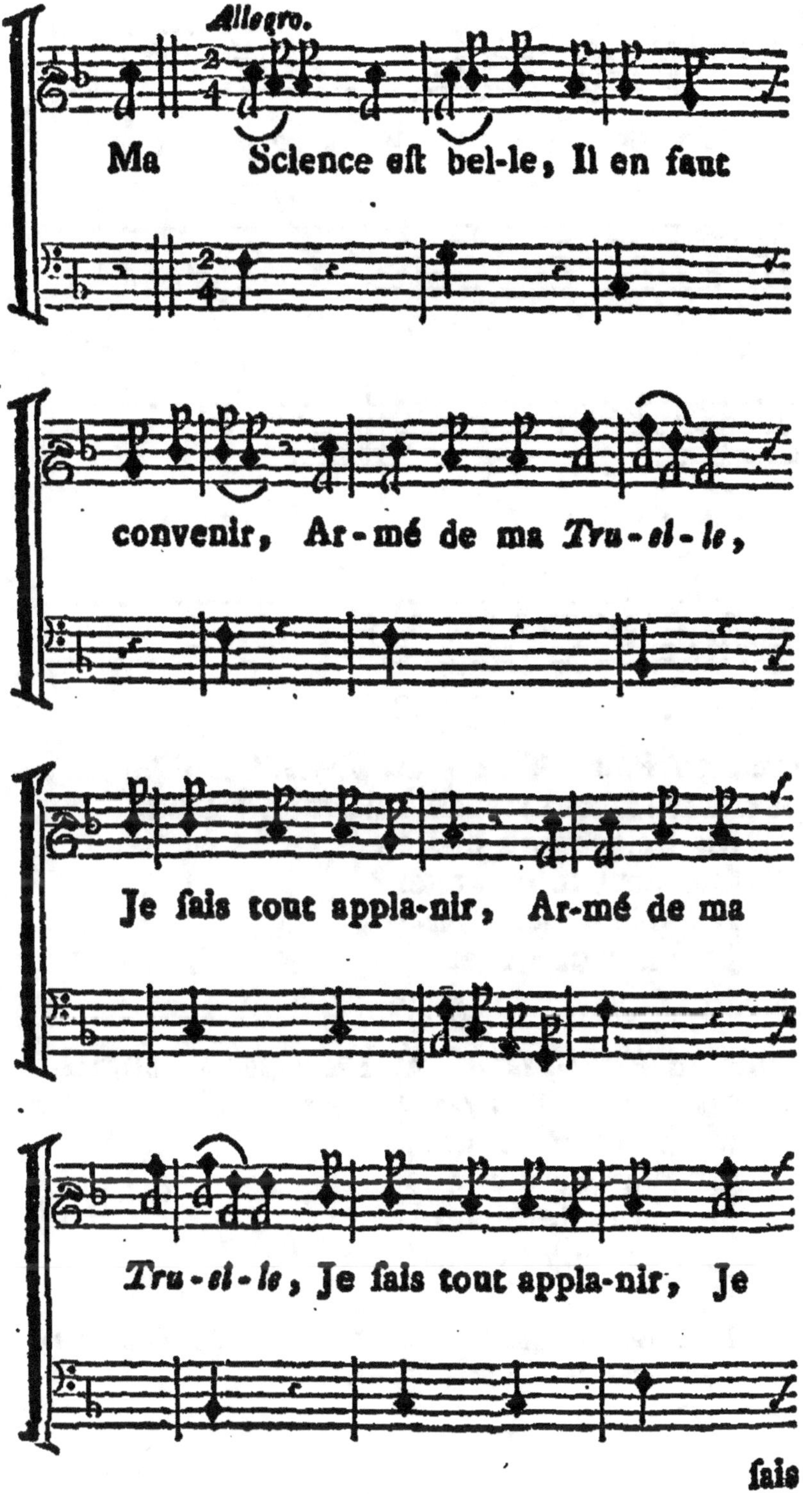

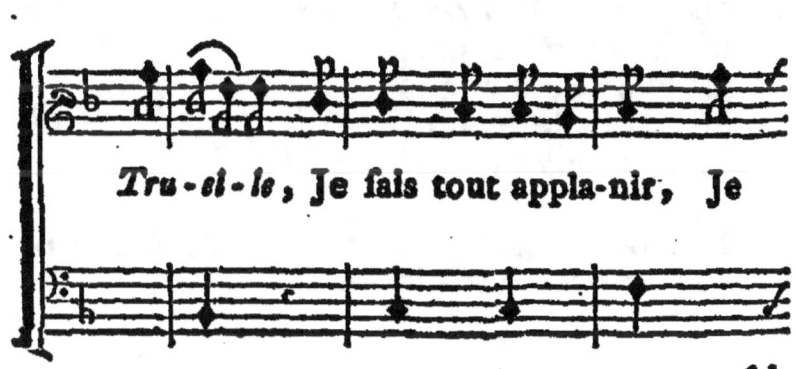

Allegro.

Ma Science est bel-le, Il en faut

convenir, Ar-mé de ma *Tru-el-le*,

Je fais tout appla-nir, Ar-mé de ma

Tru-el-le, Je fais tout appla-nir, Je

fais

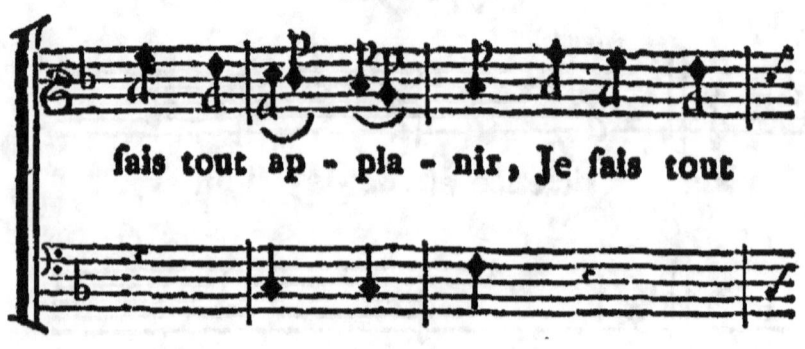

fais tout ap - pla - nir, Je fais tout

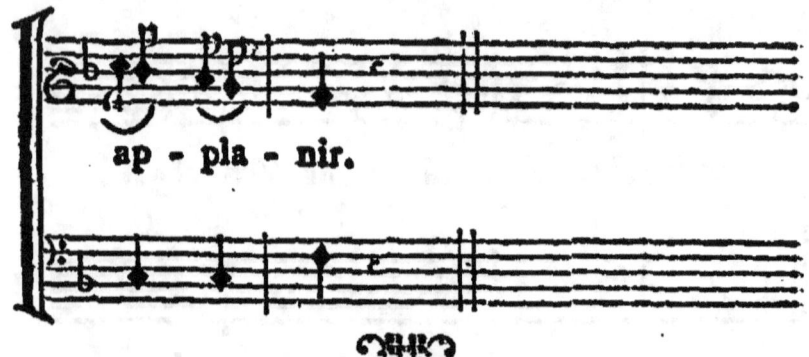

ap - pla - nir.

Je fuis un *Franc-Maçon*, un *Franc-Maçon* joïeux,
Qui travaille, qui travaille de mon mieux.
    Ma Science eft claire,
    Qui peut le contefter ?
    A l'aide d'une *Equerre*,
    Je fais tout ajufter.   } bis.

Je fuis un *Franc-Maçon*, un *Franc-Maçon* inftruit,
Qui travaille, qui travaille à petit bruit.
    Ma Science eft fûre,
    On n'en doutera pas,
    Je trace, je mefure,
    Je fais tout au *Compas*.   } bis.

Nota. *La derniere ligne de chaque Couplet doit être repe-
tée deux fois, après le bis.*

DOUCEURS DE L'AMITIÉ FRATERNELLE.

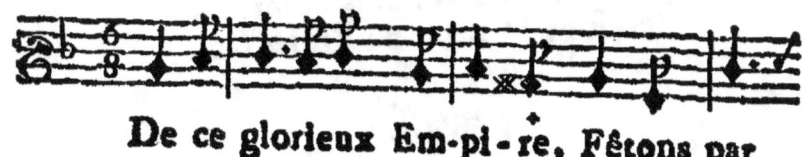

De ce glorieux Em-pi-re, Fêtons par

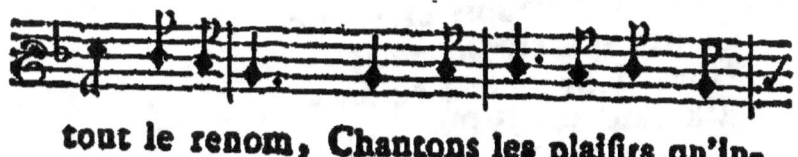

tout le renom, Chantons les plaisirs qu'In-

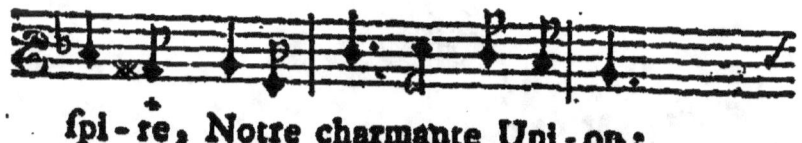

spi-re, Notre charmante Uni-on:

Refrain.

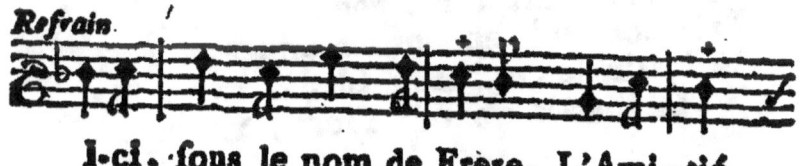

I-ci, fous le nom de Frère, L'Ami-tié

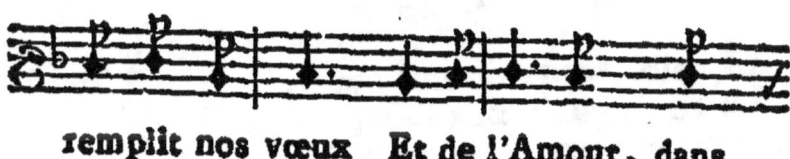

remplit nos vœux Et de l'Amour, dans

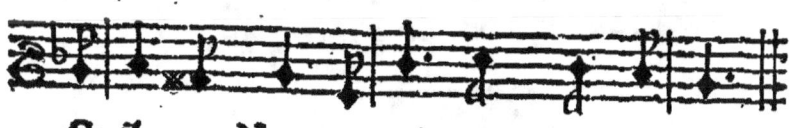

Cy-the-re, Nous ne craignons point les feux.

Nous

Nous feuls goutons de la vie,
Les charmes & les douceurs ;
La difcorde, ni l'envie,
Ne peuvent rien fur nos cœurs.
    Ici fous le nom de Frere &c.

En vain le Peuple murmure,
Contre nos amufemens ;
Nous rions de fa Cenfure,
Elle fait nos Paffe-tems.
    Ici fous le nom de Frere, &c.

Venus, par de puiffans charmes,
Ne brille point à nos yeux ;
Mais nous lui rendons les armes,
Au fortir de ces beaux Lieux.
    Ici fous le nom de Frere, &c.

La gaîté regne en nos ames,
La vertu guide nos fens ;
Nous brùlons des mêmes flames,
Et nous fommes tous contens.
    Ici fous le nom de Frere, &c.

TRIOM-

TRIOMPHE des MAÇONS.

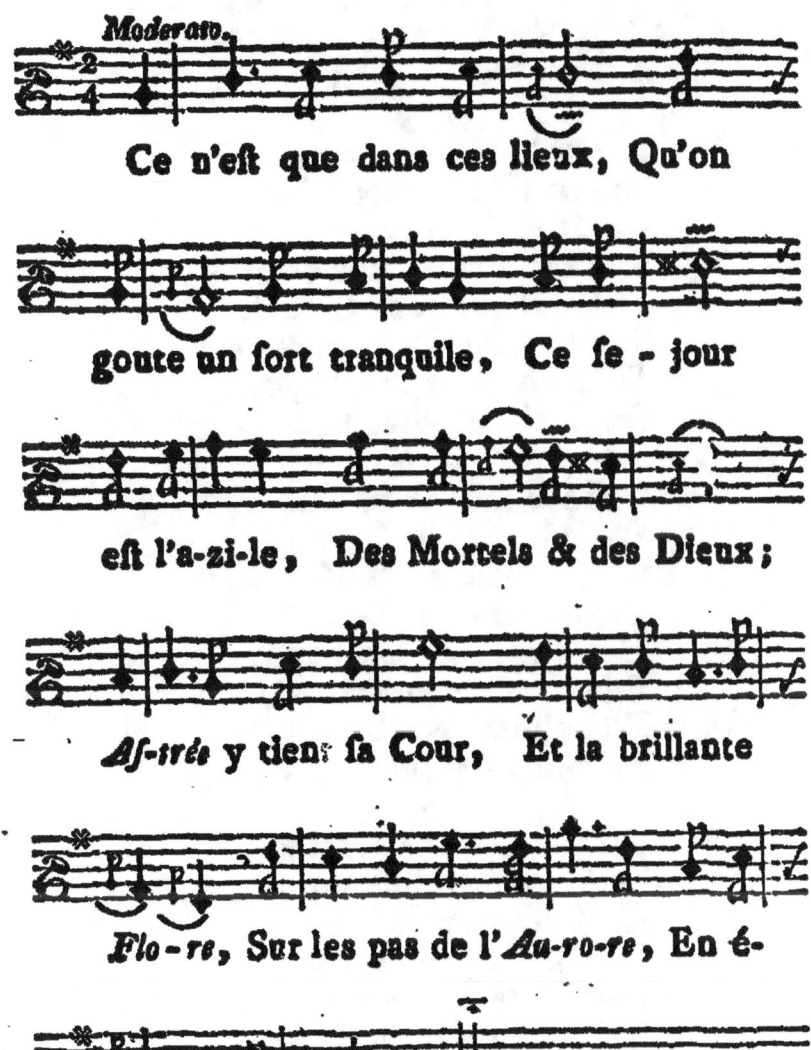

Ce n'eſt que dans ces lieux, Qu'on

goute un ſort tranquile, Ce ſe - jour

eſt l'a-zi-le, Des Mortels & des Dieux;

Aſ-trée y tient ſa Cour, Et la brillante

Flo - re, Sur les pas de l'Au-ro-re, En é-

car - te l'A - mour,

L'ai-

L'aimable liberté,
Qui pour nous s'intéreffe,
Dans notre Ordre fans ceffe,
Conduit la volupté,
Les jeux & les plaifirs :
A nos vœux tout fuccede,
Tout s'y foumet, tout cede
A nos ardens defirs.

Des plus vives ardeurs,
Le Dieu de la tendreffe,
Par la delicateffe,
Sait enflammer nos cœurs ;
C'eft lui qui nous conduit,
Son flambeau nous éclaire,
Tout eft pour nous *Cythere*,
Où fa clarté nous luit.

Si nous faifons un choix,
C'eft d'après la Sageffe,
Cette aimable Déeffe
Difte feule nos Loix ;
Des plus purs fentimens
Elle remplit nos ames,
Elle allume nos flames,
Et gouverne nos fens.

En vain, à nos regards,
Dans ce lieu folitaire,
La Reine de *Cythere*
Et l'illuftre Dieu *Mars*,
S'offriroient à la fois ;
La *Paix* a nos homages,
La *Vertu* nos fuffrages,
Et l'*Amitié* nos voix.

DE

DELICES des MAÇONS.

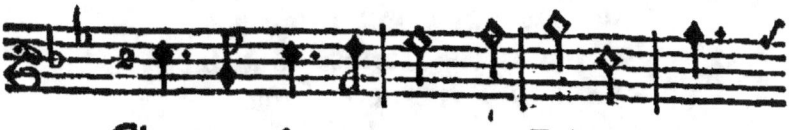

Chantons de concert mes Frères, Les

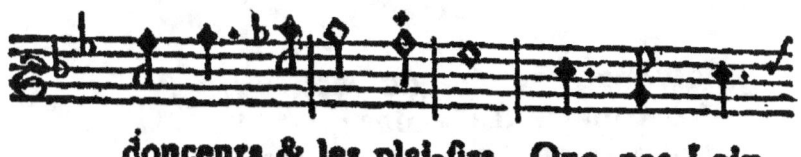

douceurs & les plai-firs, Que nos Loix

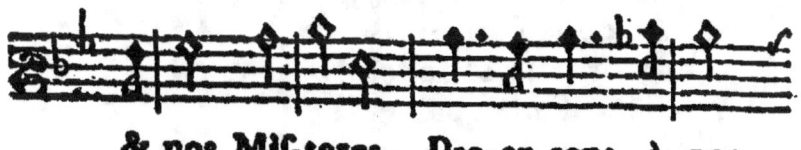

& nos Mif-teres, Pro-cu-rent à nos

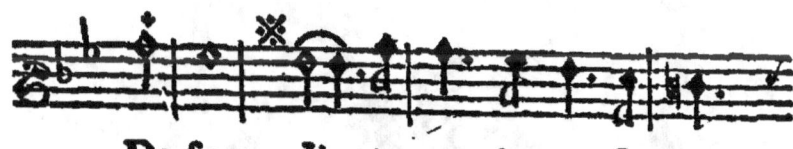

De-firs;   Ils ont un charme fla-teur,

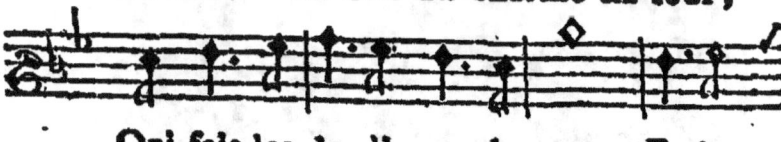

Qui fait les de-li-ces du cœur, Et le

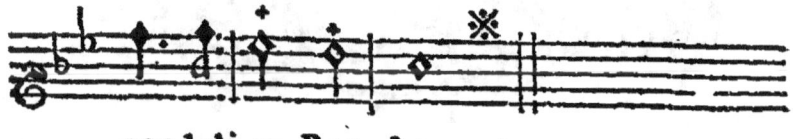

conduit au Bon-heur.

Pour

Pour goûter le bien suprême,
Où se portent tous nos vœux,
Remplis d'une ardeur extrême,
Pour resserrer nos beaux nœuds,
Saisissons ces doux instans,
Qui par leurs attraits séduisans,
Savent enivrer nos sens.

Suivons l'exemple du Maître,
Profitons de ses leçons :
A l'ouvrage il faut se mettre,
Tous à l'envi *maçonnons* ;
Et de la Fraternité,
Pour faire la felicité,
Bannissons l'oisiveté.

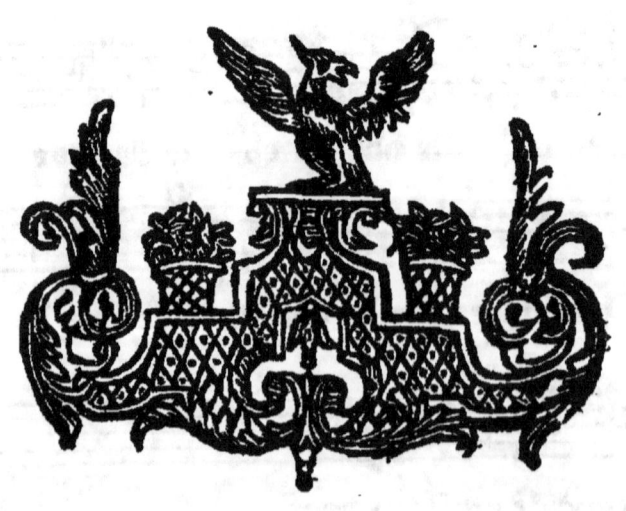

L. A.

LA VERTU ASSOCIÉE À LA GAITE'.

Sur l'Air précedent.

ICI la *Vertu* riante
Eſt Mere de la *Gaité*;
Chaque Muſe auſſi la chante,
C'eſt notre Divinité,
    Mais plus d'une Déïté
    Veut faire la felicité
    De notre Fraternité.

L'aimable Enfant de *Cybere*,
Pretend en avoir l'honneur,
Sous le voile du miſtere
Fixez, dit-il, le bonheur.
    C'eſt dans mes tendres ardeurs
    Que ſont les ſeuls plaiſirs flatteurs,
    Et le doux charme des cœurs.

L'attraïant Dieu de la Treille,
Nous offrant ſon Elixir,
Soutient que dans ſa Bouteille
Reſide le vrai plaiſir;
    Que pour fuir un vain deſir,
    Souvent ſujet au repentir,
    C'eſt ſon jus qu'il faut choiſir.

Le

Le Dieu de la bonne chere .
Vient fe mettre fur les rangs;
Il n'eſt d'heureux, fur la terre,
Que mes joieux partifans.
   C'eſt dans mes Feſtins friands,
   Qu'on goûte les plus doux momens;
   Faites-en vos paſſe-tems.

Dans ce fejour deleɡable,
Ufons fagement de tout,
L'Amitié, le Vin, la Table,
Tour à tour flattent le gout.
   Au fein d'un Trio ſi doux,
   En depit de tous nos jaloux,
   Nous rions des fages foux.

BONHEUR DE LA LOI MAÇONNE.

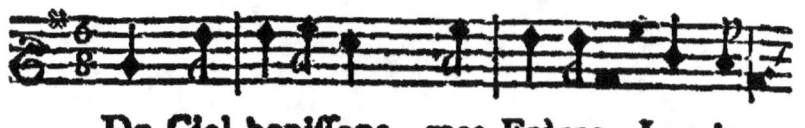

Du Ciel beniſſons, mes Frères, Les in-

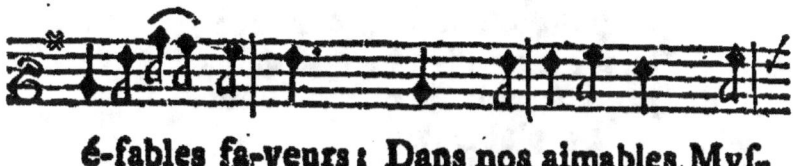

é-fables fa-veurs; Dans nos aimables Myſ-

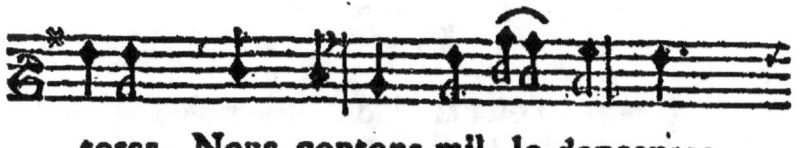

teres, Nous goutons mil- le douceurs;

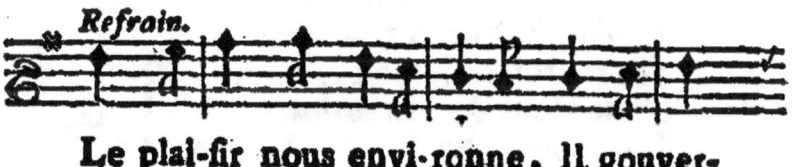

Le plai-ſir nous envi-ronne, Il gouver-

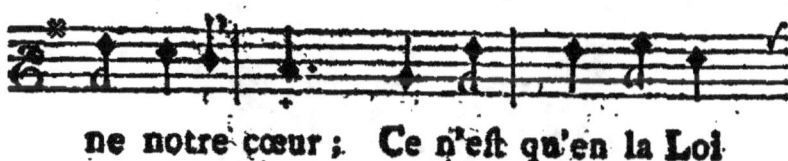

ne notre cœur; Ce n'eſt qu'en la Loi

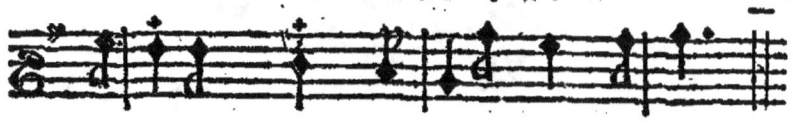

Maçonne, Qu'on trouve le vrai bonheur.

Cette

Cette Loi, dont la Sageſſe
Fut toujours le fondement,
Accorde à nos vœux ſans ceſſe
Un bien parfait & charmant.
　　Le plaiſir &c.

En tous tems ſous ſes auſpices,
On paſſe d'heureux momens,
Ce n'eſt que jeux, que delices,
Que charmes & qu'agrémens.
　　Le plaiſir &c.

Soyons donc toujours enſemble,
Unis par de ſi beaux nœuds;
Que le plaiſir nous raſſemble,
Et fixe à jamais nos vœux.
Si le Profane en raiſonne,
Nous rions de ſon erreur,
Ce n'eſt qu'en la Loi *Maçonne*
Qu'on trouve le vrai bonheur.
　　　　　　　　　　} *bis.*

L'ECHO DES MAÇONS.

Sur l'Air du Vaudeville: *C'est un Sorcier.*

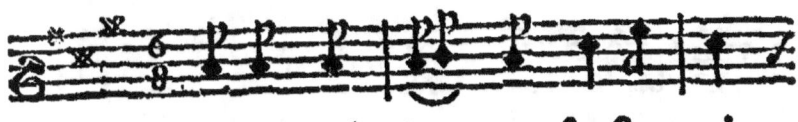

Freres qui dans ce sanctu - ai-

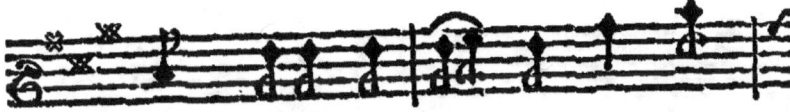

re, Jouïf-fez d'un des-tin heu-

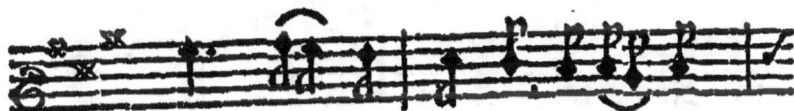

reux, La rai-fon ouvre fa car-

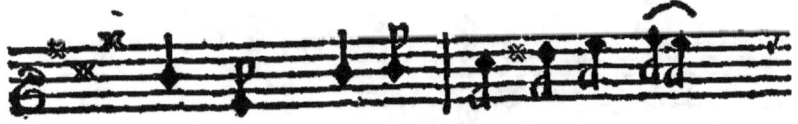

rie-re, Tracez, à l'éclat de

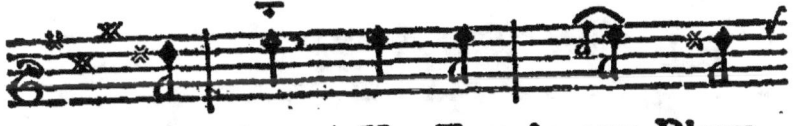

fes feux, Un Temple aux Dieux

de

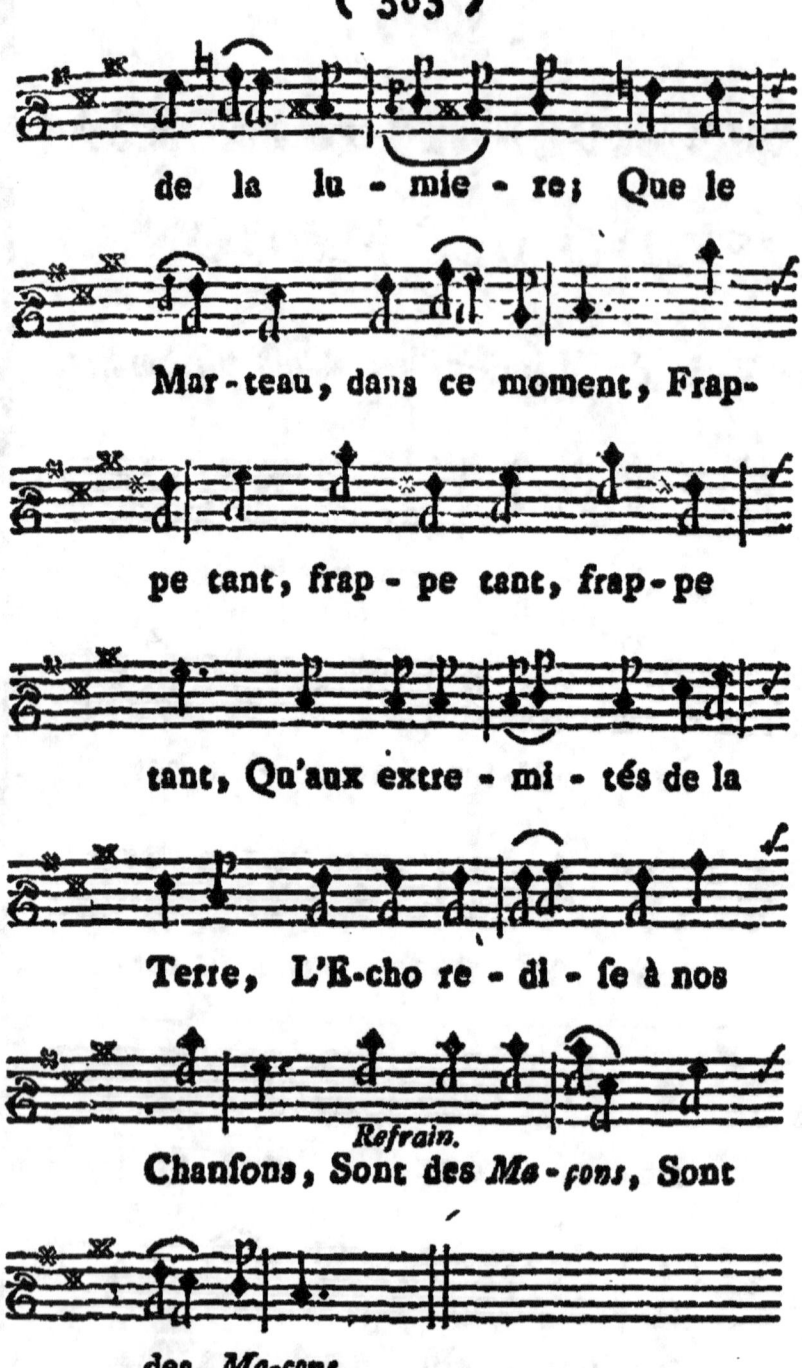

de la lu - mie - re; Que le

Mar - teau, dans ce moment, Frap-

pe tant, frap - pe tant, frap - pe

tant, Qu'aux extre - mi - tés de la

Terre, L'E-cho re - di - fe à nos

Refrain.

Chanfons, Sont des Ma - çons, Sont

des Ma-çons.

Que

Que la Verité fans nuage
Vienne échauffer nos chaftes cœurs,
Que l'Amitié, de notre hommage,
Vienne recevoir les honneurs:
C'eft fa chaîne qui nous engage,
Que le Marteau, dans ce moment,
Frappe tant, frappe tant, frappe tant,
Que jufqu'au plus lointain rivage
L'Univers dife à nos Chanfons,
Sont des *Mafons*, *bis.*

Rions des foupçons du vulgaire,
Etonnons-le par nos vertus;
En vain il cherche la lumiere,
Sans nous fes foins font fuperflus.
Notre bonheur eft de nous taire;
Que le Marteau, dans ce moment,
Frappe tant, frappe tant, frappe tant,
Que fans connoitre le miftere,
L'on repete après nos Chanfons,
Sont des *Mafons*, *bis.*

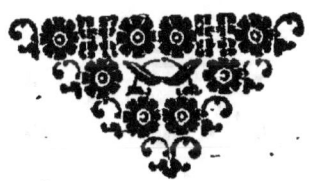

LE PANTHEON MAÇON.

Par un Fr. de la Loge *S. J.* à *Metz*.

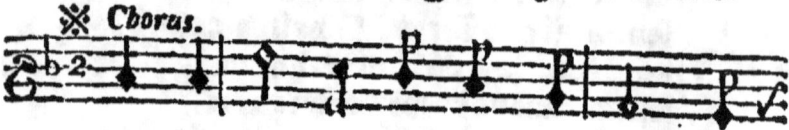

Les *Ma-çons* sont toujours heureux, Par

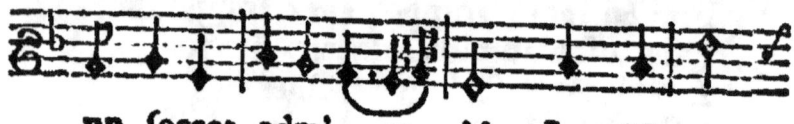

un secret admi - ra - ble, Les *Ma-çons*

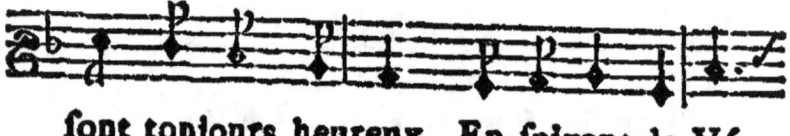

sont toujours heureux, En suivant le Vé-

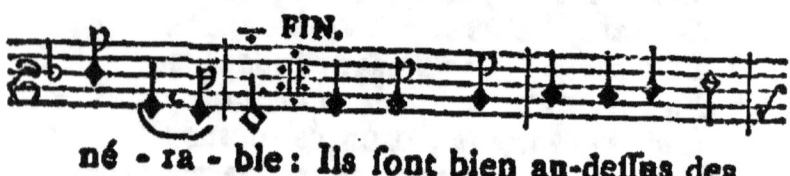

né - ra - ble: Ils sont bien au-dessus des

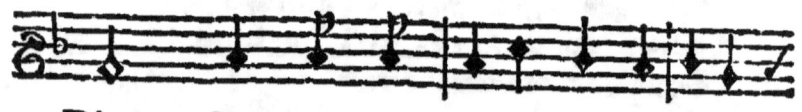

Dieux , Que l'on nous vante dans la Fable,

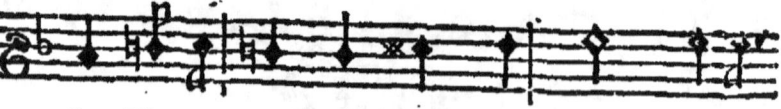

La Vertu jusqu'au haut des Cieux , Place

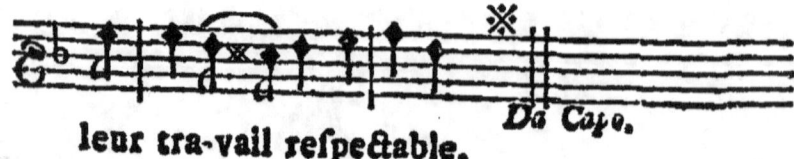

leur tra-vail respectable.

R

Si *Jupiter*, dans fon courroux,
Lance fon foudroyant tonnerre,
Ils n'en redoutent point les coups,
Etant à couvert de l'Equerre.
  Les *Maçons* &c.

Neptune, au liquide Element,
Jaloux de paffer pour un Frere,
Nous indique, par fon Trident,
Qu'il voudroit être du myftere.
  Les *Maçons* &c.

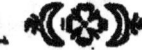

Platon, au fejour ténébreux,
Fremit & baiffe la paupiere;
Il craint nos fêtes & nos jeux,
Et tremble devant la lumiere.
  Les *Maçons* &c.

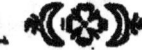

Le *Dieu du Vin*, jamais, par eux,
Ne vit fa Statuë adorée:
La Tempérance, de leurs nœux,
Affure bien mieux la durée.
  Les *Maçons* &c.

Momus,

Momus, avec eux, quelquefois,
S'introduit dans leurs Assemblées ;
Mais on l'assujettit aux Loix,
Que *Pallas* leur a revelées.
    Les *Maçons* &c.

A *Plutus* les voit-on offrir,
Des vœux ardens pour la Richesse ?
Ce n'est qu'afin de sécourir
Les bons Fréres dans leur détresse.
    Les *Maçons* &c.

CAN

CANTIQUE MAÇON.

Par le Fr. Abbé PEPIN, de la Loge
l'Union de la Caroline Militaire à Br.

La Musique est de la Composition du Fr. Vitzthumb.

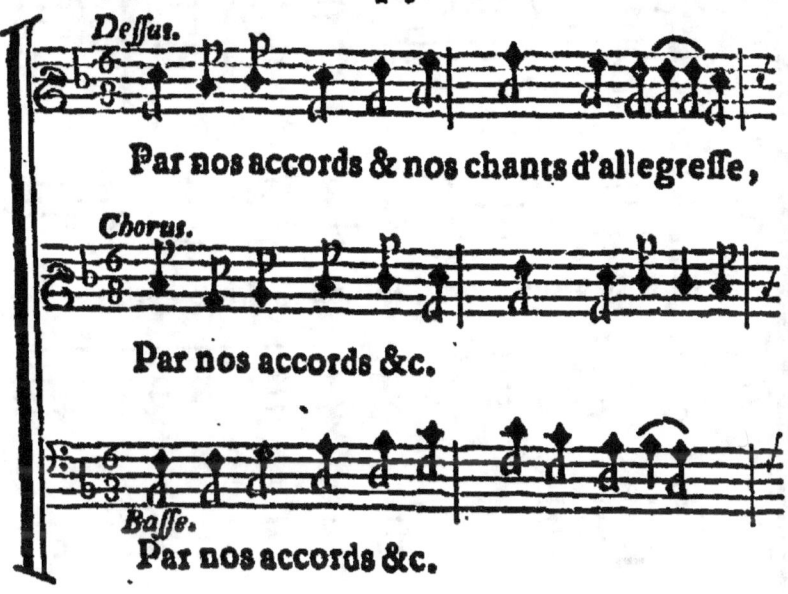

Par nos accords & nos chants d'allegresse,

Par nos accords &c.

Par nos accords &c.

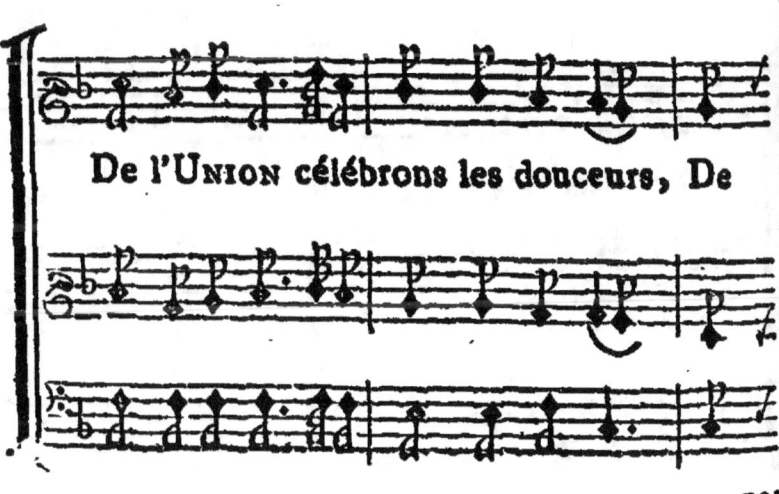

De l'UNION célébrons les douceurs, De

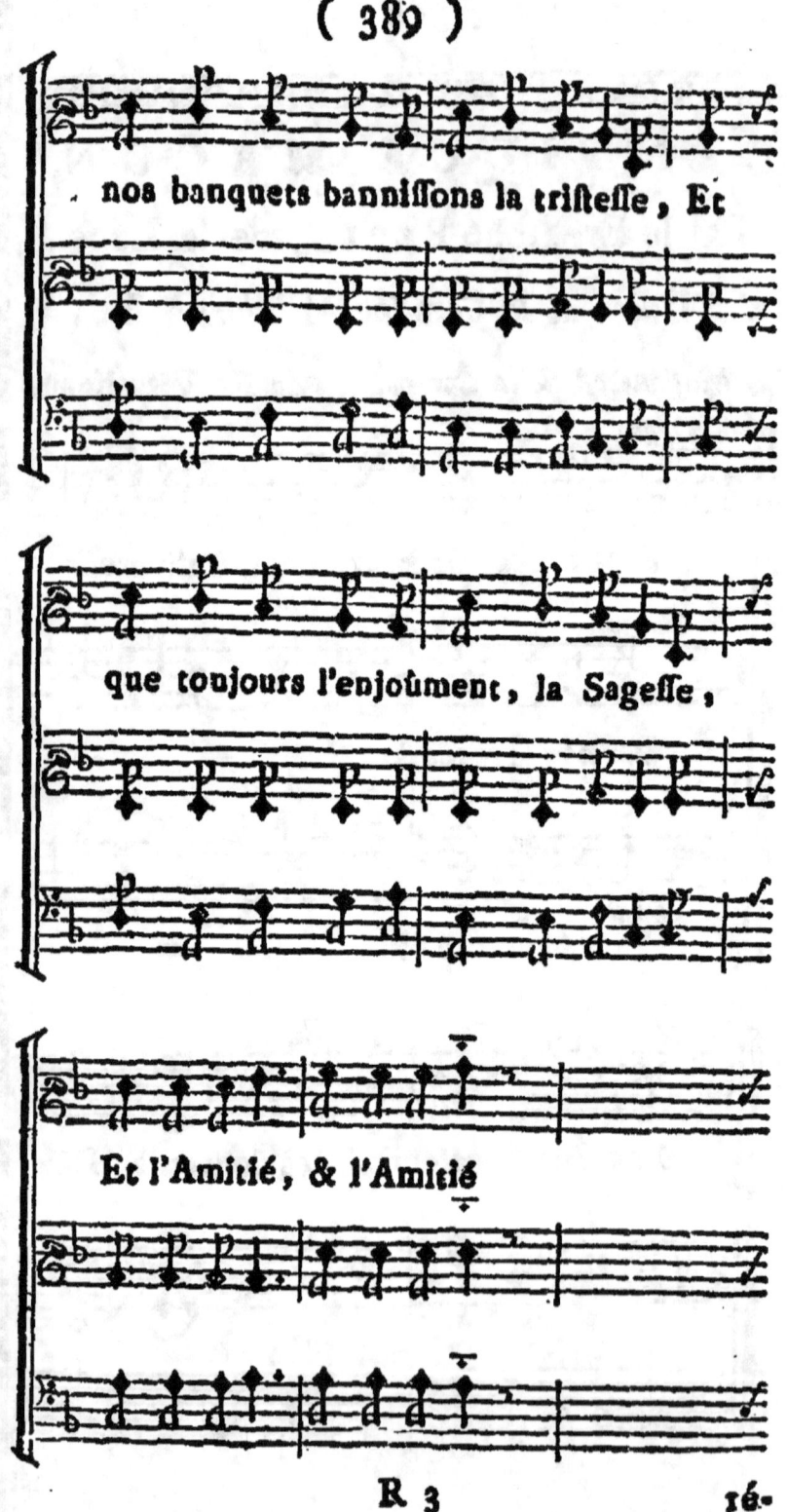

nos banquets banniſſons la triſteſſe, Et

que toujours l'enjoûment, la Sageſſe,

Et l'Amitié, & l'Amitié

ré-

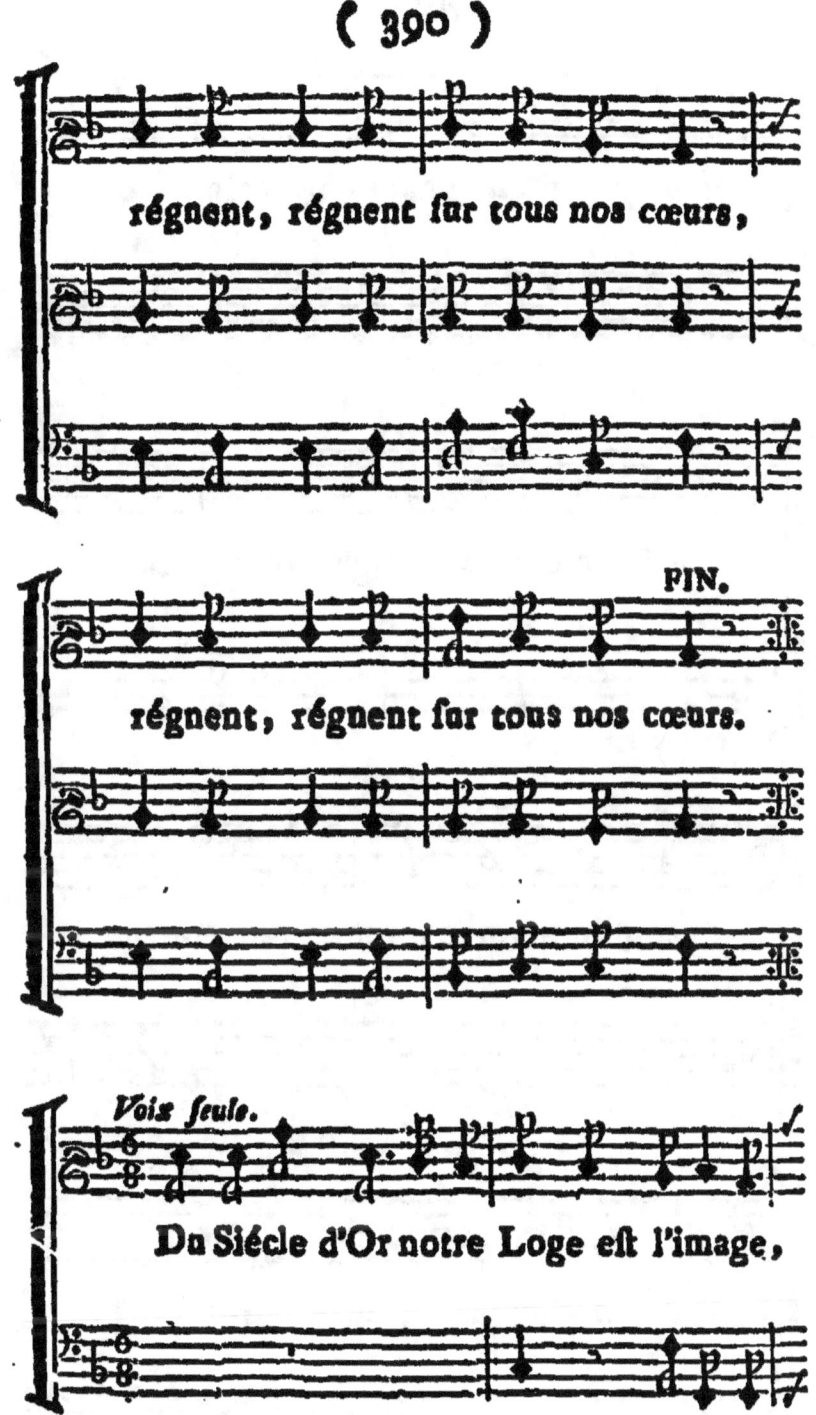

régnent, régnent fur tous nos cœurs,

FIN.

régnent, régnent fur tous nos cœurs.

Voix feule.

Du Siécle d'Or notre Loge eft l'image,

Nous

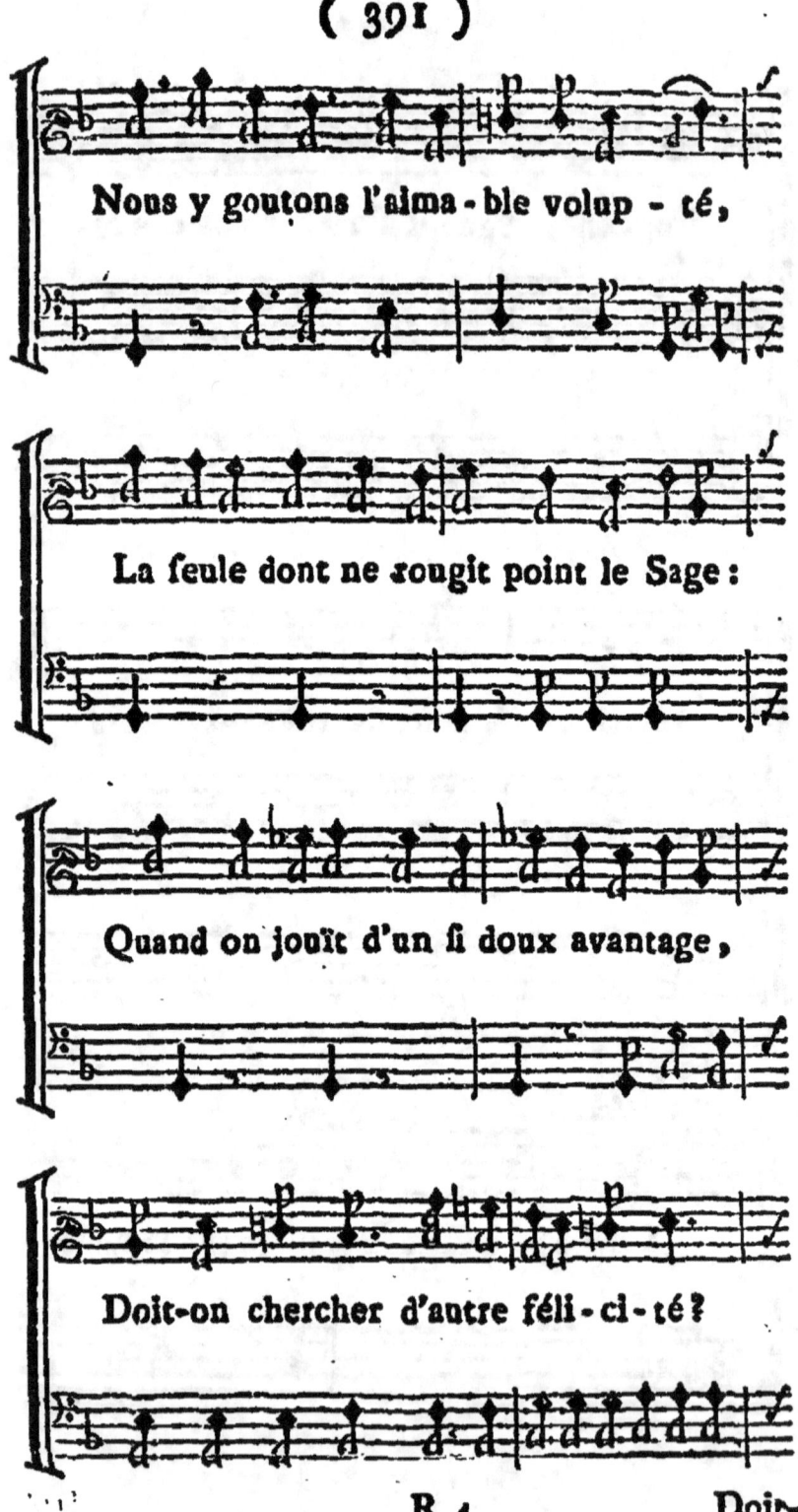

Nous y goutons l'aima - ble volup - té,

La feule dont ne rougit point le Sage :

Quand on jouït d'un fi doux avantage,

Doit-on chercher d'autre féli - ci - té?

R 4

Doit-

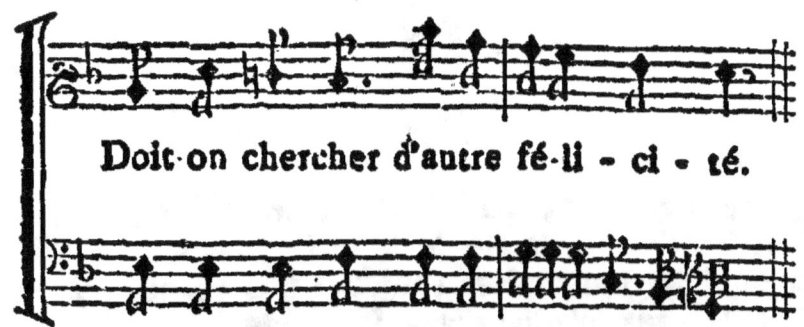

Doit-on chercher d'autre fé-li - ci - té.

Da Capo au Chœur après chaque Couplet.

Seul.

Que, parmi nous, les égards, la décence,
Réglent nos mœurs, modérent nos tranfports ;
De nos Chanfons retranchons la licence,
Dans nos propos confervons l'innocence,
Et du plaifir jouïffons fans remords.
    Chœur. Par nos accords &c.

Seul.

Meprifons donc d'un Profane vulgaire
Les vains difcours & les fots préjugés ;
Si, pénétré d'un défir falutaire
Il approchoit de notre Sanctuaire,
Par fon refpect nous ferions trop vengés.
    Chœur. Par nos accords &c.

Seul.

De notre état, exécutons fans ceffe
Tous les devoirs, pratiquons fes leçons ;
A les remplir que notre ardeur paroiffe,
Que le Profane, en un mot, reconnoiffe,
A nos vertus, que nous fommes *Maçons.*
    Chœur. Par nos accords &c.

Seul.

Seul.

Travaillons tous, chacun felon notre âge;
Que le Niveau, la Régle & le Compas,
Soient, par nos mains, toujours mis en ufage;
Que l'UNION dirige notre Ouvrage,
Et que l'Equerre, en tout, guide nos pas.

   Chœur. Par nos accords &c.

Seul.

Qu'un même efprit à jamais nous uniffe,
De la Folie évitons les travers,
De notre Maître achevons l'Edifice,
De l'Impofteur confondons la malice,
Et fervons tous d'exemple à l'Univers.

   Chœur. Par nos accords &c.

Seul.

Ainfi zèlés pour la *Maçonnerie*,
Du Medifant nous bravons tous les traîts;
De l'Envieux appaifant la furie,
Nous forcerons la noire calomnie
De nous laiffer tranquiles pour jamais.

   Chœur. Par nos accords &c.

LA VERTU SOUS LA FORME DU PLAISIR.

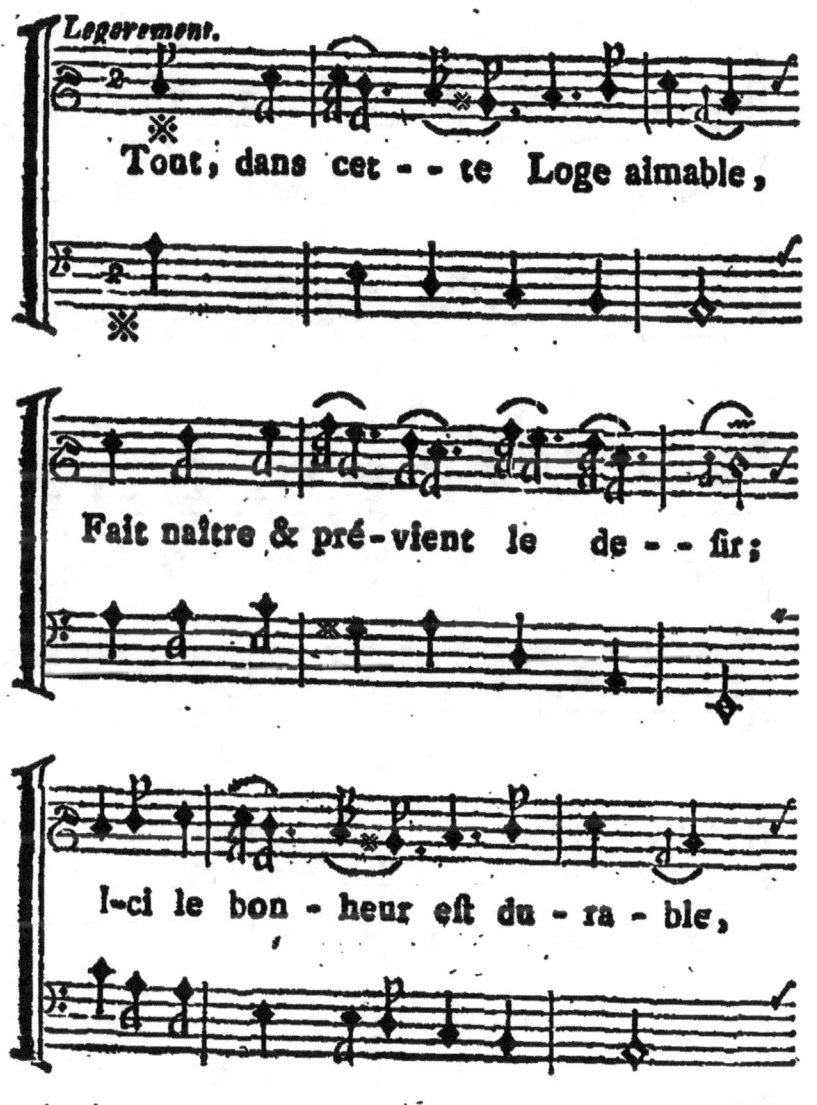

Tout, dans cet - - te Loge aimable,

Fait naître & pré-vient le de - - fir;

I-ci le bon - heur eſt du - ra - ble,

L'a-

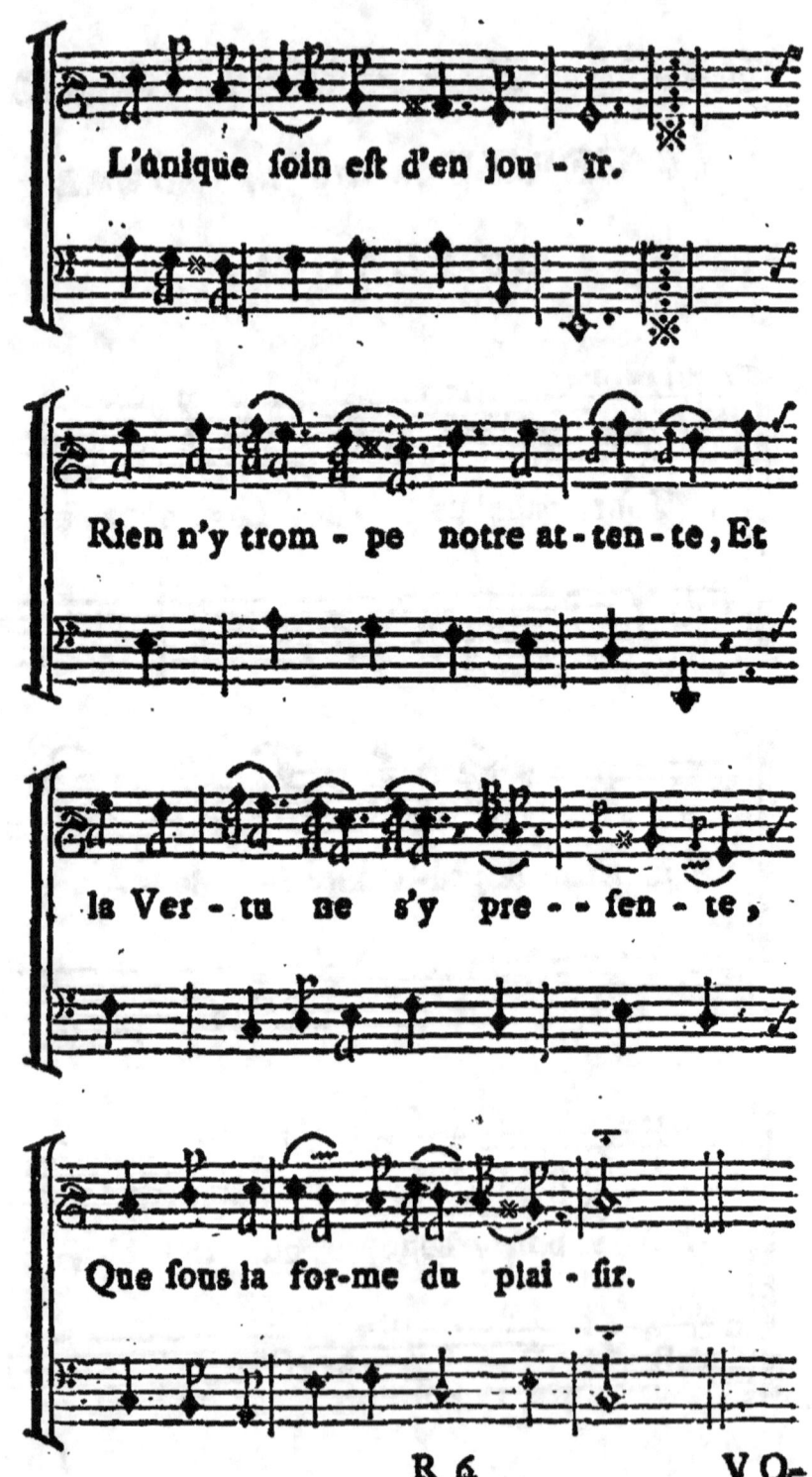

L'unique foin est d'en jou - ïr.

Rien n'y trom - pe notre at - ten - te, Et

la Ver - tu ne s'y pre - - fen - te,

Que fous la for-me du plai - fir.

VOLUPTE' MAÇONNE.

Sur l'Air de la Contredanfe *la Gentille*:

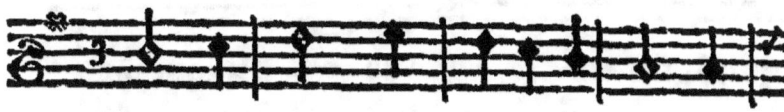

Dans ces lieux qu'on goûte de charmes,

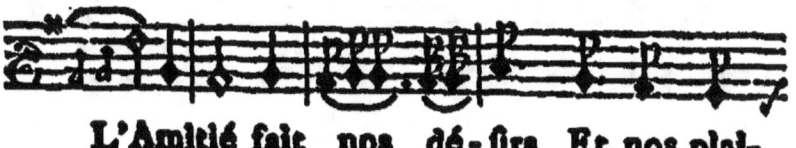

L'Amitié fait nos dé-firs Et nos plai-

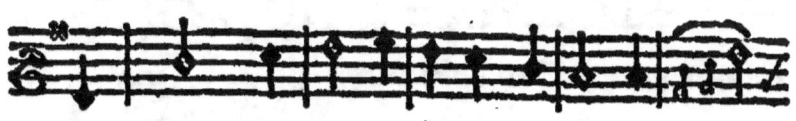

firs: Sans craindre de vives al-larmes   A

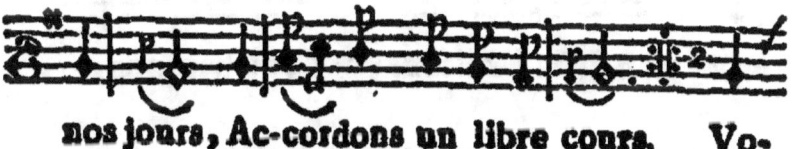

nos jours, Ac-cordons un libre cours.   Vo-

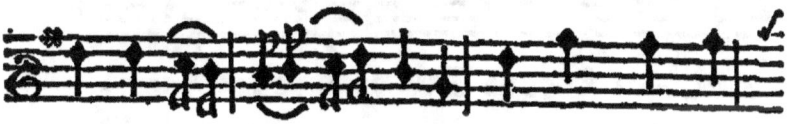

lupté dou-ce & lé-gére, Régnez, régnez

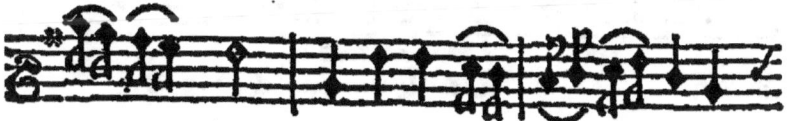

fur nos cœurs, La Sagef-fe nous fuggére,

Ses

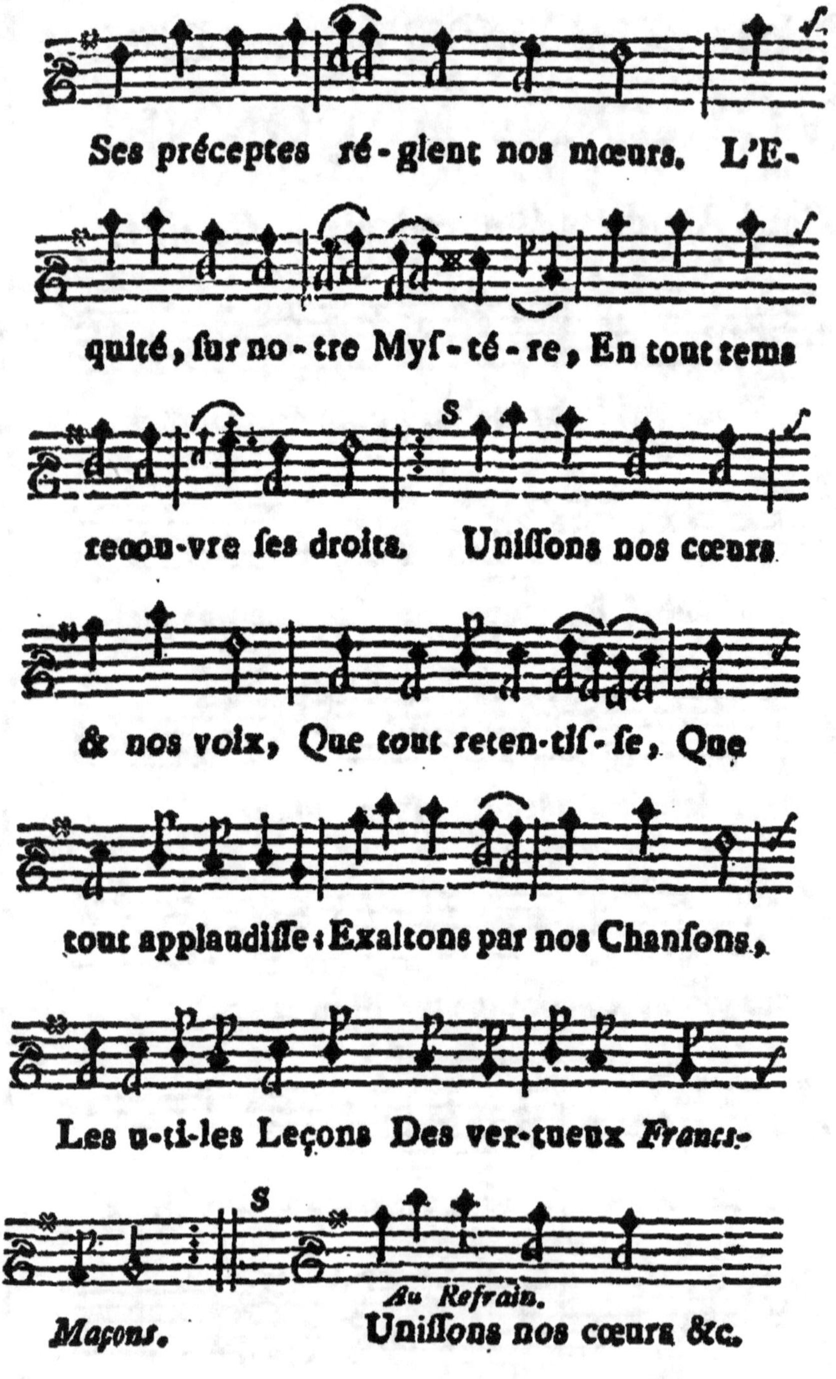

Ses préceptes ré-glent nos mœurs. L'E-

quité, sur no-tre Myf-té-re, En tout tems

recon-vre fes droits. Uniffons nos cœurs

& nos voix, Que tout reten-tif-fe, Que

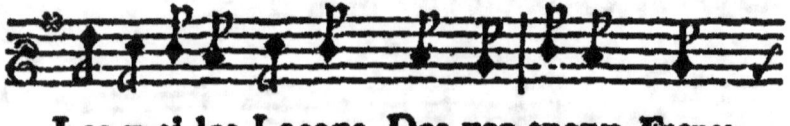

tout applaudiffe: Exaltons par nos Chanfons,

Les u-ti-les Leçons Des ver-tueux Francs-

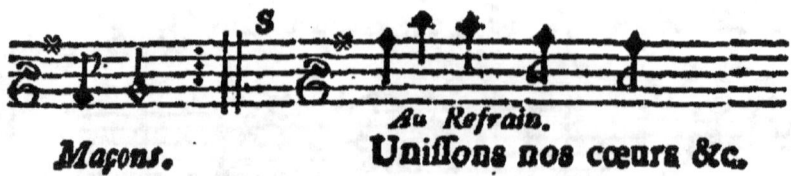

Maçons.

Au Refrain.
Uniffons nos cœurs &c.

Le CONTENTEMENT.

Par un nouveau Reçu.

Sur l'Air : *De tous les Capucins du Monde.*

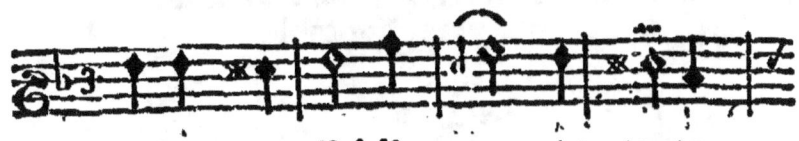

Fréres, que j'ai l'a - me con - tente,

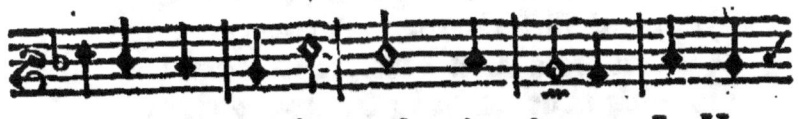

I-ci tout me flat-te & m'enchante, La Ver-

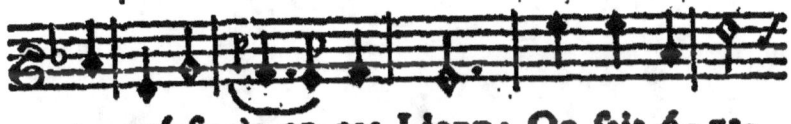

tu pré-fi-de en ces Lieux: On fait é - ga-

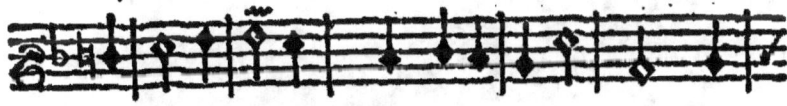

Ier la Sa-geſſe; C'eſt i-ci le fé-jour des

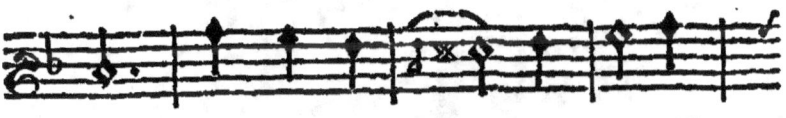

Dieux, On n'y con - noît point la triſ -

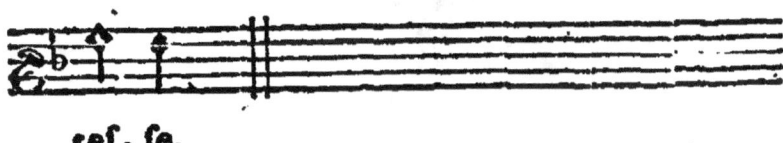

teſ - fe.

Par

Par une volupté décente,
Chaque moment nous préfente
Dequoi contenter nos défirs.
Eft-il un féjour plus aimable ?
Nouvel inftant, nouveaux plaifirs!
Eft-il un fort plus favorable ?

O jour pour moi fi plein de charmes,
Jour qui diffipes mes allarmes,
Que tu fais bien ravir mon cœur!
Je vois tout ce qui peut me plaire;
Non rien n'égale mon bonheur,
Tout fait ici me fatisfaire.

L A

LA FIDELITÉ.

Parodie du Fr. L . . . . .

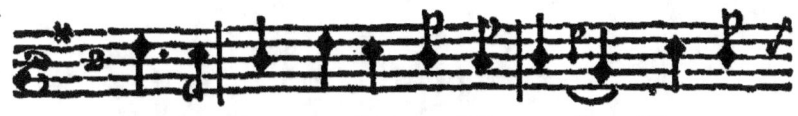

Parmi nous la simple Na-tu-re Donne

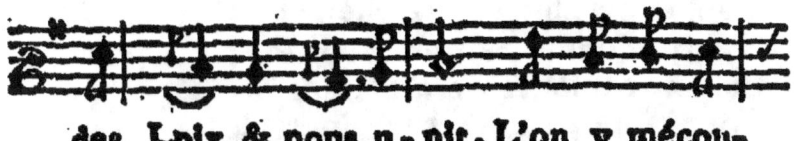

des Loix & nous u-nit, L'on y mécou-

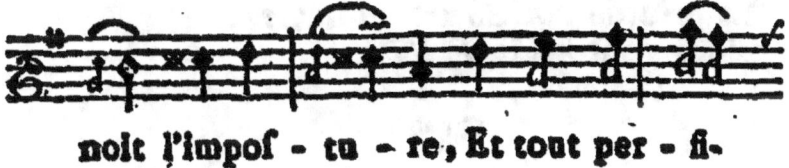

noit l'impof-tu-re, Et tout per-fi-

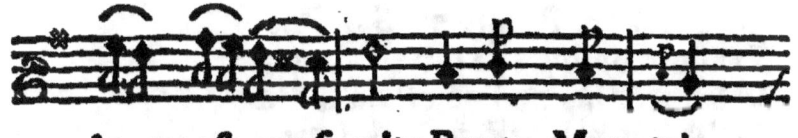

de en eft prof-crit: Fuyez Mor-tels,

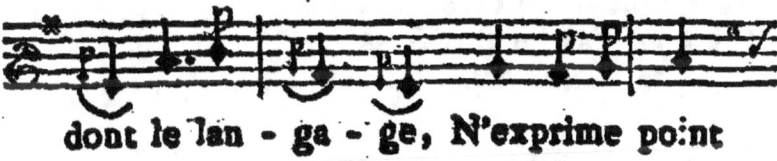

dont le lan-ga-ge, N'exprime point

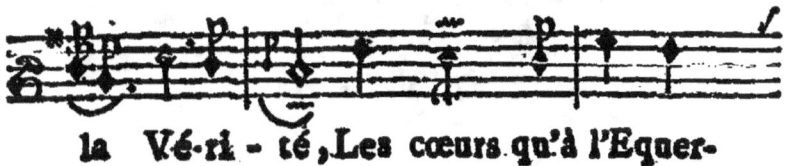

la Vé-ri-té, Les cœurs qu'à l'Equer-

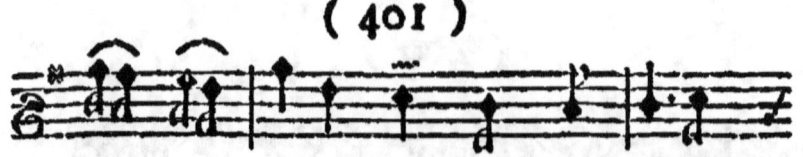

re on en - ga - ge, Sont faits pour la Fi-

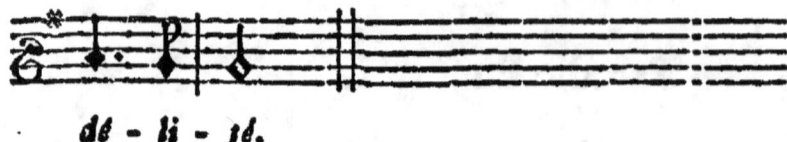

dé - li - té.

Etre tendre, difcret, fincére ;
Toujours s'obliger, fe chérir ;
S'entre-donner le nom de Frére ;
Se voir toujours avec plaifir ;
Chez nous, ces vertus admirables
S'uniffent à la volupté :
Et près de nos Sœurs adorables,
Nous goutons la *Fidélité*.

Tout *Maçon* fe fait un Syftême
D'aller toujours droit en Amour ;
Il faut, près de l'objet qu'il aime,
Qu'il foit attentif nuit & jour.
Il ne faut jamais qu'il fe vante,
Et s'il peut en être écouté,
Il eft un cas où fon Amante
Juge de fa *Fidélité*.

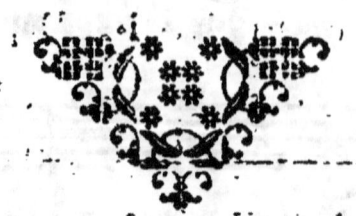

FRUIT

FRUIT DE LA MAÇONNERIE.

Par un nouveau Reçu.

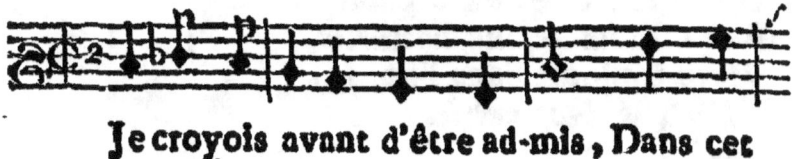

Je croyois avant d'être ad-mis, Dans cet

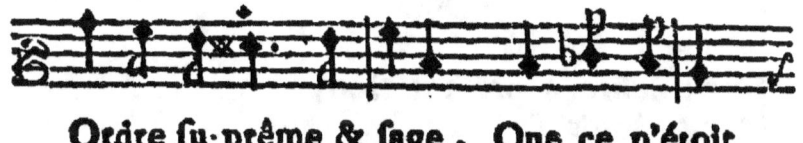

Ordre fu-prême & fage , Que ce n'étoit

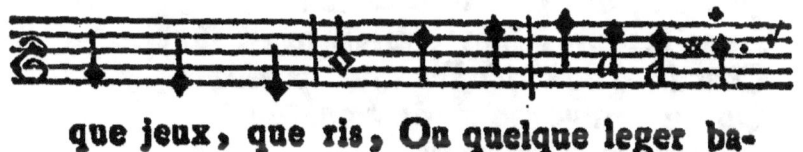

que jeux, que ris, On quelque leger ba-

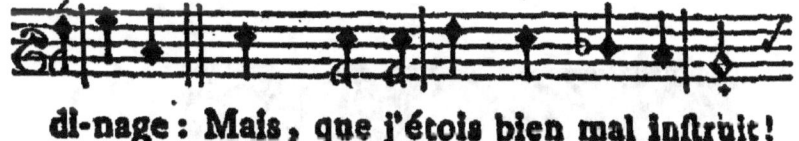

di-nage : Mais, que j'étois bien mal inftruit !

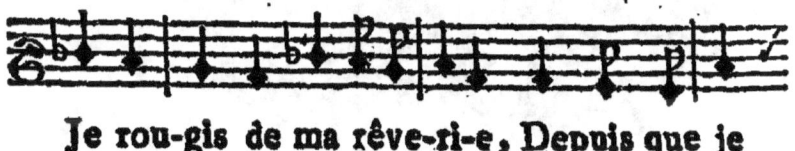

Je rou-gis de ma rêve-ri-e, Depuis que je

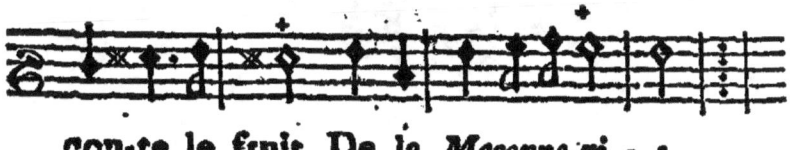

gou-te le fruit De la *Maçonne-ri - e.*

Les

Les plus éminentes vertus
Qui foient dignes de notre hommage,
Les fentimens les plus connus
Dans les humains d'un vrai courage,
Un grand zèle, fans paffion,
Refpectueux, fans flatterie,
Vivre toujours dans l'union,
   C'eft la *Maçonnerie.*

Je ne defire à préfent rien,
Que je jouïs du nom de Frere :
L'Univers entier m'appartient,
J'ai des amis en toute terre :
Leur fecours, leur confeil m'eft fûr,
Chacun d'eux m'offre une Patrie,
On ne trouve point de cœur dur
   Dans la *Maçonnerie.*

BONHEUR TRANQUILE.

Air: *Si des Galans de la Ville.*

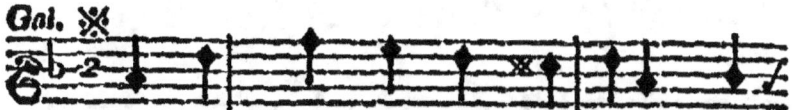

Qui cherche un bonheur tranquile, Doit

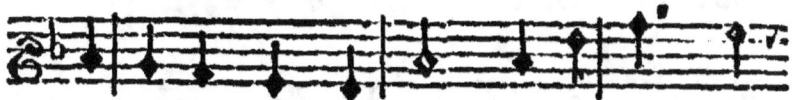

se ranger sous nos Loix, Notre sort, dans

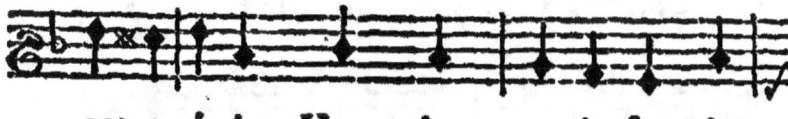

cet a-zi-le, Vaut mieux que le sort des

Rois. Le bonheur que l'opu-len-ce,

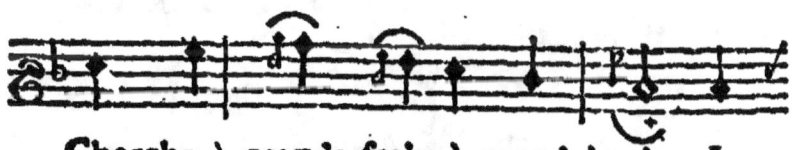

Cherche à grands frais à grand bruit, La

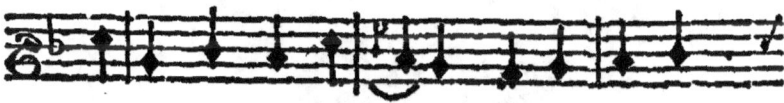

vertu nous le dif-penfe, Aucun remord

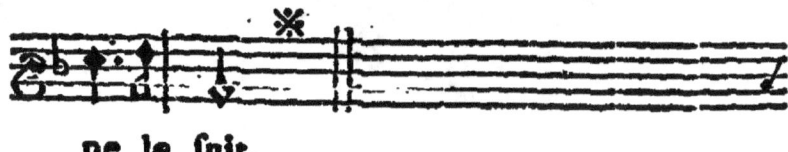

ne le fuit.

Le

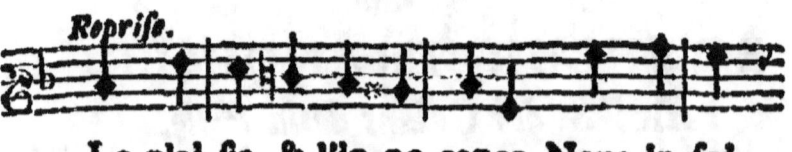

Reprise.

Le plai-fir & l'In-no-cence Nous in-fpi-

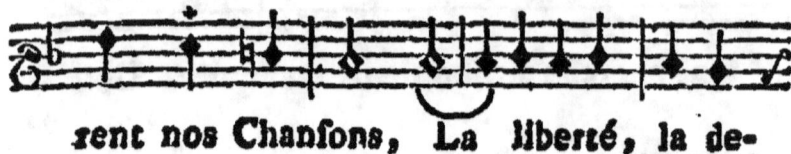

rent nos Chanfons, La liberté, la de-

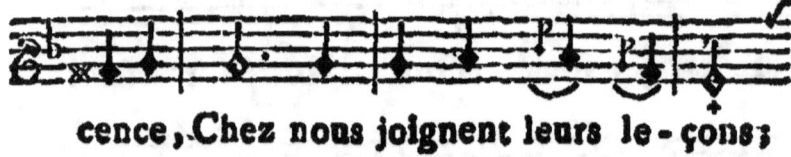

cence, Chez nous joignent leurs le-çons;

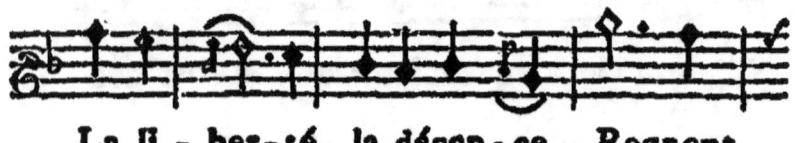

La li - ber-té, la décen-ce , Regnent

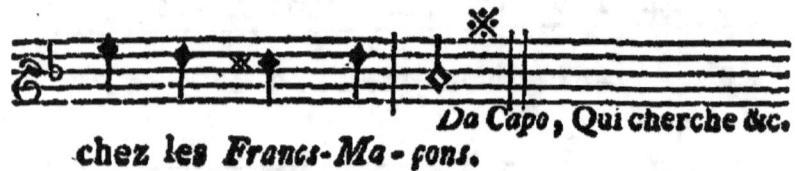

Da Capo, Qui cherche &c.

chez les *Francs-Ma-çons.*

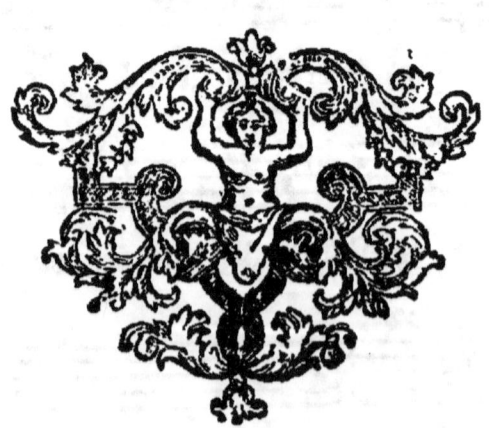

VOEUX

VOEUX POUR LES MAÇONS.

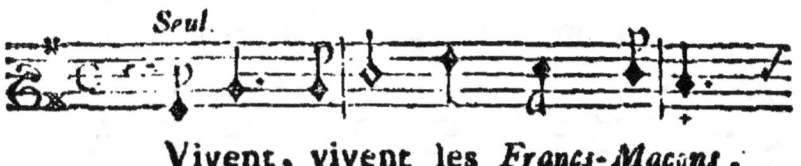

Vivent, vivent les *Francs-Maçons*,

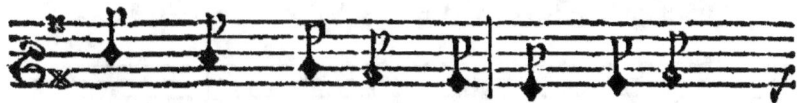

Qu'ils soient toujours heureux : Vivent,

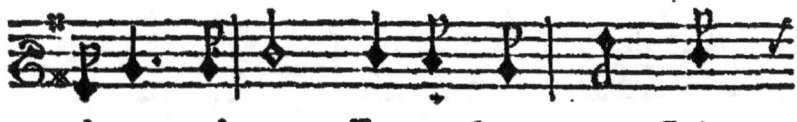

vivent, vi-vent, Et que leurs noms Soient

fêtés en tous lieux, Soient fêtés en tous

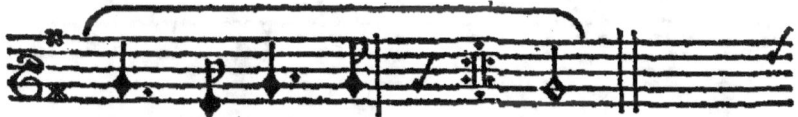

lieux, Vivent, vi - - - - - lieux. *Chorus.*

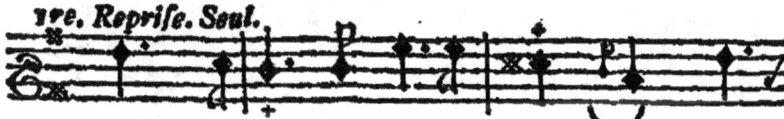

Leurs plaifirs font de-lec - ta - bles, Leurs

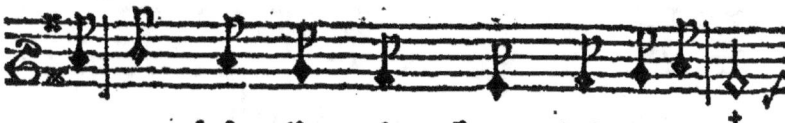

travaux pleins d'attraits, Leurs loix agré-a-
bles,

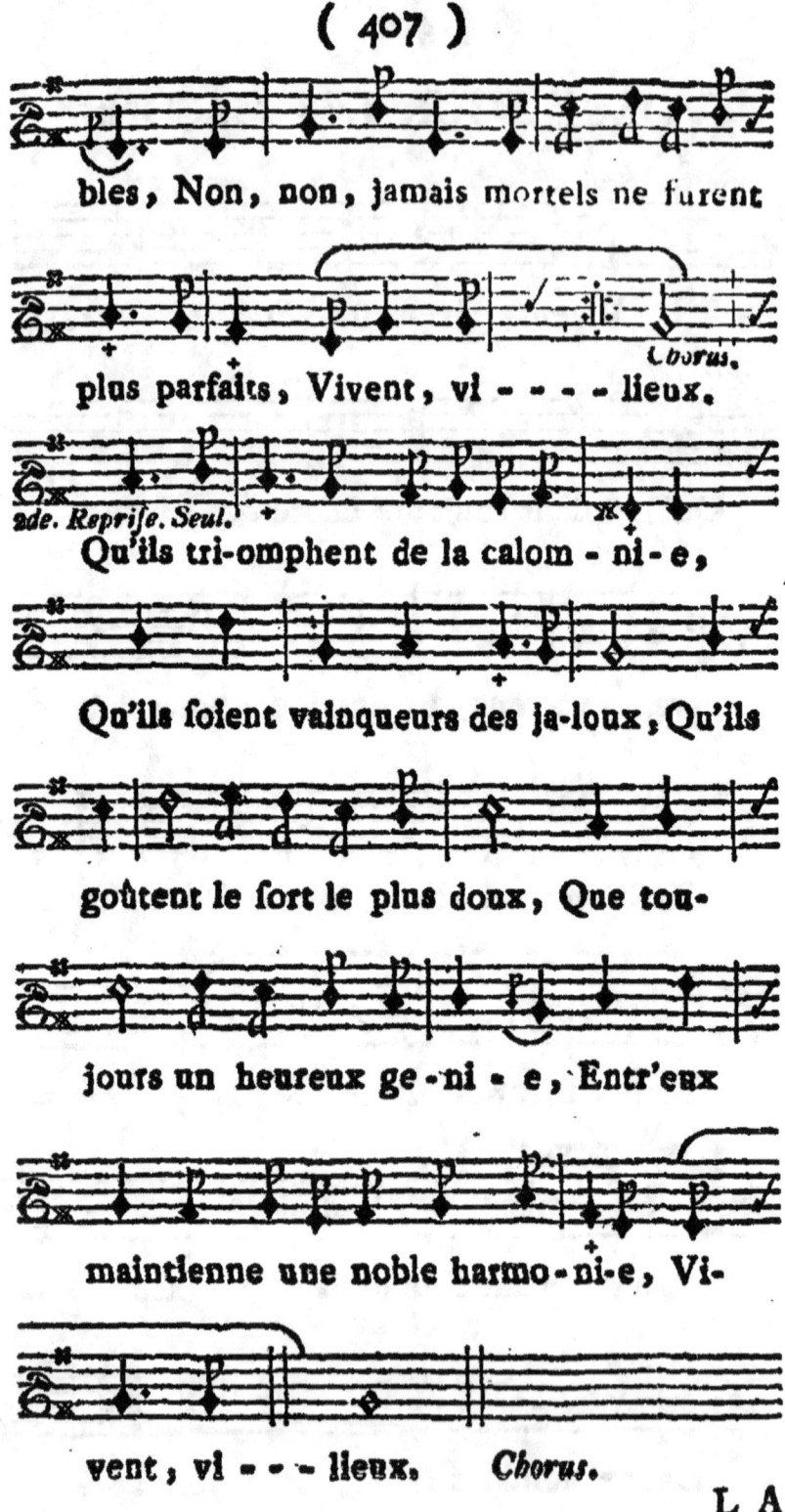

bles, Non, non, jamais mortels ne furent

plus parfaits, Vivent, vi — — — lieux. *Chorus.*

2de. Reprise. Seul. Qu'ils tri-omphent de la calom — ni-e,

Qu'ils foient vainqueurs des ja-loux, Qu'ils

goûtent le fort le plus doux, Que tou-

jours un heureux ge-ni • e, Entr'eux

maintienne une noble harmo-ni-e, Vi-

vent, vi — — — lieux. *Chorus.*

L A

LA VIE DES FRERES.

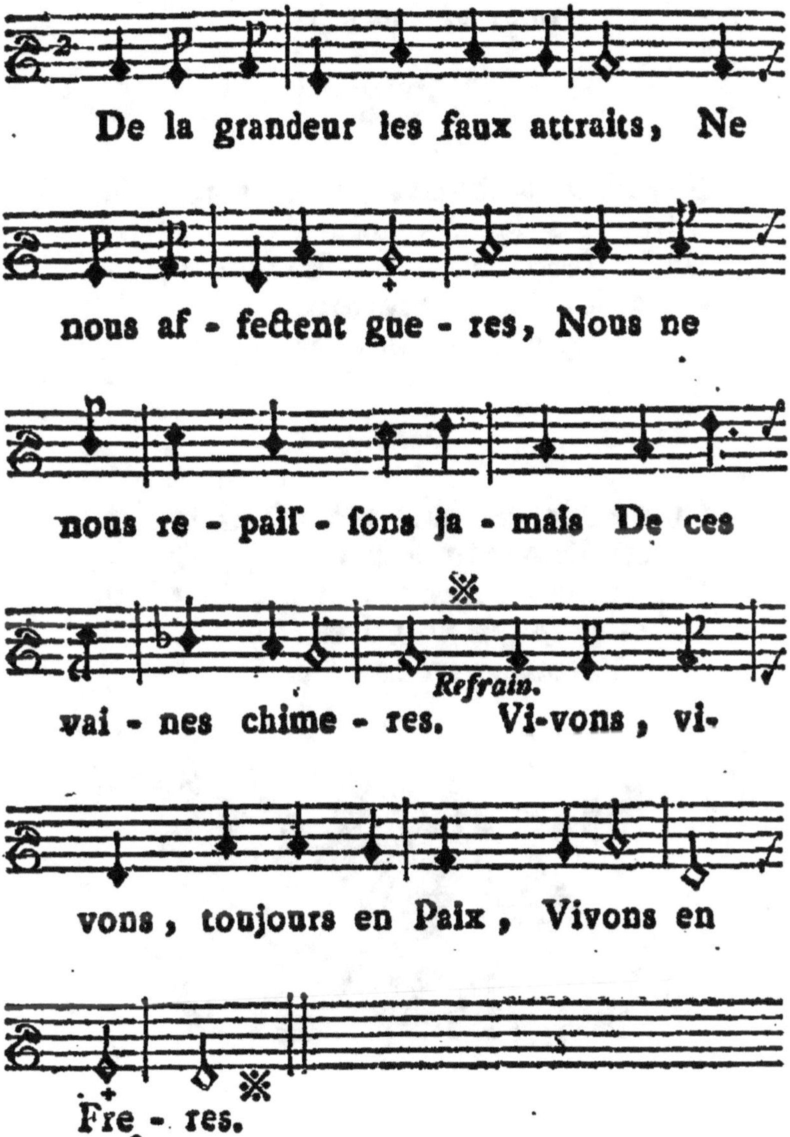

De la grandeur les faux attraits, Ne

nous af - fectent gue - res, Nous ne

nous re - pais - sons ja - mais De ces

Refrain.

vai - nes chime - res. Vi-vons, vi-

vons, toujours en Paix, Vivons en

Fre - res.

Tan-

Tandis qu'on se livre aux excès
Des plus cruelles Guerres,
Nous n'excitons aucun Procès
Dans les deux hemispheres.
Vivons, vivons, &c.

Exempts de soucis, de regrets,
Sur nos devoirs austéres,
De la Vertu, dans nos Banquets,
On suit les loix févéres.
Vivons, vivons, &c.

On a beau des plus noirs forfaits
Accuser nos myftéres,
Nous nous vengeons par nos bienfaits
Des préjugés vulgaires.
Vivons, vivons, &c.

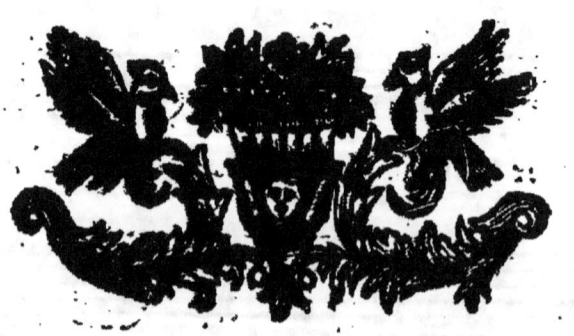

LA VRAIE GLOIRE.

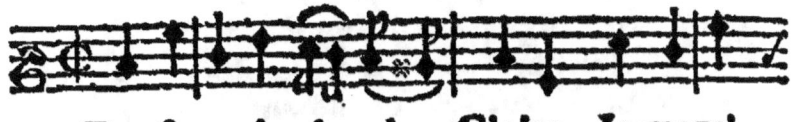

Des fa-voris de la Gloire, Je mepri-

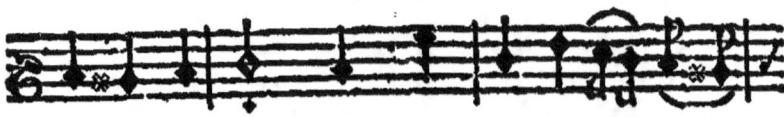

fe la grandeur, S'ils font vantés dans l'Hif-

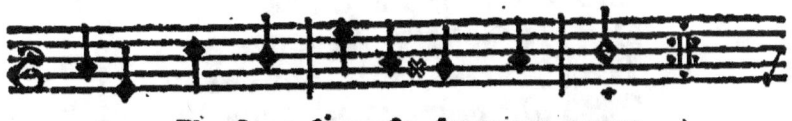

toire, Ils font bannis de mon cœur.

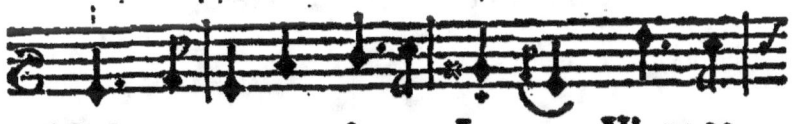

Mufe aux accens de ma Ly-re, Viens ac-

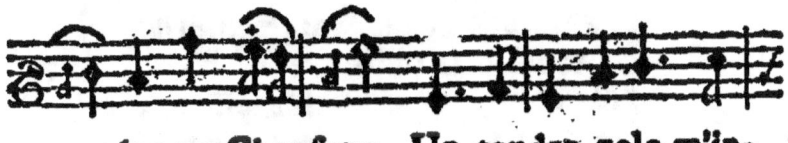

corder tes Chanfons, Un tendre zele m'in-

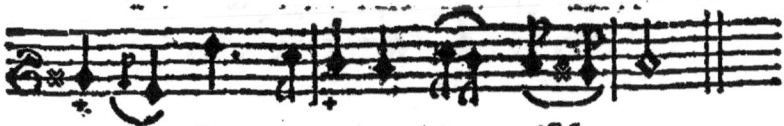

fpi-re, Je chante les *Francs-Ma-çons.*

Chez eux l'Amitié sincére
Unit toutes les vertus;
Contens du seul nécessaire
Ils n'encensent point *Plutus:*
Si l'orgueilleuse opulence
N'écoute point leurs desirs,
La Vertu les recompense
Par ses tranquilles plaisirs.

De l'inconstante Fortune
Ne depend point leur bonheur;
Son éclat les importune,
Ils méprisent sa rigueur.
Dans leur auguste mystere
On voit regner l'age d'or.
Et le cœur de chaque Frere
Devient pour tous un tresor.

La bassesse, ni l'envie,
N'excitent point leurs remords;
La cruelle jalousie
Fait contr'eux de vains efforts.
Chez eux le Dieu de *Cythere,*
Ne cause point de debats,
Et le Demon de la Guerre
Met pour eux les armes bas.

Qui fçait mieux que notre Maître,
L'art de faire des heureux?
Si-tot qu'on le voit paroître,
Chacun fent combler fes vœux:
Cheri de l'aimable Loge,
Dont il fait tout le bonheur:
Mais je laiffe fon éloge,
Ma voix fert trop mal mon cœur.

RE'PONSE du VE'NE'RABLE.

Parodie du précedent Couplet.

Par le Fr. DU BOIS.

Dans ma dignité de *Maître*,
Je dois m'eftimer *heureux*;
Chacun de vous fait *paroître*
Un zèle au gré de mes *vœux*.
Je trouve, au fein de la *Loge*,
Le centre de mon *bonheur*;
C'eft trop peu d'un vain *éloge*,
Je vous confacre mon *cœur*.

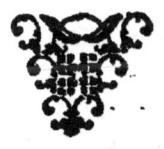

PORTRAIT DES MAÇONS.

NOEL en DIALOGUE.

Gracieusement.

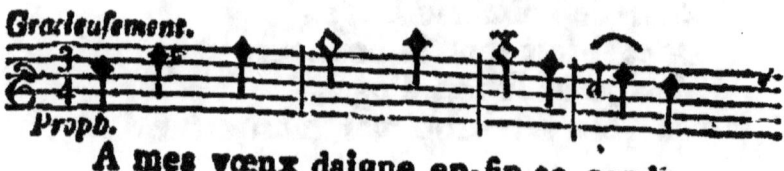

Prob.
A mes vœux daigne en-fin te rendre,

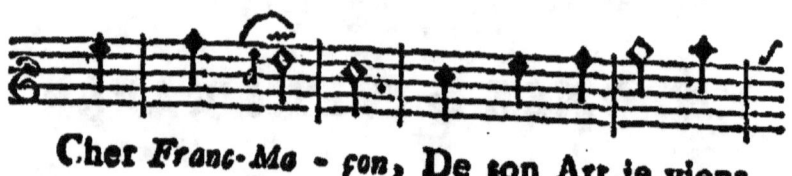

Cher Franc-Ma - çon, De ton Art je viens

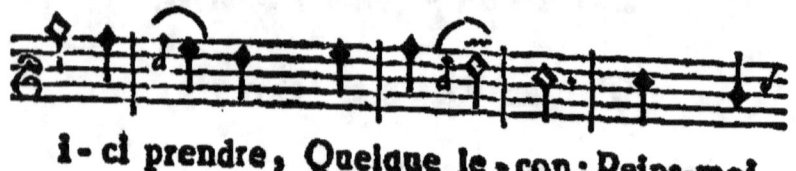

i - ci prendre, Quelque le - çon : Peins-moi

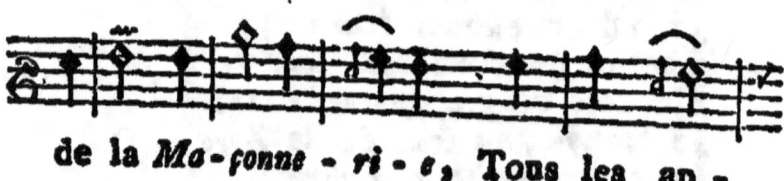

de la Ma-çonne - ri - e, Tous les ap -

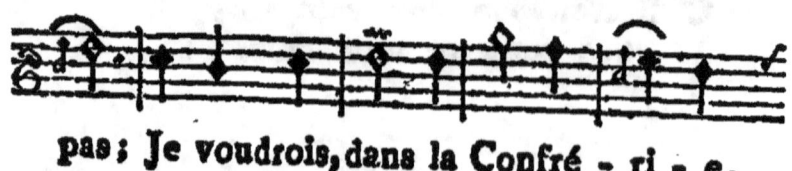

pas; Je voudrois, dans la Confré - ri - e,

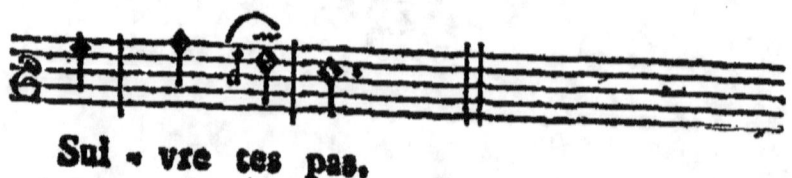

Sui - vre tes pas.

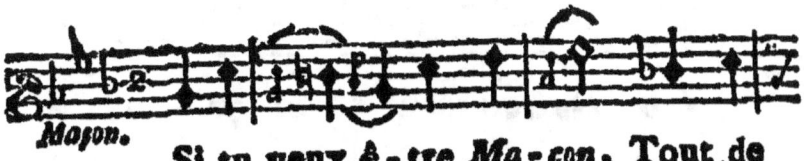

Si tu veux ê-tre *Maçon*, Tout de

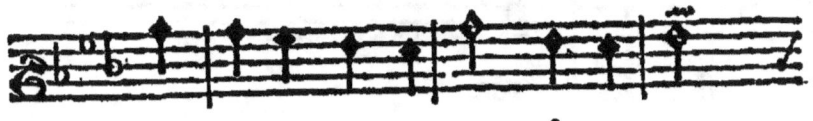

bon, A-mi, la chofe eft faci-le : Tu

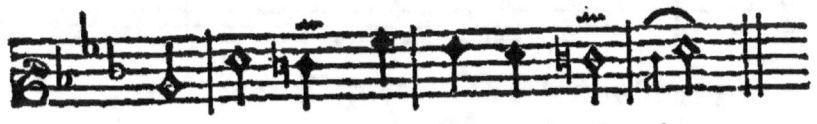

peux entrer dès ce jour, A ton tour,

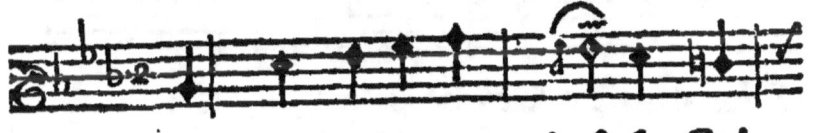

Dans no-tre charmant a-zi-le.

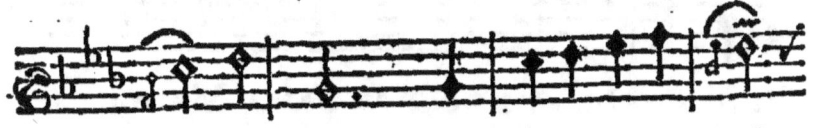

U-ne aimable ten-dref-fe Gui-

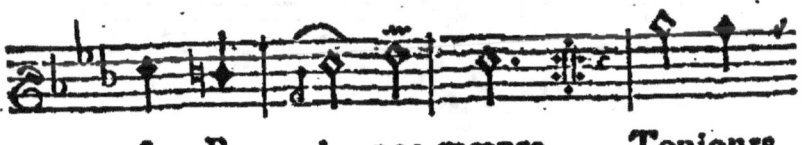

de nos cœurs, Mais l'auftere Sa-gef-

fe Re-gle nos mœurs. Toujours

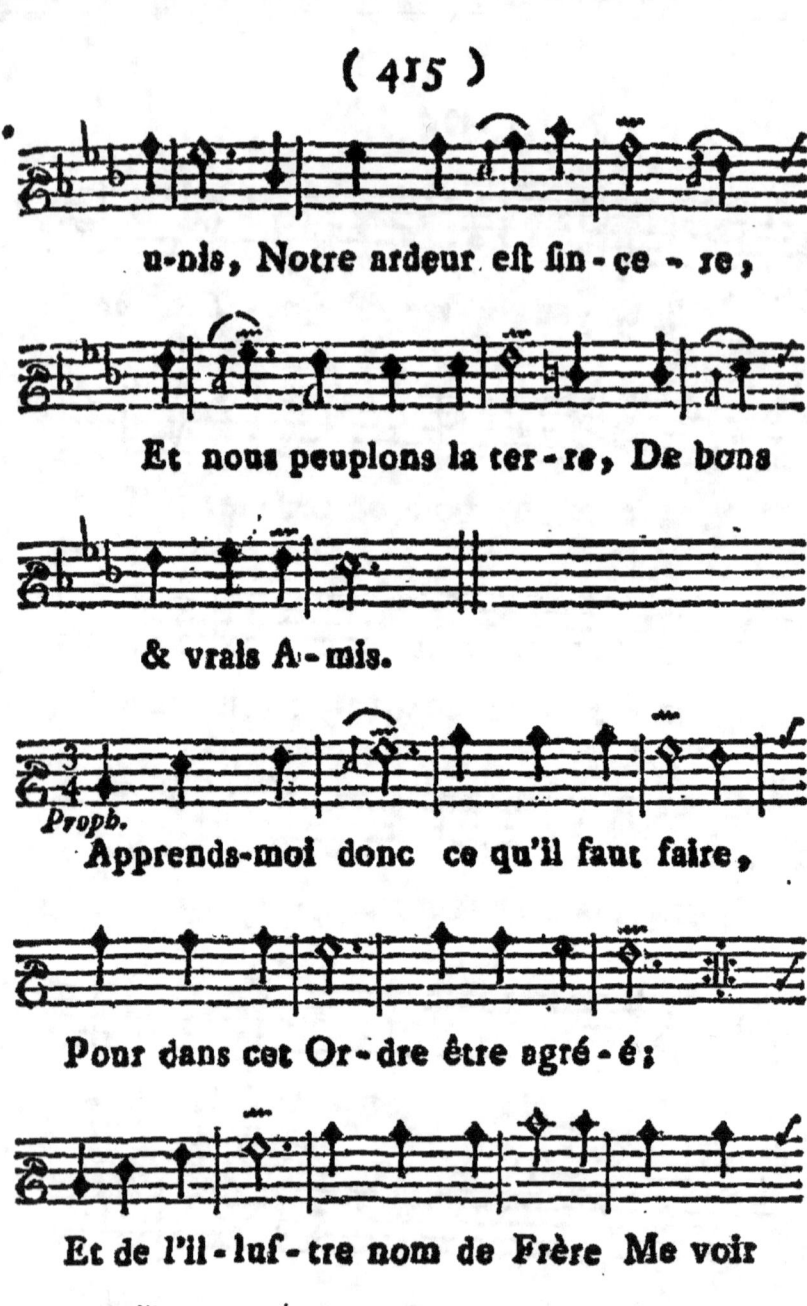

u-nis, Notre ardeur eſt ſin - ce - re,

Et nous peuplons la ter-re, De bons

& vrais A - mis.

Propb.
Apprends-moi donc ce qu'il faut faire,

Pour dans cet Or-dre être agré - é;

Et de l'il-luſ-tre nom de Frère Me voir

au plu-tôt déco-ré.

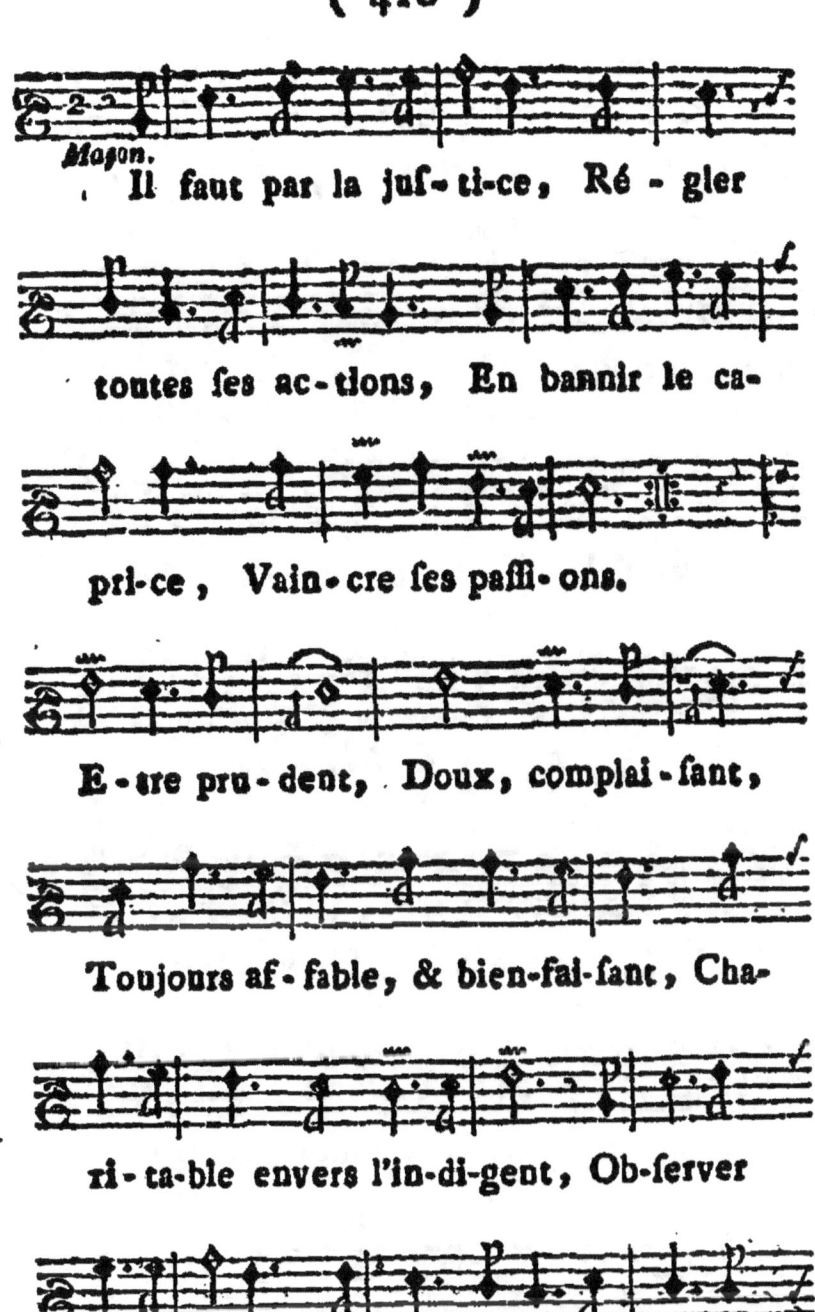

Maçon.

Il faut par la juf-ti-ce, Ré - gler

toutes fes ac-tions, En bannir le ca-

pri-ce , Vain-cre fes paffi-ons.

E - tre pru - dent, Doux, complai - fant,

Toujours af - fable, & bien-fai-fant, Cha-

ri-ta-ble envers l'in-di-gent, Ob-ferver

le fi-lence, Ne point divulguer nos fé-

crets,

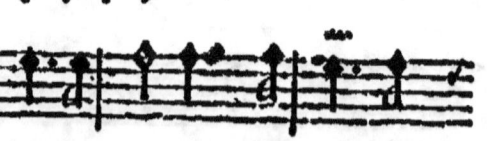

crets, Et de la mé-di-fance, E-loigner

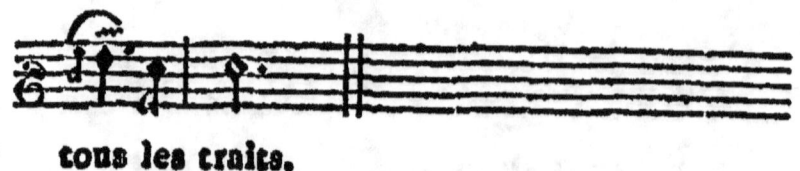

tous les traits.

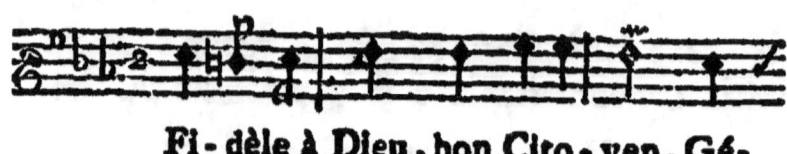

Fi-dèle à Dieu, bon Cito-yen, Gé-

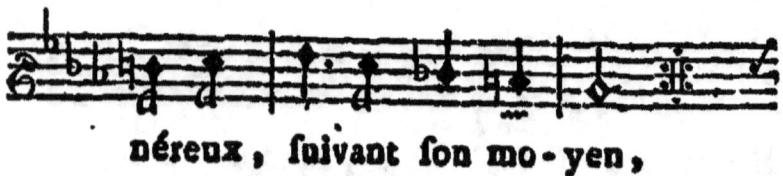

néreux, fuivant fon mo-yen,

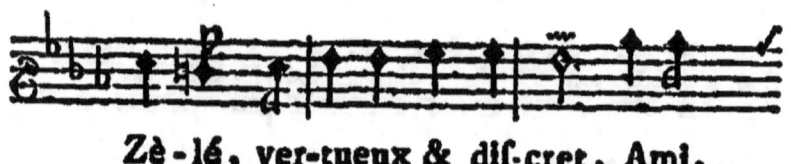

Zè-lé, ver-tueux & dif-cret, Ami,

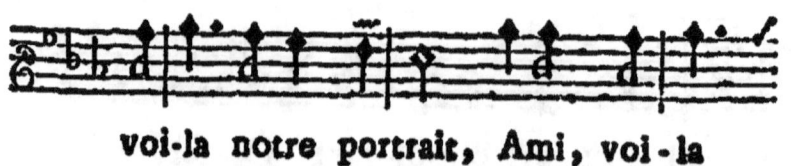

voi-la notre portrait, Ami, voi-la

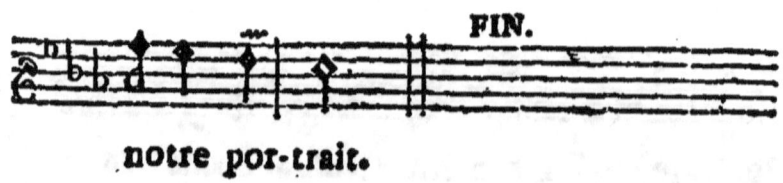

FIN.

notre por-trait.

AUTRÈS NOELS.

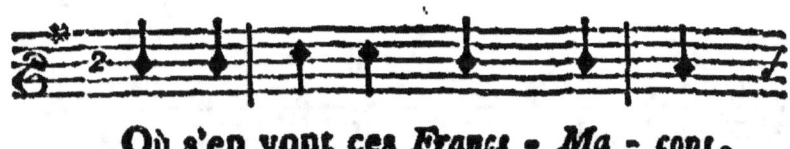

Où s'en vont ces *Francs - Ma - fons*,

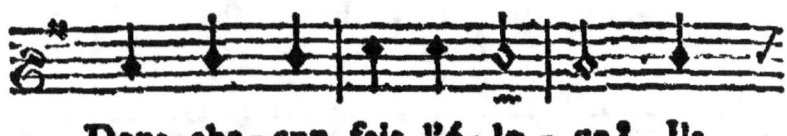

Dont cha-cun fait l'é-lo - ge? Ils

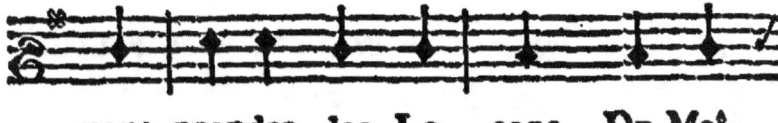

vont prendre des Le - çons, Du Maî-

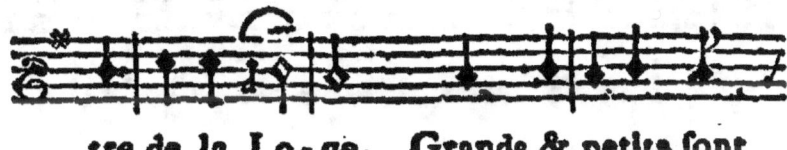

tre de la Lo - ge, Grands & petits font

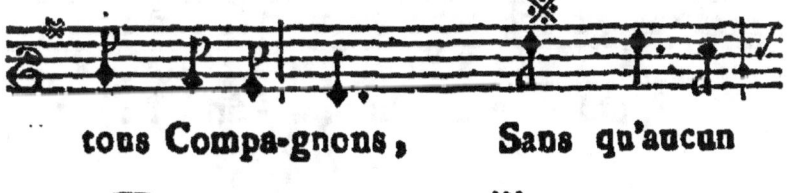

tous Compa-gnons, Sans qu'aucun

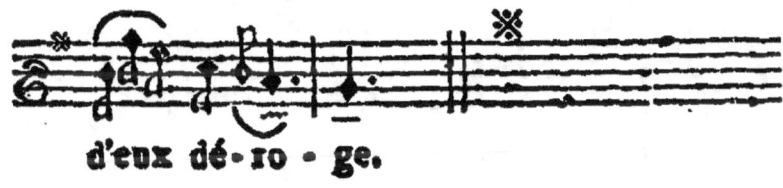

d'eux dé-ro - ge.

L'u-

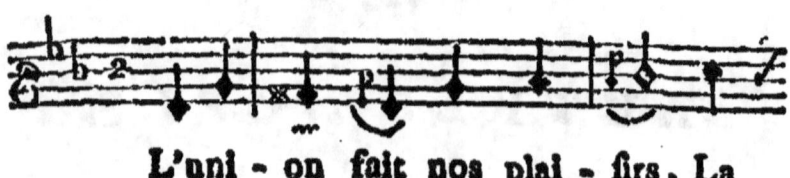

L'uni - on fait nos plai - firs, La

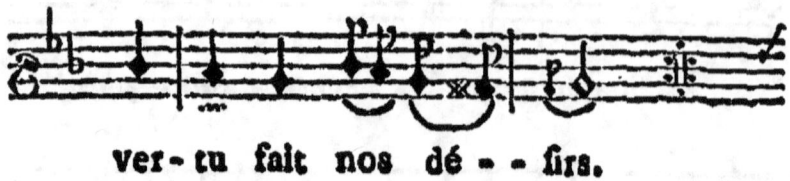

ver - tu fait nos dé - - firs.

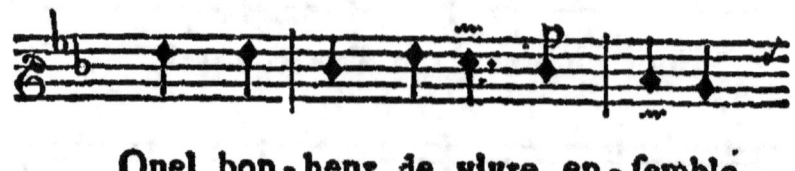

Quel bon - heur de vivre en - femble,

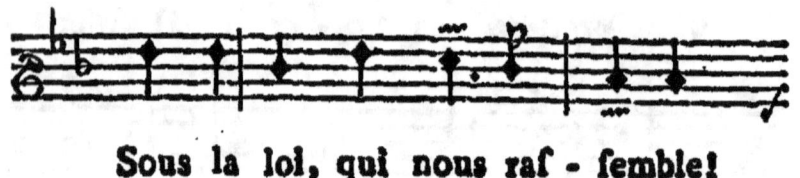

Sous la loi, qui nous raf - femble!

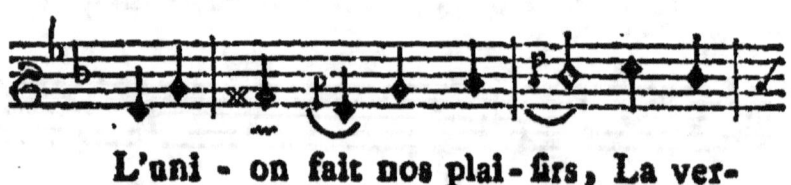

L'uni - on fait nos plai - firs, La ver-

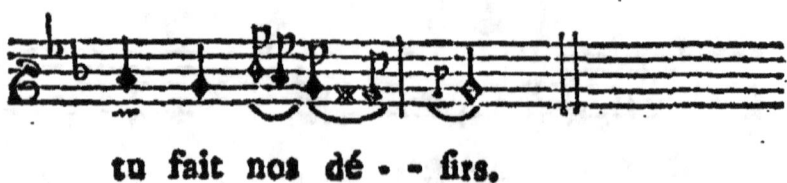

tu fait nos dé - - firs.

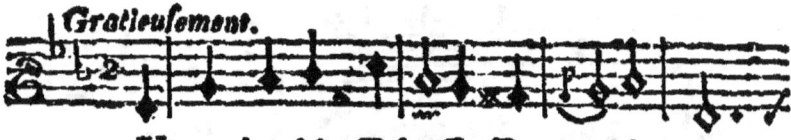

Une aimable Dé-effe De noble cœur,

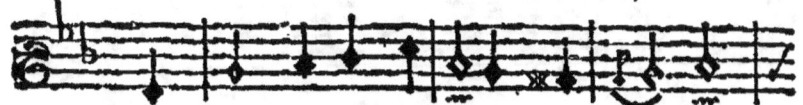

Nous mêne avec Sageffe, Au vrai bon-

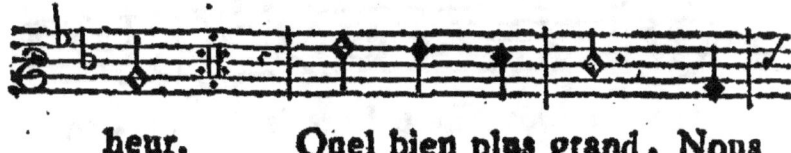

heur.　　Quel bien plus grand, Nous

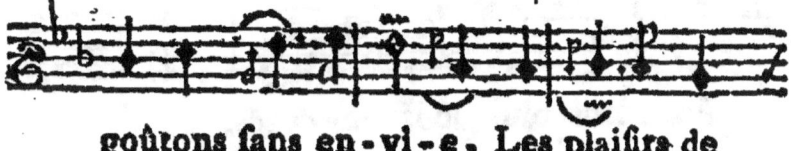

goûtons fans en-vi-e, Les plaifirs de

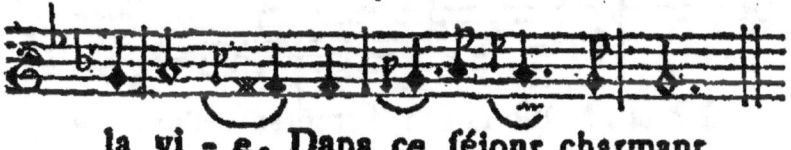

la vi-e, Dans ce féjour charmant.

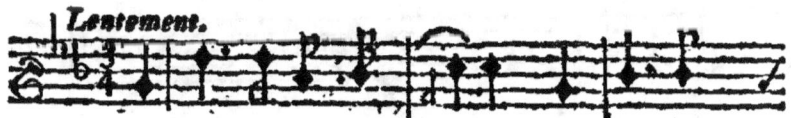

A-mis de la con-corde Nous vivons

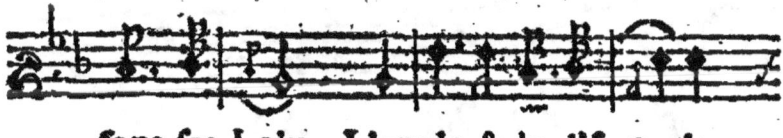

fous fes Loix, L'envie & la dif-corde,

Chez

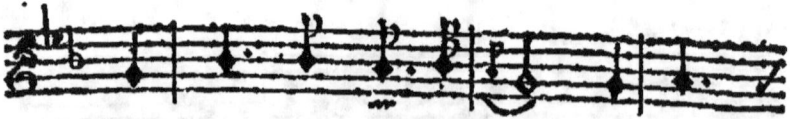

Chez nous font aux a-bois : Exemts

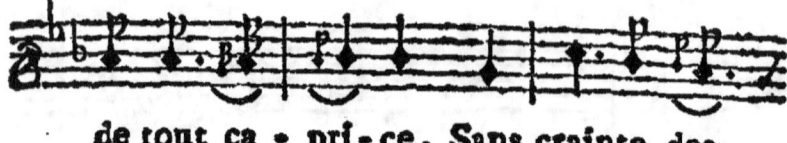

de tout ca - pri - ce, Sans crainte des

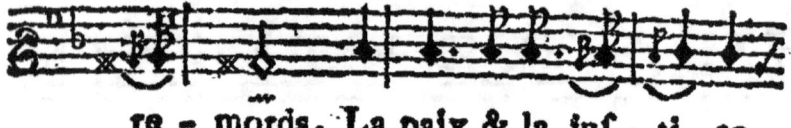

re - mords, La paix & la juf - ti - ce

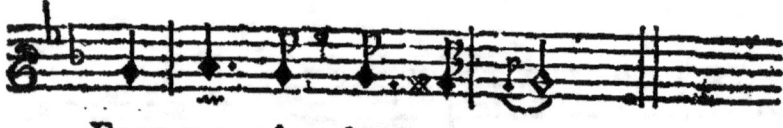

Font nos plus doux ac - cords.

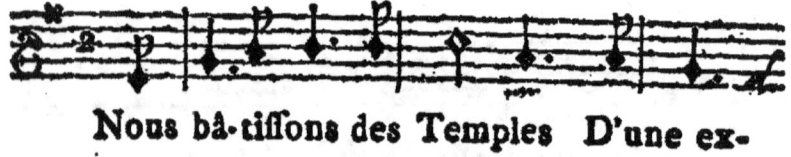

Nous bâ-tiffons des Temples D'une ex-

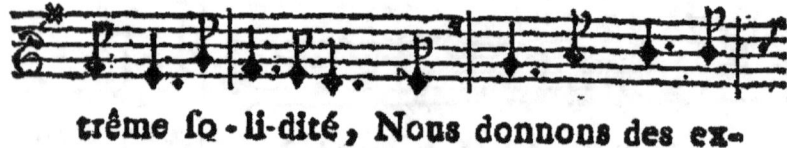

trême fo-li-dité, Nous donnons des ex-

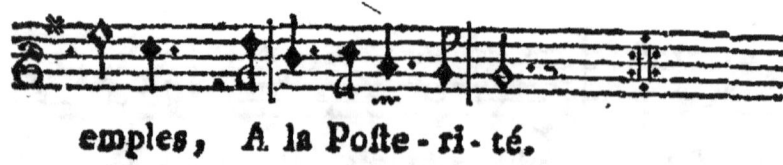

emples, A la Pofte - ri - té.

For-

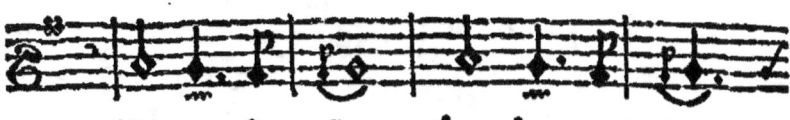

Former les cœurs, Aux bonnes mœurs,

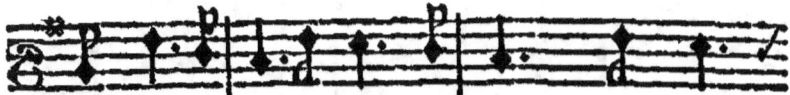

Tâcher de se rendre meilleurs, Tels sont

Da Capo. Nous bâtissons &c.

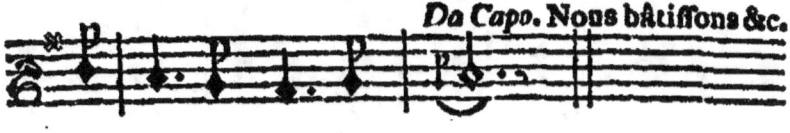

nos travaux en-chan-teurs.

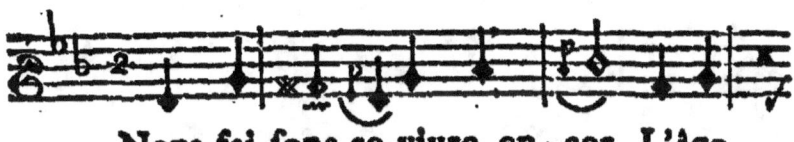

Nous fai-sons re-vivre en-cor L'âge

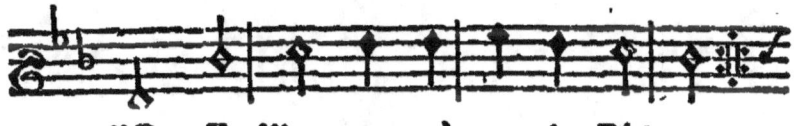

d'Or, Et l'heureux rè-gne de *Rhé* - *e.*

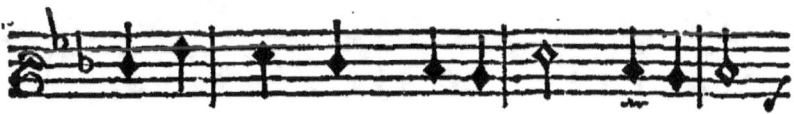

Freres chantons, en ce jour, Le retour,

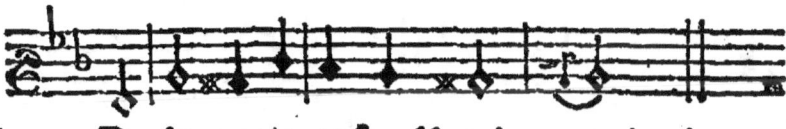

De la vertu-euse *As* - *tré* - - *e.*

De

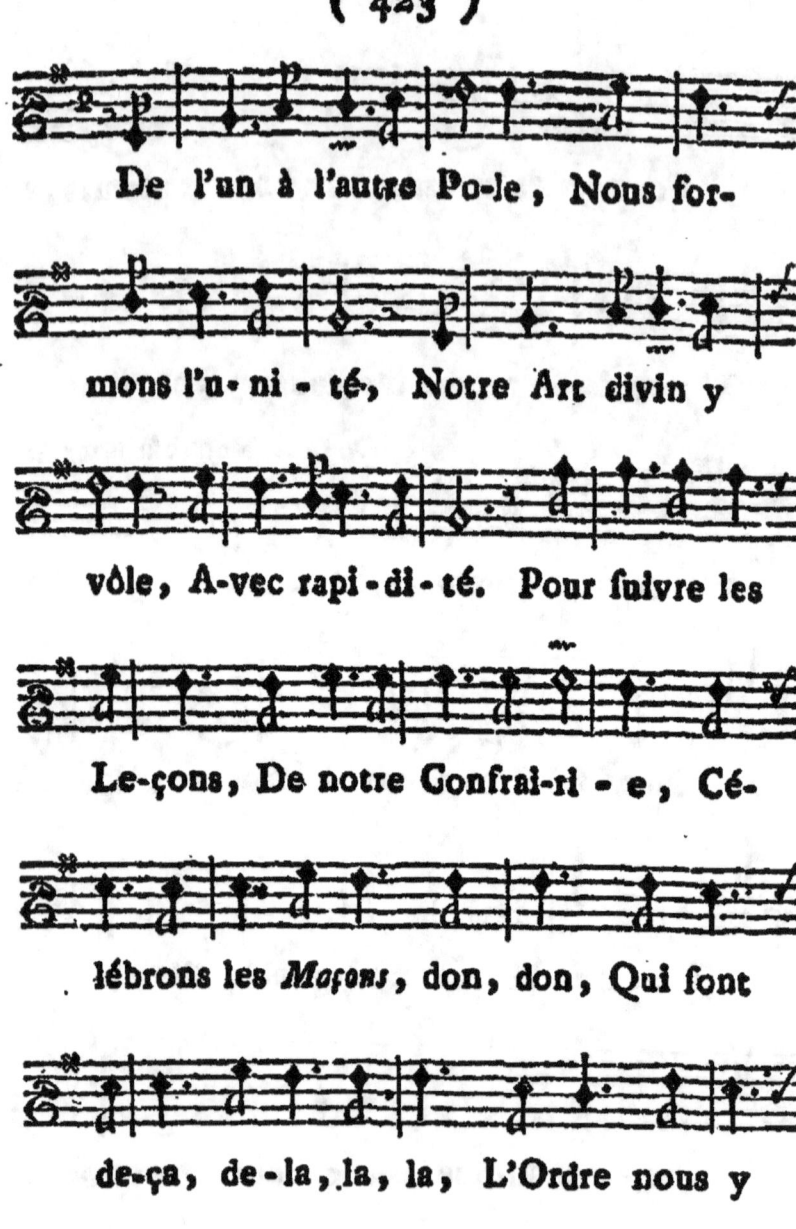

De l'un à l'autre Po-le, Nous for-

mons l'u - ni - té, Notre Art divin y

vôle, A-vec rapi - di - té. Pour suivre les

Le-çons, De notre Confrai-ri - e, Cé-

lébrons les *Maçons*, don, don, Qui font

de-ça, de - la, la, la, L'Ordre nous y

con - vi - e.

Mé-

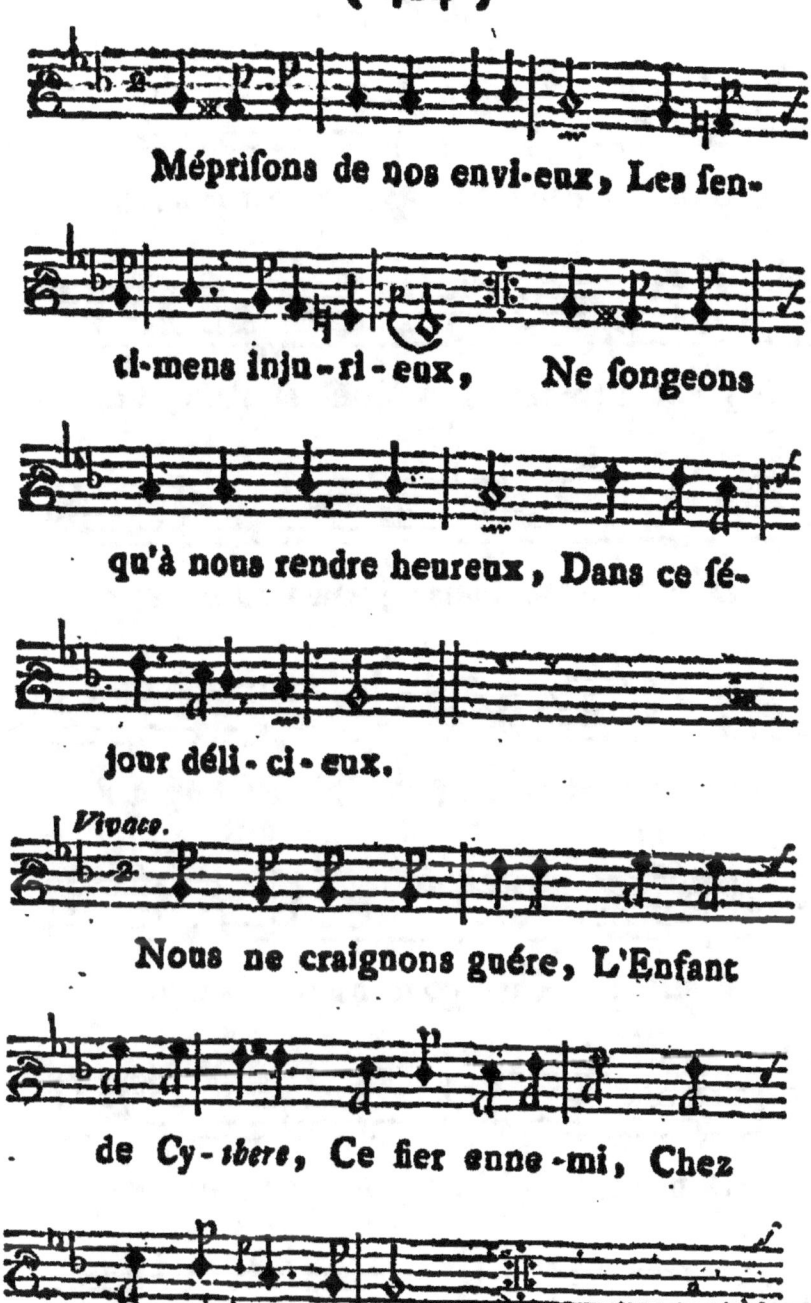

Méprifons de nos envi-eux, Les fen-

ti-mens inju-ri-eux, Ne fongeons

qu'à nous rendre heureux, Dans ce fé-

jour déli-ci-eux.

Vivace.

Nous ne craignons guére, L'Enfant

de Cy-*there*, Ce fier enne-mi, Chez

nous eft en-dor-mi.

Le

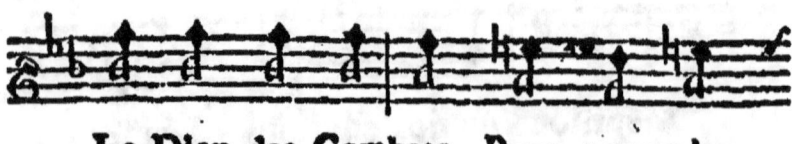

Le Dieu des Combats, Pour nous n'a

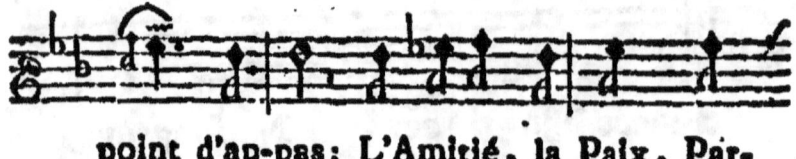

point d'ap-pas; L'Amitié, la Paix, Par-

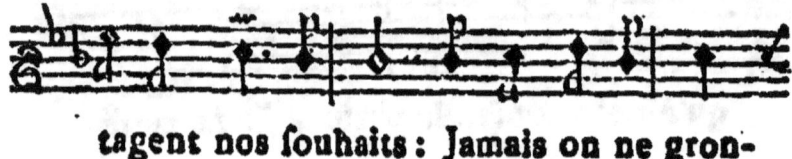

tagent nos fouhaits : Jamais on ne gron-

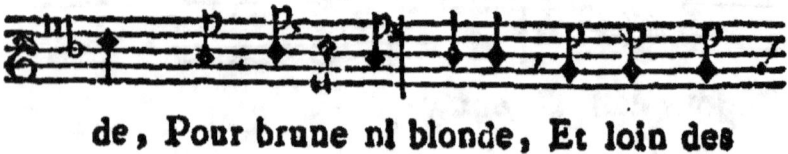

de, Pour brune ni blonde, Et loin des

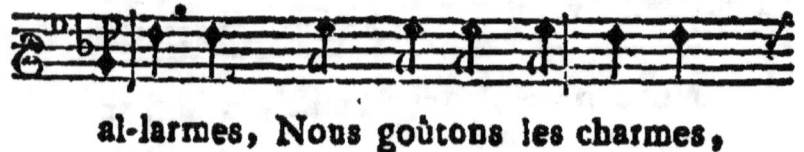

al-larmes, Nous goûtons les charmes,

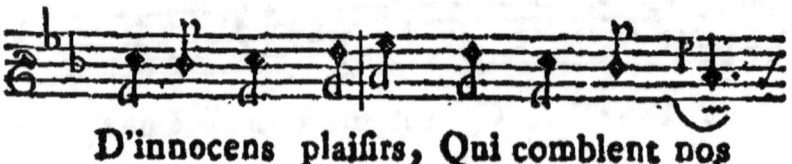

D'innocens plaifirs, Qui comblent nos

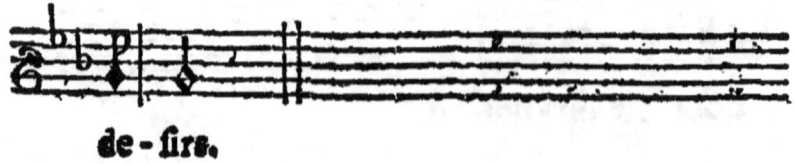

de - firs.

COU-

COUPLETS DIVERS.

Gracieusement.

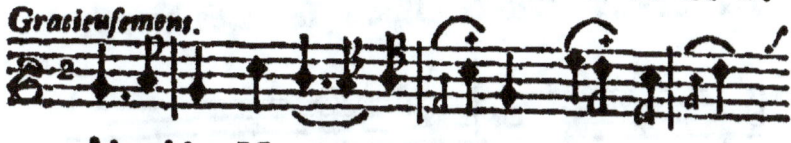

Aimable *Ma-çon-ne-ri-e*, Que tu pof-

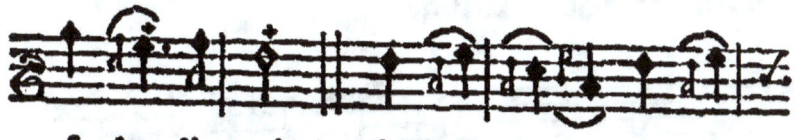

fe-des d'attraits! Ad-mis à ta confré-

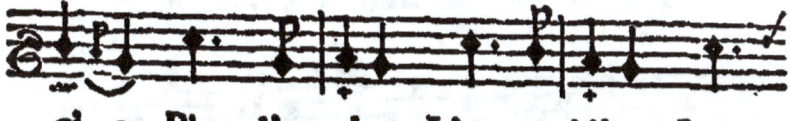

ri-e, Plus d'en-vi-e, L'on ou-bli-e, Les

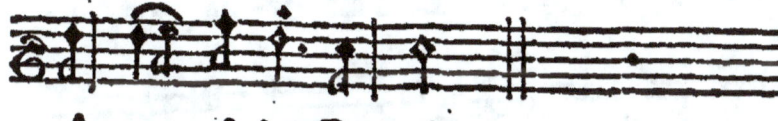

A-mours & les Pro-cès.

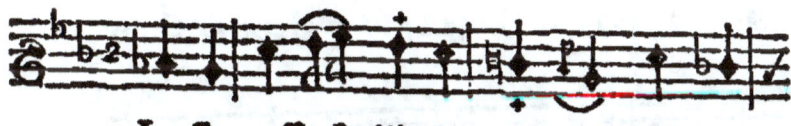

La Sa-geffe & l'inno-cen-ce, Régnent

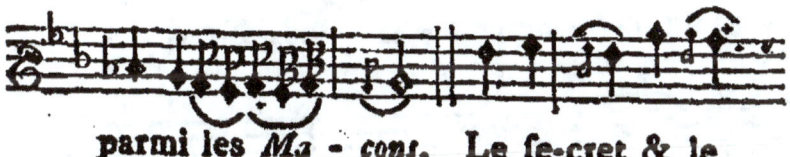

parmi les *Ma-çons*. Le fe-cret & le

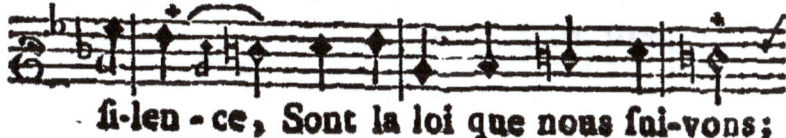

fi-len-ce, Sont la loi que nous fui-vons;

La

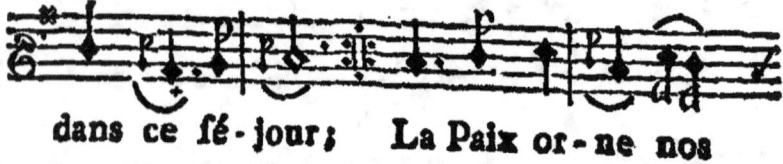

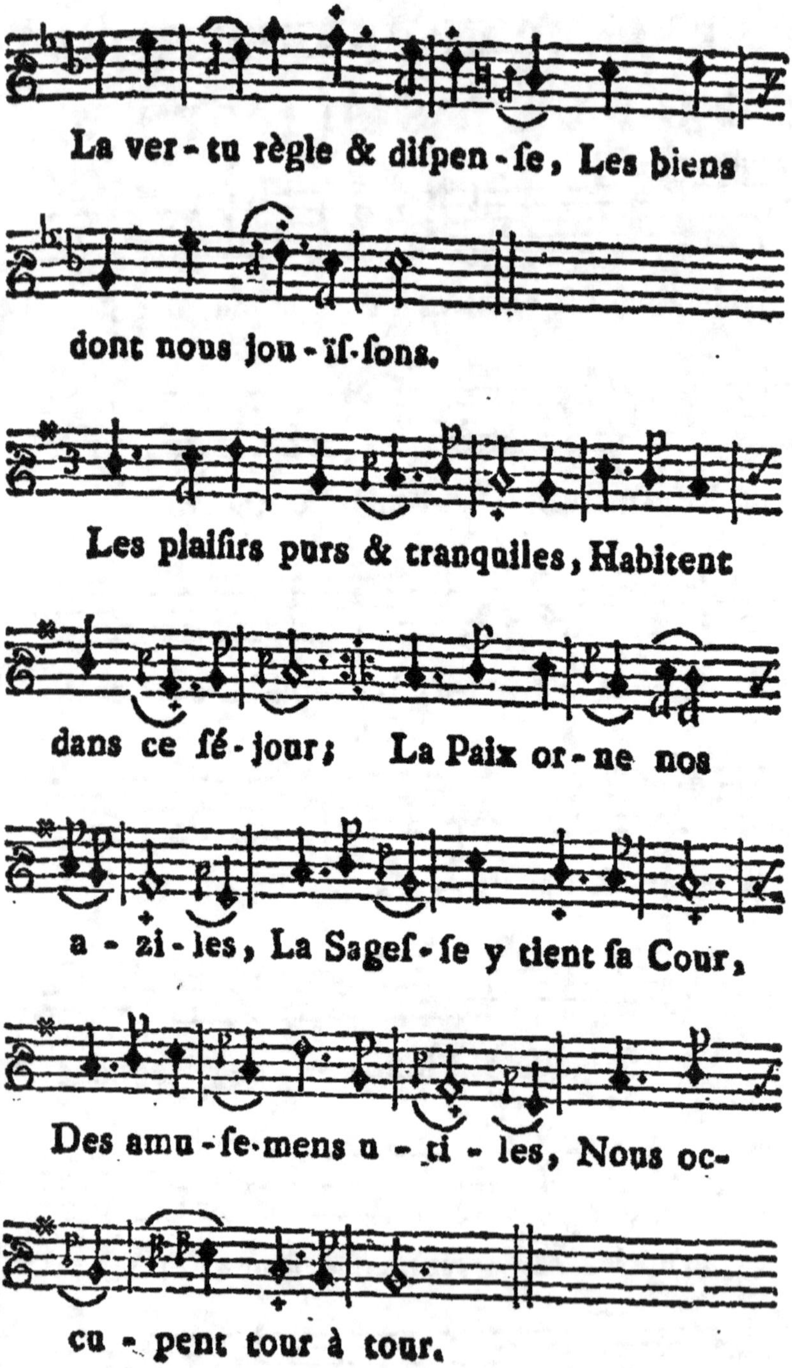

La ver - tu règle & difpen - fe, Les biens

dont nous jou - ïf - fons.

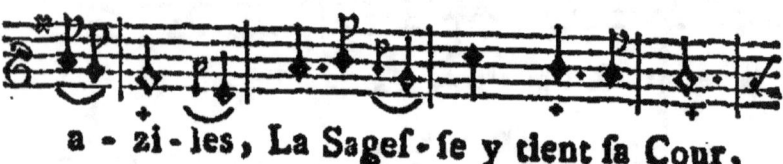

Les plaifirs purs & tranquiles, Habitent

dans ce fé - jour; La Paix or - ne nos

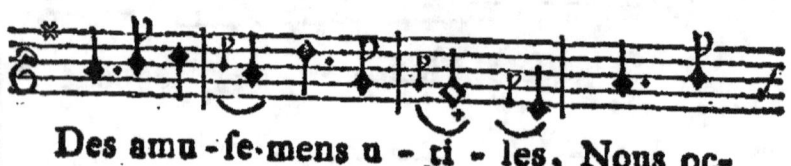

a - zi - les, La Sagef - fe y tient fa Cour,

Des amu - fe - mens u - ti - les, Nous oc -

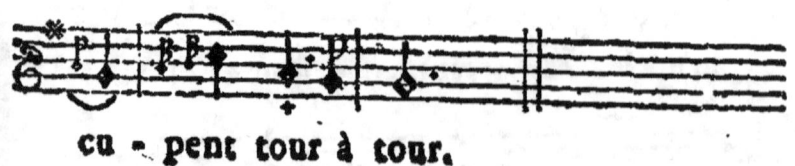

cu - pent tour à tour.

LE PLAISIR DES FRERES.

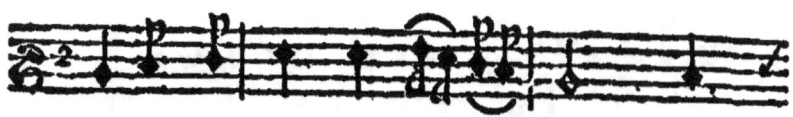

Vivre toujours en bon ac-cord, V'la

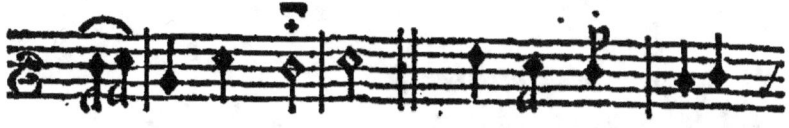

l'plai-fir des Fre-res; De ce nom faire

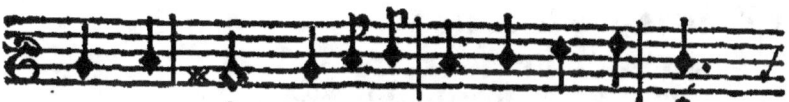

fon tré-for, Preferer les vertus à l'or,

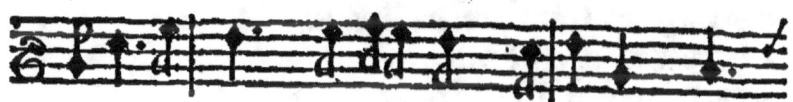

Etre difcrets, charitables, fin-céres, V'la

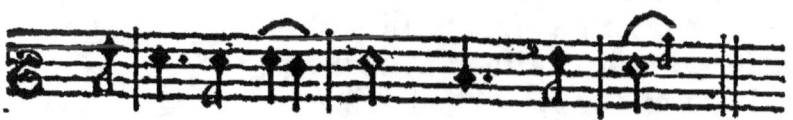

l'plai-fir des Fre-res, V'la l'plai - fir.

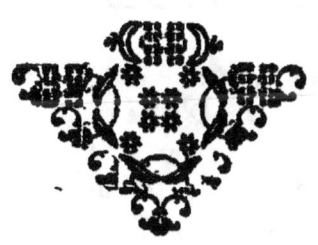

L E

LE PROPHANE RAISONNABLE.

Air: *Sur notre Ordre en vain le Vulgaire;*
Pag. 36.
Ou *Chacun avec raison*, Pag. 141.

MEprifer la *Maçonnerie*
  Eft un grand travers;
Ses attraits, non la flatterie,
  Ont diété mes vers;
Je l'eftime, je la révère,
Et c'eft avec jufte raifon;
Pour peu que la Vertu foit chére
Peut-on haïr un *Franc-Maçon?*

$\star\!)\!(\!\circ\!)\!(\!\star$

Beaucoup traitent de badinage
  Leurs vœux delicats:
Croyant que le libertinage
  Dirige leurs pas.
D'un defordre qui les offenfe,
Fauffement nous les accufons;
Mais qui connoît leur innocence,
Doit refpeéter les *Francs-Maçons.*

$\star\!)\!(\!\circ\!)\!(\!\star$

Si leur fecret étoit un crime,
  S'imagine-t'on
Qu'ils entraineroient dans l'abime,
  Un Pere, un Fils? Non!
En vain d'un regard temeraire
Nous portons fur eux le foupçon;
Pour penetrer dans ce myftere
Il faudroit être *Franc-Maçon,*

DOU-

DOUCEURS des PLAISIRS INNOCENS.

Sur les mêmes Airs.

Veut-on d'une innocente vie,
  Goûter les plaisirs,
Il faut à la *Maçonnerie*
  Donner ses loisirs.
Mars a fait son Corps de reserve,
De nos Héros les plus vantés;
Mais nos Loges sont, de *Minerve*,
Les Palais les plus frequentés.

La Vertu qui, du théorique
  Dicte les leçons,
Reduit la Sagesse en pratique
  Pour tous les *Maçons*.
De nos plaisirs un sel attique,
Sçait relever les agrémens;
Nous ne craignons point la critique
Dans nos plus doux amusemens.

En parcourant notre carriere,
  Dans l'affection,
Nous passons notre vie entiere
  En bonne union.
Jamais la tristesse n'aborde,
L'heureux sejour du *Franc-Maçon*;
Et de l'infernale Discorde
L'on n'y connoît point le poison.

LOF

LOF der VRY-METZELARY.

EERZANG.

Op de Wyze: *Wyk duyfternis* &c. pag. 318. / o

Laat vry de blinde Waereld fmaalen,
 Op 't groot geheim der *Metz'lary*,
Niets kan by onze Konfte haalen,
 Zy redden ons uit flaverny.
Wat Wetenfchap is meer van waarde,
 Als Wysheid, die de ziel verblydt?
Wat Schat is hier zoo groot op Aarde,
 Als Deugt, die ons na boven lydt?

Dat 't blinde Menfchdom kon bevatten
 De Vreugde, die de Konft ons geeft,
Hoe gaarne fchonk het al zyn fchatten,
 Voor 't voordeel, dat hier ieder heeft?
Maar weet dat niemant hier mag koomen,
 Als die 't vooroordeel zet ter zy;
Hier fchrikt men niet voor ydel droomen,
 Vry-Metzelaars zyn waarlyk vry.

Kom, Broeders, laat ons zaame looven
 Het voordeel, dat het Ligt ons geeft,
't Geen alle fchatte gaat te booven,
 Van hem die in de blindheid leeft.
Laat ons ook aan de Waereld toonen,
 Dat Deugd, het waare kenmerk is,
Van hen, die hier als Broeders woonen,
 Geredt uit blinde duifternis.

Z A-

ZAMENSPRAAK

tuſſchen een

VRY-METZELAAR en een PROPHAAN.

Vertaaling van het Lied hier vooren pag. 152.

Quél eſt le travail de vos mains, &c.

En op dezelve Wyze.

Door den Br. DU BOIS.

Proph. WAt voor Werk is 't dog dat gy doet,
Als gy t'zaam zyt opgeſlooten?
Wat voor Werk is 't dog dat gy doet,
Dat het zoo geheim zyn moet?
Metz. Wy gaan de Deugd ſteeds te gemoet,
Terwyl wy d'Ondeugd verſtooten;
Wy gaan de Deugd ſteeds te gemoet,
En ons Werk is rein en goet.

Proph. Waarom dan zoo gevreeſt voor kwaat,
Als men by uw' Werk wil koomen?
Waarom dan zoo gevreeſt voor kwaat,
Zoo uw' Kunſt daarin beſtaat?
Metz. Het is niet dan met wyzen raat,
Dat wy d'onbekende ſchröomen;
Het is niet dan met wyzen raat,
Dat wy myden het verraat.

Proph.

Proph. Vinden uwe Broeders byſtand,
　　Wanneer hen de Nood doet klagen?
　Vinden uwe Broeders byſtand,
　　Of wyſt gy ze van de hand?
Metz. D'Armoed breekt geen Liefdens band,
　　Men helpt hen die laſt te dragen ;
　D'Armoed breekt geen Liefdens band,
　　Dog voor Luyaards zorgt niemand.

Proph. Ziet men by u wel Groot en Klyn,
　　Die zig voor Broeders erkennen?
　Ziet men by u wel Groot en Klyn,
　　T'zaame trekken eene lyn?
Metz. Onzen roem is gelyk te zyn :
　　Elk moet zig daar aan gewennen :
　Onzen roem is gelyk te zyn,
　　Daar in beſtaat ons welzyn.

Proph. Ik benyd' uw geluk, voorwaar,
　　En wil my tot u begeeven :
　Ik benyd' uw geluk, voorwaar,
　　Ontfangt my VRY-METZELAAR.
Metz. Treed dan binnen, tot onze Schaar,
　　Als gy wenſcht met ons te leeven ;
　Treed dan binnen, met onze Schaar,
　　Zyt gy der Deugd beminnaar.

T　　　　　　　　PLAI-

PLAISIRS MAÇONS.

Ronde.

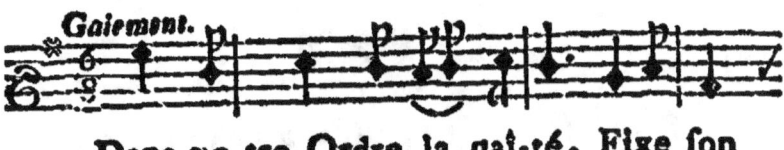

Dans no-tre Ordre la gai-té, Fixe fon

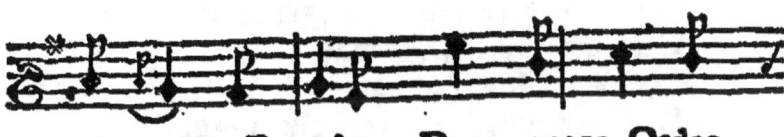

al - mable Em-pire, Dans notre Ordre

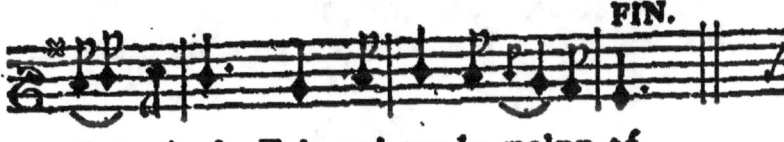

la gai-té, Fait nai-tre la volup-té.

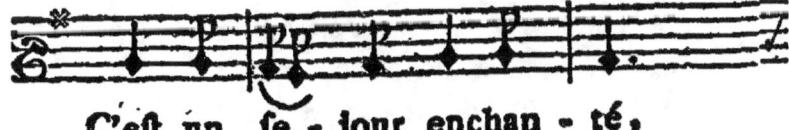

C'eft un fe - jour enchan - té,

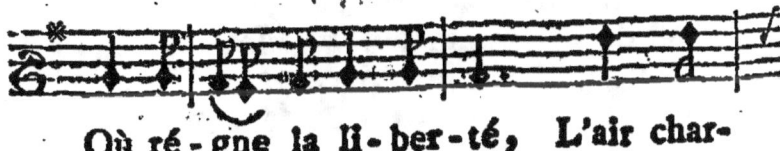

Où ré - gne la li-ber-té, L'air char-

mant

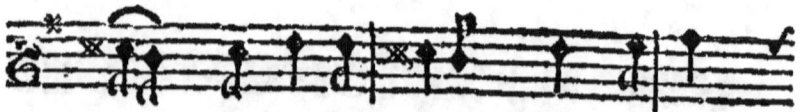

mant qu'on y ref - pire, Fait no-tre

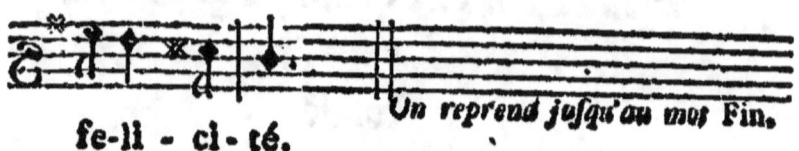

On reprend jufqu'au mot Fin.

fe-li - ci - té.

Ce n'eft que jeu, qu'agrément,
Dans ces paifibles retraites;
Ce n'eft que jeu, qu'agrément,
Que plaifirs, qu'amufement.
Aftrée en fait l'ornement,
Et l'Amour, ce Dieu charmant,
Sans jamais troubler nos fêtes,
Attend fon heureux moment.
          Ce n'eft . . . qu'amufement.

Ici les mêmes ardeurs,
Se portent à la tendreffe:
Ici les mêmes ardeurs,
Obtiennent mêmes faveurs.
Profanes, jamais vos cœurs,
De ces inftans fi flatteurs,
Ni de cette aimable yvreffe,
Ne goûteront les douceurs.
          Ici les . . . faveurs.

‹‹(✿)››

Le tumulte & le fracas
Sont bannis de nos azlles:
Le tumulte & le fracas
N'ont pour nous aucun appas.
Nous aimons que nos ebats
Ne faffent jamais d'eclats,
Et que des plaifirs tranquiles
Regnent jufqu'en nos repas.
Le tumulte . . . appas.

‹‹(✿)››

Vive la tendre Union
Que procurent nos myfteres;
Vive la tendre Union,
Qui fait notre ambition.
Sans nulle diftinction,
D'Etat, de Religion,
Un nouveau Peuple de Freres,
Sort de chaque Nation.
Vive la . . . ambition.

CHAN-

CHANSONS

POUR DES

JOURS DE SOLEMNITÉS,

AINSI QUE POUR DES

OCCASIONS PARTICULIERES

ET

INTÉRESSANTES.

MAR-

MARCHE DES FRANCS-MAÇONS.

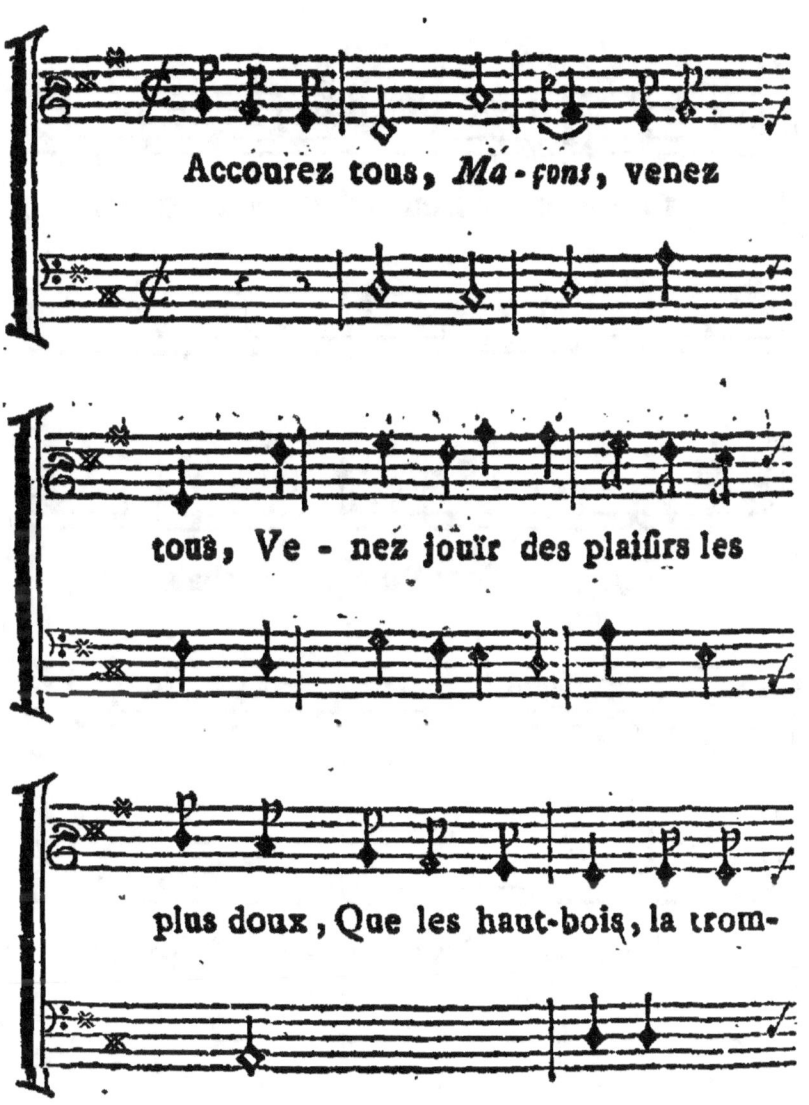

Accourez tous, Maçons, venez tous, Ve-nez jouïr des plaifirs les plus doux, Que les haut-bois, la trom-

pette,

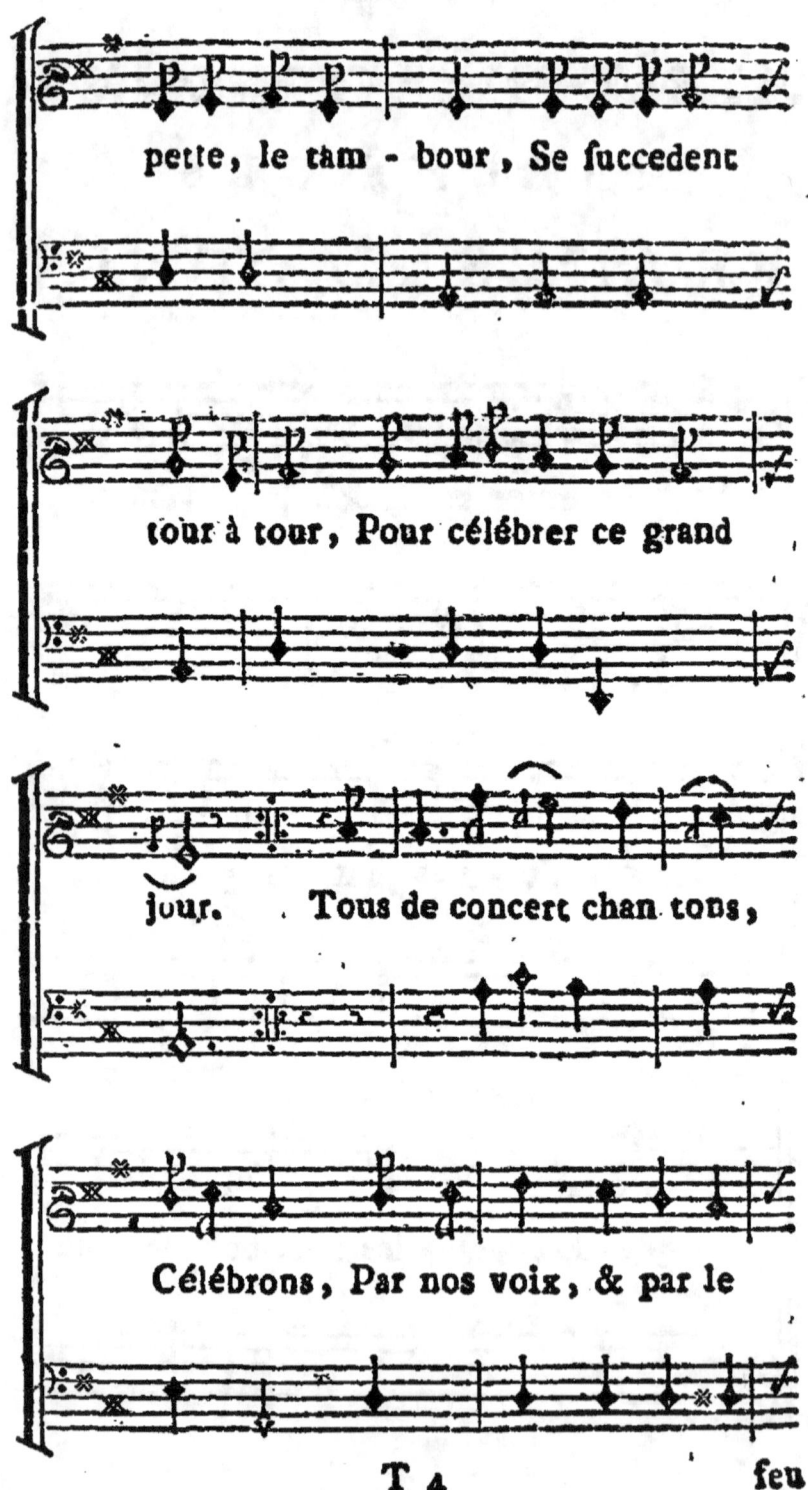

pette, le tam - bour, Se fuccedent

tour à tour, Pour célébrer ce grand

jour.   Tous de concert chan tons,

Célébrons, Par nos voix, & par le

T 4   feu

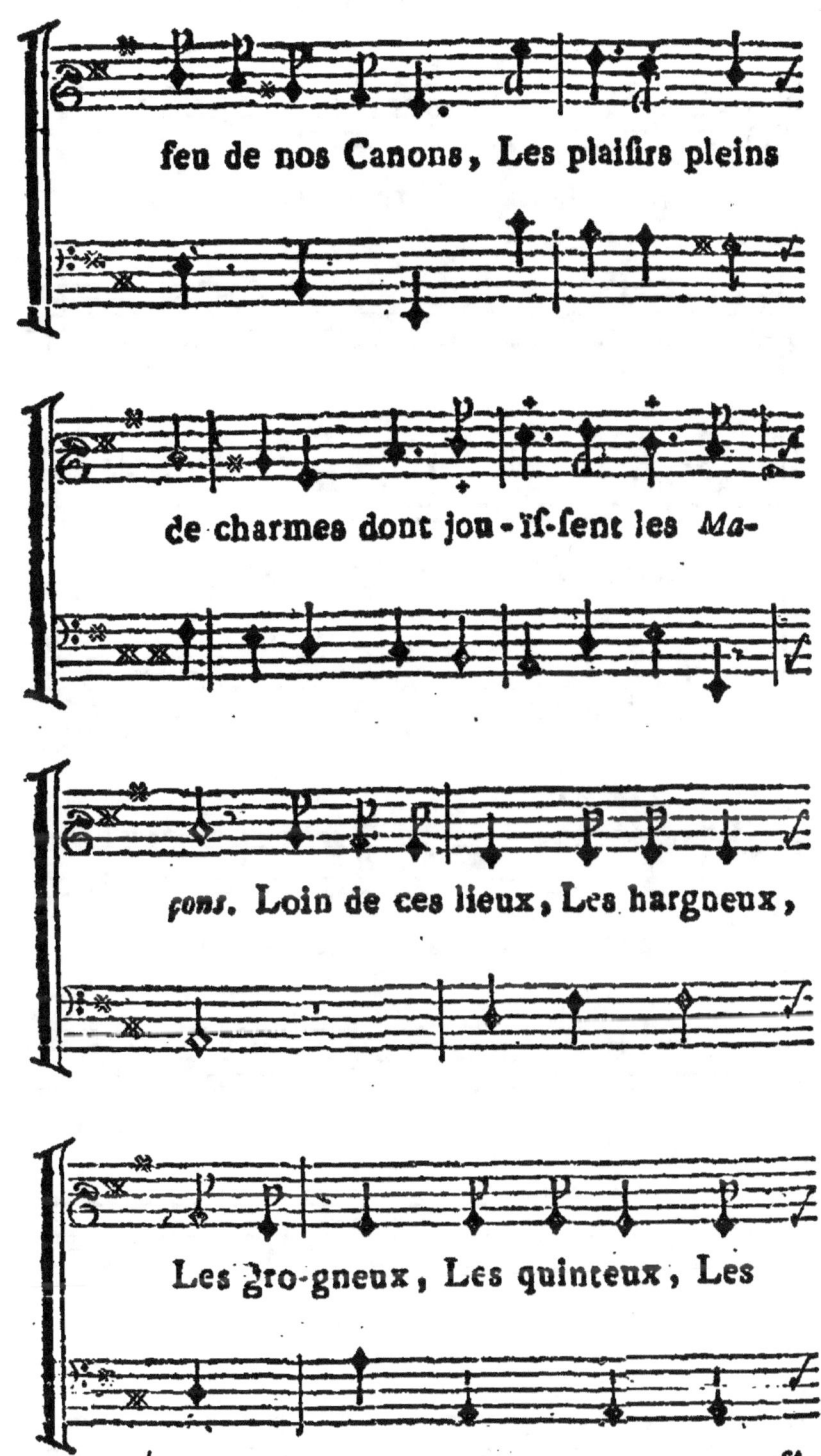

feu de nos Canons, Les plaisirs pleins

de charmes dont jou - is-sent les Ma-

çons. Loin de ces lieux, Les hargneux,

Les gro-gneux, Les quinteux, Les

fa.

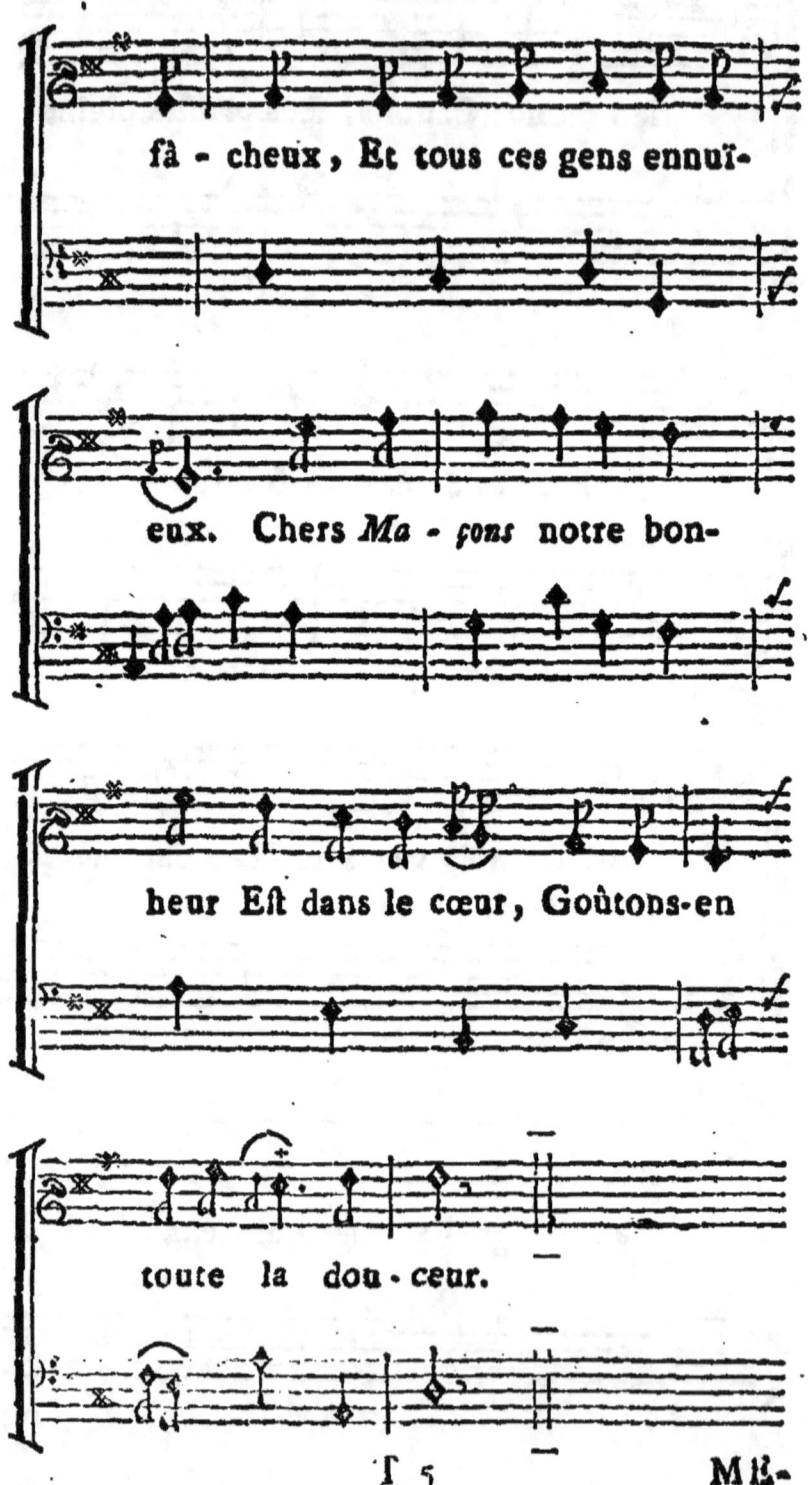

fâ - cheux, Et tous ces gens ennuï-

eux. Chers *Ma* - *çons* notre bon-

heur Eſt dans le cœur, Goûtons-en

toute la dou - ceur.

MEME MARCHE.

En l'honneur du TRÈS-RESPECTABLE GRAND MAITRE *de l'*ORDRE.

Par le Fr. DU BOIS.

D'un cœur joïeux,
Maçons glorieux,
Venez admirer *B*** en ces lieux.
Que les beaux arts, les jeux, les ris, les plaifirs,
Confacrent tous nos loifirs,
A contenter fes defirs.
Tous de concert chantons,
Célébrons,
Par nos voix & plus encor par nos leçons,
Les Vertus & l'Eloge de ce Pere des *Maçons*;
Sa noble ardeur,
Sa valeur,
Son bon cœur,
Sa candeur,
Sa douceur,
Font des *Maçons* le bonheur.
Notre Loge, dans ce jour,
Doit à fon tour,
Lui marquer quel eft fon Amour.

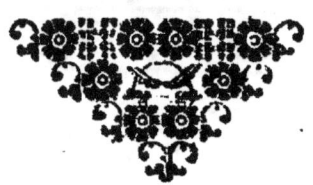

A U-

AUTRE MARCHE.

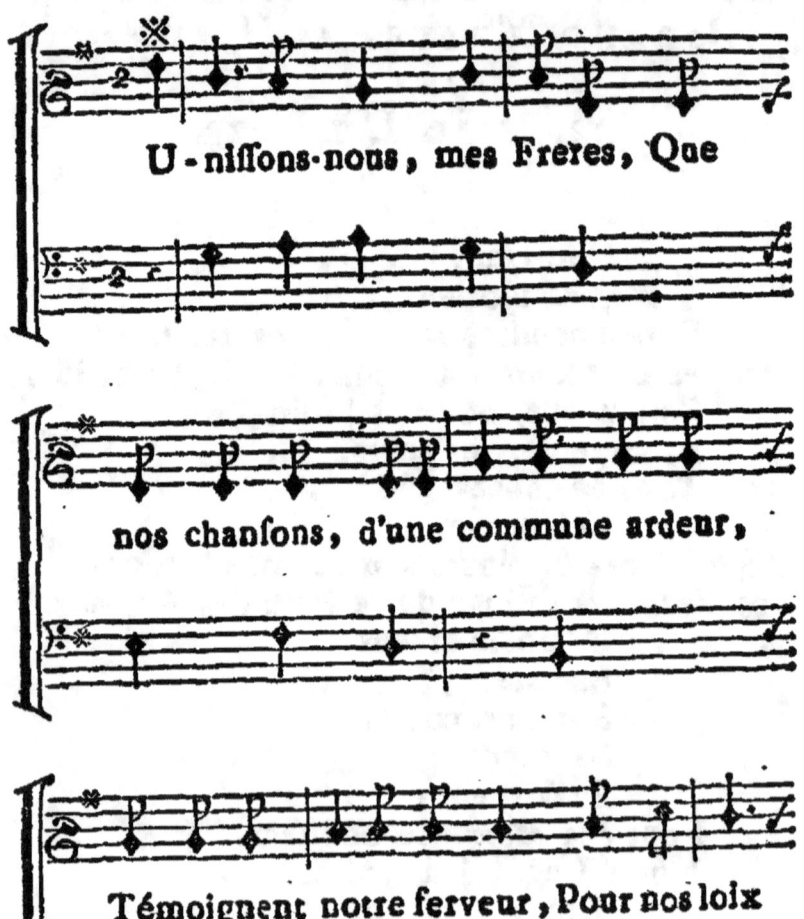

U - niſſons-nous, mes Freres, Que

nos chanſons, d'une commune ardeur,

Témoignent notre ferveur, Pour nos loix

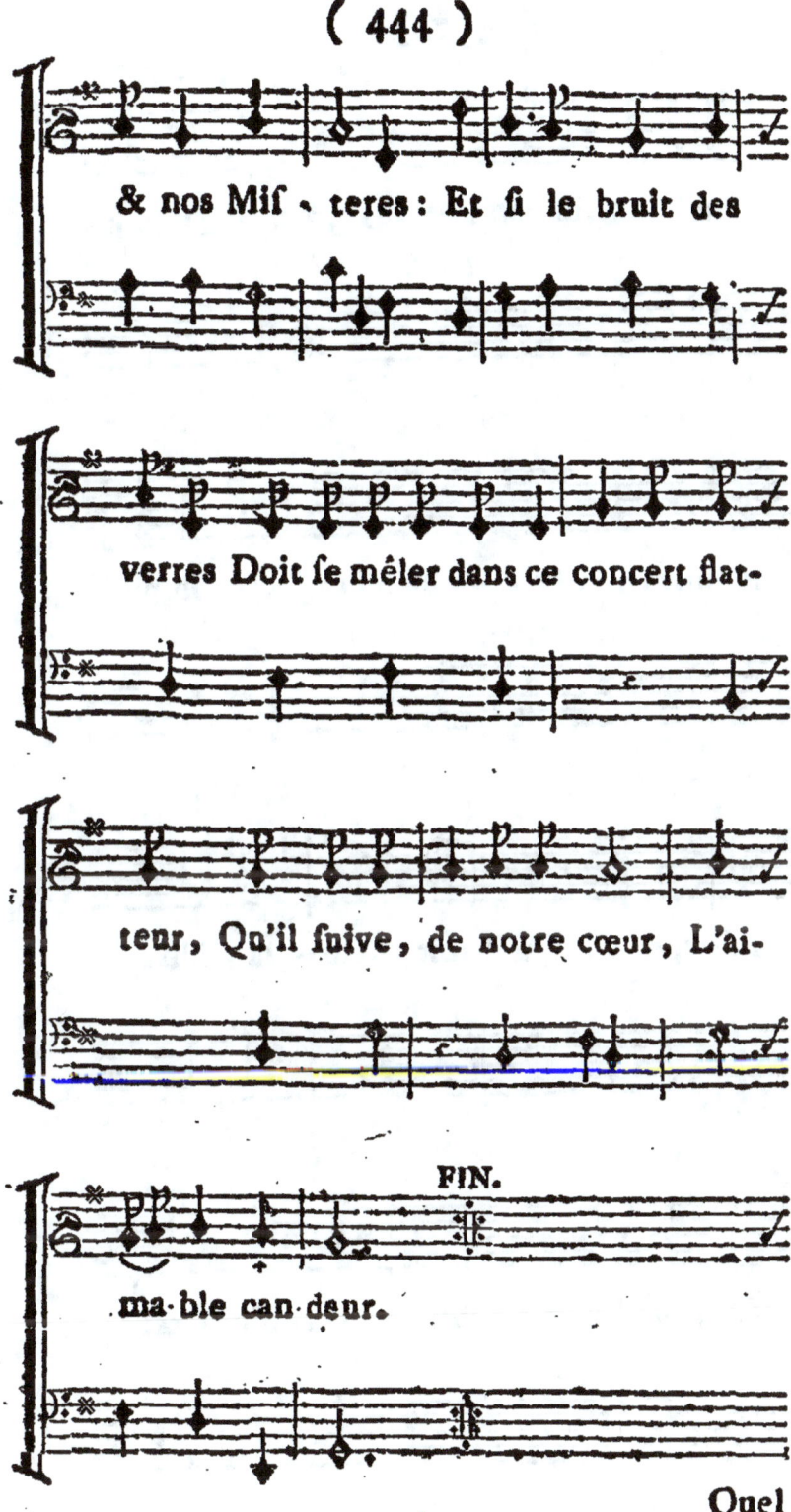

& nos Miſ - teres : Et ſi le bruit des

verres Doit ſe mêler dans ce concert flat-

teur, Qu'il ſuive, de notre cœur, L'ai-

FIN.

ma-ble can-deur.

Quel

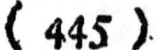

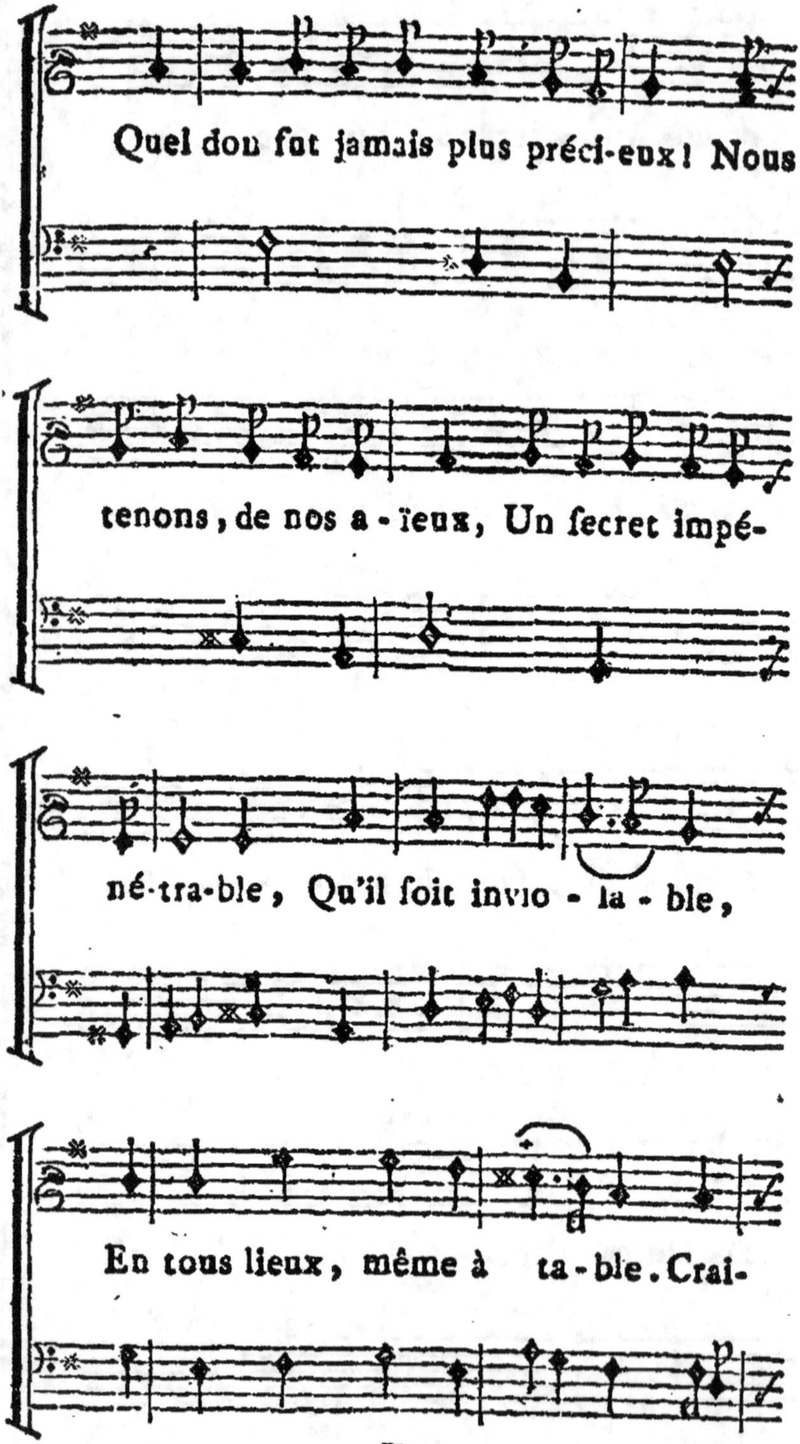

Quel don fut jamais plus préci-eux! Nous

tenons, de nos a-ïeux, Un secret impé-

né-tra-ble, Qu'il soit invio-la-ble,

En tous lieux, même à ta-ble. Crai-

gnons

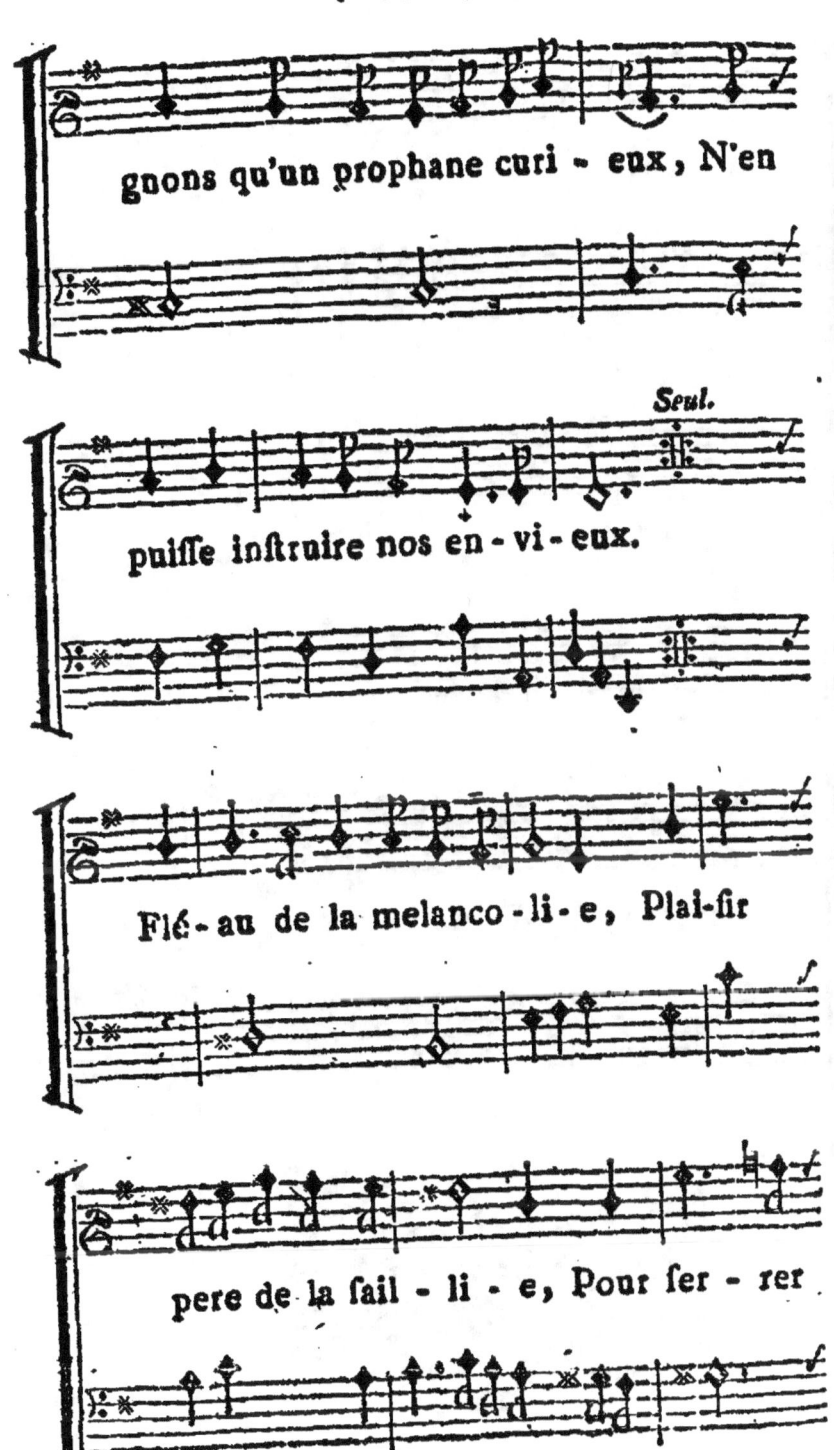

gnons qu'un prophane curi - eux, N'en

puiſſe inſtruire nos en - vi - eux.

Seul.

Flé - au de la melanco - li - e, Plai-ſir

pere de la ſail - li - e, Pour ſer - rer

le

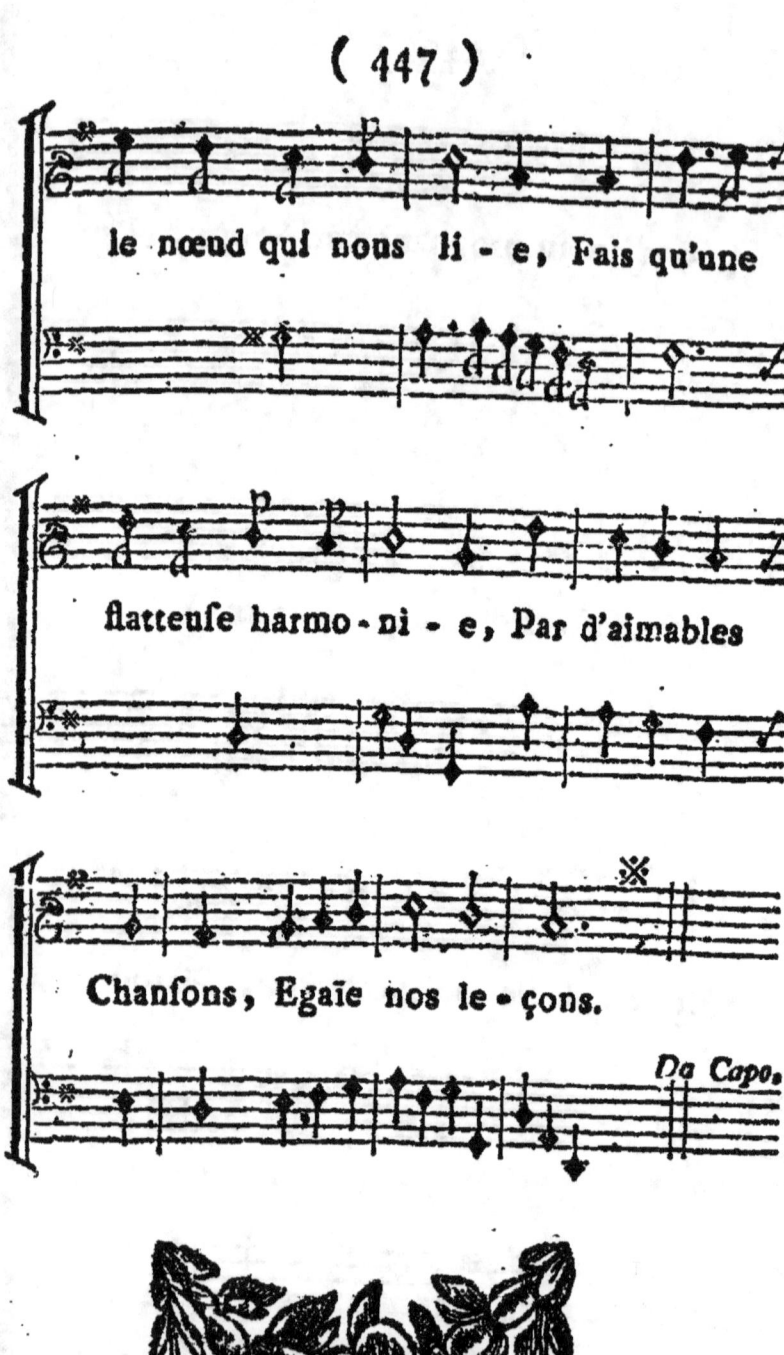

le nœud qui nous li - e, Fais qu'une

flatteufe harmo - ni - e, Par d'aimables

Chanfons, Egaïe nos le - çons.

Da Capo.

A U.

AUTRE MARCHE.

A la gloire du T. R. G. M.

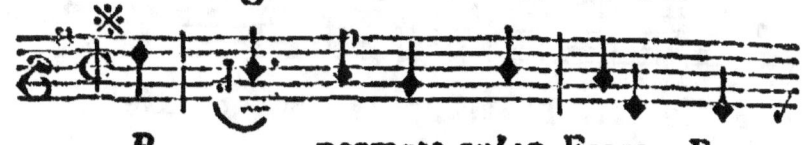

B . . . . . permets qu'un Frere, Franc-

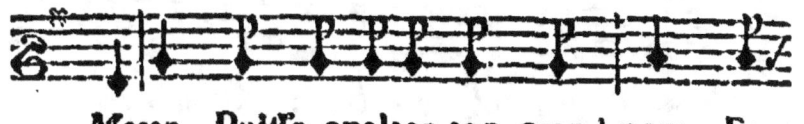

Mofon, Puiffe exalter ton grand nom, Et

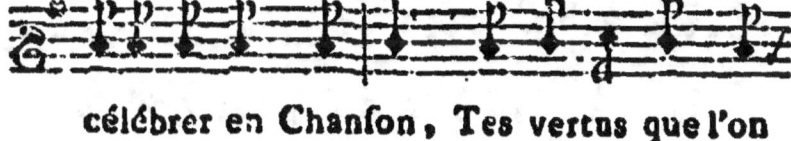

célébrer en Chanfon, Tes vertus que l'on

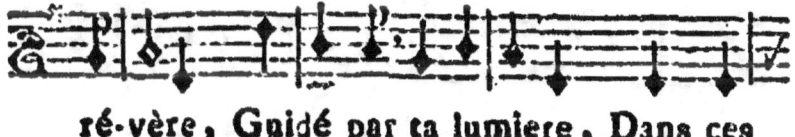

ré-vère, Guidé par ta lumiere, Dans ces

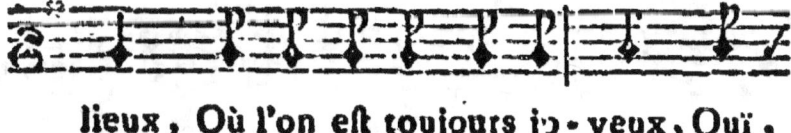

lieux, Où l'on eft toujours jo-yeux, Ouï,

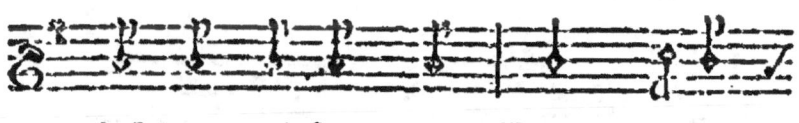

c'eft pour toi feul qu'aux Dieux, J'offre

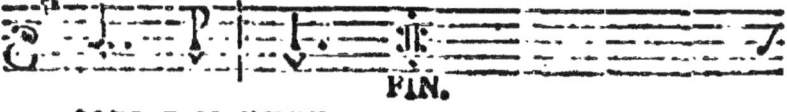

FIN.

tous mes vœux.

Vit-

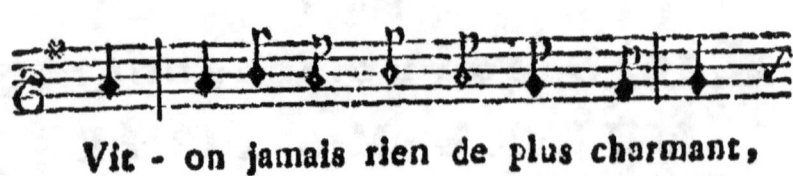

Vit - on jamais rien de plus charmant,

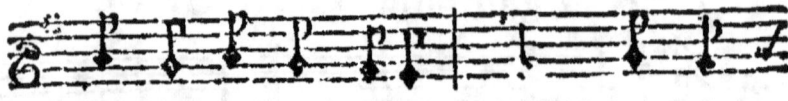

Tu fais i - ci l'orne - ment De no-

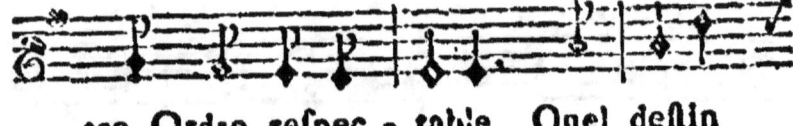

tre Ordre refpec - table Quel deflin

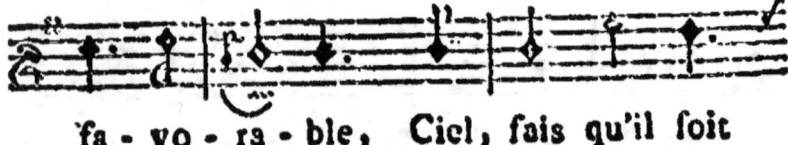

fa - vo - ra - ble, Ciel, fais qu'il foit

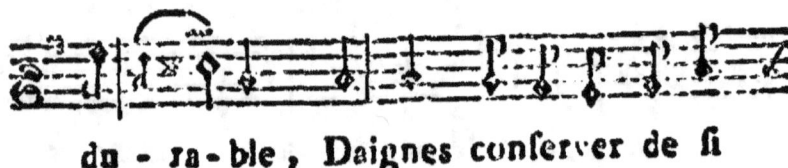

du - ra - ble , Daignes conferver de fi

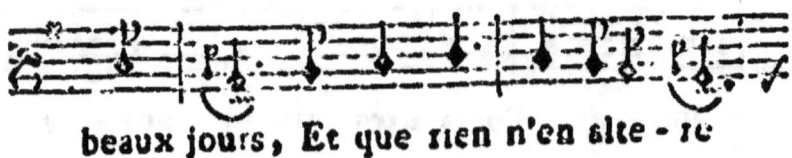

beaux jours, Et que rien n'en alte - re

le cours.

Grand

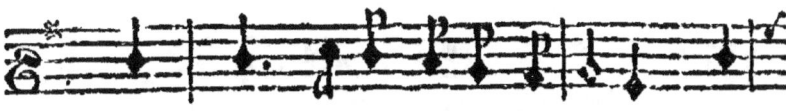

Grand Cœur, digne de ta Nobleſſe, Vrai

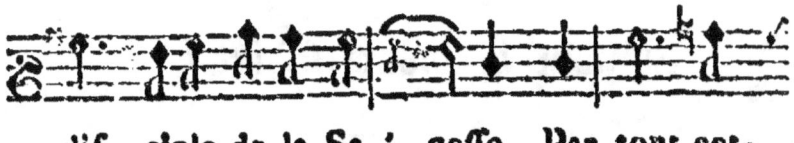

diſ - ciple de la Sa ♭ geſſe, Par tout cet-

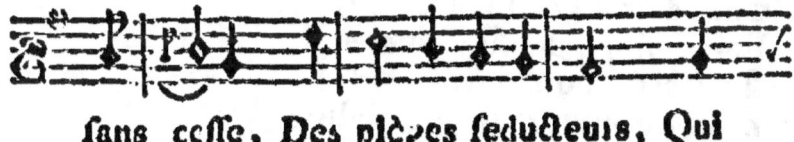

te aimable Dé - eſ-ſe, Sçaura te garantir

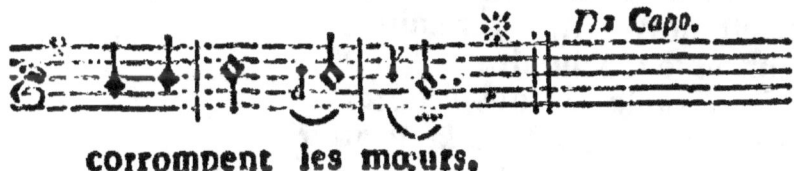

ſans ceſſe, Des piéges ſeducteurs, Qui

Da Capo.

corrompent les mœurs.

MEME MARCHE,

Et pour le même Objet.

Chantons tous, mes chers Freres,
  Célébrons
Le fort dont nous jouïffons :
L'Aftre des vrais *Francs-Maçons*
Vient proteger nos mifteres ;
  Hommage à fes lumieres,
  La faveur
Qu'on doit à ce Bienfaiteur,
  Fait l'éloge de fon cœur
  Et notre bonheur.
Jamais de plus ravisfans plaifirs
Ne comblèrent nos defirs ;
C'eft notre Aftre tutelaire
Son ardeur falutaire
Nous guide & nous éclaire.
Sous fes Loix, fous fa Protection,
Mettons pour toujor s notre Union.
Chantons . . . . bonheur.
  Sous ce *Mentor* prudent & fage
  La vertu n'eft jamais fauvage,
  Tous les attributs du bel âge
  En font le riant apanage ;
  Sa main feme des fleurs
  Sous fes pas enchanteurs.
Chantons . . . . bonheur.

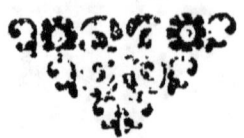

C O U.

COUPLETS

D'UN JOUR D'ELECTION,

Chantés en GRANDE LOGE en 1756.

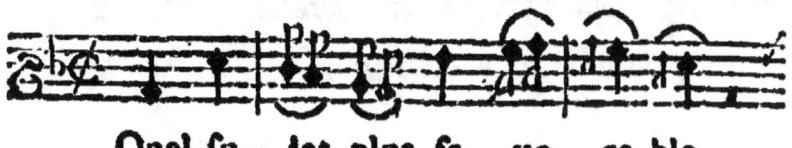

Quel fu - jet plus fa - vo - ra ble,

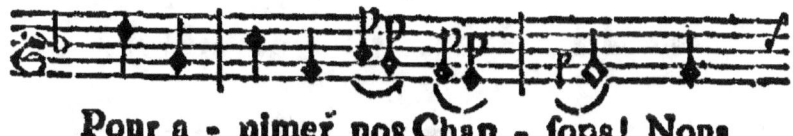

Pour a - nimer nos Chan - fons! Nous

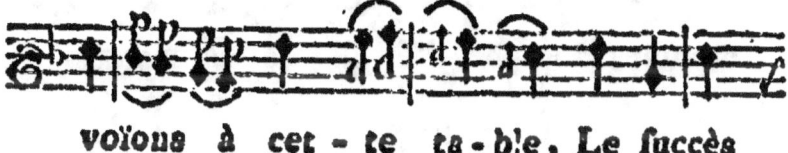

voïons à cet - te ta - ble, Le fuccès

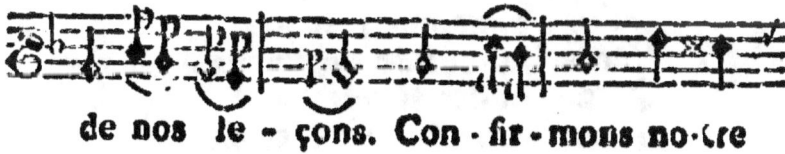

de nos le - çons. Con - fir - mons no-tre

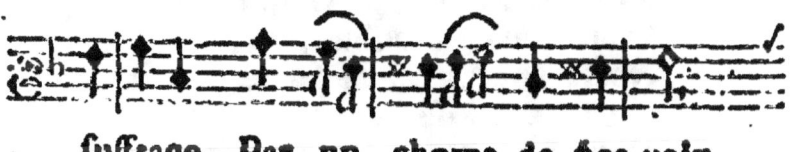

fuffrage, Par un chorus de fios voix,

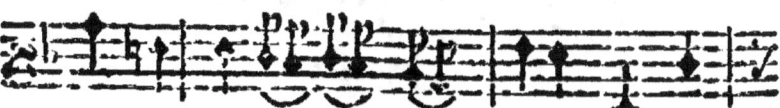

Et que chacun rende hommage, À l'ob-

jet

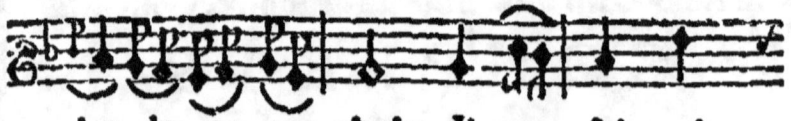

jet de no-tre choix. Il nous fait voir

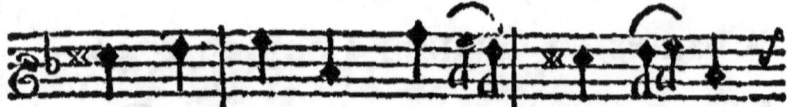

le grand Homme, Brillant moins par les

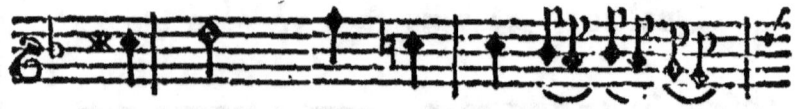

honneurs , Auxquels l'é-qui-té le

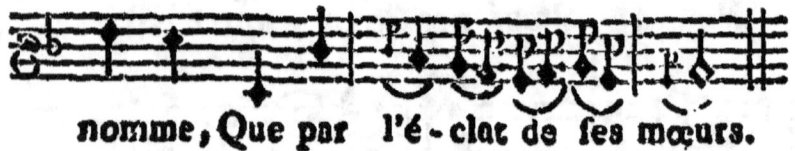

nomme, Que par l'é-clat de fes mœurs.

Qu'une plume mercénaire
Vante l'auteur de nos maux,
Qu'un illuftre téméraire
Soit mis au rang des Héros:
Trop vile & fervile plume,
Vous n'élevez qu'un fetu:
Notre encens ici ne fume
Qu'à l'autel de la vertu.
D'un faux brillant le preftige
Ne fafcine point nos yeux;
L'Equité feule dirige
Nos fuffrages précieux.

Alexes.

Alexandre eut la victoire
Comme attachée à son char;
Jufqu'au comble de la gloire,
On vit s'élever *Céfar*.
Mais ces héros fanguinaires,
Au Temple de la raifon,
Sont des hommes ordinaires,
Près de *Locke* & de *Newton*.
Ce Temple eft notre retraite;
Le Sage y doit commander:
Notre attente eft fatisfaite,
D'*H* . . . . . va préfider.

((❀))

Oui, très-illuftre Grand-Maître,
Vos talens nous font connus:
Vous ferez notre Grand-Prêtre
Dans le Temple des vertus.
Puiffe, au gré de votre envie,
Le *Maçon* vous imiter!
Vous tracez un plan de vie,
Qui le fera refpecter.
Pere, Ami, Sujet fidèle,
Jufte, tendre, officieux,
Tel il fera, fous votre aile,
Que vous êtes à fes yeux.

((❀))

Dans le banquet des fept Sages,
On y difoit de bons mots;
Imitons leurs bons ufages,
Qu'envain combattent les fots.
Vous nous retracez ces Maîtres,
Et fous vos loix, le *Maçon*
Ne connoîtra point de traîtres,
Que n'attaque fa raifon.
Par votre Philofophie,
Nous devrons vivre contens;
Et notre douce harmonie
Nous fera braver les tems.

Que

Que le compas & l'équerre
Soient toujours entre vos mains,
Que la perpendiculaire
Egalife les humains.
Que la difcorde & la haine
S'éloignent de ce féjour:
Un de vos regards, fans peine,
Y fixe à jamais l'amour.
Guidé par la tempérance,
Bacchus marche fur vos pas ;
Sans redouter l'abondance,
Il n'offre que des appas.

Qui dit *Franc-Maçon*, dit Homme,
Ami de l'humanité,
Qui du Japon jufqu'à Rome
Fait régner l'égalité.
Nous en aurons l'avantage,
Sous votre empire enchanteur ;
Puiffions-nous voir, d'âge en âge,
Croître pour nous ce bonheur!
Nous en jouïrons fans doute,
Conformément à nos vœux,
Si le Ciel, qui les écoute,
Vous donne des jours heureux.

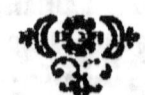

꿹 : 꿹 : 꿹 : 꿹 꿹 : 꿹 : 꿹 : 꿹

AUTRES SUR LE MEME SUJET.

Chantés en GRANDE LOGE, en 1758.

Par le Fr. Du Bois.

Sur l'Air : *Prends, ma Philis*, &c. p. 48.

Au Tr. R. Ancien G. M.

A la fin d'un regne aimable,
Comblé de gloire & d'honneurs ;
Recevez, TRÈS RESPECTABLE,
Le doux encens de nos cœurs.
C'eſt de l'amour d'un vrai Pere
La recompenſe ſincére,
Et le prix de ſes faveurs.

Au T. R. Nouveau G. M.

Vous, que le mérite appelle
Sur le trône des *Maçons*,
D'après ce brillant modele,
Vous formerez vos leçons.
Nous voïons notre avantage,
Et le cœur dicte l'hommage
Que vous rendent nos Chanſons.

Aux anciens Grands-Officiers.

Appuis de notre ancien Maître,
Député, Grands Surveillans,
Vous vîtes l'Ordre renaître,
Grace à vos ſoins vigilans !
Les grands progrès de nos Loges
Sont, pour vous, autant d'éloges,
Qui font vos titres brillans.

Aux nouveaux Grands-Officiers.

Approchez, Troupe charmante,
Qui devez suivre leurs pas,
L'Ordre, en ce jour, vous présente
Son Equerre & son Compas:
Objets de notre espérance,
Vous nous promettez d'avance
Un empire plein d'appas.

Protestation de zele de la part des Loges de LA HAYE.

Sous vos yeux, sur votre exemple,
Toutes nos Loges en corps,
Pour l'appui de notre Temple,
Vont seconder vos efforts,
Leur alliance & leur zele,
Vous sont un gage fidele
Du plus parfait des accords.

Aux Députés à l'Assemblée.

Vous, qui devez, dans les Villes,
Réfléchir cette clarté,
Soyez toujours les asiles
De notre Fraternité:
Que l'Architecte céleste
Fasse qu'en vous tout atteste
Sagesse, Force & Beauté.
 Chœur. Vous qui devez . . . . . Fraternité.

V

A J.

AUTRES, par le même Fr. en 1759.
Sur l'Air : *De la Béquille.* pag. 138.

D'une commune ardeur,
Dans ce jour d'allegresse,
Chantons notre bonheur ;
Exaltons la sagesse,
Qui de notre tendresse,
Va resserrer les nœux ;
Puisse-t-elle sans cesse,
Remplir ainsi nos vœux !

Lieutenant de *Thémis*,
Grand-Maître respectable,
C'est à vos bons avis,
Qu'on en est redevable.
Un silence admirable
Succede à votre aspect ;
On voit régner à table,
L'amour & le respect.

D'*Orient*, d'*Occident*,
Vous unissez l'hommage.
Si *Bengale* vous rend
Son rare témoignage,
Saint Eustache, à l'Ouvrage,
S'applique avec ferveur ;
Et notre voisinage,
Bénit votre douceur.

D'un but si glorieux,
Poursuivez la carriere ;
Répandez en tous lieux,
La paix & la lumiere.
Moins en Maître qu'en Pére,
Dispensez vos leçons,
Pour peupler l'hémisphere,
De dignes Francs-Maçons.

R E-

REMERCIEMENT
DES FRERES VISITEURS,

Chanté en GRANDE LOGE le 23 Decembre 1764.

Par le même Fr.

Sur l'Air : *Des Filles du Village.* pag. 228.

DE la reconnoiſſance,
   Des Freres Viſiteurs,
Recevez l'aſſurance,
   Pour prix de vos faveurs.
Nos cœurs en font le gage :
En exaltant vos bontés,
Rendons, à vos qualités,   } *bis.*
   Le juſte hommage.

L'Arbitre reſpectable
   Qui préſide en ces Lieux, (*a*)
Paroît en tout ſemblable
   Au bel Aſtre des Cieux.
Son ardeur nous anime,
Sa lumiere nous conduit,
Et ſon Eſprit nous inſtruit   } *bis.*
   Dans l'Art ſublime.

(*a*) *Le Gr. Maître.*

V 2   Le

Le premier dans ce Temple,
　　Son sage Deputé, (a)
Donne le rare exemple
　　De son Urbanité.
A ses vœux tout s'arrange,
Et, dans ce jour solemnel,
On crut entendre à l'Autel 　　} bis.
　　La voix d'un Ange.

Aux deux bouts de l'Ouvrage
　　Les deux grands Surveillans (b)
Soutiennent le courage
　　Par leurs soins vigilans.
Des deux côtés du Maître
On voit ses zelés Supports, (c)
Qui, par leurs nobles efforts, 　} bis.
　　Se font connoître.

Dans l'espace des Poles
　　Sur deux Rangs j'aperçois,
Des Loges les Boussoles,
　　Si dignes de leur choix: (d)
La Paix & la Concorde
Font ici tous les apprêts,
Et l'on n'y craint point les traits 　} bis.
　　De la Discorde.

(a) Le Dep. Gr. Maître.　(b) Le 1er, & le 2d. Gr. Surv.
(c) Les Gr. Officiers.　(d) Les Maîtres & Surveillans, Deputés des Loges à l'Assemblée générale.

Un

Un superbe Edifice
  S'eleve à la Vertu,
L'on voit tomber le Vice,
  Sous vos pieds abattu.
Ravi d'un tel spectacle,
Qui nous offre tant d'appas,
Eh! qui ne s'écrieroit pas   } bis.
  C'est un Miracle!

Triomphez, Troupe illustre,
  Malgré vos envieux,
Pour augmenter le Lustre
  D'un Ordre glorieux:
Joignez à la tendresse,
Nœud de la Fraternité,
La *Force* avec la *Beauté*,   } bis.
  Et la *Sagesse*.

COUPLETS,

Chantés en *Grande Loge*, le 23 Decembre 1764. par un Membre de la Loge

LA CHARITE.

Air: *Que ne fuis-je la fleur nouvelle.*

Ou fur l'Air de la Page 118.

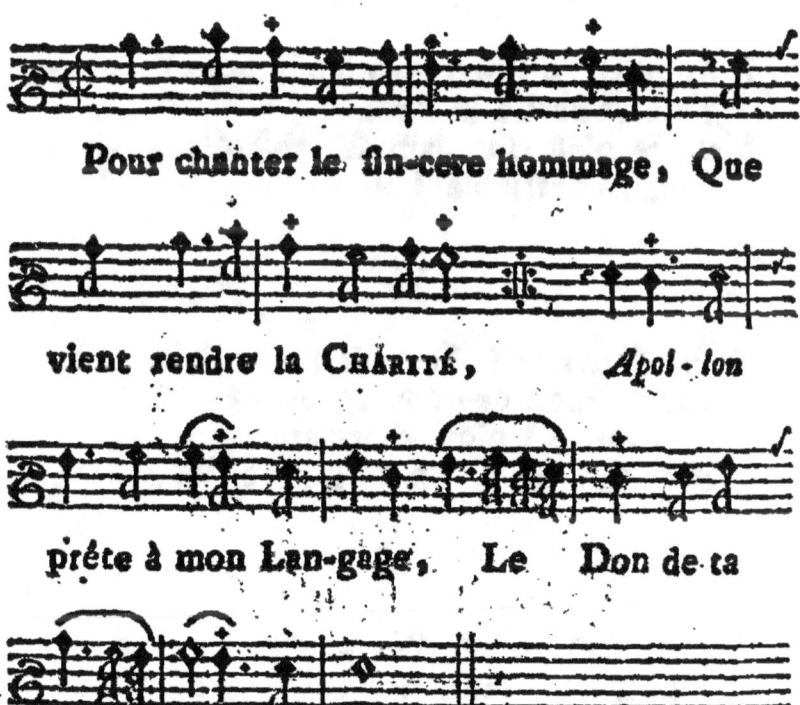

Pour chanter le fin-cere hommage, Que

vient rendre la CHARITÉ, Apol-lon

prête à mon Lan-gage, Le Don de ta

DI - vi - ni - té.

Re-

❀

Reçois, ô Loge notre Mere,
  L'encens de tes Enfans soumis
Pour l'Astre heureux qui les éclaire,
  Je vois leurs desirs accomplis.

❀

Sans cesse une flamme nouvelle
  Anime leur fidélité :
Ce n'est qu'une ardeur immortelle
  Que fomente la CHARITÉ.

❀

L'Amour, ce feu de bienveillance,
  En caracterise le nom,
Mais ce n'est rien dans sa substance
  Sans la veritable Union.

❀

Si la CHARITÉ bienfaisante
  Par l'Union devient un bien,
A son tour l'Union charmante
  Sans la CHARITÉ n'est plus rien.

❀

Vertus si dignes de l'exemple
  Des mortels unis par nos nœuds,
A jamais soyez dans ce Temple
  L'éternel Echo de mes vœux !

LOF-

LOF-GALM voor den G. M.

Door den Br. J. Oudaan.

Op de Wys van het *Meefters-Gezang.* p. 19.

ALs *Phœbus* uit zyn trans,
In 't morgen barend Ooften,
Het Aardryk met zyn glans,
En koeft'rend Ligt komt trooften;
Dan komt vol nieuwe moets,
Met hart verkwikb're klanken,
Hem voor zyn Zonne-koets,
't Vaaligte Menschdom danken.

Chorus.

Zo groet U thans de gantfche Broederfchap,
O grootte Zon der *Vrye-Metzelaaren;*
Die zig met zang en dankbaar handgeklap,
Van Weft en Zuid, voor Uwen Throon vergaaren.

Gelyk voor ons gezigt
De Zon, by mind're Ligten,
Zoo edel blinkt Uw Ligt,
Daar wy ons werk verrigten:
Ons werk, dat ryk van eer,
Geen blinde kan bevatten,
Is by verligten meer
Dan Kroone Goud te fchatten.

Chorus.

Des offert U! die zo veel glanſen ſpreid,
De Broederſchap der *Vrye-Mötzelaaren*,
Den Wierook van hun toegeneegenheid;
O GROOTE ZON! op dankb're hart Altaaren.

O Ligt! zo rein van gloet
Gun ons het vol genoegen
Dat wy by ons gemoet
Den beſten heil-wenſch voegen.
Zoo waarlyk moet U Ligt
Nooyt eer nog lof ontbeeren,
Maar ſteeds voor ons gezigt
In agtbaarheid vermeeren.

Chorus.

Komt, Broeders, toont hier op Uw Meeſters merk,
En wilt Uw wenſch, door drie maal drie herhaalen,
Zo zal ons, by 't volherden van U werk;
Dees ED'LE ZON lang met zyn gunſt beſtraalen.

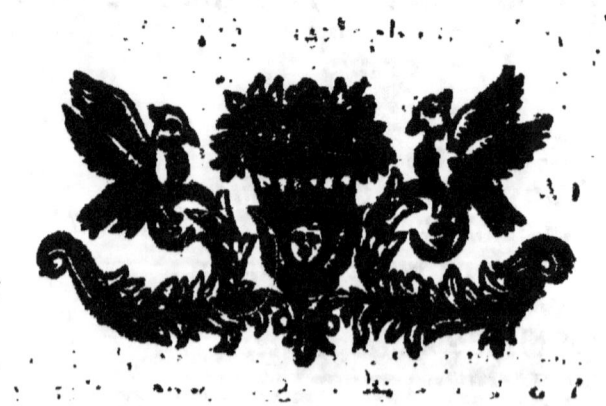

V 5

PREMIER AIR

Chanté en Loge à la Haye, après la mort de
S. A. R. Me. la Princesse Gouvernante
de Gl. Mem.

Par le Fr. de VIGNOLES.

Sur l'Air précedent.

Si sur nos sentimens,
Mose, tu veux pretendre,
Ne donne à nos accens,
Qu'un son lugubre & tendre. (1)
Le plus leger *Moineau*,
N'ose par son ramage
Troubler du LYONCEAU (2)
La douleur juste & sage.

Reprise.

S'il est permis à quelqu'autre animal,
Sans cesser pour cela d'être fidele,
De fredonner quelque ton musical,
Qu'il imite en son chant la *Tourterelle* (3).
            (*Le Chœur répetoit la Reprise.*)

Elle

(1) L'usage veut qu'on égaie la Table par des Chansons.
(2) S. A. S. Mgr. le Prince Stadhouder, Fils adoptif
de la HOLLANDE, dont les Armes sont un LION.
(3) Le Chant de la *Tourterelle* est un gemissement.

Elle inftruit les forêts
A partager fa plainte;
De fes juftes regrets
Chaque oreille eft atteinte.
On reffent, malgré foi,
Le trouble qui l'agite;
Car l'on y voit la foi,
Que l'on doit au mérite.

Partageons donc ces juftes fentimens;
Et qu'au lieu des plaifirs, notre fageffe,
Réuniffant nos douloureux accens,
Prouve qu'elle prend part à la trifteffe.

Chœur. Partageons &.

Mais quelle (4) Ombre, foudain
Vient égaier ma lire!
,,Ceffes, dit-elle, enfin;
,,Je défens qu'on foupire.
,,Marquer tant de douleurs,
,,C'eft envier ma gloire.
,,Eft-ce en verfant des pleurs,
,,Qu'on chante ma v.&oire!
,, Prétendez-vous me montrer votre amour?
,, Célébrez par vos jeux l'Etre fuprême,
,, Qui, m'enlevant fans efpoir de retour,
,, Vous laiffe mes Enfans, que fon cœur aime.

Chœur.

Prétendons-nous lui montrer notre amour?
Célébrons par nos jeux l'Etre fuprême,
Qui, l'enlevant fans efpoir de retour,
Nous laiffe fes Enfans, que fon cœur aime.

,, De

(4) Le Poëte feint que l'Ombre de S. A. R. paroit
pour mettre fin à la douleur.

V 6

((❀))

„ De fon fage *Mentor*, (5)
„ L'un, (6) en fuivant la trace,
„ Fera revivre encor
„ Les Héros de fa race.
„ Ma Fille, (7) à la candeur
„ Faite dès fon enfance,
„ Croîtra votre bonheur
„ Par fa digne alliance. (8)
„ Reprenez donc vos chants mélodieux ;
„ Que *Brunswick* & *Weilbourg*, par leur préfence,
„ En ombrageant ces germes précieux,
„ Confirment à jamais votre efpérance.

Chœur.

Reprenons donc nos chants &c.
- - - - notre efpérance.

((❀))

(5) S. A. S. Mgr. le Duc de *Brunswick Wolfenbuttel.*
(6) S. A. S. Mgr. le Prince Stadhouder *Guillaume V.*
(7) S. A. S. Mad. la Princeffe *Caroline.*
(8) S. A. R. avant fa mort, avoit confenti à l'alliance de la Princeffe fa Fille avec S. A. S. Mgr. le Prince de *Naffau Weilbourg.*

AVIS. *L'on a cru devoir ajouter ici cette Chanfon, auffi trifte que la précédente eft gaie, parce qu'elle fait voir avec quel zèle un Maçon entre dans les fentimens de l'Etat où il a choifi fa demeure ; ou auquel il a eu le bonheur d'être incorporé.*

CHAN-

CHANSON

Pour saluer le T. R. G. M., *lorsqu'il visite une Loge.*

Par le Fr. Du Bois.

Sur l'Air: *Freres & Compagnons*, pag. 1re.

QUe ce jour a d'appas!
Ah! quel brillant spectacle!
Le Soleil, sur nos pas,
Luit dans ce tabernacle.
Nous avons le bonheur
De posséder notre Très Respectable;
  Rendons-lui graces de l'honneur, } *bis.*
    Qu'il fait à cette table.

Grand-Maître des *Maçons*,
Agréez notre hommage,
Vos sublimes leçons
Régleront notre ouvrage.
Soumis à vos décrets,
Nous chérissons en vous un tendre Pere;
  Vous nous trouverez toujours prêts, } *bis.*
    Et promts à vous complaire.

Que le Maître des Cieux,
L'Architecte suprême,
Sur vos jours précieux,
Daigne veiller lui-même.
Nous vous souhaitons tous,
Prospérité, force, gloire & puissance.
  Goûtez les plaisirs les plus doux } *bis.*
    Au sein de l'abondance.

V 7   AU-

AUTRE SUR LE MEME SUJET.

Par le Fr. de VIGNOLES.

Sur l'Air : *C'est un enfant*, pag. 206.

QUI peut, de notre RESPECTABLE,
Chanter dignement les vertus ?
Un si vaste projet m'accable,
Et mes sens restent confondus.
　Un mot fait sa gloire,
　Ici la victoire,
Le fait nommer, par la raison,
Un vrai *Maçon*, un vrai *Maçon*.

Lui seul ignore sa noblesse,
Le nom de Frere est sa grandeur :
Sans vanité, mais sans bassesse,
Il se plaît d'en marquer l'ardeur.
　Freres, à sa gloire,
　Pressons-nous de boire,
Et qu'on répete à l'unisson,
C'est un *Maçon*, c'est un *Maçon*.

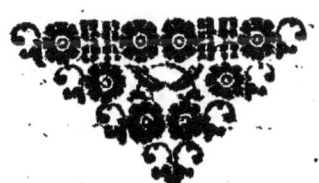

CHAN-

CHANSON NOUVELLE

A la Gloire d'un Maître de Loge.

Air: *Jufques dans la moindre chofe.*

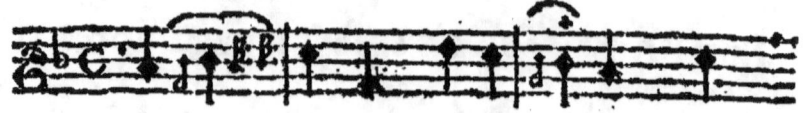

A cet - te charmante ta-ble, Tout

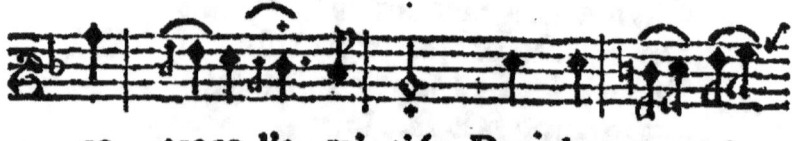

re - trace l'a-mi-tié; Dans les yeux du

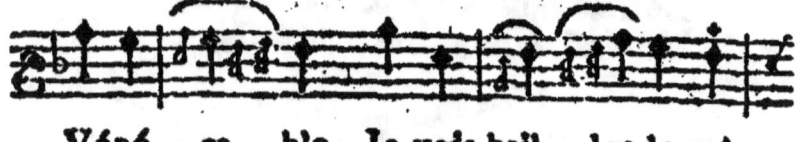

Véné - ra - ble, Je vois bril - ler la gai-

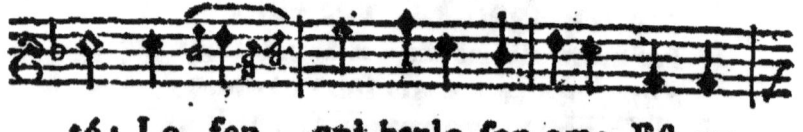

té: Le feu qui brule fon ame Eſt un

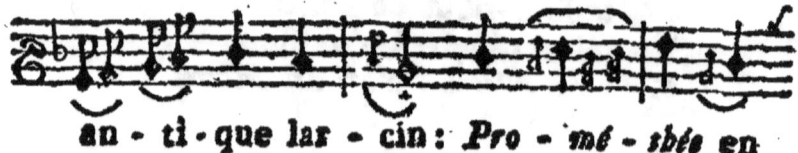

an - ti-que lar - cin: Pro - mé - thée en

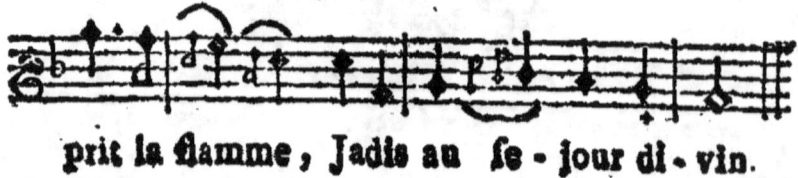

prit la flamme, Jadis au fe - jour di - vin.

Ici

Ici le canon qui tonne
Est l'echo de nos plaisirs.
Minerve nous environne,
Et tempere nos désirs.
Egaux aux Dieux sur la terre,
Nous rétràçons leur grandeur.
Et chez nous, chaque mistere
Est l'image du bonheur.

Pere heureux de la lumiere,
Eclatant flambeau des Cieux,
Sufpends pour nous ta carriere,
Vois tes enfans glorieux.
Notre augufte VÉNÉRABLE
Nous réfléchit ta clarté ;
Tout, dans cette Loge aimable,
Est empreint de ta beauté.

CHAN-

CHANSON

A l'occasion du renouvellement des Officiers de la Loge

L'INDISSOLUBLE.

Sur l'Air précedent.

AMItié, fille immortelle,
Viens m'apporter tes Lauriers ;
Ce jour heureux renouvelle
La joie & nos Officiers ;
Toi seule fus la premiere,
A faire un choix aussi beau,
Et le Dieu de la lumiere,
L'éclaire de son flambeau.

Que ce Temple retentisse
De nos concerts glorieux,
Et que *Minerve* applaudisse
Au choix qui comble nos vœux !
De l'Astre (*) qui nous éclaire,
Chantons l'honorable cours ;
Que tout le monde revere,
Le Dieu qui fait nos beaux jours !

CHAN-

(*) *Au Ven. M.*

CHANSON NOUVELLE

À l'occasion du Jour anniversaire d'une Loge.

Air de la Pastorale, *Viens charmante Annette.*

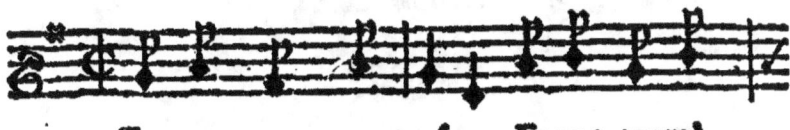

Freres, notre an-né-e   Etant termi-

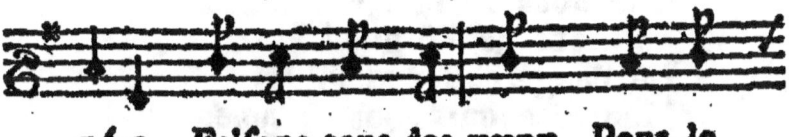

né-e, Faisons tous des vœux   Pour le

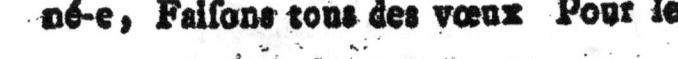

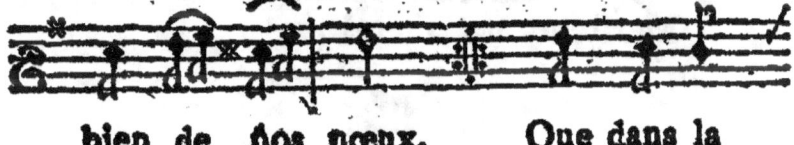

bien de nos nœux.   Que dans la

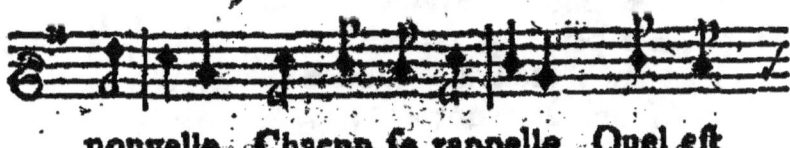

nouvelle, Chacun se rappelle Quel est

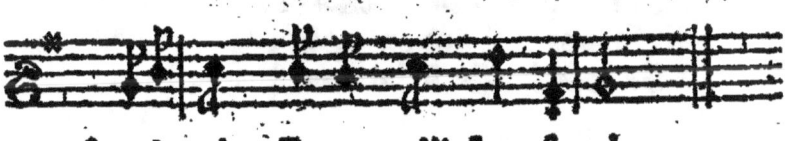

son devoir, Et ce qu'il faut savoir.

Gais,

Gais, fans indecence,
Libres, fans licence,
  Obfervons les Loix
Dans nos divers Emplois.
Le zèle du Maitre
Veut en vain paroitre,
  Si fes bons avis
Ne font pas bien fuivis.

A l'humeur fantafque
Arrachons le mafque,
  Fuïons de l'orgueil
Le dangereux écueil.
Montrons qui nous fommes,
Et que tous les hommes,
  D'un fantôme épris,
Meritent nos mepris.

On doit interdire
L'efprit de fatire;
  Les mauvais propos
Troublent notre repos.
Loin d'ici la haine,
Pour que notre chaine,
  Dans la douce paix,
Se conferve à jamais.

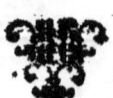

CHANSON

Pour porter la Santé du Ven. M. &c.

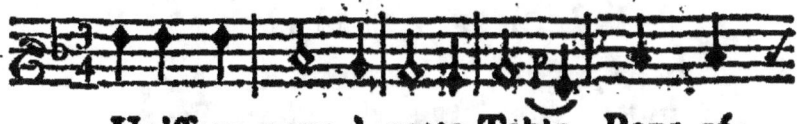

Uniſſons nous à cette Table, Pour cé-

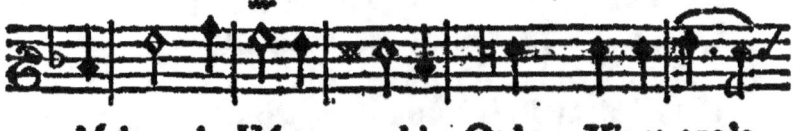

lé-brer le Véne - rable, Qu'un *Vivat* trois

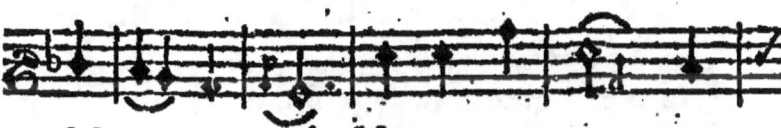

fois re-pe - té, Marque nos vœux pour

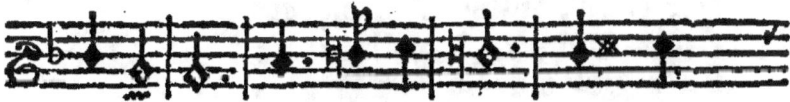

ſa ſan-té. Quelle ſan - té pou-rions-

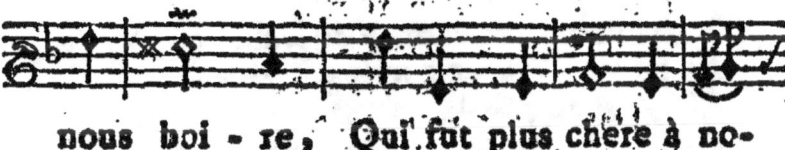

nous boi - re, Qui fût plus chère à no-

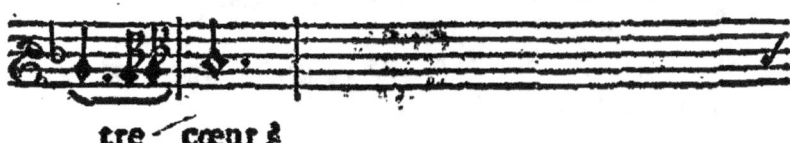

tre cœur à

La

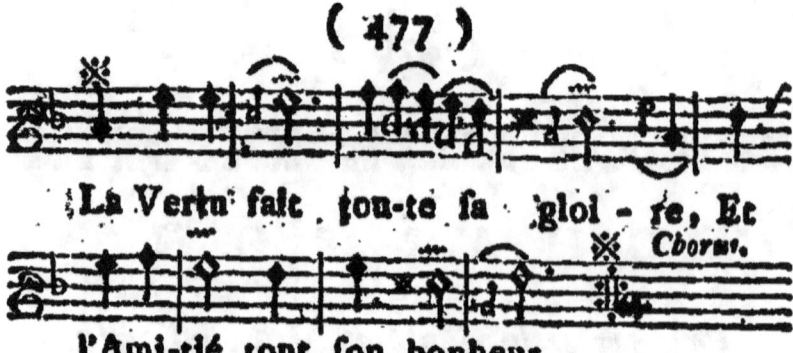

La Vertu fait tou-te fa gloi - re, Et

l'Ami-tié tout fon bonheur.

RÉPONSE DU MAÎTRE.

Pour répondre à vos vœux finceres,
Je bois, à vous, mes très chers Freres;
Puiffent les plaifirs les plus doux,
Régner conftamment parmi nous!
Que la vertu, toujours aimable,
Forme l'objet de nos défirs,
Que l'Amitié la plus durable,
Faffe à jamais tous nos plaifirs!

AUTRE par le Fr. de VIGNOLES.

Qui ne chériroit la tendreffe,
Qui n'eftimeroit la fageffe,
Comme la fource du bonheur,
Dès qu'on les puife en votre cœur?
Par vos exemples, la premiere
Saura toujours fe maintenir;
Et la gloire de la derniere
Ne pourra jamais fe ternir.

Pour la Santé des Surveillans & Officiers.

Surveillans, Ancien-Vénérable,
Et de nos Freres cercle aimable,
Si je reconnois la valeur
De vos vœux pour mon vrai bonheur,
La même ardeur guide mon ame,
Et la même fincérité;
Connoiffez au feu qui m'enflamme
Mes défirs pour votre fanté.

L'AC-

L'ACCORD PARFAIT.

Sur l'Air précédent.

QUe dans une fête si belle,
Notre zèle se renouvelle,
Pour célébrer, par nos Chansons,
Ce grand jour que nous révérons.
Que tous nos soins se réünissent,
Pour en accorder les doux sons,
Et que les Echos resentissent
De la gloire des *Francs-Maçons.*

Qu'une amitié tendre & parfaite,
Soit de nos âmes l'Interprète.
Qu'on apperçoive en nos transports,
Le fruit de nos charmans accords;
Que toujours le nœud qui nous lie
En fasse mouvoir les ressorts!
Ce n'est qu'en la *Maçonnerie,*
Que l'on puise de tels tréfors.

C'est ici le séjour tranquille,
Où l'Indocence a son asile,
De la vertu Temple sacré,
Où tout *Maçon* est éclairé.
Dans ce sentier, loin des allarmes,
Nous marchons avec sureté;
On ne doit trouver que des charmes
Sur les pas de la vérité.

Com-

COMPLIMENT aux VISITEURS.

Nous, qui compofons cette Loge,
Des Vifiteurs faifons l'éloge ;
Ils ont notre amour & nos vœux ;
C'eft le don le plus précieux.
S'ils nous accordent leur fuffrage,
Quel fort pour nous plus glorieux !
Nous chériffons cet avantage,
Comme un objet délicieux.

REMERCIMENT des VISITEURS.

Par le Fr. DU BOIS.

D'une vive reconnoiffance
Daignez recevoir l'affurance :
C'eft le tribut des Vifiteurs,
Que vous comblez de vos faveurs.
Votre Amitié leur eft trop chere,
Et vos Ouvrages font trop beaux,
Pour ne point tâcher de vous plaire,
En affiftant à vos Travaux.

EERZANG voor den MEESTER.

Door den Br. VERMEULEN.

In navolging van de twee voorgaande
Liederen.

Op. dezelve Wys.

Dat wy nu eens gezind ons keeren,
Om den Eerwaardigen te eeren,
  Zyn welzyn met een volle kelk,
  Tot driemaal toe, herhaalen elk.
Wat voor gezondheid kan men drinken
  Daar door ons hert meer word verheugd?
Hy zoekt in vriendfchap uyt te blinken.
  En ftelt zyn roem alleen in deugd.

ANTWOORD VAN DEN MEESTER.

Opzienders, Amptluy, trouwe hoeders,
Geweeze Meefter, waarde Broeders,
  Zoo ik dankbaar uw wenfch ontfang
  Voor myn gezondheid; ik verlang,
En d'yver doet myn ziel ontfonken
  Om met die zelf' opregtigheid
Dit glas te hebben uitgedronken
  Op uw gezondheid t'aller tyd.

Aan

AAN DE BEZOEKENDE BROEDERS.

Laat ons den lof, met hart en monden,
Die hier vergadert zyn verkonden,
  Van deez' Bezoekers, die onz' drift,
  Ontfangen, als een dierb're gift;
Wat kan ons grooter luk gebeuren
  Dan, zo zy onze werken al,
Te zaam, gelieven goed te keuren,
Dat ons gants zeer behagen zal.

ANTWOORD VAN DE BROEDERS.

Uw vriendschap is ons al te waardig;
Uw werken schoon en overaardig;
  Wy willen u behulpzaam zyn,
  En met u trekken eene lyn:
Dit's 't offer dat Bezoekers geeven,
  Neemt het in dank van herten aan;
Zy zullen tragten al haar leeven,
  Steeds in uw dierb're gunst te staan.

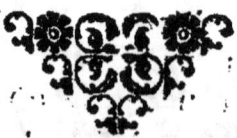

CHAN-

CHANSON NOUVELLE

Pour un Visiteur.

Sur l'Air précedent.

Un digne Maître nous rassemble,
Pour nous instruire tous ensemble:
    C'est le devoir de tout Maçon
    De célébrer ici son nom.
Il porte devant lui l'Equerre,
    Vrai symbole de l'Equité;
Il est la brillante lumiere,
    Qui nous montre la verité.

Premier Surveillant de la Loge,
Souffrez aussi que votre éloge
    Soit chanté par nous en ce jour
    Pour vous témoigner notre amour.
Que votre exemple nous unisse
    Du nœud de la Fraternité,
Que le Niveau de la Justice
    Conserve notre égalité.

Le second Surveillant, bon Frere,
Porte la Perpendiculaire,
    Marquant la candeur de nos cœurs,
    Qui sert à diriger nos mœurs.
A ses vertus rendons hommage:
    Ecoutons toujours la raison:
Imitons cet homme si sage,
    L'incomparable *Salomon.*

Chan-

Chantons le zèle ardent, mes Freres,
De nos Officiers dignitaires;
   De la Loge ils font l'ornement,
   Travaillons unanimément,
Avec ferveur, zèle & conſtance
   Employons bien tous nos inſtans;
Surs d'obtenir la récompenſe,
   En faiſant valoir nos talens.

NOTA. *On ajoutera ici un Couplet qui a été omis dans la* 1re. *Edition, & qui peut ſervir de Reponſe au dernier de la page* 473, *ainſi qu'en d'autres occaſions, comme pour les Viſiteurs, &c.*

Vénérable, & vous nos chers Freres,
  Avec nos hommages ſincères,
   Nous vous rendons à notre tour,
   Le Tribut du plus tendre amour.
Chantons les nœuds qui nous uniſſent,
   Animés des mêmes tranſports,
Que nos aziles retentiſſent,
   Des ſons de nos plus doux accords.

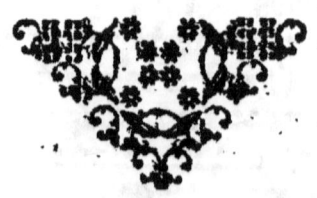

X 2   CHAN.

CHANSON NOUVELLE.
Rejouissances.

Pour un jour de Fête de St. J.

Sur l'Air noté page 388. & par le même Auteur.

Chœur.

PAR nos accords & nos Chants d'allegresse,
De ce grand jour célébrons les douceurs;
Dé ce Banquet bannissons la tristesse,
Et que toujours l'enjoûment, la Sagesse,
    Et l'Amitié *bis.*
Régnent, régnent fur tous nos cœurs. *bis.*

Seul.

En cette Fête, agréez *Venerable*,
L'hommage dû qu'ici chacun vous rend,
Il eft fincere, il eft pur, véritable,
Et nous payons ce Tribut honorable
A vos Vertus bien plus qu'à votre rang.
    Chœur. Par nos accords &c.

Seul.

Chers *Surveillant*, vous qui, de nos myfteres,
Tenez au loin le Profane écarté,
De nos Secrets, fages Depofitaires,
Vous méritez l'éloge de vos Freres,
Recevez-le, l'Amour feul l'a dicté.
    Chœur. Par nos accords, &c.

                                         Seul.

((❀))

Seul.

Frere *Orateur.*, dont la noble Eloquence
En vos difcours jette un fi grand éclat,
Pour vous louër, il faut votre fcience,
A fon deffaut notre reconnoiffance
S'exprimera par le triple *Vivat.*

    Chœur. Par nos accords, &c.

((❀))

Seul.

Chers *Vifiteurs*, témoins de notre Ouvrage,
De nos travaux êtes-vous fatisfaits ?
Votre prefence ici nous encourage,
Et fi nous obtenons votre fuffrage,
Nous ferons trop flattés de nos fuccès.

    Chœur. Par nos accords, &c.

((❀))

Seul.

Freres *nouveaux*, admis dans notre Loge,
Retenez bien cette utile leçon ;
Si d'entre nous le plus digne d'éloge
Aux fentimens d'honnête homme deroge,
Dès ce moment il n'est plus un *Maçon.*

    Chœur. Par nos accords, &c.

((❀))

Seul.

Tendre *Union*, aimable & douce chaine,
Que, pour nos cœurs, ton empire a d'attraits!
Regne toujours fur nous en Souveraine,
Chaffe d'ici l'inimitié, la haine,
Et comble, enfin, nos vœux & nos fouhaits.

    Chœur. Par nos accords, &c.

CHAN-

CHANSON

Pour le

VÉNÉRABLE.

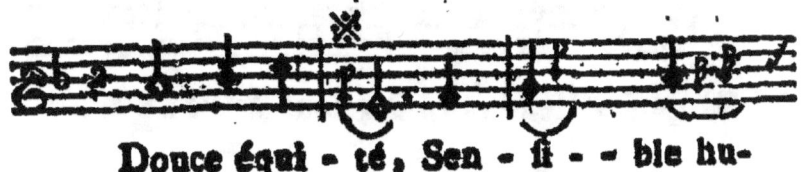

Douce équi - té, Sen - fi - - ble hu -

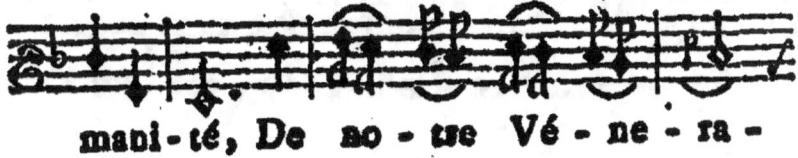

mani - té, De no - tre Vé - ne - ra -

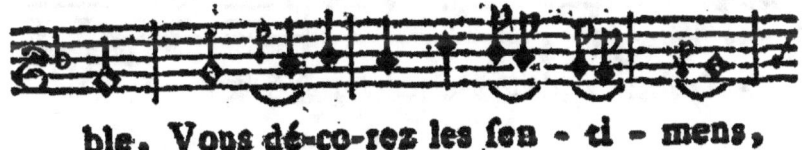

ble, Vous dé-co-rez les fen - ti - mens,

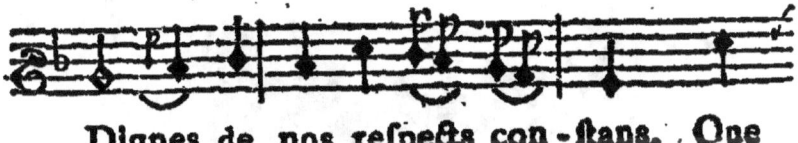

Dignes de nos respects con -stans. Que

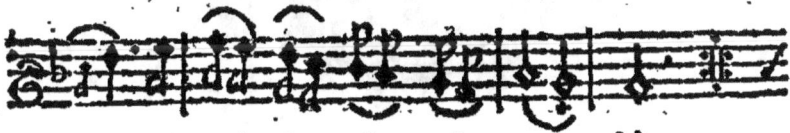

l'a - mi - tié la plus du - ra - ble.

D'un

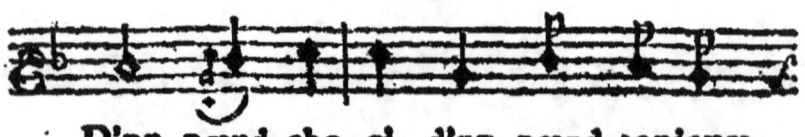

D'un nœud che-ri, d'un nœud toujours

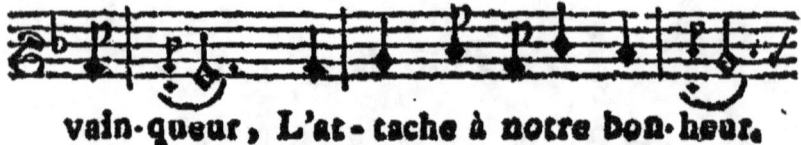

vain-queur, L'at-tache à notre bon-heur.

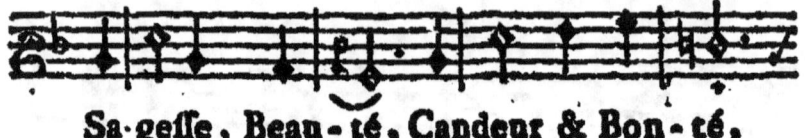

Sa-gesse, Beau-té, Candeur & Bon-té,

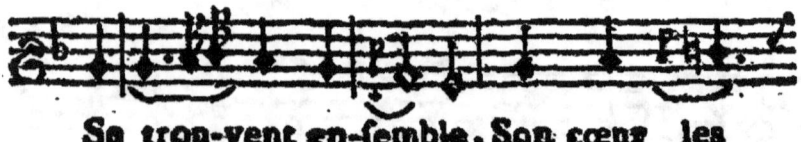

Se trou-vent en-semble, Son cœur les

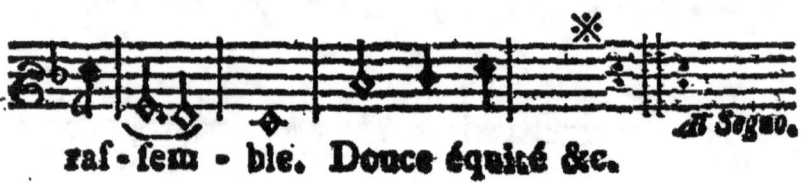

raf-sem - ble. Douce équité &c.

X 4

CHAN.

CHANSON

A LA GLOIRE D'UN MAITRE DE LOGE.

Sur l'Air: *Charmant objet de ma flamme.*

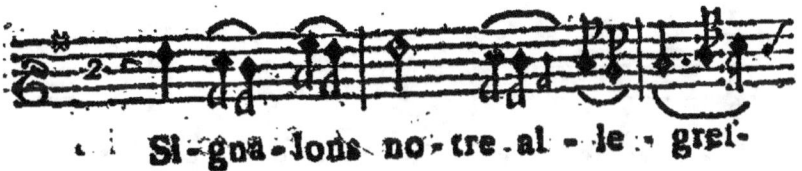

Si-gna-lons no-tre al-le-gref-

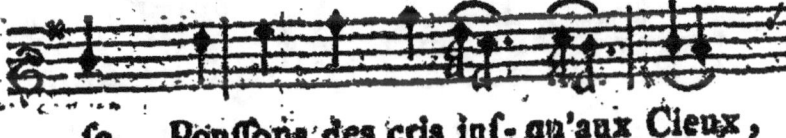

fe, Pouffons des cris juf-qu'aux Cieux,

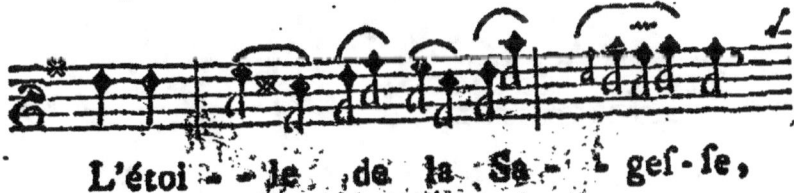

L'étoi-le de la Sa-gef-fe,

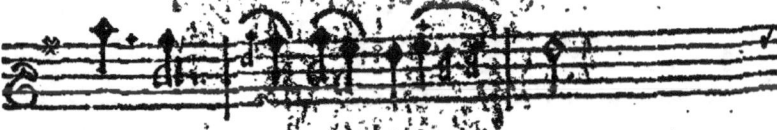

Brille en ce jour à nos yeux.

Paix

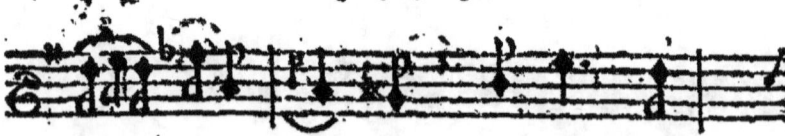

Paix a-do - ra - ble, Le Vé - né -

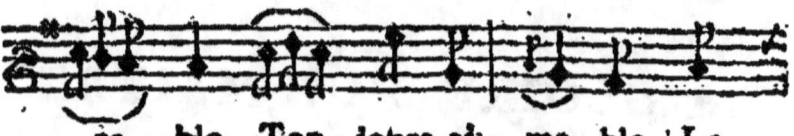

ra - ble, Tou - jours ai - ma - ble, Le

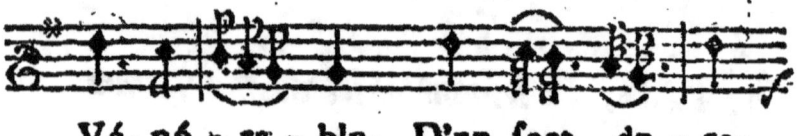

Vé - né - ra - ble, D'un fort du - ra -

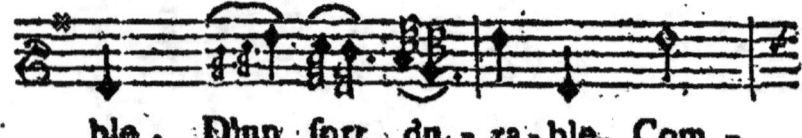

ble, D'un fort du - ra - ble, Com -

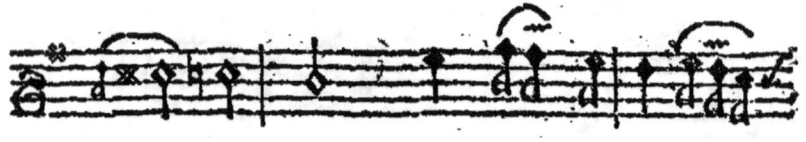

ble nos vœux, Sous fon em-pi-re on

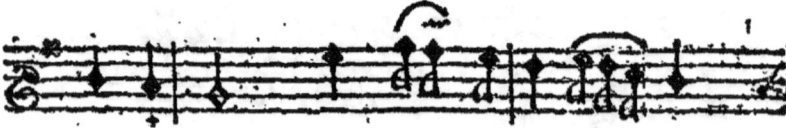

eft heureux, Sous fon em-pi-re on eft

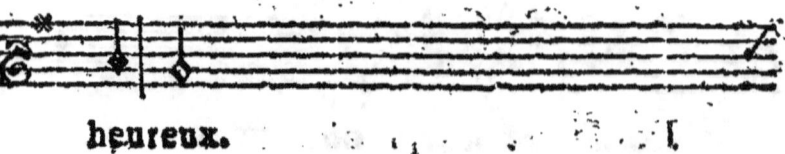

heureux.

X 3   Le

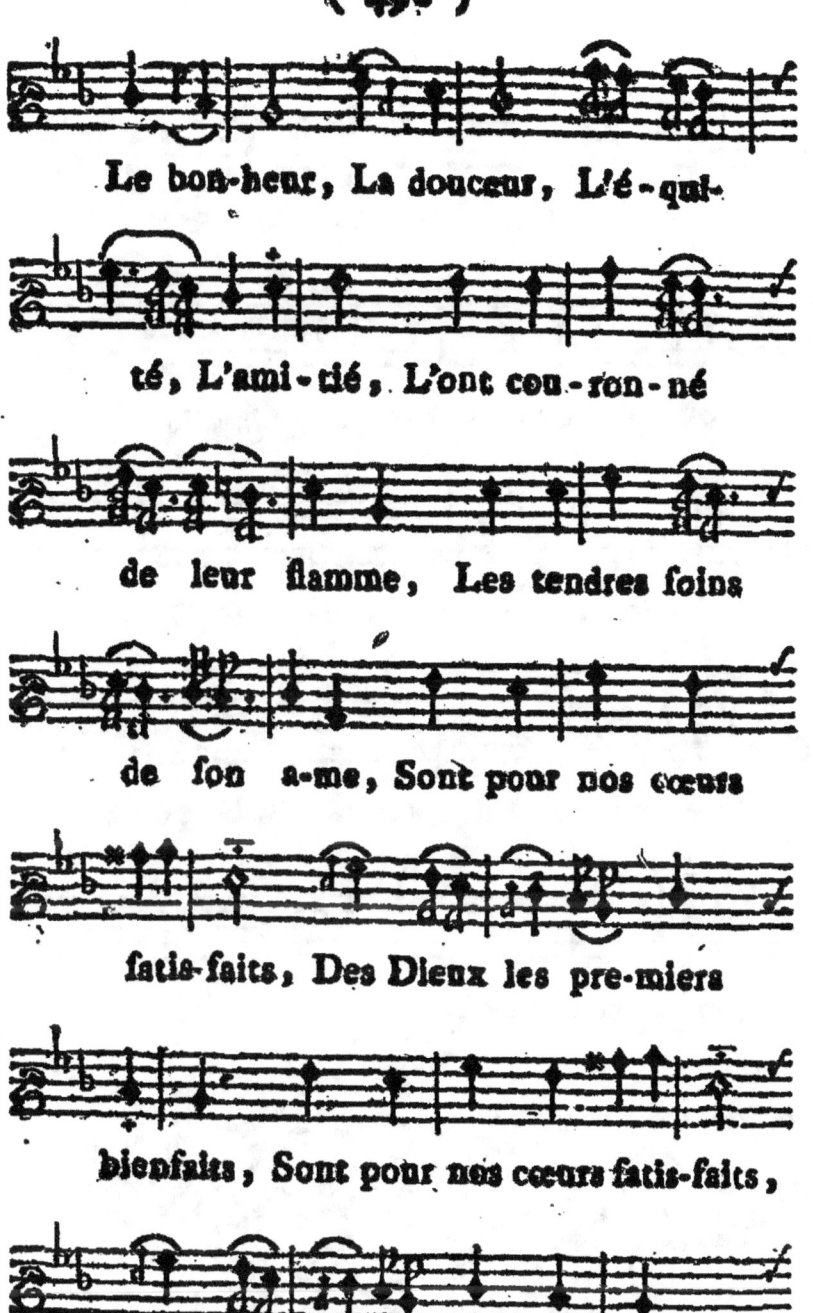

Le bon-heur, La douceur, L'é-qui-

té, L'ami-tié, L'ont cou-ron-né

de leur flamme, Les tendres soins

de son a-me, Sont pour nos cœurs

satis-faits, Des Dieux les pre-miers

bienfaits, Sont pour nos cœurs satis-faits,

Des Dieux les premiers bien-faits,

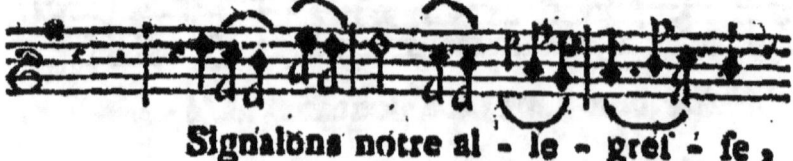

Signalons notre al - le - gref - fe,

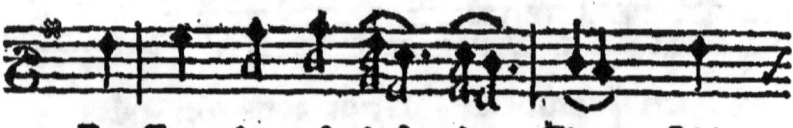

Pouffons des cris juf-qu'aux Cieux, L'é-

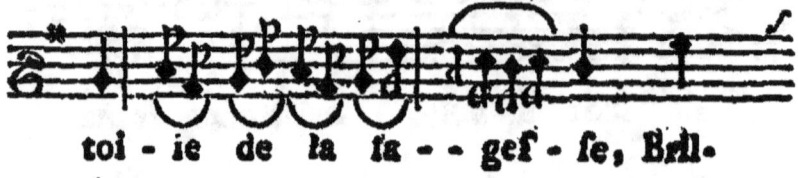

toi - ie de la fa - - gef - fe, Bril-

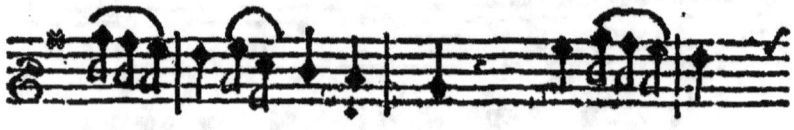

le en ce jour à vos yeux, Brille en ce

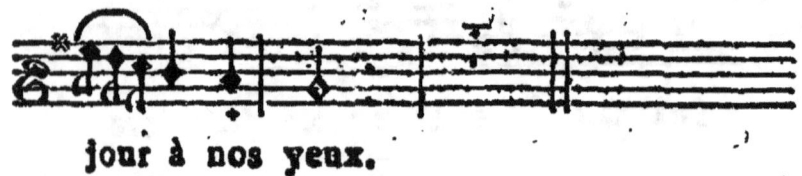

jour à nos yeux.

DISCIPLINE des LOGES.

Par le Fr. Du Bois.

Sur l'Air précedent.

LA vertu fait nos délices,
C'est l'objet de nos defirs :
Le chagrin, qui fuit les vices,
Empoifonne les plaifirs. (Fin.) *bis pour le Majeur.*

Un Frere en Loge,
Quand il deroge,
Soit Prince ou Doge,
Quand il deroge,
Ou qu'il s'arroge, *bis.*
Il faudroit voir,
Comme on le range à fon devoir. *bis.*
Auffi tôt   *Mineur.*
Le Marteau,
Mettant là
Le hola,
Le Maitre alors reprimande,
Ou bien fait payer l'amende,
Et le Frere, en bon *Mafon,* } *bis.*
Se foumet à fa leçon.

Majeur.

La vertu &c. (*jufqu'au mot Fin.*)

La

La vertu fait nos délices,
C'eſt l'objet de nos deſirs:
Le chagrin qui ſuit les vices,
Empoiſonne les plaiſirs.
     Que l'on nous fronde,
     Que l'on nous gronde,
     Parmi le monde,
     Que l'on nous gronde,
     Tout à la ronde, *bis.*
        De ce fracas,
Le *Maçon* ne fait aucun cas. *bis.*
        Bon Sujet,
        Son objet
        N'admet rien
        Que tout bien.
Cenſeurs qui taxez nos Freres
De crimes imaginaires,
Pour éclaircir vos ſoupçons, } *bis.*
Eh ! bien devenez *Maçons.*
La vertu fait nos délices,
C'eſt l'objet de nos deſirs:
Le chagrin qui ſuit les vices,
Empoiſonne les plaiſirs.

CHANSON

à l'honneur du Vénérable Maître d'une Loge.

Sur l'Air : *Vous regnez seule en ces retraites.*

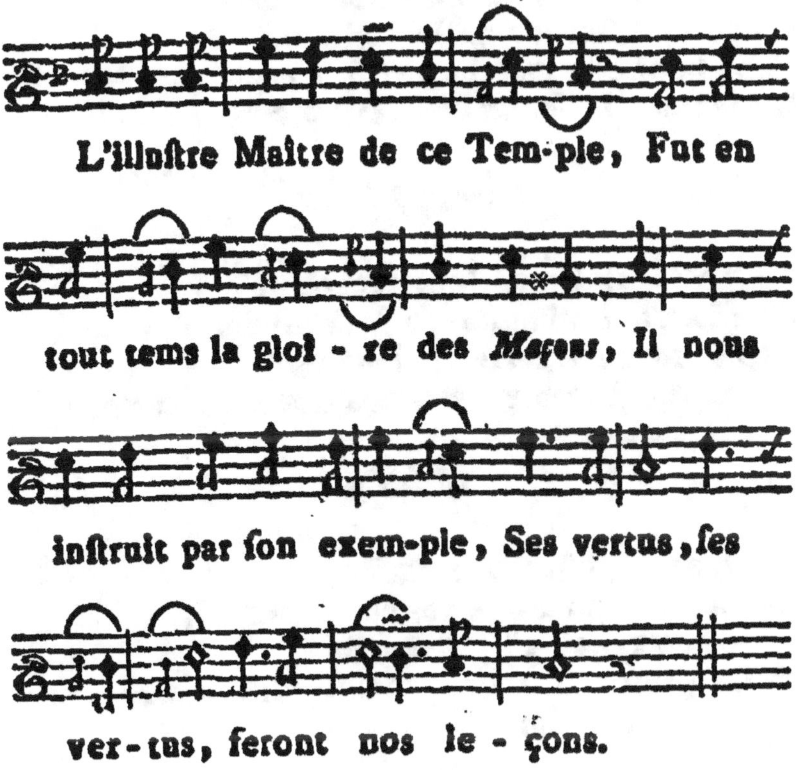

La lumiere sur son visage
A peint les traits de la douce amitié,
Et pour garantir notre hommage,
Dans son cœur, dans son cœur, a mis la bonté.

A fes foins cette augufte Loge
A dû l'éclat qui comble nos defirs,
Notre zéle fait fon éloge,
Nos travaux, nos travaux, fes plus doux plaifirs.

C'eft ici que fa main nous trace,
L'heureux fentier de la félicité.
Le bonheur marche fur fa trace,
Le fecret, le fecret, eft à fon côté.

Que fa gloire au loin retentiffe,
Que le Canon l'annonce à l'univers;
Que toute la terre applaudiffe
A l'objet, à l'objet, de nos doux concerts.

Vivez, illuftre Vénérable,
Regnez fur nous, & régnez à jamais,
Votre regne, s'il eft durable,
Nous promet, nous promet, des jours pleins
d'attraits.

COU.

COUPLETS

Pour le jour de la Fête d'un Maître de Loge.

Sur l'Air : *Moi qui ne suis point revêche*, p. 148.

CElebrons de notre Maître
L'heureuse fête en ce jour ;
L'amour qu'il nous fait paroître
Merite un tendre retour,
On voit avec lui renaître
La paix dans ce beau sejour.

Que ce bouquet agréable,
Composé de mille fleurs,
En repandant sur la table,
Les plus charmantes odeurs,
Soit l'emblême véritable,
De l'offrande de nos cœurs.

Buvons au Tres Venerable,
Freres, d'un parfait accord ;
Sa douceur, son air aimable,
Est pour nous un vrai tresor ;
Il preside à cette table
Pour ramener l'âge d'or.

CHAN-

CHANSON

A l'honneur des

SURVEILLANS.

Sur l'Air de *la Tourriere.*

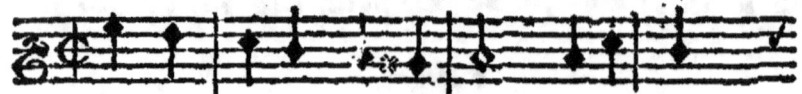

De nos Freres Surveillans, Cele-brons

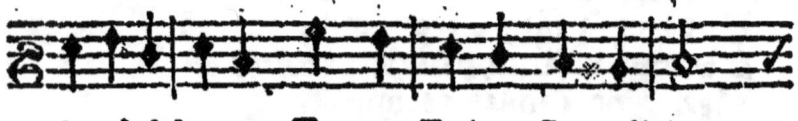

la vigi lance, De nos Freres Surveillans,

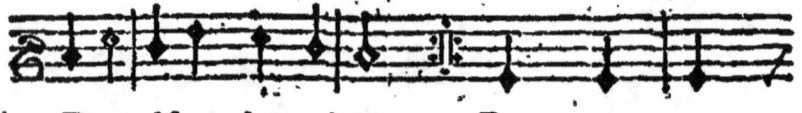

Eternifons les talens.   Pan, pan, pan,

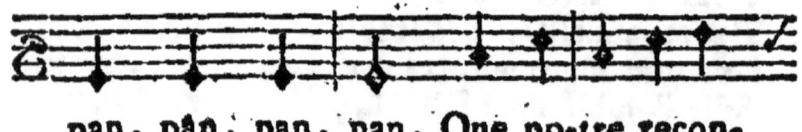

pan, pan, pan, pan, Que no-tre recon-

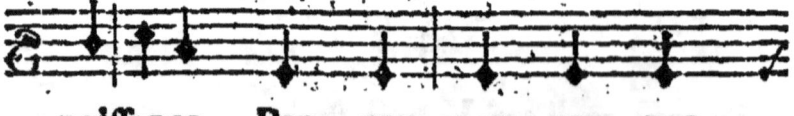

noiffance, Pan, pan, pan, pan, pan,

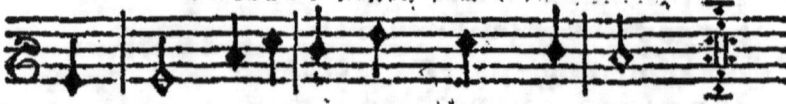

pan, pan, Ega-le leurs foins conftans.

Ils bannissent de nos jeux
L'indécence & le desordre,
Ils bannissent de nos jeux
Le faux Frere & l'orgueilleux.
Pan, pan, pan, pan, pan, pan, pan,
Sous leurs yeux tout est en ordre,
Pan, &c.
Rien ne profane ces lieux.

Quand on voit à l'Orient,
L'Astre heureux qui nous éclaire,
Quand on voit à l'Orient
Le soleil resplendissant,
Pan, &c.
Ils annoncent sa lumiere,
Pan, &c.
Et sa gloire à l'Occident.

Que notre Canon pour eux,
Chargé d'une poudre aimable,
Que notre Canon pour eux
Retentisse de nos feux.
Pan, &c.
Que la Santé secourable,
Pan, &c.
Prolonge leurs jours heureux.

CHAN-

CHANSON

POUR PORTER LA SANTE' DU BEAU-SEXE.

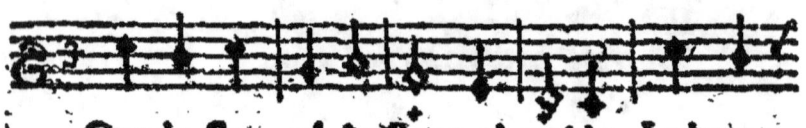

Que la San-té du Sexe ai-mable, Lui mar-

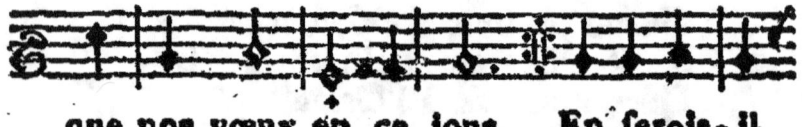

que nos vœux en ce jour. En seroit-il

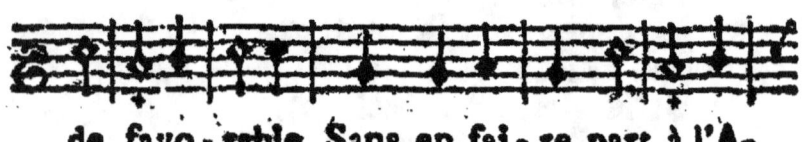

de favo-rable Sans en fai-re part à l'A-

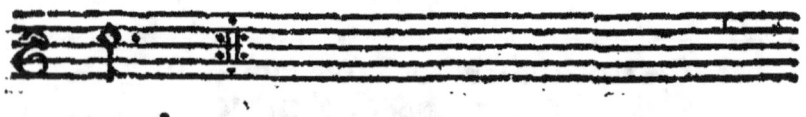

mour?

Des *Maçons* l'amitié sincere,
Ne se compense dignement,
Qu'en faisant, au doux nom de Frere,
Succéder le role d'Amant.

L'A-

L'ADIEU DES MAÇONS.

A l'occasion du départ d'un Frere.

Par le Fr. Du Bois.

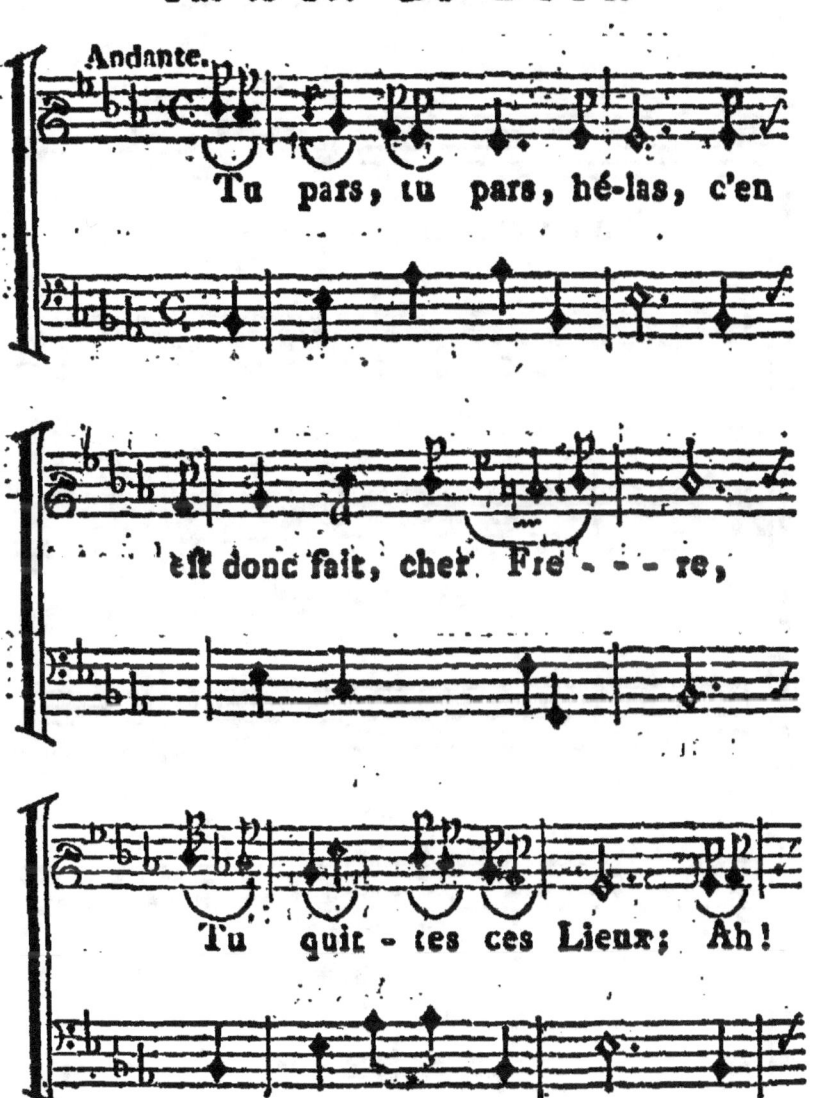

Tu pars, tu pars, hé-las, c'en
est donc fait, cher Fre - - - re,
Tu quit - tes ces Lieux; Ah!

re-

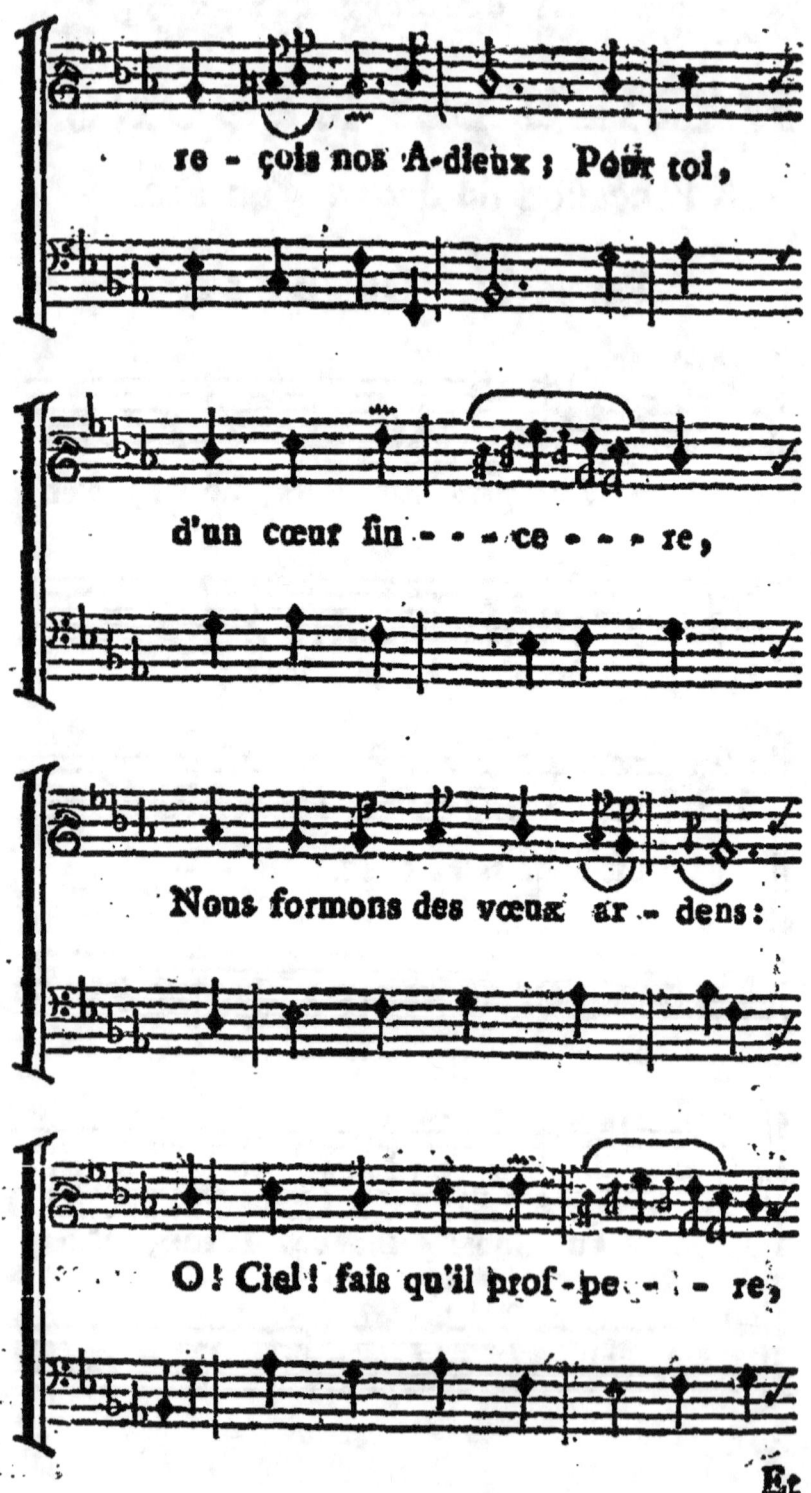

re - çois nos A-dieux ; Pour toi,

d'un cœur fin - - - ce - - - re,

Nous formons des vœux ar - dens :

O ! Ciel ! fais qu'il prof-pe - - re,

Et

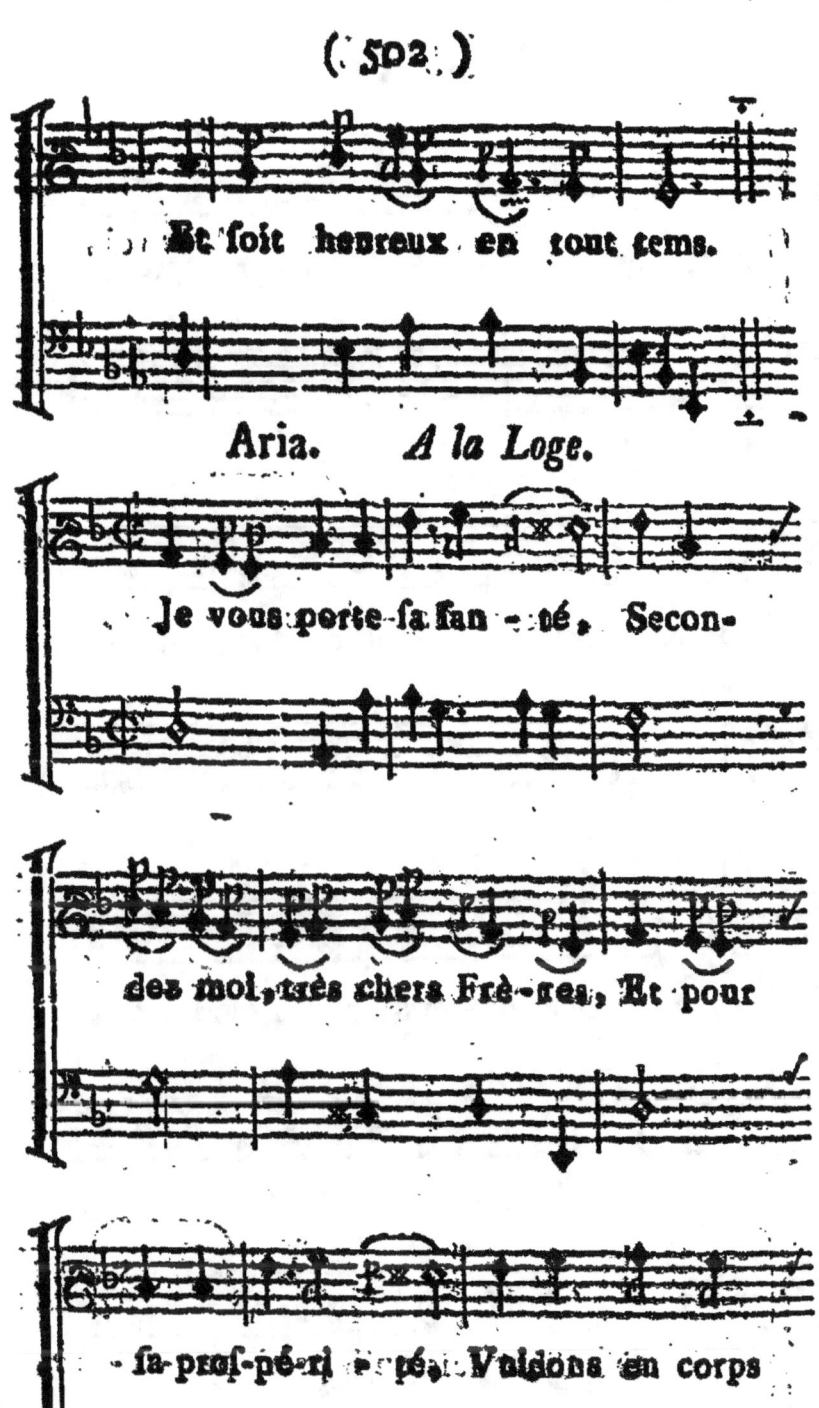

Et foit heureux en tout tems.

Aria. *A la Loge.*

Je vous porte fa fan - té, Secon-

des moi, très chers Frè - res, Et pour

- fa-prof-pé-ri - té, Voulons en corps

tous

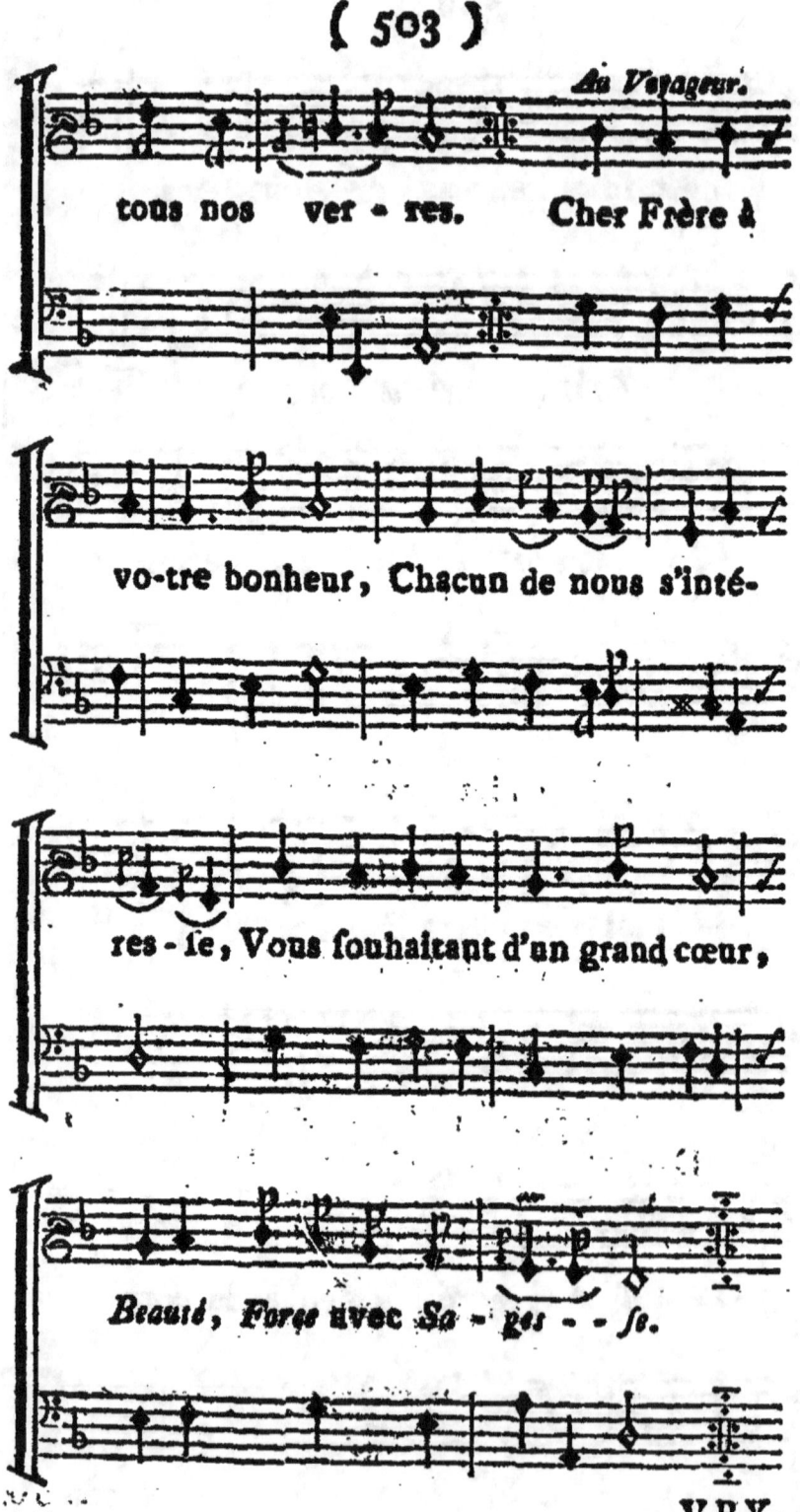

Au Voyageur.

tous nos ver - res. Cher Frère à

vo-tre bonheur, Chacun de nous s'inté-

res - se, Vous souhaitant d'un grand cœur,

Beauté, Force avec Sa - ges - - se.

VRY-METZELAARS AFSCHEID.

Door J: B:

Op de voorgaande Wys.

Verlaat gy ons helaas! wat droeve maren,
Wiſſel thans, ô Broederſchap,
't Zuchten voor het handgeklap
In den kreits der *Metzelaaren?*
Broeder keer, ai keer weêrom
Tot den ingang der Pilaaren;
Eendragt hiet u wellekom.

Aria.

Uit al deez' bekoorlykheên,
Daar de Broeders t' zaam vergaaren,
Vlied dog niet, met raſſe ſchreên,
Zoo zal onzen rouw bedaaren.
Maar gunt ons 't nootlot zulks niet,
Dan wil het u lang bewaaren
Voor onheil en voor verdriet
In welſtand u levens jaaren.

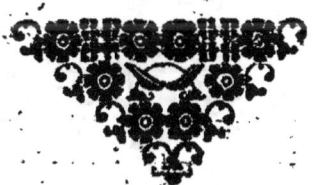

VRY-METZELAARS VAARWEL.

Air: *Chere Annette reçois l'hommage.*

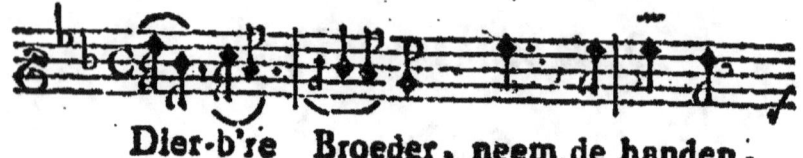

Dler-b're Broeder, neem de handen,

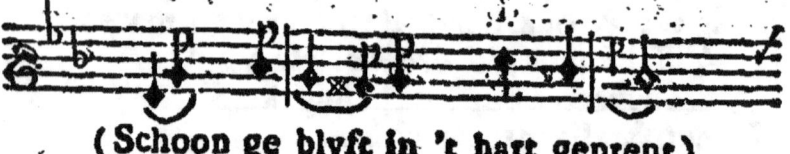

(Schoon ge blyft in 't hart geprent)

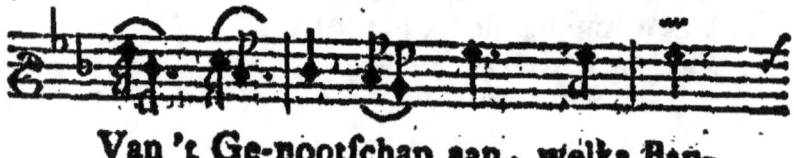

Van 't Ge-nootschap aan, welks Ban-

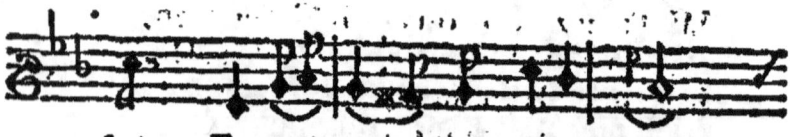

den, Eeuwig bly - ven ongeschend.

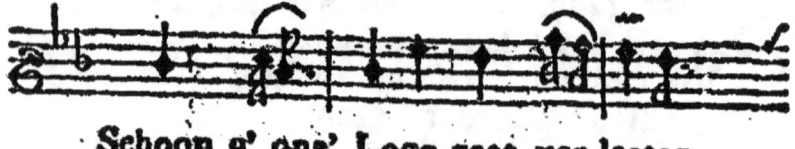

Schoon g' onz' Loge gaat ver-laaten,

Altoos echter blyft g' ons Lid; 't Zy

Y

ook

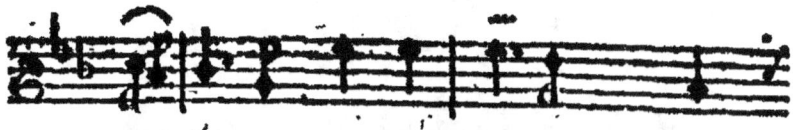

ook in wat waerelds Staaten, 't Met-

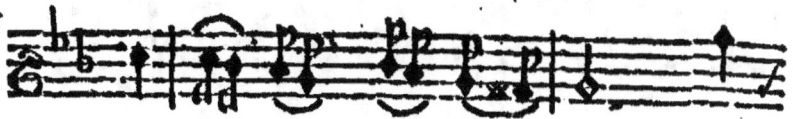

z'lm blyv' ge - ftaag uw wit, 't Met-

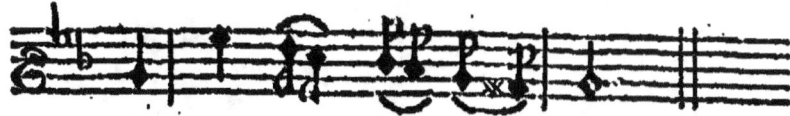

z'kn blyv' ge - ftaag uw wit.

Daar w' U danken voor 't genoegen
  Van Uw' heufch gefelfchap; moet.
's Hemels zeegen U toevoegen
  Al het wenfchelyke goet,
Welk wy voor ons zelv' begeeren.
  Nooit genaak U droef gekwel!
Elk moet Uwe deugd waardeeren!
  Vaar dan, brave Man, vaar wel!

TABLE

TABLE
DES
CHANSONS

Contenues en ce Recueil.

A.

Y 2

B.

D.

Die

L.

N.

Q.

Q.

S.

Sur

Viens

FIN.

Nota Les Chansons marquées d'un (*), ne se trouvent point dans la première Edition, mais dans ses deux Supplemens.

TITRES

DES

CHANSONS

Contenues en ce Recueil.

**

Apo-

C.

C.

D.

** 2. *Du...

** 3   L.

** 4   Plai-

V.

Nota. On a jugé néceffaire d'indiquer par un * toutes les Chanfons, qui ne fe trouvent pas dans
la première Edition, mais bien dans fes 2
Supplemens, & qui font autant d'augmenta-
tions de cette feconde.

TA-

TABLE
DE QUELQUES AIRS
D'OPERA,
VAUDEVILLES, ou autres connus.

Contenus en ce Recueil.

Con-

Vau-

(40)

Nota. On renvoye à la *Table des Chansons*, ou à celle *des Titres* tant pour les autres Airs inconnus, de nouvelle Composition, ou seulement propres à la Maçonnerie, que pour les pages de la premiere Edition & de ses 2 Supplemens, où se trouvent les Airs ici indiqués.

Toutes les Chansons sur l'Air, *Jusques dans la moindre chose*, Pag. 69. 471 &c. peuvent aussi être chantées sur celui de *Charmante Lise*, Pag. 66. & les précedentes, sur l'Air *Que chacun de nous se livre*, Pag. 62. vont de même sur les deux premiers, ainsi que *Ton humeur ma Catherine*, Pag. 47.

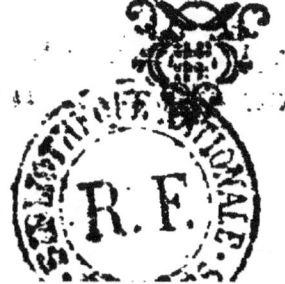

CHAN-

www.ingramcontent.com/pod-product-compliance
Lightning Source LLC
Chambersburg PA
CBHW051340220526
45469CB00001B/45